KB070605

디지털 시대의 PR학 신론

김현정 · 정원준 · 이유나 · 이철한 · 정현주 · 김수연 · 오현정
백혜진 · 최홍림 · 조삼섭 · 조재형 · 김동성 · 이형민 · 김활빈 공저

Public Relations
in the Digital Age

학지사

디 지 털 시 대 의 P R 학 신 론

머리말

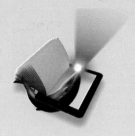

　지금 지구에서 보이는 별빛은 과거의 빛이라는 사실을 모두 알고 계실 것입니다. 즉, 1억 광년 떨어진 곳에 있는 별에서 온 빛이라면 1년 전의 별빛을 지금 현재의 시간으로 보는 것이고 어떤 경우에는 몇 십, 몇 억 년 전에 별빛을 지금 보는 경우도 있다고 합니다. 예를 들어, 우리가 잘 아는 오리온 대성운은 지구로부터 1,300광년 떨어진 곳에 있으니 지금 지구에서 보이는 오리온 성운의 별빛들은 1,300년 전의 별빛입니다. 이처럼 우주의 시간과 거리는 우리의 눈과 셈으로 헤아리기는 쉽지 않습니다. 그 거리와 시간이 무척 깊어서 그윽하기까지 하기에 경외심마저 느끼게 됩니다.

　우리는 흔히 PR의 정의에 대해 말하면서 '공중과 조직의 상호적 이익을 구축하고 유지하는 활동'이라고 합니다. 그러나 여기서의 상호적 이익이라는 것을 눈과 생각만으로 헤아리기는 쉽지 않습니다. 눈에 보이는 대로 혹은 1+1=2와 같은 셈법으로 간단히 헤아리기는 쉽지가 않다는 것입니다. 마치 저 우주의 시간과 거리처럼 말입니다. '상호적'이라는 개념의 넓이와 깊이를 가늠한다는 것은 참으로 어려운 일이기 때문입니다. 어디부터 어디까지를 '상호적'이라는 한계선에 넣을 수 있을지, 조직과 공중 어느 한쪽에 조금도 치우치지 않는 균형적 이익의 선은 어디인지, 조직이 주로 시행하는 PR활동이 과연 공중의 이익을 어느 정도까지 고려해야 상호적이라고 할 수 있는 것인지 등 다양한 측면이 존재합니다.

그 한계와 범위를 정확히 규정하기가 쉽지 않기에 PR은 매우 어려운 활동이지만 '상호적'이라는 그 의미 때문에 또한 그 어떤 비즈니스 활동보다 깊은 울림을 가지며 때로는 사람들의 마음을 움직이는 감동을 선사하기도 합니다. 그래서 PR활동을 통해 조직이나 기업을 '참 좋은' 조직이나 기업으로 인식한 경우 해당 조직이나 기업의 서비스나 상품의 애용자가 되기도 하고, 그것을 자신의 SNS에 올리면서 입소문의 주체가 되기도 합니다. 심지어 최근에는 '배민 덕후' 같은 '기업 덕후'가 생겨나는가 하면 '쏘렌토 MQ4 동호회' '이케아 패밀리' 등 각종 조직이나 기업의 브랜드명을 딴 온라인 동호인 모임들을 통해 적극적인 기업에의 관여를 보여 주기도 합니다. 다양한 아이디어를 제안하거나 개선사항을 요구하는 등 공중 스스로가 조직이나 기업의 동반자임을 자처하기도 합니다.

과거에 국내에서 내로라하는 기업의 PR 실무자들 사이에는 '하루에 밥을 5번은 먹어야 제대로 PR했다'고 하는 우스개가 있었습니다. 오전 7시 조찬모임에서 A 언론기자와 1번, 오전 10시경에 해장으로 B 언론기자와 1번, 낮 12시에 C 언론기자와 오찬 1번, 저녁 7시에 D 언론기자와 저녁 정찬 1번, 밤 10시경에 F 언론기자와 뒤풀이 겸해서 해장국 1번, 그렇게 총 1일 5식은 해야 제대로 된 언론보도가 나오고 그것을 본 공중이 좋은 이미지를 가질 수 있게 된다고 했던 것입니다. 그러나 오늘날 PR은 더 이상 기업이나 조직의 PR메시지 배포를 위해 과거처럼 기자들과 '밥'을 종일토록 같이 먹으면서까지 부탁하지는 않습니다. 소위 디지털 매체의 약진은 PR의 양상을 바꾸어 버린 것입니다.

언론을 통한 대리적 PR메시지 배포에 의존하기보다는 직접 공중과 접할 수 있는 다양한 매체를 가지게 되었고, 그러한 자사의 매체(소위 온드 미디어)를 통해서 공중과 함께함으로써 그야말로 '상호적인 이익' '상생'을 위한 다양한 PR활동을 펼칠 수 있게 되었기 때문입니다. 이러한 새로운 디지털 매체의 시대는 공중과의 관계를 관리하고 유지하고자 하는 공중관계 활동인 Public Relations에 새로운 기회를 열어 주고 있습니다.

현대 사회의 특징은 '소통'의 부재라고도 합니다. 하지만 역설적이게도 오늘날의 소통은 서로의 얼굴을 보지 않는 측면에서는 소통의 증가 양상을 보여 줍니다. 노트북, 스마트폰, 태블릿PC 등 각종 첨단기기를 통해 SNS와 같은 비대면 방식으로 더욱더 빠르게 많은 소통을 하고 있기 때문입니다. 따라서 디지털을 통한 소통의 시대에 실무와 이론을 겸비하는 사회과학으로서의 PR 커뮤니케이션학의 학문적 내용과 함의에도 변화가 필요합니다. 무엇보다 PR 커뮤니케이션학이 디지털 매체를 활용하여 적용할 수 있는 새로운 가설과 이론을 더욱 확장시키고, 그를 통해 디지털 PR 실무를 위해 보다 효율적 적용이 가능하도록 하는 다양한 방식과 시사점을 제공해야 합니다. 그래서 이 책『디지털 시대의 PR학신론』은 디지털 소통의 시대에 디지털 매체를 활용하여 공중과의 직접 소통을 강화하고, 그래서 진정한 '상호이익 관계'를 구축하고 유지하는 방향에서의 PR학의 이론과 적용에 초점을 두고자 하였습니다. 따라서 기존의 '개론'이 아니라 '신론'이라고 이름하였습니다. 또한 학지사에서 발행한『디지털 시대의 광고학신론』과 그 맥을 같이하는 의미에서도 'PR학신론'이라고 명명하였습니다.

어제 '빵'을 주고 간신히 친해진 아이가 오늘은 '크림빵'을 주는 다른 아이의 친구로 변해 버려서 내일 '딸기크림빵'을 주어야 한다면, 그 아이와의 관계를 '친구 관계'라고 부를 수는 없을 것입니다. 마찬가지로 PR활동이 공중에게 좋은 평판과 이미지를 얻기 위한 목적으로 끊임없이 공중을 위한 '딸기크림빵'을 만들어 내는 일이 된다면 그것은 상호이익을 위한 진정한 공중관계 활동이라고 할 수는 없을 것입니다. 디지털 매체를 통해서 보다 쉽고 간단하게 공중과 직접적 소통이 가능해졌지만, 그것은 소통의 질에 대한 더 많은 심사숙고가 필요하다는 뜻이기도 합니다. 오늘 자사의 SNS에서 상품 주기 이벤트를 통해 팔로워 수를 늘렸다고 해도 그것은 진정한 공중관계의 구축과 유지와는 거리가 멀다는 이야기이기도 합니다.

따라서 이 책『디지털 시대의 PR학신론』은 단순히 디지털 매체를 활용한 PR학의 이론적 확장과 적용만을 다루는 책은 아닙니다. 공중과의 진정한 상생, 진정한 상호이익을 만들어 내고 유지해 나가기 위한 PR활동을 위해 첫 발걸음을 떼는 수많은 예비 실무자를 위한 입문서로서 그 토대를 만들어 주는 책입니다. 각 PR의 실무 분야별로 해당 분야에 특별히 관심을 가지시고 디지털 소통의 시대 해당 분야의 PR 이론과 적용을 위해 연구하고 계신 각 대학의 여러 교수님께서 각 장을 맡아 이 책을 저술하여 주셨기 때문입니다. 그래서 더욱 특별합니다. 또한 각 장의 서두에는 그 장을 공부하면서 생각해 볼 물음을 넣어 해당 분야의 핵심 내용에 초점을 가지고 공부할 수 있도록 했으며 장의 끝에는 국내외의 최신 사례를 담고 그 사례를 통해 토론해 볼 만한 주제들을 제시하였습니다. 즉, PR학의 전 분야를 망라하여 각 분야별로 반드시 이해하고 알아야 할 핵심 내용을 익힐 수 있도록 하였으며 실무 사례들을 각 분야별로 제시하여 실무에서의 적용 방향을 살펴볼 수 있도록 구성하였습니다.

각 장을 간단히 소개해 드리면, 제1장 '디지털 시대 PR의 정의 및 역할, 어떻게 다른가?' (정원준)는 특히 미디어 환경이 아날로그 방식에서 디지털로 변화하고 정착하면서 PR과 연관 있는 용어들도 재정립되고 있으며, 향상된 PR기능과 역할에 대한 요구도 높아지고 있다는 측면에서 전통적인 PR의 정의뿐만 아니라 디지털 시대와 결을 같이하는 PR 정의의 변천 그리고 그 기능과 영역의 확장에 대한 논의를 통하여 PR 트렌드에 대한 이해를 제고하며, 미래지향적인 PR의 사회적 역할을 제시하는 내용을 기술하고 있습니다.

제2장 'PR, 어떻게 전화해 왔는가?'(이유나)는 PR이 커뮤니케이션 관련 실무와 학문 영역 중 가장 젊은 편에 속하기에 무엇을 하는 활동인가에 대한 편견과 오해가 자주 발생한다는 측면에서 PR의 진화과정 혹은 역사를 꼼꼼히 살피고 있습니다. 무엇보다 PR이 소비자 공중에 국한되지 않는 보다 넓은 범주의 공중을 대상으로 삼으며 다양한 커뮤니케이션 문제들을 다루고 있는 차별화된 영역임을 이해하도록 한 것입니다. 특히 PR 4모형 이론, 우수이론, 조직-공중관계성 개념을 적용하여 PR의 역사와 진화과정을 설명하고 디지털화하고 있는 소통환경 속에서 PR활동이 전개되고 있는 양상과 미래 방향성을 짚어 보고 있습니다.

제3장 'PR은 어떻게 작동하는가?'(이철한)에서는 PR활동에 대해서 폭넓은 이해를 얻어 PR을 직접적으로 수행하는 데에도 도움을 얻을 수 있도록 PR의 기능과 구조에 대한 내용을 담았습니다. 또한 PR의 실행 측면에서 반드시 고려해야 할 가장 필수적인 요인인 PR의 윤리에 대한 내용도 기술되어 있습니다. 특히 PR 원칙과 수행방식은 물론, PR의 역사적 측면에서 PR의 사회적 기능에 대한 부정적 견해를 극복하고 사회적 책임을 다하기 위한 방

향에서의 PR의 윤리적 측면을 강조하여 기술하였습니다.

제4장 '공중은 누구인가?'(정현주)에서는 PR의 대상인 공중에 대해서 자세히 다루고 있습니다. 특히 PR의 정의를 관통하는 중요 요소로서 '조직체' '공중' '이해' '호의' '관리' 등에 대해 자세히 설명합니다. 아울러 '이해'와 '호의'라는 결과는 PR 전략을 얼마나 잘 수립하고 실행했느냐에 따라 달라질 수 있으며 PR 전략 수립을 위한 기초가 바로 '공중'에 대한 이해로부터 시작될 수 있음을 강조합니다. 공중이란 도대체 누구이며, 어떠한 특성을 가지며, 어떻게 유형화될 수 있는지 등을 보다 구체적으로 살폈습니다.

제5장 'CSR은 기업의 명성 관리에 어떻게 도움이 되는가?'(김수연)는 기업 명성을 위한 CSR활동과 역할에 대해 고찰합니다. 특히 디지털 소통의 시대가 되어 과거에 비해 훨씬 투명한 사회에 살게 되면서 '명성 관리'는 기업뿐 아니라 정당, 대학교, 비정부조직(NGO) 등 다양한 조직의 생존에 중요한 이슈가 되고 있음을 설명합니다. 오랫동안 쌓아 온 좋은 명성도 한순간의 위기로 무너져 내릴 수 있기에 기업의 사회적 책임(CSR)이 기업 명성 관리의 기본이 됨을 이해하도록 합니다. 기업 명성의 개념, 필요성과 명성 관리를 위한 CSR활동에서의 고려사항, 디지털 시대 CSR활동의 방향 및 과제를 담고 있습니다.

제6장 '이슈, 쟁점 진화인가? 관리인가?'(오현정)에서는 이슈의 정의, 이슈의 발전 단계, 이슈 관리 전략에 대해 살펴보고, 디지털 시대의 적절한 이슈 관리를 실제 사례를 통해 논의하고 있습니다. 조직과 공중 간의 기대 차이로 인해 발생하는 논란의 여지가 존재하는 모든 사안으로서의 이슈를 다룹니다. 아울러 조직을 둘러싼 다양한 논쟁점을 사전에 발견하고, 그 논쟁이 가져올 수 있는 결과를 예상하여, 이슈에 관한 여론적 환경을 조직 운영에 유리한 방향으로 조성하는 이슈 관리 전 과정을 이해하게 합니다.

제7장 '위기는 예측할 수 있는가?'(백혜진)는 보건 위기부터 제품 결함이나 대표(CEO)의 일탈, 학교 폭력, 연예인의 마약 투약이나 원정 도박, 성폭행 등 다양한 위기를 잘 관리하고 대응하지 못하면 국가, 회사, 개인의 명성은 물론 존속까지도 위태로워질 수 있음을 설명합니다. PR학에서 점점 더 중요한 분야가 되고 있는 위기관리를 위해 위기는 무엇이고, 어떻게 대응해야 하며, 성공적인 위기관리란 어떤 것인지를 살펴보고 있습니다. 특히 고전 사례와 최근 국내 사례를 적용해 보며 디지털 시대의 위기관리는 어떻게 다른지를 차례대로 풀어 보여 줍니다.

제8장 '디지털 시대, 언론관계는 최선의 PR인가?'(최홍림)는 언론과의 관계를 다루고 있습니다. 빠르게 변화되는 미디어 환경에서 과거보다는 그 의미와 중요성이 덜하기는 하지만, 여전히 언론관계는 PR의 다양한 업무 중 가장 중요한 분야입니다. 이에 PR에서 언론관계란 무엇인지, 언론관계의 역사적 배경, 언론관계 역할의 중요성, 보도자료 작성 시 고려해야 할 사항, 새로운 미디어 환경에서 언론관계의 변화와 실무자의 역할을 살펴봅니다. 더불어 변화하는 미디어 환경에서 언론관계의 변화와 과제도 담고 있습니다.

제9장 '사내 커뮤니케이션, 왜 조직에게 중요한가?'(조삼섭)는 사내 커뮤니케이션을 담고 있습니다. 일반적인 PR활동이 외부 공중을 대상으로 하는 활동으로 인식되고 있지만 내부 공중 대상 커뮤니케이션도 외부 공중 대상 못지않게 갈수록 중요해지는 PR 분야이기에 사내 커뮤니케이션의 특징과, 매체 활용, 사내 커뮤니케이션에 영향을 미치는 변수들에 대해 살펴보고 있습니다. 더불어 사내 커뮤니케이션과 관련된 이슈는 무엇이 있는지, 디지털 소통 시대의 사내 커뮤니케이션의 패러다임 변화는 무엇인지를 설명하고 있습니다.

제10장 '마케팅PR(MPR), 마케팅의 시대적 요청인가?'(조재형)는 MPR을 실제적으로 담고 있습니다. 초기 IMC에서 출발한 MPR의 역할이 주로 퍼블리시티(publicity)였다면, 현재 정보 습득, 공유 채널의 다양화로 성숙하고 현명하며 비판 능력까지 갖춘 '똑똑한 소비자'의 등장 등 여러 환경 변화로 가치 중심 소통의 중요성이 높아지면서 기존 MPR의 역할과 범위가 크게 확대된 상황을 강조합니다. 더불어서 MPR의 필요성, 마케팅과의 차이점을 설명합니다. 아울러 디지털 시대 MPR은 어떻게 강화될 것인지, 그리고 IMC, MPR, BPR은 어떻게 다른지 등을 다양한 실제 사례들과 함께 세심하게 설명하고 있습니다.

제11장 '지역사회, 어떻게 조직의 선택된 이웃이 되는가?'(김현정)는 공동체관계관리(지역사회관계관리)를 다루고 있습니다. 공동체관계관리 PR의 개념 및 '선택된 이웃'의 개념을 설명합니다. 또한 무엇보다 지역의 '선택된 이웃'으로서 지역민들에게 심리적·암묵적으로 인정받아야 하는 측면에서 CSR과의 연계성과 활동 효과, 작동 원리 등을, 쟁점 및 위기와 연관된 다양한 실제 사례를 통해 설명하고 있습니다.

제12장 '공공PR의 주체는 누구이고, 무엇을 하는가?'(김동성)는 사회, 국민 그리고 정부 등과 관련한 공공PR에 대해서 다루고 있습니다. 오늘날과 같은 수평적 관계 구조의 사회에서 공공PR의 필요성은 더욱 높아지고 그 영역은 더욱 넓어지고 있음을 강조하며 공공

PR에 대한 용어 및 개념을 정리하고 정부와 기업을 중심으로 한 공공PR의 다양한 영역에 대해서 설명합니다. 또한 우수한 공공PR을 위한 해결 과제 및 가이드도 제시합니다.

제13장 'SNS는 왜 PR활동의 필수가 되어 가나?'(이형민)는 최근 SNS를 중심으로 재편되고 변화되고 있는 PR의 미디어 환경을 고려하여, 커뮤니케이션 미디어로서 SNS의 특징을 개괄적으로 살펴보고, 왜 SNS가 PR활동의 필수적인 요소가 될 수밖에 없는지를 살펴보고 있습니다. 특히 PR의 고유한 영역이라고 할 수 있는 조직-공중관계성 관리, 위험 커뮤니케이션, 위기 커뮤니케이션과 연결하여 SNS의 가능성과 잠재력을 다각도로 논의하고 있습니다. 더불어 향후 PR 분야에서의 SNS의 활용 양상의 변화를 예측하고 있습니다.

제14장 '문화콘텐츠는 어떻게 PR을 완성시키는가?'(김활빈)는 문화콘텐츠와 홍보대사, 스폰서십(후원) 분야에서 PR 커뮤니케이션이 어떻게 운영되고 있는지, 디지털 소통과 관련한 미래적 전망을 다룹니다. 무엇보다 문화콘텐츠를 기본적으로 엔터테인먼트 콘텐츠로 이해하고, 공연콘텐츠와 영화콘텐츠를 중심으로 PR 커뮤니케이션이 어떻게 활용되는지 살펴보며, 경험과 후원을 통한 이벤트 PR이 활용되고 있는 홍보대사와 스폰서십 분야의 PR 커뮤니케이션에 대해서도 설명합니다. 더불어 다양한 사례를 제시하여 이해도를 높이고 있습니다.

아무쪼록 소통의 의미가 날로 변화하고 있는 오늘의 디지털 환경에서 이 책이 처음 PR을 배우는 학생들의 보다 효과적인 PR입문서가 되기를 바랍니다. 더불어 디지털 환경에서 공중과의 상생적 이익을 찾아가기 위해 오늘도 밤을 새면서 고민하고 계신 현장의 PR 실무진들에게도 디지털 소통의 새로운 전개를 위해 활용하는 PR의 올바른 지침서가 될 수 있기를 바랍니다.

신현림 시인의 시구이기도 한 "당신이 잘 지내길 빕니다"라는 말이 유행이 되고, 비대면 소통이 증가하는 시대, 모든 공중이 '잘 지낼 수 있는 길'을 찾는 PR의 아름다운 해법이 이 책을 통해 전달되기를 빕니다. 감사합니다.

2021년 4월
집필자를 대표하여 김현정, 정원준

디지털 시대의 PR학 신론

차례

제1장

디지털 시대 PR의 정의 및 역할, 어떻게 다른가?*

최근 정부와 산하 부처 및 지방자치 행정기관 그리고 공기업 등을 포함한 공공영역뿐만 아니라 사기업 등 민간영역에서도 PR, 나아가 소통에 대한 관심이 매우 높다. 정부가 국민 전체를 하나의 집단으로 보고 정부 정책에 관한 정보를 일방향적으로 제공하려던 소통 방식은 더 이상 환영받지 못한다. 또한 사기업에서도 소비자군을 정교하게 세분화하여 그들의 니즈(needs)와 미디어 활용 등 정보와 구매 활동성에 맞는 고도화된 소통 활동을 기획하여 실행하고 있다. 특히 미디어 환경이 아날로그 방식에서 디지털로 변화하고 정착하면서 PR과 연관 있는 용어들도 재정립되고 있으며, 향상된 PR 기능과 역할에 대한 요구도 높아지고 있다. 이 장에서는 전통적인 PR의 정의뿐만 아니라 디지털 시대와 결을 같이하는 PR 정의의 변천 그리고 그 기능과 영역의 확장에 대한 논의를 통하여 PR 트렌드에 대한 이해를 제고하며, 미래지향적인 PR의 사회적 역할을 제시하고자 한다.

* 정원준(수원대학교 미디어커뮤니케이션학과 교수)

● 이 장을 통해 답을 찾을 질문들 ●

1. PR은 어떻게 정의되어 왔으며, 디지털 시대의 PR 정의는 어떻게 진화하였는가?

2. PR과 유사한 다른 의미의 용어들(예: 선전, 공지, 공보, 홍보, 소통)에 대하여 이해하고 있는가?

3. 디지털 시대의 PR의 특징은 무엇인가?

4. 최근 PR 트렌드는 무엇인가?

5. 미래지향적 PR의 기능과 역할은 무엇인가?

1. PR이란

PR이란 public relations라는 영어의 약어로, 공중(public)과 관계들(relations) 두 가지 단어가 합쳐진 복합어로, 직역하자면 '공중관계들'이라 할 수 있다. PR을 개념적으로 의역하자면 조직을 둘러싸고 있는 다양한 공중(public)과 좋은 관계들(relations)을 맺는 활동을 의미한다. PR학자나 연관 산업에서는 PR의 개념적 정의를 다양하게 제시하고 있는데, 다음과 같은 정의들이 널리 사용되고 있다.

- PR이란 공중의 이해와 수용을 얻기 위해 공중의 태도를 평가하고, 개인 또는 조직의 정책 및 절차와 공중의 관심사를 확인하고, 행동 프로그램을 계획하여 실행하는 관리/경영 기능이다(김병희 외, 2017).
- PR은 조직과 공중 사이의 상호이해를 확립하거나 유지하기 위한 신중하고도 계획적이며 지속적인 노력을 포함한다(이명천, 김요한, 2019).
- PR은 복잡하고 다원화된 사회에서 조직이 의사결정을 내리고, 집단과 조직들 사이에서 상호이해를 하는 데 기여함으로써 더 효과적으로 조직이 기능하도록 도움을 준다(김영욱, 2003).
- PR이란 조직과 조직의 성패에 영향을 미치는 공중(publics) 사이에서 상호호혜적인 관계(mutually beneficial relationships)를 구축하고 유지하는 관리 기능(management function)을 말한다(Cutlip, Center, & Broom, 2006).

이처럼 PR을 정의하는 학자들마다 상이한 개념을 활용하여 PR을 정의하지만, 대부분의 PR 정의에는 다음과 같은 4개의 개념이 공통적으로 포함됨을 알 수 있다.

1) 공중

PR의 첫 음절인 'P'에 해당하는 공중(public)이라는 단어는 군중(crowd)과 대중(mass

audience)이라는 개념과 언뜻 유사해 보이지만, 동일하지 않는 개념이다. 군중, 공중 그리고 대중 모두 사람들이 모여 있는 집합체라는 공통점이 존재하지만, 각 용어의 정의와 집합 규모에서 차이가 있다.

먼저, 군중은 공중과 대중에 비하여 상대적으로 가장 소수의 사람들이 모인 군집이며, 대부분 동일한 목적(goal)을 지니고, 그 목적을 성취하고자 특정 장소에 물질적으로 모이는 등 공동의 활동을 하기도 한다(이명천, 김요한, 2019). 군중의 예로는 예술가의 공연이나 영화를 관람하거나 스포츠 경기에서 특정 팀을 응원하기 위하여 일시적으로 모인 집합이 있으며, 이러한 특징으로 인하여 군중을 관중으로 부르기도 한다. 나아가, 하나의 사회적 이슈에 대항하기 위하여 동일한 목적을 가지고 집회 현장에 지속적으로 참여하는 무리들도 군중이라 할 수 있다. 군중은 어떠한 상황과 맥락에 따라 감정적인 행동을 공유하기도 한다.

이에 반하여, 대중은 반드시 동일한 장소에 모여 있을 필요는 없으며, 구성원 간 공통점이나 연결점 그리고 관계성이 군중보다는 현저히 낮은 집합체이다. 특정 TV 프로그램을 동시에 시청하는 불특정 다수, 특정 신문을 읽는 독자, 특정 모바일 애플리케이션(application)을 이용하는 사용자들 등이 대중의 예라고 할 수 있다. 한편, 정부의 입장에서 보자면, 커뮤니케이션의 대상자인 전(全) 국민 모두(everyone) 혹은 누구나(anyone)를 대중이라 할 수 있다.

공중은 하나의 이슈에 대하여 연관 조직과 직·간접적인 영향을 주거나 받는 개인이나 집합으로 정의될 수 있다(김병희 외, 2017; 이명천, 김요한, 2019; Cutlip et al., 2006). 군중이나 대중과 달리 공중은 조직을 둘러싼 이슈에 대해 관심을 가지고 이성적으로 토론할 수 있는 능력이나 관심을 가진 특정한 사람들(someone)의 집합체라고 정의할 수 있다(배지양, 2015). 소비자(consumer/customer)에 집중하는 광고 영역과 달리, PR은 조직 내 구성원을 포함한 내부 공중과 언론, 지역사회/지역민, 시민/NGO 단체, 온라인 커뮤니티(community) 구성원 등의 외부 공중으로 구분하고 커뮤니케이션 활동을 세분화하여 실행한다. 최근에는 공중을 특정 이슈와 접점이 있는 이해관계자,[1] 정책고객 등으로 명명하기도 하며 여론을 주도하는

---

1) 해외에서는 이해관계자를 스테이크홀더(stakeholder)와 동일시하기도 한다. 혹자는 이해관계자를 주주(株主)를 의미하는 쉐어홀더(shareholder)와 다른 의미로 구별하기도 하지만, 공중의 광의적 범위에서는 두 집단 모두를 포함할 수 있다.

오피니언 리더(opinion leader) 그리고 디지털 미디어 시대에 소셜네트워크서비스(SNS)상에서 여론에 영향을 주는 개인 인플루언서(influencer)를 포함한다(정원준 외, 2019).

집합의 규모에서 보자면, 군중<공중<대중 순으로 그 규모가 크다. 카메론 등(Cameron et al., 2008)에 의하면, 모든 공중은 대중이 될 수 있지만, 모든 대중이 공중이 되는 것은 아니며, 하나의 이슈나 조직에 대하여 다중적(multiple)이고 중첩되는(overlapped) 공중이 존재할 수 있다고 하였다.

공중의 명확한 정의와 구분법 등 공중과 연관된 세부적인 내용은 이 책의 제4장(공중의 정의), 제8장(언론관계), 제9장(사내 구성원 관계) 그리고 제11장(지역사회관계) 등을 참고하면 되겠다.

2) 양방향 커뮤니케이션

양방향 커뮤니케이션(two-way communication) 개념을 논의하기 전에, 먼저 커뮤니케이션의 의미를 파악하고자 한다. 커뮤니케이션이란 소통(疏通)이라는 의미에 기반하고 있으며, '나눔'과 '공유'의 의미를 내포하는 라틴어에서 유래되었다(이명천, 김요한, 2019). 이처럼 커뮤니케이션이란 서로 간의 의미와 뜻이 막히지 않고 통하여 오해(misunderstanding)가 없거나 최소화하는 활동을 뜻한다.

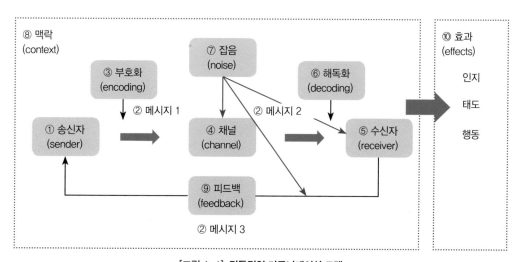

[그림 1-1] 전통적인 커뮤니케이션 모델

소통을 이해하기 위해서는 [그림 1-1]의 커뮤니케이션 모델과 이를 구성하는 총 10가지의 요소에 대한 이해가 선행되어야 한다.

(1) 송신자(sender)

전통적인 커뮤니케이션 모델에서 송신자는 커뮤니케이션 과정의 시작점이며, 메시지를 생성함과 동시에 의미를 부여하고 부호화하여 수신자에게 보내는 역할을 하는 자를 지칭한다. 이에, 송신자를 발화자 또는 정보원(source)이라 부르기도 한다. 기본적으로 송신자는 앞서 언급한 역할을 하는 인간을 의미하지만, 다양한 조직(예: 정부, 방송국, 언론, 시민단체 등)도 그 역할을 할 수 있기에, 그들도 송신자 범주에 포함하기도 한다.

(2) 메시지(message)

커뮤니케이션이라는 일련의 과정에서 가장 중요한 요소 중 하나이며, 소통의 근원이라 할 수 있다. 메시지는 송신자에 의해 생성이 되지만, 송신자가 전달하고자 하는 의미가 부여된 메시지만을 진정한 메시지로 볼 수 있다. 메시지는 10개의 커뮤니케이션 구성요소 중 하나이지만, [그림 1-1]에서 메시지 1, 2 그리고 3으로 표기한 이유는 메시지 근원과 특성이 상이하기 때문이다. 가령 메시지 1의 경우에는 송신자가 생성한 원조(元祖) 메시지를 의미하며, 메시지 2의 경우에는 송신자의 메시지가 부호화되고 특정 채널을 통해 전달된 후 해독화 과정을 거쳐 수신자에게 원 메시지 그대로 전달되는 메시지를 의미한다. 한편, 메시지 3의 경우에는 수신자가 송신자의 원 메시지에 반응을 하는 피드백 단계에서의 수신자가 생성한 반응형 메시지로 볼 수 있다.

(3) 부호화(encoding)

송신자가 생성한 메시지는 언어적(verbal) 그리고 비언어적(non-verbal) 메시지로 구분이 된다. 부호화는 가령 한글의 자음과 모음, 영어의 알파벳, 아라비안 숫자 등 언어적 상징(symbol)을 활용하거나, 손짓이나 몸짓 그리고 얼굴 표정 등을 통한 비언어적 심볼을 이용하여 메시지의 의미가 수신자의 감각기관에 의해서 인지될 수 있도록 전환하는 과정이다.

(4) 채널(channel)

채널은 부호화 과정을 거친 메시지([그림 1-1]의 메시지 1)가 다음 단계, 즉 수신자에게 전달되기에 용이하도록 하는 전송체계나 도구(device)를 의미한다. 2인 이상이 얼굴을 마주 보고 소통하는 대인 커뮤니케이션상에서는 인간의 구강을 통한 목소리를 포함하여, 소리를 확장하는 데 도움이 되는 마이크 시스템, 매스커뮤니케이션 환경에서의 TV, 라디오, PC, 모바일폰, SNS 등을 통합적으로 총칭한다.

(5) 수신자(receiver)

수신자는 송신자의 반대되는 의미로, 송신자가 생성하고 채널을 통하여 전달된 메시지([그림 1-1]의 메시지 2 상태)를 수신하는 자를 뜻한다. 송신자와 동일하게 개인이나 집합적 조직을 포함하는 수신자는 받은 메시지에 대한 피드백([그림 1-1]의 메시지 3 상태)을 생성하여 원 메시지를 전달한 송신자 혹은 제3자에게 전달하는 역할을 한다.

(6) 해독화(decoding)

해독화는 수신자가 송신자의 메시지를 받아 해석 혹은 독해를 통하여 인지하는 과정이며, 잡음의 영향을 받아 오해가 생성되기도 한다.

(7) 잡음(noise)

잡음은 커뮤니케이션 과정에서 메시지 송수신을 방해하거나 간섭하는 인자 혹은 상황/환경이다. 잡음은 물리적(physical) 그리고 심리적(psycological) 잡음으로 구분된다.

물리적 잡음은 커뮤니케이션 과정에서 외부 물리적 환경, 가령 자동차 등 운송 수단이 내는 소음, 층간소음, 지하공간 내 전파 방해, TV나 라디오 난시청, 인터넷이나 와이파이 연결 부적합 환경 등을 포함하여 소통을 방해하는 요소를 포함한다.

심리적 잡음은 물리적 잡음과 별개로 커뮤니케이션 과정에서 수신자가 송신자의 메시지를 받아들이는 순간 심리적 방해 기제, 예를 들면 다른 생각에 매몰되어 집중력이 저하되거나 심리적인 압박에 의한 메시지 수신의 거부 등에 의해 원활한 커뮤니케이션이 진행되지 않게 하는 인자이다.

이처럼 잡음은 효율적인 커뮤니케이션의 방해 요소이나, 커뮤니케이션 과정에서 필연적으로 발생되기에 기본 요소에 포함된다. [그림 1-1]에 표시한 바와 같이, 기본적으로 잡음은 커뮤니케이션 과정에서 언제, 어디서 그리고 어떠한 방식으로 발생하는지 예단하기는 쉽지 않다. 하지만 대부분의 잡음이 발생하는 구간은 ① 송신자의 메시지가 채널을 통과하는 시점, ② 채널을 통하여 메시지가 전달되었다고 하여도 수신자의 해독화 단계, 그리고 ③ 수신자가 피드백을 하는 시점이다.

(8) 맥락(context)

맥락은 커뮤니케이션 전 과정이 일어나는 장소와 시간 그리고 상황 등을 통합하여 지칭한다. 맥락이 커뮤니케이션 과정에서 중요한 요인 중 하나인 이유는 하나의 상황, 예를 들면 부모와 자녀 간 대화, 친구 간 대화, 종교의식, 교육현장의 상황에 따라 커뮤니케이션 메시지 콘텐츠와 잡음 생성 시점 등이 천차만별이기 때문이다.

(9) 피드백(feedback)

피드백은 송신자에게 받은 메시지에 대한 수신자의 반응으로, 대부분 수신자가 원 메시지 생성자인 송신자에게 전달하고자 하는 메시지([그림 1-1]의 메시지 3)를 의미한다. 피드백이 커뮤니케이션 과정에서 중요한 요소인 이유는 피드백의 유무에 의하여 일방향(one-way) 혹은 양방향(two-way) 커뮤니케이션으로 나뉘게 되기 때문이다.

(10) 효과(effects)

효과는 커뮤니케이션 과정에 의한 결과물로 인간과 사회에 주는 단기적 · 중기적 · 장기적 영향을 의미하며, 송신자의 커뮤니케이션 메시지 등에 의한 수신자의 인지적 · 태도적 · 행동적 변화 등을 포함한다.

앞서 언급하였듯이, PR 정의에 포함되어야 하는 양방향 커뮤니케이션은 피드백이 핵심적인 가치이며, 송신자의 메시지([그림 1-1]의 메시지 1)에 따른 수신자의 반응([그림 1-1]의 메시지 3)을 표출하는 것이 가능한지 여부와 수신자의 반응에 따라 송신자가 원 메시지를 유지 및 고수하거나 혹은 그 반응에 따라 원 메시지의 변화(수정 및 보완)를 주는 활동을 의미한다. 나아가, 이러한 메시지의 공유가 단편적인 한 과정만을 거치는 것이 아니라 송신자와 수신자 간 합의(consensus)나 동의(agreement)에 도달하기 위하여 두 주체의 메시지 교환이 지속적으로 진행되는 것을 지향한다.

3) 상호호혜적 관계

관계(relation)라는 개념은 서로 연관되어 있다(relate)는 뜻을 기반으로 하는데, 하나의 쟁점에 대해 둘 이상의 주체가 서로 영향을 주고받아 상호 연동하며 움직일 때 서로 연관되기 시작한다. 즉, 조직과 조직을 둘러싸고 있는 공중들이 하나의 쟁점에 대해 서로 영향을 주고받으면서 상호작용하기 시작하면 두 주체 사이에 관계가 시작된다고 볼 수 있다(배지양, 2015). 이렇게 조직과 조직을 둘러싸고 있는 공중들 사이의 연관된 상호작용을 중간에서 조정하는 역할이 바로 PR의 기본적인 기능이며, 상호호혜적 관계(mutually beneficial relation)는 송신자와 수신자 간에 소위 말하는 윈-윈(win-win) 관계가 되는 것을 의미한다. 두 주체 간 윈-윈 관계가 되기 위한 전제조건으로는 한 주체만의 이익만을 주장하거나 도모하는 것이 아니라, 상호이해를 바탕으로 서로를 배려하고 필요에 의하여 한쪽이 다른 한쪽에게 양보하는 미덕도 필요하다 할 수 있다. 이 부분은 뒤에서 좀 더 상세하게 논의하도록 하겠다.

미국PR협회(Public Relations Society of America)는 PR을 조직과 조직을 둘러싼 공중들 사이에 상호호혜적 관계를 구축하는 전략적인 커뮤니케이션 과정이라고 정의한 바 있다. 이처럼 PR의 관계 형성적 기능이 PR의 본질이라는 점을 강조하면서 관계에 좀 더 초점을 두고 정의를 내린 것이 그 특징이라 하겠다(배지양, 2015).

4) 관리 기능

1900년대 중후반의 PR 정의에서는 송신자와 수신자 간 상호호혜적 관계 생성(creating)에 중점을 주었다(김병희 외, 2016; 김영욱, 2003; 박종민 외, 2015; 신호창, 이두원, 2002). 가령 정부의 국정 정책에 대한 인지도를 생성하는 활동을 통하여 정부와 국민 간 관계를 맺거나, 신규 고객 발굴을 통한 생산자와 소비자 간 구매와 거래라는 관계 생성 등이 좋은 예라할 수 있다. 하지만 최근 PR 정의에는 관계 생성 이외에 관계관리 기능을 강조하고 있는추세이다(이명천, 김요한, 2019). 관리 기능(management functions)이란 두 주체 간 단기적인긍정적 관계 형성도 중요하지만, 그 관계를 얼마나 오랫동안 지속적으로 유지(maintaining)하고, 나아가 생산적이고 건설적인 측면에서 미래지향적으로 발전(developing)할 것인지에 대한 부분까지도 고려하고 있다(Cameron et al., 2008).

이는 투입(input) 대비 산출(output)이라는 단기적이고 단편적인 효율성 측면도 중요하지만, 산출들이 모여 도출되는 중장기적인 성과(outcome)와 효과(effects) 그리고 사회적인 영향(influence)까지도 염두하는 거시적(macro)인 측면에 중점을 둔다고 할 수 있다. 이러한 PR의 접근은 일방향적이고 단기적인 관계 생성에 중점을 둔 다른 커뮤니케이션 영역(예: 저널리즘, 매스커뮤니케이션)과 다소 상이한 부분이라 할 수 있다.

PR 커뮤니케이션에서 관리 기능이 중요한 또 다른 이유는 과정(process)과 단계(phase)에 대한 이해가 필수이기 때문이다. 큰 틀에서 PR을 기획-전략 수립-실행-평가라는 하나의 과정으로 보자면, 그 과정은 4개의 단계를 거치게 되는데, 카메론 등(2008)은 이를 선행적 단계(proactive phase), 전략적 단계(strategic phase), 대응적 단계(reactive phase), 그리고 회복적 단계(recovery phase)로 세분화하였다. 또한 각 단계별 PR의 관리 기능을 제시하였다. 선행적 단계에서는 쟁점 혹은 이슈 관리(issue management), 전략적 단계에서는 위험관리(risk management)와 갈등관리(conflict management), 대응적 단계에서는 위기관리(crisis management) 그리고 회복적 단계에서는 명성 또는 평판 관리(reputation management) 등을 한다.

가령, 이슈 발생과 위험은 [그림 1-2]에서 보듯이 위기가 발생하기 전의 초기 단계에 나타나는 현상으로, 어떠한 조직이나 산업의 문제가 미디어를 포함한 공중의 관심을 받아 논의 혹은 논쟁의 중요한 주제나 사안을 의미하며, 조직 간, 조직-공중 간, 혹은 다양한 공중간 갈등으로 발전되기 전 단계라 할 수 있다. 또한 갈등은 이슈라는 논의 및 논쟁의 범위에서 벗어나 개인이나 집단 사이에 목표나 이해관계가 첨예하게 대립되어 충돌하는 상황이나 상태를 의미한다(정원준, 2015, 2018a). 카메론 등(2008)에 의하면, 가령 특정 사회적 사안(예: 침구류에서 기준치 이상의 라돈 검출)에 대하여 언론의 보도나 시민단체의 문제 제기 및 발표 등을 계기로 이슈(환경유해물질과 국민 건강 이슈)가 발생하며, 적절한 이슈 관리가 되지 못할 경우 이해관계자들과의 갈등(이슈의 발생 책임은 관리·감독 부실의 행정기관인가 혹은 적정 환경유해 기준치를 초과하게 제품을 제조한 기업의 책임인가?)이 발생 및 심화될 수 있으며, 나아가 위기(사용자 사망 등 피해자 급증)로 발전될 수 있음을 강조하였다. 이러한 연유로, 각 단계별 관리 기능이 중요하다는 것이다. 단계별 관리 기능에 대한 세부적인 설명과 논의는 이 책의 제5장(명성 관리), 제6장(이슈 관리), 제7장(위기관리) 등을 참고하길 바란다.

이러한 일련의 과정에서 중요한 점은 제시한 4개의 단계가 단편적으로만 작동되는 것이 아닌, 즉 회복적 단계에서 모든 PR 관리가 종료하는 것이 아니라 처음 단계인 이슈 관리의 기능으로 회귀하여 반복적으로 순환한다는 점이다. 이러한 과정에서 소통의 이해관계자들과의 의견 조율을 위한 협의나 그 성과인 합의가 형성된다는 것이다(정원준, 2015, 2018b).

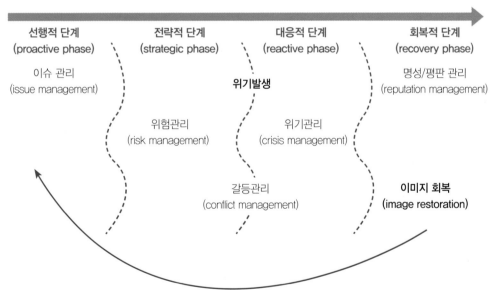

[그림 1-2] 쟁점/이슈-위험-갈등-위기-명성 관리 순환 모형

출처: Cameron et al. (2008)

종합하면, 4개의 개념을 총정리하여 이 장에서 정의하는 PR은 다음과 같다.

PR이란 개인 또는 조직이 자신과 이해관계가 있는 다양한 공중과 양방향 커뮤니케이션을 통해 상호호혜적 관계를 형성하고 유지하며 발전하기 위해 지속적으로 계획하고 실행하는 전략적 관리 활동이다.

2. PR 유사 개념

서두에 언급한 바와 같이 PR은 단순히 '공중관계들'로 직역할 수 있는데, 국내에서는 왜 PR은 '홍보'라 불리고 있는가? 이는 매우 잘못된 현상이며, 이에 대한 명확한 이해뿐만 아니라 홍보 이외의 PR 유사 개념들과 PR과의 공통점이나 차이점에 대한 숙지가 필요하다.

1) 선전

선전(宣傳, propaganda)이란 정치, 사회, 종교조직 및 개인이 타인이나 타 조직을 설득하기 위해 그들의 이념 및 주장을 일방적으로 전파하는 행위를 말한다. 사회적으로 민감한 이슈나 정치적 · 이념적 갈등 발생 시 여론에 영향을 주고자 하는 모든 시도는 넓은 의미에서 선전이라 할 수 있다(이종혁, 2014).

선전의 궁극적인 목적은 단순한 정보전달의 활동을 넘어 사람들의 집단적 행동을 유발하려는 데에 있다. 이러한 행동을 선동(煽動)이라 하며, 선전이라는 용어 사용 시 선전 선동이라는 복합어가 한 쌍으로 사용되는 연유이기도 하다.

예전에는 상업광고를 선전이라 칭하기도 하였지만, 이 또한 잘못된 용어 사용이다. 상업광고는 제품에 대한 정보를 일방향적으로 제공하는 측면에서는 선전과 유사할 수 있으나, 자유시장 경제체제에서의 상업광고는 정당한 마케팅 활동으로 인정받는다(김병희 외, 2017).

이에 반하여 선전이라는 용어는 불특정 다수를 대상으로 정치적 신념을 조종하거나 조작하고자 하는 의도적 활동에 국한되어 쓰이고 있으며 수단과 방법을 가리지 않고 정보를 유포하여 공공여론에 영향(조작)을 미치려는 비윤리적이고 부정적인 의미를 담고 있는 용어로 이해해야 한다.

2) 공보

'공보(公報, public information)'란 '공공정보(公共情報)'의 줄임말로, 정확한 사실에 입각하여 공공성의 특성을 지닌 정보를 명확하게 생성하고, 이를 대중 또는 일반인들에게 제공하는 커뮤니케이션 활동을 의미한다.

공보가 선전과 다른 점은 선전은 정확하지 않는 정보를 제공하여 선동을 도출하고자 하지만, 공보는 철저히 사실적 정보만을 제공하고자 하기에 윤리적으로 신뢰성과 정당성을 담보한 커뮤니케이션 활동이라 할 수 있다(신호창, 이두원, 2002).

특히 우리나라의 정부 및 행정기관들은 공공정보를 널리 알린다는 개념에 기반을 둔 공보업무를 수행해 왔다. 대언론관리, 보도자료 배포 등 국민을 관리하는 데 필요한 기술적인 측면이 중심이 되는 활동이 공보의 기능에 포함된다(김병희 외, 2017; 유재웅, 2014; 신인섭, 김병희, 2016; 신호창, 이두원, 2002).

하지만 최신 미디어 환경과 트렌드를 감안할 때, 공보 활동의 아쉬운 점은 해당 정책과 관련이 있는 공중과의 상호이해적인 교류를 통한 관계 형성을 기반으로 정책 커뮤니케이션을 수행하기보다는 행정기관이 알리고 싶은 정보를 언론사를 대상으로 보도자료를 배포하거나 언론인 초청행사 등을 통해 일방향적으로 국민에게 전달하는 선에만 국한되는 활동에 그친 점이라 할 수 있다(신호창, 이두원, 2002; 신호창, 이두원, 조성은, 2011).

3) 공지

공지(公知, notice/announcement)는 공보의 기능과 일맥상통한다. 즉, 사실을 근간으로 하는 공공의 정보를 제공한다는 측면에서는 두 개념이 동일하다고 할 수 있다. 다만, 일정량의 재정적 예산에 근간하여 전략적인 기획을 바탕으로 실행하는 공보에 비하여, 공지는 예측하지 못한 상태에서 발생하는 이슈에 대한 정보를 신속하게 전달하는 데 그 목적이 있으며, 급변하는 상황에 따라 시간별, 요일별 혹은 주간별로 정보를 수시로 제공하고 널리 알리는 데 중점을 둔다.

예를 들면, 최근 코로나 바이러스 감염증(COVID-19)과 연관하여 주무 행정기관인 질병관리청과 지역자치단체가 협업하여 지역 거주민에게 긴급 안전 안내 문자 메시지를 전달하거나 코로나19 현황 웹페이지에서 실시간 정보를 제공하고 수시로 업데이트하는 활동 그리고 돌발적으로 발생한 연관 뉴스를 속보 형식으로 TV 자막 하단에 전달하는 방식 등을 포함하며, 이를 공지의 다른 명칭인 공공서비스 공지(Public Service Announcement: PSA)라고도 한다.

4) 홍보

홍보(弘報, publicity)는 '(정보를) 널리 알린다'는 뜻을 가진 개념으로 조직이 알리고자 하는 정보를 더 많은 사람들에게 전달하도록 하는 것에 중점을 두고 있는 개념이다(김병희 외, 2016; 김영욱, 2003; 박종민 외, 2015; 신호창, 이두원, 2002; 이명천, 김요한, 2019). 이 부분에서는 앞서 언급한 공보 그리고 공지와 동일한 개념이나, 홍보는 다양한 미디어를 더욱 적극적이고 효과적으로 활용한다는 점에서 그들과는 다소 차이가 있다. 환언하자면, 기본적으로 공지, 공보 그리고 홍보의 목적은 동일하나, 목적 달성을 위한 실행의 과정이나 방식에서 다소 차이가 있다고 할 수 있다.

홍보는 다양한 미디어를 전략적이고 효율적으로 이용하여, 전달하고자 하는 정보를 더욱 짧은 시간 내 더 널리 알리고, 나아가 송신자와 수신자인 다른 조직/그룹과 정보를 교환하고 주체 간의 사고의 교류 등을 포함한 활동이라 할 수 있다.

국내로 한정하자면, 1990년대 이후 PC의 대중화와 더불어 디지털 미디어 발달의 촉발, 케이블 TV 및 종합편성채널의 확대, 데스크톱 퍼블리싱 기술 발달 등 미디어 기술과 산업 전반의 급속한 성장을 가져왔으며, 이러한 변화는 근시적이고 편협했던 공보 커뮤니케이션 영역을 홍보적 차원으로 확대하는 데 지대한 영향을 주었다고 할 수 있다.

홍보를 외래어로 '퍼블리시티(publicity)'로 표기를 하였지만, 정확한 명명은 아니다. 엄밀하게 보자면, 퍼블리시티는 '언론보도'에 더 적합한 용어임에도 홍보를 퍼블리시티로 표기한 이유는 홍보라는 용어에 대한 정확한 외래어가 존재하지 않으며,[2] 기능적으로 가장 근접한 용어가 퍼블리시티이기 때문이다(김병희 외, 2017; 신호창 외, 2011).

퍼블리시티는 조직이나 개인이 자신에 대한 언론기사가 언론매체에 실리도록 하는 언론보도 활동을 말한다. 언론보도를 위해 조직이나 개인은 언론기관에 비용을 지불하지 않고,[3] 자신들과 관련된(예: 새로 시판되는 신상품) 각종 정보를 제공하는 활동이다. 이런 의미에서는 퍼블리시티와 홍보가 흡사한 부분이 존재한다. 하지만 퍼블리시티는 언론보도에 집중한다는 점 그리고 홍보는 언론보도 이외에도 다양한 미디어를 전략적으로 활용한다는 점에서 두 용어 간 차이가 있으며, 홍보가 퍼블리시티보다는 조금은 광의의 개념이라 할 수 있다(신호창 외, 2011).[4]

홍보와 퍼블리시티 역시 조직과 공중 사이에 좋은 관계를 맺고 유지하고 발전시키는 기능보다는 선전, 광고, 공보 등의 개념처럼 불특정 대중을 겨냥하여 정보를 생성하고, 특히 홍보의 경우 언론매체뿐만 아니라 다양한 미디어를 이용하여 일차원적으로 그 정보를 제공하려는 활동을 영위하는 일방향 커뮤니케이션 방식이 주를 이룬다. 이 점이 양방향 커뮤니케이션을 지향하는 PR과 유사 용어들과의 가장 큰 차이라 할 수 있다.

종합하자면, 홍보가 PR 수단 중 가장 영향력이 있고, 가장 오래 사용되어 왔기 때문에 PR이라고 한다면 홍보를 떠올리는 것도 무리는 아니다. 하지만 엄밀히 말하면, 홍보는 PR의 다양한 수단과 기능 중 하나이다(이명천, 김요한, 2019).

---

2) 역사적으로 1945년 광복 이후 미군정이 실시되면서 국내에 공보의 개념이 처음으로 도입되었고, 외래어로도 공보를 의미하는 public information은 존재하였지만, 홍보의 근원에 대해서는 명확하게 알지 못한다. PR 그리고 홍보라는 용어에 대한 시초를 조사한 연구(신인섭, 김병희, 2016; 신인섭, 이명천, 김찬석, 2010)에 의하면, '홍보'라는 개념이 거의 없던 일제 강점기에는 선전이라는 용어가 주로 사용되었으며, 해방 이후 1960년대 들어서야 홍보라는 용어가 등장하였으며, 1970년 이후에 문헌에 자주 나타나며 사전 등에 기록된 것으로 나타난다(유재웅, 2014).

3) 신문의 기획기사나 기사형 광고인 애드버토리얼(advertorial)처럼 비용을 지불하는 방식이 존재하다가, 2018년 12월에 시행된 「정부광고법(정부기관 및 공공법인 등의 광고시행에 관한 법률)」에 의하여 금지되었다.

4) 신호창 등(2011)은 퍼블리시티와 홍보의 개념적 차이를 영역 및 활동 크기로 비유하면서 '홍보=공보+퍼블리시티'와 유사하다고 제시하였다.

3. 커뮤니케이션 패러다임의 변화

미디어의 발달이 PR 영역의 확장에 중추적인 역할을 하면서 기존의 정치·사회적 관계를 변모시키며 새로운 커뮤니케이션 패러다임을 제시하고 있다. 1990년대 PC(personal computer)의 대중화, 그중에서도 인터넷 연결을 통하여 필요한 정보를 찾아보며 활용하고 국내외 누구와도 시공간의 제약이 없이 커뮤니케이션을 할 수 있는 PC 환경은 종전의 커뮤니케이션 패러다임 변혁에 매우 큰 영향을 주었다. 그 핵심 중 하나는 바로 피드백의 원활함, 즉 양방향 커뮤니케이션의 실현 가능성이 높아진 부분이었다.

실례로 PC 보편화 이선의 미디어 환경은 전통적 미디어 혹은 레거시(legacy) 미디어의 일방향적 특징에 의하여 가령 특정 TV 프로그램 시청자가 그 프로그램을 보고 난 후 이에 대하여 찬사를 보내거나 혹은 항의를 하거나 하는 피드백을 그 프로그램 제작자에게 전달할 수 있는 방법은 TV 방송사를 직접 방문하거나, 편지 및 엽서 보내기 혹은 전화하기 등 매우 제한적이었다.

하지만 PC와 인터넷 연결은 시간과 공간의 제약을 받지 않고도 피드백을 자유스럽게 할 수 있는 기회를 제공하였다. 그러나 유비쿼터스(ubiquitous) 커뮤니케이션 환경과 이동성(mobility)에서는 제약이 여전히 존재하였다. 피드백을 하기 위하여 인터넷 연결이 가능한 PC를 찾아 유선상의 접속을 해야만 가능했다. 2000년 중반부터, 지금의 무선 와이파이가 보편적으로 활성화되었으며, 무엇보다 스마트폰과 태블릿 등과 같은 모바일 기기의 사용 증가는 ICT 산업의 급성장과 함께 커뮤니케이션 지형을 바꾸었다고 해도 무방하다.

1) 뉴 커뮤니케이션 모델

ICT 발달은 앞서 제시한 [그림 1-1]의 전통적 커뮤니케이션 모델에서 업그레이드된 새로운 커뮤니케이션 모델을 제시한다. [그림 1-3]이 새로운 커뮤니케이션 모델의 특징을 보여 주는데, 전통적 모델과 큰 차이를 보이는 부분은 바로 송신자와 수신자 간 존재하였던 물리적 그리고 심리적 거리이다. 즉, 소통과 피드백의 시간 차이가 점차 가까워지면서 송신자와 수신자의 경계가 불분명할 정도의 근간거리가 되었다. 이는 송신자가 메시지를 생성하여 수신자에게 전달하는 시간 그리고 수신자가 송신자의 메시지에 반응하는 피드백의 시간이 매우 빠르거나 실시간으로 이루어지고 있음을 표현한 것이다. 또한 전통적 모델에서는 커뮤니케이션 요소로 중요하게 고려하지 않았던 문화, 의사소통 기술[5]이나 경험, 태도 등의 요소도 추가되었다.

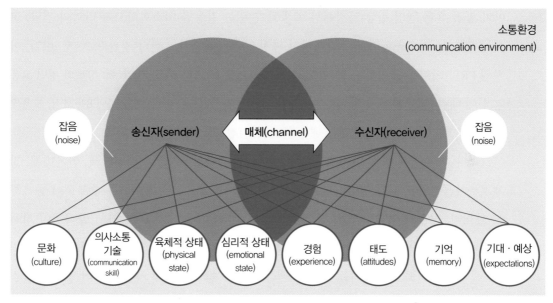

[그림 1-3] 뉴 커뮤니케이션 모델

출처: 이찬규(2003), 이종혁(2014).

2) 뉴 커뮤니케이션 패러다임의 전환

이미 언급한 바와 같이, PR의 역사는 공보적인 커뮤니케이션 기능에서 점차 홍보적 그리고 PR적 패러다임으로 변화하였으며, 모든 기능을 통합하고 새로운 미디어 환경에 순응

---

5) 의사소통 기술은 기본적으로 올바른 용어 사용과 맞춤법 준수 등의 언어적 부분과 목소리 톤과 소리의 높낮이 (pitch) 등의 청각적(auditory) 부분 그리고 제스처를 이용한 시각적(visual) 메시지 전달 기술을 의미한다. 하지만 최근 디지털 미디어 환경에서는 다양한 미디어 매체를 적재적소에 사용하고, 이를 응용하여 커뮤니케이션 활동에 활용할 수 있는 능력[이를 미디어 리터러시(media literacy)라고 함] 역시 의사소통 기술에 포함하여 통칭한다.

하는 소통적 패러다임으로 진화하고 있다(제2장 3절 'PR의 진화' 참조).

뉴 커뮤니케이션 패러다임의 대두는 오늘날 정부를 포함한 다양한 조직의 PR 방향성과 전략적 근간을 바꾸는 계기를 마련하였다. 가령 공공영역의 경우, PR은 정책 형성과 집행 과정 속에서 어느 정책에 대한 지지를 확보하고 경영·행정서비스의 정당성을 강화시키는 수단으로 정의된다(박종민 외, 2015). 나아가 참정권이 보장되는 민주주의 사회에서 공공 정책을 효과적으로 입안하고 수행하기 위해 국민의 이해와 협조를 구하는 과정이며, 나아가 공공 혹은 경영 집행 과정에서 발생될 수 있는 갈등을 최소화하고자 민의의 전달, 교류, 수정되는 정치공학적 커뮤니케이션 과정으로 이해되기도 한다(정원준, 2015, 2017). 이처럼 PR의 의미를 규명하는 데 있어서 사회적으로 중요한 특정 사안(예: 정부의 청년 고용정책)에 대한 결정 과정에 참여하는 공식적인 주체(청년)와 이해관계자들(교육조직, 고용주와 산업 등)을 이해해야 하는 것은 매우 중요하다(신호창 외, 2011).

그러나 최근 정책 형성 과정에서 정당, 이익집단, 비정부기구나 시민단체, 언론매체, 정책전문가들뿐만 아니라 일반시민에 이르기까지 비공식적으로 참여하는 주체들이 증가하고 있으며, 이들의 영향력 역시 점차 확대되고 있다(정원준, 2017). 따라서 공식적인 정책 참여자들뿐만 아니라 비공식적 정책 결정 참여자들을 포함해 정책PR에 대해 정의를 내리면, '정책을 입안하고 집행하는 대통령·국회의원·행정관료 및 사법부와 이들의 정책 결정에 영향을 주고받을 수 있는 정당, 이익집단, 비정부기구나 시민단체, 언론매체, 정책 전문가 사이의 관계를 증진시킴으로써 정책 입안 및 집행을 원활히 하는 활동'이라 할 수 있다(박종민 외, 2015). 이처럼 디지털 미디어의 발달로 인한 사회적 변화 물결에서 전통적인 홍보와 PR의 개념은 광의적 소통의 개념으로 그 패러다임이 진화하고 있다.

종합하여 커뮤니케이션 패러다임의 구성요소를 운영 방향, 핵심 가치, 참여 방식, 소통 모델, 소통 수단 그리고 소통 활동을 캐스팅(casting) 개념으로 두고, 각 패러다임의 특성을 정리하면 〈표 1-1〉과 같다.

초창기 커뮤니케이션을 주도한 공보와 홍보적 패러다임은 권력과 힘(power)을 지닌 정부 중심적이었으며, 자유민주주의에 근간한 참여 방식이 아닌 정부나 조직이 주도하는 효율성에 가치를 두는 다소 폐쇄적인 커뮤니케이션 방식이었다. 그렇기에 전통적인 4대 매체를 활용한 일방향 방식이 커뮤니케이션의 주된 접근이었으며, 정보를 널리 알리기 위한

●표 1-1● **커뮤니케이션 패러다임의 전환**

구분	공보 · 홍보적	PR적	소통적
운영 방향	정부 중심	공중 중심	공중 개개인 중심
핵심 가치	효율성	민주성	확장된 민주성
참여 방식	관 주도 · 동원 방식	제한된 공개 · 참여	능동적 개방 · 공개 · 참여 · 공유 · 확산 · 협력 · 연결 · 네트워크 · 소통
소통 모델	일방향 모델	양방향 모델	양방향 · 맞춤형 모델
소통 수단 (채널)	전통적 4대 매체	유선 인터넷	무선 인터넷 스마트 모바일
캐스팅	브로드캐스팅	내로캐스팅	마이크로캐스팅, 퍼스널캐스팅, 나우캐스팅

의미인 브로드캐스팅(broadcasting)이 주류였다 할 수 있다.

정치 · 사회적으로 민주주의가 정착하기 시작한 시기의 커뮤니케이션은 PR적 패러다임 특징을 지니게 된다. 즉, 정부 중심에서 국민 중심으로, 효율성보다는 민주적 가치를 지니며, 다소 제한적인 요소도 존재하였지만 인터넷 발달로 인한 정보 공개 및 공유가 가능해지는 양방향 커뮤니케이션이 실현되었다. 또한 정보를 일방향적으로 폭넓게 전달하고자 하였던 방식에서 벗어나 소통 대상자와의 관계 설정에 초점을 두는 내로캐스팅(narrowcasting)의 특징도 존재하였다. 다만, PR 커뮤니케이션 패러다임의 핵심은 양방향 커뮤니케이션의 실현이라 할 수 있지만, 송신자와 수신자라는 두 주체 간 힘의 균형이 완전하며 대칭적 양방향 커뮤니케이션(symmetric two-way communication)이 완성되지 못한 채, 본질적 힘의 불균형을 인정하거나 묵인하는 비대칭적 양방향 커뮤니케이션(symmetric two-way communication)이 여전히 존재하는 제약도 있다(이종혁, 2014).

모바일 기기 사용의 확장성은 PR의 한계를 넘어서 소통적 패러다임으로 진화하고 있다. 소통적인 접근의 핵심은 공중을 하나의 그룹으로 보는 것이 아닌 개개인의 특성을 고려하며, 대칭적 양방향 커뮤니케이션을 지향하고 있다는 점이다. 소통 패러다임의 핵심 가치는 개인이 상이하게 지닌 소통 방식과 개성을 존중하는 확장된 민주성에 있다. 나아가, 소통의 특성을 보이는 주요 핵심어로는 능동적인 정보 공개와 공중 주도적인 참여를 유도하며 나아가 정보 공유와 확산 등이 있다. 또한 특정 이슈나 사회적 문제를 해결하기 위하여 다양한 주체의 협력(collaboration)이 일어나 집합지성의 발현이 가능해졌다. PR적 양방향 커뮤니케이션 모델을 근간으로 공중 개개인의 눈높이에 맞는 소통을 추구하는 개인화된 미디어를 활용하는 마이크로캐스팅(microcasting) 혹은 퍼스널캐스팅(personalcasting) 시대를 경험하고 있다. 나아가, 정보의 생성·공유·확산이 실시간으로 진행되는 나우캐스팅(nowcasting)이 실현되고 있다. 특히 4차 산업혁명과 맞물려 초연결(hyper-connectivity)과 네트워크 기능이 강조되고 있다(정원준 외, 2019).

3) 뉴 커뮤니케이션 패러다임의 특징

뉴 커뮤니케이션 패러다임의 특징을 크게 네 가지로 정리할 수 있다.

(1) 정보전달(push) → 자발적 참여유도(pull)

전통적 커뮤니케이션 패러다임은 조직이 소통 대상자인 공중에게 정보가 필요한지, 그렇다면 어떠한 정보가 언제 필요한지 의견을 수렴하는 절차 없이 영향력 있고 효율적인 언론매체만을 활용하여 일방향적으로 정보를 제공하던 푸시(push)형 소통 방식이 주를 이루었다. 이러한 연유로 공중의 니즈나 눈높이에 부합하지 않는 일방적 정보전달로 인하여 많은 정보들이 효과적으로 전달되지 않았고, 설사 전달되었다 하더라도 쉽게 사장(死藏)되었을 가능성이 높았다.

하지만 최근 커뮤니케이션의 핵심은 일차원이며 일방향적인 공보 또는 홍보의 영역을 초월하여, 공중이 주도하여 송신자의 역할을 할 수 있는 소통의 장(場)이 생성되고 공중 개개인 스스로가 활용할 수 있는 미디어를 선택하고 이용하여 정보를 탐색하며, 필요한 정보를 얻고, 새로운 정보를 생성하여 공유·확산하는 정보 생성과 처리 과정 방식, 즉 풀(pull)형 참여를 이끌어 내고자 하는 기능이 강조되고 있다.

(2) 설득 → 공감과 체감

전통적 의미에서 커뮤니케이션의 목적 중 하나는 커뮤니케이션을 통한 타인의 인지와 태도 혹은 행동의 변화를 추구하는 '설득'에 있었다(김영욱, 2003; 김병희 외, 2017). 하지만 최근 커뮤니케이션의 특징은 공중의 정보적 접근성을 높이고, 그들로부터의 피드백을 적극적으로 수렴할 수 있는 소통과 관계관리 행위가 강조되고 있다. 이에 공중을 설득하기보다는 그들과의 공감 능력을 배양하고 커뮤니케이션 과정과 성과에 대한 체감도를 제고하기 위한 활동을 중요시하고 있다.

예를 들어, 황근과 최일도(2013)는 디지털 미디어 시대의 정부 커뮤니케이션은 ICT 스마트 기술을 이용하여 정부의 정책 운영에 대한 시민의 비정치적·비정당적 의사소통까지도 포괄하는 행위로서, 단순히 정책 순응도와 만족도를 제공하는 데 국한되기보다는 정책에 대한 사회·문화적 공감대를 형성하기 위한 정부와 국민 간의 상호호혜적 관계 지속 전략이라고 정의하였다. 이와 유사하게 이종혁과 황성욱(2015)은 ICT 중심의 디지털 거버넌스 시대의 공공 커뮤니케이션이란 SNS의 상호작용성과 소통의 피드백 체계를 통해 정부와 이해관계자 간의 상호통제성과 상호교환성이 극대화되고 이로부터 신뢰감과 친밀도를 높이는 민주적 시민성의 전략적 플랫폼이라고 정의하였다.

종합하면, 정보를 통한 주장과 설득의 기능도 중요하지만 공감 역량을 발휘하고 체감도를 향상하는 조직-공중 간 상호 조정을 통하여 지속적인 상호호혜적 관계 생성, 유지 및 증진의 목적을 지닌 PR 시대가 도래했다.

(3) 힘의 집중 → 분산

과거의 커뮤니케이션 과정에서는 힘을 지닌 조직과 공중과의 관계가 수직적인 1 대 다수로서 힘이 한쪽으로 집중되어 있는 관계였기에, 일방향 커뮤니케이션 과정이 존재할 수밖에 없는 사회적 환경이었다. 하지만 디지털 미디어 환경에서는 힘을 가진 하나의 조직이 중요한 모든 정보를 독점하고 독식하는 모순적 구조는 파괴되고 힘이 분산되어 수평적인 1 대 1의 관계로 변화되고 있다.

특히 디지털 미디어의 하부도구인 소셜미디어의 도래로 다양한 미디어 채널과 플랫폼을 기반으로, 커뮤니티, 커뮤니케이션, 정책 참여 확장을 특징으로 공유된 콘텐츠, 공유된 도구, 제한 없는 토론과 공론화를 기반으로 조직-공중 간 수평적 상호작용성으로 발전되고 있다. 커뮤니케이션 전략 또한 언론을 통한 전 국민 대상 일방향적 정보 제공 방식에서 양방향적인 피드백 활성화로 인하여 국민의 의견을 모니터링하거나 수렴하며 때에 따라

의견을 조정하기도 한다. 나아가, 전 국민을 세분화하여 정책 이해관계자로 타깃화하고 각 이해관계자(그룹)에 맞는 맞춤형 정보 제공과 소통의 형식으로 변화하고 있다. 이처럼 힘을 가진 조직에게 집중되어 있었던 소통에서 힘이 분산된 다양한 이해관계자 중심의 커뮤니케이션으로 진화되고 있다.

(4) 분절과 단절 → 협력

최근의 커뮤니케이션 패러다임은 소통 대상자인 공중을 하나의 분절된 그룹으로 간주하지 않고 다양한 이해관계자(예: 전문가, 어떠한 이슈에 직·간접적 영향을 주고받는 관여도 높은 준 전문가 집단, 오피니언 리더들, 인플루언서, 시민단체, 관련 협회, 연관 사기업 등) 집단으로 분류하고, 그들의 눈높이와 니즈를 충족시키는 맞춤형 소통을 수행함과 동시에 그들의 지지와 참여 그리고 이를 통한 조직-공중 간 협력 및 합의와 조화, 그 결과 정책 형성과 효율의 극대화를 위한 커뮤니케이션으로 영역이 확장 중이다(정원준 외, 2019).

바람직한 협력적 소통을 통한 효율적인 정책 결정 및 정책 집행이 이루어지기 위해서는 소통을 위한 소통 프로세스가 구체화되어야 하며, 그 사전작업으로 해당 정책과 관련된 이해관계자에 대한 규명이 선행되어야 할 뿐만 아니라 단계별로 이들 이해관계자들을 어떻게 구성할 것인지에 대한 가이드라인을 수립하고 공공소통의 원칙들을 확립하는 노력이 보다 강조되고 있다(정원준, 2018a, 2018b; 정원준 외, 2019).

거듭 강조한 바와 같이, 정보통신기술의 발달, 특히 소셜미디어의 발달로 다양한 영역에 대한 공중의 의사표현이 보다 직접적이고 편리하게 전달될 수 있게 되면서, 접근의 용이성이 다양한 형태의 공중참여가 협력적 커뮤니케이션의 프레임워크를 결정하는 것으로 이해되고 있다.

4. 디지털 시대 PR의 역할

앞에서 언급한 뉴 커뮤니케이션 패러다임의 특징을 통한 디지털 시대 PR의 역할을 시소놀이의 예로 설명하고자 한다. [그림 1-4]의 좌측 그림과 같이, 평행과 균형을 이루고 있던

놀이기구인 시소에 100kg의 몸무게를 지닌 A와 50kg 몸무게의 B가 앉았다고 가정해 보자. A와 B 두 주체 간 몸무게 차이에 의한 힘의 불균형으로 시소는 A쪽으로 기울어지는 우측 그림의 모양을 지니게 된다. 우리는 여기서 A는 그동안 사회적으로 많은 기득권과 힘을 축척한 조직이라 비유한 것이며, B는 상대적으로 힘이 부족하여 소외되고 취약했던 A의 이해관계자라 할 수 있다. 이처럼 근본적으로 A와 B 간에 몸무게 차이에 의한 힘의 불균형이 존재하여 기울어진 시소와 같은 상황에서 두 주체 간의 균형을 이룰 수 있는 방법, 즉 PR의 역할은 무엇이 있겠는가?

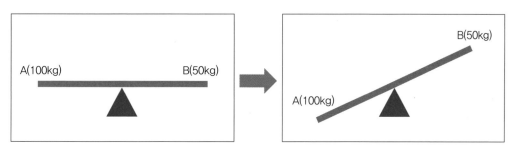

[그림 1-4] 무게 차이에 의한 힘의 불균형

1) 힘의 분배와 사회적 책임

A와 B 간에 몸무게 차이에 의하여 기울어진 시소에서 두 주체 간의 균형을 이룰 수 있는 첫 번째 방법은 [그림 1-5]에서 보는 바와 같이 A의 몸무게인 100kg에서 25kg를 감하여 50kg인 B에게 전달하고 두 주체 모두 75kg의 몸무게를 유지하는 방법이다. 물론 이 방법은 생물학적으로는 쉽지 않기에 물리학적인 비유를 한 것이지만, 두 주체 간 원-원의 상호호혜적이며 균형적인 관계 생성을 위해서는 A가 가지고 있던 힘의 일부(25kg)를 B에게 나누어 주는 것이다. 이는 최근 PR 커뮤니케이션 영역에서 연구가 활발하게 진행되고 있는 기업의 사회적 책임(Corporate Social Responsibility: CSR) 그리고 공유가치 창출(Creating-Shared Values: CSV)과 같은 활동이 여기에 해당된다. CSR은 기업이 자신이 보유한 자산이나 정보 및 지식 그리고 기술 등을 사회에 환원하거나 분배하는 등 윤리적이고 사회공헌적인 활동을 통하여 힘의 분배와 상생을 도모하는 활동이라 할 수 있다. 제5장의 CSR 내용을 참고하면 되겠다.

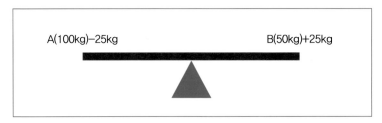

[그림 1-5] **힘의 분배와 사회적 책임**

2) 듣는 소통의 실현

[그림 1-6]이 시사하는 두 번째 방식은 듣는 소통의 실현이다. 전통적 커뮤니케이션은 송신자([그림 1-6]의 A)의 메시지 생성으로부터 커뮤니케이션이 시작된다는 전제가 주를 이루었지만, 현 디지털 미디어 환경은 B의 의견을 우선적으로 경청하는 커뮤니케이션도 매우 강조되고 있다. 시소의 좌측 끝에 앉아 있던 A가 B의 목소리를 듣기 위하여 삼각형의 중심축으로 이동을 하게 되면, 두 주체 간의 힘의 균형이 이루어지는 것이다.

가령 우리 사회의 만연해 있는 다양한 갈등의 주요 요인으로는 조직의 하향식 정책 결정, 사회 기득권층 위주의 의제 형성 등 힘을 가진 조직의 수직적·권위적 의사결정 방식이 언급된다. 이에 최근 정부에서 시도하여 활성화된 '국민청원제'와 같은 의견 제시와 수렴 시스템이나 숙의 민주주의의 실천 방식인 국민 공론화 과정 정착 등은 사회적 갈등을 해결하기 위한 해법으로 제시되고 있다(정원준, 2018a, 2018b). 민간 조직들 역시 소비자의 의견을 듣는 제도를 도입하여 커뮤니케이션 전략에 활용하고 있는 점이 이러한 방식을 대변한다 할 수 있다.

4차 산업혁명의 핵심적인 키워드인 인공지능(AI), 머신러닝, 빅데이터 등은 디지털과 컴퓨터 기반의 데이터 분석과 더불어 듣는 커뮤니케이션 실현에 도움을 주고 있다. 가령 언론 기사의 댓글, 온라인 카페나 블로그, 페이스북, 트위터, 인스타그램, 유튜브 등으로 대표되는 다양한 소셜미디어에서 방대한 양의 데이터를 수집·분석해 의미 있는 시사점과 인사이트를 찾아내 공중의 여론과 커뮤니케이션 패턴을 발견하고 그 안에 숨겨진 의미와 가치를 발굴해 내는 빅데이터 분석이 활발하다(정원준 외, 2019).

나아가, 데이터 안에 숨겨져 있는 이용자들 간 네트워크 구조와 이를 통한 이용자의 행

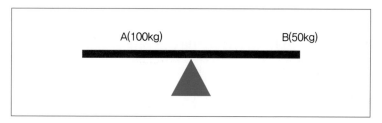

[그림 1-6] **듣는 소통의 실현**

동을 측정하고 분석하여, 궁극적으로 실질적인 인간의 심리나 행동을 정확하게 예측할 수 있는 방법론적인 지평이 날로 확장되고 있으며, 이를 통한 조직-공중 간의 양방향 커뮤니케이션의 접점을 찾으려는 노력은 두 주체 간 힘의 불균형을 균형적으로 조정하려는 노력의 일환으로 볼 수 있다.

3) 협력적 커뮤니케이션 실현

세 번째 방식은 조직-공중 간 또는 공중-공중 간 협력적 커뮤니케이션을 지향하는 PR 기능이라 할 수 있다. [그림 1-7]이 제시하는 바는 공중-공중 간 협력을 보여 주는 의미로, 50kg의 B가 동일한 힘을 가진 또 다른 공중과 함께 한 협의체를 구성하여 A와 균형을 맞춰 커뮤니케이션을 하는 방식이다. 반드시 동일한 힘을 가진 공중 간 연합만을 의미하는 것은 아니고, 필요에 따라 10kg, 20kg의 힘을 가진 다양한 공중의 협력으로 A가 지닌 100kg의 합을 이루면 되는 것이다.

오늘날 뉴 커뮤니케이션 패러다임 핵심인 참여·공개·대화·커뮤니티·연결·네트워크로 대표되는 스마트 생태계가 형성되면서 소통과 참여를 중시하는 공중 간 커뮤니케이

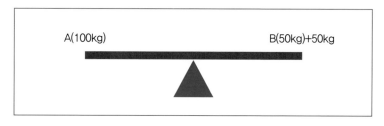

[그림 1-7] **협력적 커뮤니케이션 실현**

선 환경이 도래하였고, 관료제 중심의 통치 개념을 넘어서 조직과 공중, 시민과 사회, 기업과 소비자 간의 협업이 강조되는 협력적인 거버넌스 시대로 진화하고 있다(정원준, 2018b).

기존의 거버넌스 개념이 단순한 시민 '참여'형 거버넌스였다면, 새롭게 제기되고 있는 시민 '주도'형 거버넌스는 다양한 소통행위자들이 대등한 위치와 상호 간의 파트너십을 인정함으로써 참여자, 협력자로 역할과 가치가 증대되었다. 대부분 온라인 미디어를 근간으로 공중 간 공동체는 개개인의 사소한 문제나 소문 등을 공유하는 비공식적이고 소극적인 커뮤니케이션으로 간주되었다. 그러나 최근에는 기존의 언론이 주목하는 정치·경제적 사안 등 다양한 사회적 이슈에 대하여 여론을 형성하는 역할을 공중 스스로가 하고 있음에 주목할 필요가 있다.

이제 공중 간 협력적 공동체는 개인이 자유로이 정보와 지식을 공유한다는 개념을 넘어서 하나의 사회적 네트워크로서 정치, 경제, 문화는 물론이거니와 사회 전반에 걸쳐 큰 영향력을 발휘하고 있기에 A의 입장에서는 B가 다른 공중과의 협업과 협력 공동체 활동을 적극적으로 도우며, 균형 있는 커뮤니케이션이 유지되도록 하는 PR의 역할을 강조하고 있다.

4) 합의형성을 위한 조정자 역할의 강조

A와 B 간에 몸무게의 차이에 의하여 기울어진 시소에서 두 주체 간의 균형을 이룰 수 있는 마지막 방법은 [그림 1-8]에서 보는 바와 같이 A와 B 간 의견 차이로 인한 갈등 발생 시 두 주체 간 합의형성을 위하여 시소의 중심축에 해당하는 삼각형 모양인 PR의 조정자 역할이 더욱 강조된다는 점이다. 앞서 언급한 바와 같이 시소 위에 착석해 있는 A와 B 사이

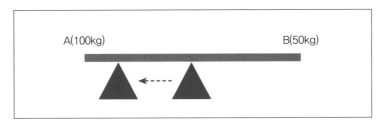

[그림 1-8] **PR의 조정자 역할**

에 힘의 배분, 듣는 소통 그리고 협력적 거버넌스 등의 접근이 현실적으로 실현되기 어려운 경우, 즉 A와 B가 한 치의 양보와 배려가 없이 제자리를 지키는 경우에 두 주체 간 균형을 이루게 하는 방법은 중심축을 움직이는 방법뿐이다.

최근 우리 사회는 이념·계층·세대·노사·지역 등 사회 각 분야에서 갈등을 경험하고 있으며, 갈등으로 인한 불신 증대 그리고 갈등 해소를 위한 사회·경제적 비용 증가 등 많은 사회 문제를 양산하고 있다. 특히 다양한 정부 정책을 둘러싼 공공영역에서 갈등의 증가는 정책 수용성 저하로 인한 정부 정책의 표류와 정부-국민 간 그리고 공공 조직-이해관계자 간 신뢰 하락으로 이어지는 악순환이 되풀이되고 있다(정원준, 2018a). 선행 연구들은 우리 사회에서 발생하는 정부 정책과 연관된 공공 갈등의 주된 원인으로 정부 정책 과정에서의 불투명한 정보 공개와 공정성 결여, 그리고 대표성 부족과 같은 '절차적 문제'가 일차적으로 존재한다고 지적하였다(김광구, 오현순, 김영곤, 2013). 나아가, 일반 국민 및 이해관계자 등의 소통 참여 미비와 이로 인한 숙의 과정 부족, 그리고 합의형성 시스템의 부재에 의한 일방적인 정부 정책 결정 과정(임동진, 2011; 정정화, 2012) 등도 공공 갈등의 원인으로 언급되고 있다.

이러한 갈등을 해소할 수 있는 다양한 방법이 제시되고 있지만, 커뮤니케이션 영역에서는 PR의 조정자(moderator) 역할의 강화를 요구하고 있다(정원준, 2018b; 정정화, 2012). 가령 정부와 사회 구성원 간 이해관계와 가치관 등의 충돌이 발생하였을 경우, 가장 중요한 것은 '사회적 합의' 도출을 위한 의사결정 과정이며, 이러한 과정에서 정책을 계획하고 집행하려는 균형 있는 PR의 갈등관리 역할이 매우 중요하다. 조직과 조직을 둘러싸고 있는 공중들 사이의 연관된 상호작용을 중간에서 조정하는 역할이 바로 PR의 기본적인 기능이며, 상호호혜적 관계는 조직과 공중 간, 소위 말하는 윈-윈 관계를 유도하는 촉매제 역할을 하기 때문이다.

이 장에서는 디지털 미디어 진화에 의한 PR 정의의 변천과 역할 확장에 대하여 논의하였다. 결론적으로, 현 디지털 미디어 시대의 PR 커뮤니케이션은 공중 개개인의 특성을 고려한 맞춤형 정보를 제공하고, 공중의 참여(피드백)를 유도하고, 그들의 니즈를 듣고 수렴하는 지속적인 양방향 소통을 지향한다. 나아가, 공중이 먼저 의견을 표출하는 사회적 시스템을 구축하여 양방향 소통이 선순환하는 방식도 더욱 강조되고 있다.

참고문헌

김광구, 오현순, 김영곤(2013). 갈등해소 기제로서의 주민투표제도 개선방안 연구: 숙의 민주주의적 요소를 중심으로. **한국정책과학학회보**, 17(3), 85-116.

김병희, 김찬석, 김효규, 이유나, 이희복, 최세정(2017). **100개의 키워드로 읽는 광고와 PR**. 경기: 한울엠플러스.

김병희, 차희원, 최명일, 김대욱, 최준혁, 문현기, 박노일, 유선욱, 이연재, 정지연, 조정열, 하진홍(2016). **한국PR연구 20년**. 서울: 커뮤니케이션북스.

김영욱(2003). **PR커뮤니케이션**. 서울: 이화여자대학교 출판부.

박종민, 배지양, 임종섭, 박경희, 최준혁, 정주용, 유영석, 황성욱, 정원준, 남태우, 전형준, 장지호, 조승호(2015). **정책PR론**. 서울: 커뮤니케이션북스.

배지양(2015). 정책PR의 개념과 변화. 박종민, 배지양, 임종섭, 박경희, 최준혁, 정주용, 유영석, 황성욱, 정원준, 남태우, 전형준, 장지호, 조승호 공저. **정책PR론**(pp. 11-25). 서울: 커뮤니케이션북스.

신인섭, 김병희(2016). 미군정기 민간공보처(OCI)의 활동에 관한 역사적 접근. **광고PR실학연구**, 9(3), 101-120.

신인섭, 이명천, 김찬석(2010). **한국PR의 역사, 1392~2010**. 서울: 커뮤니케이션북스.

신호창, 이두원(2002). **행정PR원론: 이론과 전략**. 서울: 이화여자대학교 출판부.

신호창, 이두원, 조성은(2011). **정책PR**. 서울: 커뮤니케이션북스.

유재웅(2014). **정부PR**. 서울: 커뮤니케이션북스.

이명천, 김요한(2019). **PR학 개론**. 서울: 커뮤니케이션북스.

이종혁(2014). **국민 중심의 소통 활성화 방안 연구**. 서울: 광운대학교 공공소통연구소.

이종혁, 황성욱(2015). 국민주도적 소통으로의 정책 PR 패러다임의 전환 탐색연구. **광고PR실학연구**, 8(4), 102-133.

이찬규(2003). **언어 커뮤니케이션**. 서울: 한국문화사.

임동진(2011). 공공갈등 관리의 실태 및 갈등해결 요인 분석. **한국행정학회보**, 45(2), 291-318.

정원준(2015). 정부-지역주민 간 갈등 상황에서 정책 수용도에 영향을 미치는 요인에 관한 연구: 밀양 송전탑 사례에 대한 문제 해결 상황이론의 확장 적용. **광고연구**, 107(4), 158-188.

정원준(2017). 정책 결정 과정에서 커뮤니케이션 요소가 정책 수용도에 미치는 영향 연구: 한, 중 FTA 통상 정책을 사례로. **한국광고홍보학보**, 19(3), 99-135.

정원준(2018a). 정부의 소통 중심적 갈등 관리를 위한 제언: 갈등 시 합의 도출을 위한 참여와 숙의의 조절적 완충효과를 중심으로. **커뮤니케이션학연구**, 26(2), 5-34.

정원준(2018b). 공론화 과정에서 합의 형성과 합의 수용성 제고를 위한 참여와 숙의의 역할 연구: 신고리 5 · 6호기 공론화 사례를 배경으로. **한국광고홍보학보**, 20(4), 335-376.

정원준, 김대욱, 윤호영, 이형민, 박진우, 김동성, 손영곤, 전홍식, 천용석, 정유미, 박종구(2019). **빅데이터 분석방법과 활용**. 서울: 학지사.

정정화(2012). 조정을 통한 공공갈등해결의 영향요인: 한탄강댐과 국립서울병원 사례 비교 분석. **한국사회와 행정연구**, 23(2), 1-24.

황근, 최일도(2013). 대중미디어를 통한 정책홍보 문제점 해결방안 연구. **광고홍보학보**, 15(1), 289-322.

Cameron, G. T., Wilcox, D. L., Reber, B. H., & Shin, J. (2008). *Public relations today: Managing competition and conflict*. Glenview, IL: Pearson.

Cutlip, S. M., Center, A. H., & Broom, G. M. (2006). *Effective public relations*. Upper Saddle River, NJ: Pearson.

제2장

PR, 어떻게 진화해 왔는가?*

PR은 커뮤니케이션 관련 실무와 학문 영역 중 가장 젊은 편에 속한다. PR은 일상 속에서 자주 접할 수 있는 광고에 비해 가시성이 높지 않다. 이에 따라 PR이 무엇을 하는 활동인가에 대한 편견과 오해가 자주 발생한다. 이 장에서는 PR의 진화과정 혹은 역사를 살펴봄으로써. PR이 소비자 공중에 국한되지 않는 보다 넓은 범주의 공중들을 대상으로 삼으며 다양한 커뮤니케이션 문제들을 다루고 있는 차별화된 영역임을 이해한다. 특히 PR 4모형 이론. 우수이론, 조직-공중관계성 개념을 적용하여 PR의 역사와 진화과정을 설명하고 있다. 끝으로, 21세기 들어 더욱 빠르게 디지털화하고 있는 소통환경 속에서 PR활동이 전개되고 있는 양상과 미래 방향성을 짚어 본다.

---

* 이유나(한국외국어대학교 미디어커뮤니케이션학부 교수)

● 이 장을 통해 답을 찾을 질문들 ●

1. PR은 어떻게 시작된 영역인가?

2. PR은 우리나라에 언제, 어떻게 도입되었는가?

3. 우리나라 PR 산업·학계의 역사는 어떠한가?

4. 디지털 소통환경 속에서 PR은 어떻게 진화하고 있는가?

1. PR의 역사

학계에서는 종종 인류 역사상 PR이라는 용어가 나오기 전부터 PR과 유사한 활동이 존재해 왔다고 주장한다. 예를 들면, 기원전 4세기 아리스토텔레스의 수사학, 예수의 열두 제자의 선교 활동도 PR이라는 것이다. 즉, 화자가 모든 수단을 동원해 원하는 방향으로 사람들의 생각과 행동에 영향을 끼치려는 설득 커뮤니케이션 활동을 PR과 유사한 활동이라고 본 것이다. 하지만 이 장에서는 좀 더 범위를 좁혀, PR이라는 용어가 실제로 기록되고 사용되었던 시기를 기점으로 하여 PR의 역사를 다루고자 한다. 특히 우리나라 PR은 역사적 발전과정 속에서 실무·학문적으로 미국의 영향을 많이 받았으며, 근대적 의미의 PR이 처음 유입된 것도 미국과 연관이 있다. 이에 따라, 미국 PR 역사를 시작점으로 하였으며 PR 석학인 그루닉(Grunig)의 PR 4모형 개념을 적용하여 정리하였다. 이어 우리나라 PR 역사를 현대사 발달과 함께 살펴보고, 산업과 학계의 발전사도 함께 정리해 본다.

1) 미국 PR의 역사와 4모형

미국 PR학자들(Newsome, Turk, & Kruckeberg, 2006)은 PR이라는 용어가 처음 등장한 것은 1882년 변호사 도먼 이튼(Dorman Eaton)이 한 연설문에서 '공공의 복지'라는 의미로 사용했을 때라고 주장한다. 또한 그들은 미국 통신기업 AT&T(American Telephone & Telegraph)의 테오도르 베일(Theodore Vail)이 1908년 기업연례 보고서에서 PR이라는 용어를 동일한 의미에서 사용했다고 주장한다. 그러나 PR이라는 용어의 확산이 본격화된 것은, 1920년대 전후 에드워드 버네이즈(Edward Bernays)가 PR자문가(public relations counsel)라는 직함으로 활약하기 시작하면서부터라고 알려져 있다(Grunig & Hunt, 1984).

19세기 이후의 미국 PR 발달과정을 조사하던 그루닉과 헌트(Grunig & Hunt, 1984)는 다양한 활동을 유형화하기 위한 일련의 기준을 설정하기에 이른다. 그들은 PR을 '조직과 공중 간 커뮤니케이션 관리 활동'으로 정의하고 커뮤니케이션의 방향성과 목적에 따라 4개의 유형으로 분류하여 역사적 PR활동의 시대별 특징을 설명할 수 있다고 하였다(〈표 2-1〉

〈표 2-2〉 참조). PR 커뮤니케이션 메시지가 일방향으로 설계되고 궁극적인 목적이 조직이 원하는 방향으로 공중을 변화시키는 데 있을 때, 이를 언론대행(홍보) 모형으로 유형화하였다. 메시지는 일방향적이지만 궁극적인 커뮤니케이션의 목적이 공중의 이익을 고려하는 활동일 때는 이를 공공정보형으로 규정하였다. 쌍방향 모형은 조직과 공중 사이에서 양방향 소통이 일어나며, 커뮤니케이션의 목적이 조직의 목표 달성에 있느냐 조직과 공중 양자의 이득을 고려하고 있는가에 따라 불균형, 균형으로 나누었다.

● 표 2-1 ● **PR 4모형**

방향성 \ 목적	불균형	균형
일방향	언론대행(홍보)	공공정보
쌍방향	쌍방향 불균형	쌍방향 균형

보다 구체적으로, 언론대행(홍보) 모형은 수단과 방법을 가리지 않고 일방적인 선전을 통해 공중들에게 영향을 끼치고자 하는 PR활동을 지칭하는 것이다. 주로 19세기 초 미국 PR활동의 특징이라고 할 수 있으며, PR에 관한 부정적인 편견의 원류가 되는 모형이다. 그루닉과 헌트는 관객을 모으기 위해서라면 거짓말도 문제되지 않는다며 과장선전을 서슴지 않던 서커스 단장 바넘(Barnum, 1810~1891)의 활동도 이 유형에 속한다고 보았다. 19세기 미국은 생산자 주도형 대기업 독점의 시대로, 경영진은 공중들을 무지한 존재로 간주하였다. 공중들의 의견은 중요하지 않았으며, 진실은 오도되기 일쑤였다. PR 담당자들의 최대 목표는 고용주 이익증진을 위한 무료지면 게재로, 과정보다는 결과가 중요하였다. 무료지면 게재란 지면을 구입해서 내는 광고와 달리, PR 담당자가 제공하는 정보가 기자에 의해 기사화되는 것을 말한다.

20세기에 들어서면서 대기업의 횡포에 대한 시민저항이 커지고 조직 비리를 폭로하는 탐사보도가 활성화되며, 정부가 대기업 규제를 강화하기 시작하자 거짓을 일삼는 언론대행(홍보) 모형에 대한 비판이 커졌다. 이에 사실적인 정보의 제공이 PR의 목적이 되어야 한다는 인식이 생기면서, 공공정보 모형이 대두되기 시작하였다. 아이비 리(Ivy Lee)는 공공정보 모형의 대표적인 인물로, 과장이나 허위가 아닌 조직에 관한 사실을 공중에게 알려야 한다고 주장했다.

　미국은 20세기 초중반, 제1차 세계대전과 제2차 세계대전을 치르는 과정에서 공중의 태도나 의견 조사를 기반으로 한 매스미디어 심리 전술을 사용해 성공적으로 모병이나 참전에 대한 지지를 얻어 냈다. 특히 제1차 세계대전에 참여하고자 했던 미국정부는 1917년, 공공정보 위원회(Committee on Public Information: CPI) 또는 크릴위원회(Creel Committee)를 설립하고 당대 모든 전통매체 수단을 사용한 선전(propaganda)을 전개해 참전 지지 여론을 이끌어 냈다. 종전 후, 공중의 태도와 행동을 변화시키는 매스미디어의 위력은 민간 영역에서도 적용되기 시작하였다. 쌍방향 불균형 모형은 이처럼 사회과학적 방법을 이용한 설득을 특징으로 한다. 이 유형의 대표적 인물은 에드워드 버네이즈(Edward Bernays)로, 그 역시 1차 세계대전 당시 크릴위원회에서 일한 바 있다. 그는 조사를 통해 공중의 지각, 태도, 행동을 사전 분석하여 기업이 원하는 방향으로의 설득을 얻어 내는 것을 PR이라고 보았다.

●표 2-2● **PR 4모형과 미국 PR 역사**

특성	모형			
	언론대행/홍보	공공정보	쌍방향 불균형	쌍방향 균형
목적	선전	정보의 확산	과학적 설득	상호이해
커뮤니케이션 모형	정보원 → 수신자	정보원 → 수신자	정보원 ↔ 수신자	집단 ↔ 집단 피드백
연구(리서치) 수행여부와 주안점	거의 없음: 메시지에 노출된 사람의 수	거의 없음: 읽기의 난이도, 독자의 수 측정	태도 변화 측정·평가	상호이해의 수준 측정·평가
주요 역사적 인물	P. T. 바넘	아이비 리	에드워드 버네이즈	에드워드 버네이즈, PR 교육자, 전문인
실행조직 유형	스포츠, 극장, 제품 프로모션	정부기관, 비영리 기관, 기업	경쟁적인 기업: 정부기관	정보의 규제를 받는 기업: 정부기관

출처: Grunig & Hunt (1984)에서 재구성.

쌍방향 균형 모형은 쌍방향 불균형 모형의 뒤를 이어 발달한 PR활동 유형이다. 쌍방향 균형 모형은 주로 조직이 원하는 방향으로 설득하는 것을 목적으로 하던 PR과 달리, 공중과 조직 간의 상호이해 도모를 목적으로 한다. 이 유형은 그루닉과 헌트가 발표할 당시, 산업계 쪽에 실제 편재하는 모형이라기보다 PR활동이 향후 어떻게 이루어져야 하는가에 대한 규범적인 제언에 가까웠다. PR학자인 스콧 커틀립(Scott Cutlip)에 의해 처음으로 개념화된 것으로 알려져 있으며, PR활동이 조직의 이익만을 대변하는 활동이 아니라 공중의 의견이나 태도를 수렴하여 조직의 변화도 이끌어 내는 활동으로 묘사된다(Grunig & Hunt, 1984). 특히 이 시기에 들어서면서, 더 이상 공중들이 일방적인 매스미디어 메시지에 쉽게 영향을 받지 않게 되었고 시민의식이 높아져 공중들과 보다 대화적인 소통을 지향해야만 한다는 것이 커뮤니케이션 영역의 담론이기도 했다.

미국 PR의 역사를 4모형으로 정리하는 데 있어 유의해야 할 점은, 각 4모형이 선형적으로 전개된 것이 아님을 이해하는 것이다. 각 모형이 시기에 따라 단계적으로 생성−소멸된 것이 아니라 네 가지가 한 시대에 공존할 수 있는 것으로 보아야 한다. 각 모형은 시기별로 가장 두드러진 PR활동들을 설명하고 있는 것이다. 즉, 언론대행(홍보)형 PR은 20세기에 사라진 것이 아니라 공공정보형, 쌍방향 불균형 유형과 공존하였다. 또한 4모형은 PR활동 유형화 기준을 제공하는 개념틀로서 다른 시대에도 적용해 볼 수 있다. 예를 들어, 공공정보 모형은 여전히 오늘날 정부나 공공기관에서 실행하고 있는 PR활동을 설명하는 데 적합한 틀이다.

2) PR 4모형의 진화

앞서 제시한 PR 4모형은 미국의 근 · 현대 PR활동을 설명하는 틀로써만 사용된 것이 아니라, 20세기 PR활동 연구에 가장 빈번하게 적용된 이론 중 하나였다. 특히 PR 성과를 내는 데 있어 과연 어떤 PR활동이 더 효과적이었는가를 탐구하는 다수의 연구에서 반복 적용되었다. 연구 성과가 누적되고 매체환경이 급변하기 시작하는 20세기 말에 이르자, 미국 학계에서는 특히 쌍방향 불균형 모형과 균형 모형을 이분법적으로 나누는 것이 타당하지 않다는 주장이 일기 시작했다. 머피(Murphy, 1990)는 PR을 조직 또는 공중 어느 한 편의 이득만을 추구하는 제로섬(zero-sum, 한 편의 승리가 곧 상대방의 패배를 의미하는 것)의 차원에서 이해하기보다 논제로섬(non-zero-sum)의 차원에서 볼 것을 주장하면서 혼합동기 모형(mixed-motive model)을 제안했다. 조직이나 공중의 완패 또는 완승을 노리는 것이 PR의 본질이 아니라, 양측이 모두 협상을 통해 조금씩 양보하고 서로 동의할 수 있는 의사결정(즉, 윈-윈의 상황)을 내리는 것이 PR 커뮤니케이션의 본질이라는 것이다

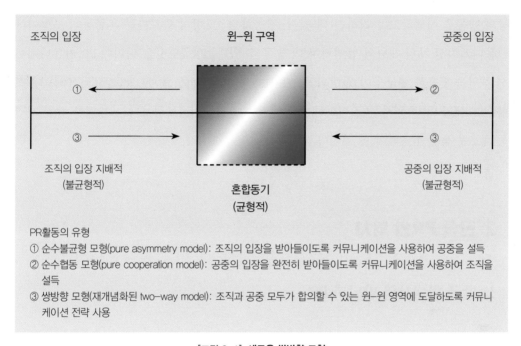

[그림 2-1] 새로운 쌍방향 모형

출처: Grunig, Grunig, & Dozier (2002), p. 357에서 재구성.

머피의 주장에 근거해 그루닉 등(Grunig, Grunig, & Dozier, 2002)은 쌍방향 불균형 모형과 쌍방향 균형 모형을 순수불균형 모형, 순수협동 모형, 쌍방향 모형으로 재편하기에 이른다([그림 2-1] 참조). 과거 그루닉 등은 쌍방향 균형 모형이 가장 이상적인 PR활동의 모습이라고 주장하였으나, 혼합동기 개념의 수용을 통해 통합된 쌍방향 모형을 이상적인 PR의 모습으로 재규정하였다. 여기서 더 나아가, 그루닉 등은 환경이 더 복잡해지고 PR활동이 진화할수록 정형화된 4모형보다는 그 기저에 깔려 있는 이론적 차원들로 전환하여야 함을 주장하였다. 즉, PR활동의 일곱 가지 기저 차원들로서 일방향(one way), 쌍방향(two way),

불균형(asymmetrical), 균형(symmetrical), 대인(interpersonal), 매개(mediated), 윤리(ethical) 커뮤니케이션을 제시하였다. PR 커뮤니케이션 차원 이론은 PR활동에 있어 일방향적 요소와 쌍방향적 요소가 공존할 수 있으며, 대인 커뮤니케이션과 매개 커뮤니케이션 방법이 상호배타적이 아님을 수용한 것이다. 윤리 커뮤니케이션 차원은 PR활동이 얼마나 윤리적 원칙에 입각하여 수행되었는가를 평가하는 차원이라고 할 수 있으며, 기존과 달리 쌍방향성과는 별개의 특성으로서 개념화된 것이다. 급변하고 있는 매체환경과 파편화되고 있는 공중의 행동을 이해하고 관리하는 데 있어, 정형화된 4모형의 틀보다는 혼합동기 모형이나 커뮤니케이션 차원 개념의 설명력이 더 높을 수 있다. PR 4모형을 뒤이어 PR 커뮤니케이션 차원을 활용한 연구들이 진행되었으며(Huang, 1997; Rhee, 1999, 2002; Sha, 2004, 2007), 향후 21세기 PR의 역사를 조직화하기 위해서는 고정적인 4모형보다는 유연한 차원 개념 등 새로운 틀을 적용해야 할 것이다.

2. 한국 PR의 역사

1) 한국 현대사의 발달과 PR

학자들은 대체로, 우리나라에 현대적 의미의 PR이 도입된 시점을 1940년대로 본다. PR 역사를 연구해 온 신인섭(1989)과 오두범(1995)은 미군정 시대에 설치된 민간공보처(Office of Civil Information: OCI)를 통해 우리나라에 PR 개념이 소개되었다고 주장하였다. 우리나라는 1945년 8월 15일, 제2차 세계대전에서 패배한 일본 제국의 식민통치로부터 독립한 바 있다. 이때 한반도는 북위 38도선을 기준으로 남쪽은 미군이, 북쪽은 소련군이 독립정부 수립 전까지의 기간을 다스리게 된다. 당시 미군부가 설치한 OCI는 일본으로부터의 해방과 민주화 과정에서 국민들에게 미군이 하는 일을 알리기 위한 공보기관이었다.

1948년 출범한 대한민국 정부는 미군이 운영하였던 OCI와 유사한 공보처를 설치하였고, 해방 이후 재건되기 시작한 매체의 발달과 함께 민간영역의 PR도 성장하기 시작하였다. 신인섭과 오두범은 해방 전후 한국 PR 역사를 PR의 주요 역할에 따라 다음의 네 가지

시기로 구분하였다. 1910~1945년 '군국주의 시녀시대'는 일제 강점기하의 선전·선동 활동이 이루어진 시기로, 해방 이후 1945~1960년 동안은 미군정과 대한민국 정부의 대변인 역할을 주로 한 '정부대변인 공보시대'로 규정했다. 경제재건이라는 국가적 목표하에 빠르게 성장하였던 기업들이 활발한 PR활동을 벌인 1961~1987년을 '기업홍보 시대'로, 1987년 이후 민주화 운동과 문민정부 시작과 함께 PR이 더욱 선진화되기 시작한 시기를 '민주·개방 PR시대'라 칭하였다.

학자들은 우리나라 PR의 경우 민주주의의 발전과 시민의식 성장에 따른 자연스러운 진화과정을 거치기보다는 제도권의 필요에 따라 발달되어 왔다고 평한다. 제도권 내 PR의 발달사는 신호창 등(신호창, 이두원, 조성은, 2011)에 의해 정리된 바 있다. 미군정 과도정부 이후 초대 대통령인 이승만 정부(제1공화국, 1948~1961) 시대에는 국무총리 산하 공보처가 설치, 운영되었고 주로 정부 담화와 발표 등 일방적 소통을 수행하였다. 1955년에는 대통령 직속 공보실로 개편되면서 이승만 대통령의 장기집권을 위한 선전활동이 주를 이루었다고 볼 수 있다. 1960년 4·19혁명으로 시작된 제2공화국은 공보국을 국무원 사무처 내로 축소시켜, 법령 공포나 정부시책 발표 등의 제한적 업무만을 수행했다. 1961년 5·16군사 쿠데타로 시작된 제3공화국은 공보부를 다시 장관급의 정부기구로 승격시키고, 정부의 업적과 정책을 이해시키는 적극적인 PR 기능을 수행하도록 했다. 정부 PR은 신정부의 정당성, 국민계도, 국론통일 등을 위한 목적으로 운영되었으며 1968년 문화공보부로 확대 개편되어 제6공화국까지 이어졌다. 특히 전두환 대통령 시대인 제5공화국(1981~1987)의 정부PR은 방송언론과 문화예술을 통제하고 선전활동을 극대화한 시기로 볼 수 있다. 이른바 정권 PR 기구로서 작동하게 된 것이다.

제6공화국(1988~1992)이 들어서면서 노태우 대통령은 문화공보부를 공보처로 바꾸고 공보 업무만을 전담하도록 하였고 김영삼 대통령의 문민정부(1993~1997)는 이러한 조직을 유지하였다. 국민의 정부 시절(1998~2002) 김대중 정부는 공보처를 해체하고 정부PR 기능을 대폭 축소한다. 그러나 이후 정부PR 기능의 부재로 국정운영에서 다양한 난관을 겪게 된다. 이에 1999년 3월 국정홍보처를 신설하기에 이르렀으며 인터넷의 발달로 인해 새로운 PR 접근이 필요해지기 시작한 시기이기도 하다. 참여정부(2003~2008)는 국정홍보처 기능을 유지하면서 인터넷을 적극적으로 활용하고 쌍방향 균형 모델을 시도한 정부로 볼 수 있다. 노무현 대통령은 출입기자단 제도를 폐지하고 정보 공개 제도를 강화하는 등의 조치를 취한 바 있다.

뒤이어 이명박 정부(2008~2013)는 국정홍보처를 폐지하고 출입기자단 제도를 부활시키는 등 언론홍보 모형 형태의 PR을 수행하였다. 그러나 광우병 사태 등을 겪으면서 정부PR 기능의 필요성을 절감, 홍보수석제도를 부활시켰다. 이 시기부터 정부PR은 대통령비서실 홍보수석과 문화체육관광부 내로 수렴된 대국민 PR 기능으로 편제되어 운영된 것으로 볼 수 있다. 박근혜 정부(2013~2017)는 이명박 정부의 PR 조직체계를 유지하였으나, 정권 초기부터 홍보수석이 해외출장 성추행 사건으로 사회적 문제가 되고 특히 세월호 사건에 대한 위기관리능력 부재 등 정부PR 기능은 난항을 겪었으며, 불통정부라는 인식을 면치 못하였다. 이런 가운데, 사상 초유의 국정농단 사건으로 박 대통령이 탄핵되면서 조기 정권교체가 일어났다.

이후 출범한 문재인 정부(2017~현재)는 소통하는 정부를 천명하였고, 청와대 국민청원 게시판을 설치하고 중요 국책사업 의사결정에 국민을 참여시키는 등 국민참여를 강조하는 정부PR 기조를 유지하고 있다. 문재인 정부도 대통령비서실과 문화체육관광부 산하기구로 나뉜 정부PR 체계를 유지하고 있으나, 홍보수석을 국민소통수석으로 개칭하였으며 문화체육관광부 산하기구의 이름도 국민소통실로 개칭한 바 있다. 이는 문재인 정부가 일방향적 홍보보다는 쌍방향적 소통을 지향하고 있음을 표명하기 위한 것이다. 또한 문재인 정부는 정부중앙부처 모든 곳에 국민과의 디지털 소통을 담당하는 조직을 설치하도록 하고 있어, 전통언론중심에서 벗어나고 있는 매체환경 변화에 대응하고자 하는 점도 특징적이다.

정부PR 조직은 정권교체에 따라, 명칭이나 조직구성에 있어 부침이 많았다. 즉, 시대의 정신과 정권의 철학에 따라 대통령 직속기구가 되기도 하고, 통합운영되기도 하였으며, 분산된 형태로 운영되면서 다양한 이름으로 불렸다. 유재웅(2014)은 이러한 변화를 [그림 2-2]와 같이 그림으로 일목요연하게 제시하였다.

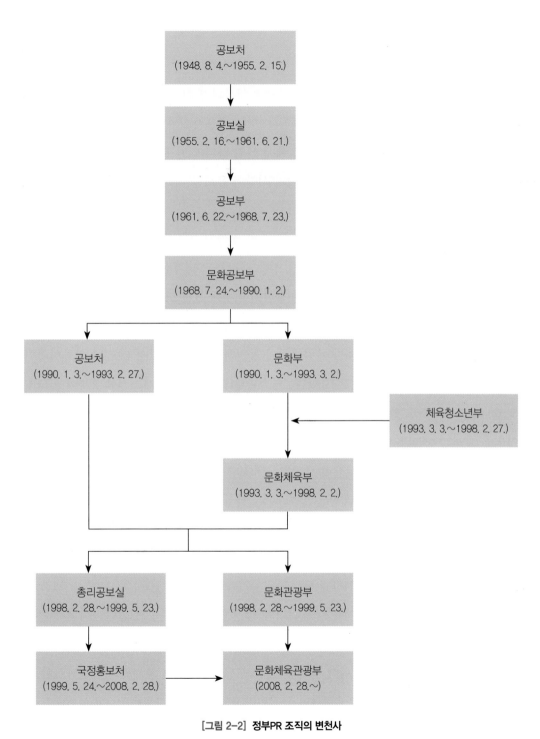

[그림 2-2] **정부PR 조직의 변천사**

출처: 유재웅(2014)에서 재인용.

2) 한국 PR 산업과 학계의 역사

앞서 미국 PR 역사의 발전과정과 우리나라 PR 역사의 발전과정을 주로 정치·경제·사회적 배경의 변화에 따라 살펴보았다. 그러나 PR은 응용사회과학으로서, 대체로 실무 영역의 발달과 밀접하게 연계되어 있다는 점에서 산업 영역의 전개과정을 함께 짚어 볼 필요가 있다. 우리나라의 경우 PR 산업과 학계의 성장이 유사한 시기에 맞물려 이루어지는 특징을 보인다.

우리나라 PR기업들은 1980년대에 본격적으로 성장하기 시작했다. PR보다 먼저 발달한 시장이었던 광고업계에서는 PR의 중요성을 자각하고 내부에 PR 담당 부서나 조직을 만들었다. 1977년 광고대행사 오리콤의 전신인 합동통신 광고기획실과 1982년 제일기획 내 각각 PR 부서가 신설된 것이다(유선욱, 문현기, 2014). 유선욱 등(2014)은 우리나라에 PR 서비스만을 전문으로 하는 독립회사가 등장하기 시작한 것이 1987년 커뮤니케이션즈코리아의 설립으로부터라고 보았다. 한스피알(Han's PR), 비케이커뮤니케이션즈(B. K. Communications), 메리츠 커뮤니케이션즈(Merit Communications), 버슨마스텔러 코리아(Burson-Marstaller Korea), 케이피알(KPR) 등 PR 전문 기업들이 본격적으로 등장하면서 1989년에는 한국PR협회(KPRA)가 창립되었으며 1990년대 신화, 코콤, 인컴 등 PR 전문회사 등장이 가속화되었고 2000년에는 한국PR기업협회(KPRCA)가 별도 창립되었다. 이종혁 등(이종혁, 최홍림, 기연정, 2009)은 2009년까지의 한국 PR기업 역사를 도입기, 성장기, 변화와 도약기, 발전 및 도전기로 나누어 연대표를 제시한 바 있다. 유선욱과 문현기(2014)는 이를 기반으로 2014년까지의 역사적 사실들을 추가로 정리한 바 있다(〈표 2-3〉 참조).

유선욱 등(2014)은 2010년 이후 금융위기와 국정홍보처의 폐지, 소셜미디어의 출현과 확산을 가장 영향력 있는 시대적 배경으로 보았으며 그 여파로 PR기업의 합병·제휴가 일어나고 독립PR 컨설팅사의 설립이 활발해졌다고 보고 있다. PR 회사들의 사업다각화 시도가 이 시기에 이루어진 것도 구조적인 특징이라고 설명한다. 그들은 또 PR 서비스가 특히 매체환경의 변화로 인해 디지털 미디어에 특화된 PR 프로그램의 구현에 힘을 쏟게 되었음을 짚어 주었다. 특히 PR기업 역사 초기에는 '서비스 대행자(service agent)' 역할을 주로 하던 PR이 '미디어 전문가(media expertise)'로 변모하였고 2000년 이후 이슈-쟁점-명

● 표 2-3 ● 한국 PR기업의 역사

시기구분 대분류	도입기	도입기	성장기	성장기	변화와 도약기	변화와 도약기	발전 및 도전기	발전 및 도전기	변혁기	변혁기
기간	1977~1986	1987~1989	1990~1996	1997~1999	2000~2002	2003	2004~2006	2007~2009	2010~2016	2017~현재
시기구분 소분류	잠재기	태동기	초기 성장기	본격 성장기	조정기	도약기	발전기	도전기	디지털화 가속기	디지털화 가속기
내용	• 오리콤 PR 부서 • 스타커뮤니케이션즈	• 전문PR 대행사 설립 • 다국적 PR 회사 등장	• PR기업 설립	• 기업의 PR 인력의 PR 산업 유입 확대	• PR기업 설립 붐 • 헬스케어PR 대두 • 스포츠 마케팅	• PR기업 위상 강화 • 정책홍보 강화	• PR기업의 대형화 • IMC로의 기능 확대	• 온라인PR 서비스 강화	• PR기업의 합병·제휴 • 독립PR 컨설팅사의 설립 활발 • PR 회사의 사업다각화 • 독립 컨설팅 부서 및 연구소 설립 확대	• 국민참여형 정책 PR 기조 • 2020년 코로나19 대유행으로 언택트 PR 수요 급증 • 온라인 콘텐츠 제작자들의 PR 영역으로의 진출, 경쟁 • 빅데이터, AI의 시대
시기적 특성	• 경제성장 • 기업홍보업무 체계화	• 88서울올림픽 • 다국적 기업 진출 활성화	• PR 서비스 본격화 • 국내 기업 대상 PR 서비스 확대	• IMF • IT 관심 증대 • 벤처 열풍 • IR 수요 증대 • 국민 정체성 변화 • 국내 기업 인수·합병	• 다국적 기업 PR 수요 증대 • 2002월드컵 • 의약분업	• 참여정부 출범 • 부처정책 홍보관리실 신설	• 금융시장 성장 • 글로벌경제 가속화	• 소셜미디어 등 PR 매체 환경 및 여론조성 여건 급변	• 2008년 국정홍보처의 폐지 • 2009년 금융위기 • 소셜미디어 사용 확대	
시기별 PR 서비스 특징요소	• 지원 및 전달자 역할 • 퍼블리시티 활동	• 전략적 차원의 언론홍보 활동 형성		• 특정 공중 대상의 홍보영상/ 프레스킷	• 위기관리 등 세분화, 전문화/ 전문화된 PR 영역 발전	• 정책홍보 분야 발전	• PR 컨설팅 영역 발전 및 확대 • PR과 IMC 등 프로모션 영역 모호화	• 인터넷 활용한 자동 PR활동 세분화 및 비즈니스화	• 디지털 미디어에 특화된 PR 프로그램 구현 • '서비스 대행'에서 '미디어 전략' 및 전문가 및 '전략자문 내비게이션 전문가'로 진화	• 온라인 콘텐츠 경쟁력 강화 • 파편화된 미디어와 공중에 대한 선별과 집중, 맞춤 메시지 개발 특화 • 빅데이터 기반 디지털 PR

출처: 이종혁, 최홍림, 기원정(2009); 유선욱, 문현기(2014)에서 발췌·재구성. 진하게 표시된 부분에 수정·추가됨.

성 관리를 다루는 '전략 커뮤니케이션(strategic communication)' 역할을 담당하는 쪽으로 진화하였음을 강조하였다.

이 장에서는 2009~2014년 이후의 기간을 다시 국정농단을 기점으로 2010~2016년과 2017년~현재로 구분하고 2010년 이후를 디지털화 가속기를 맞이한 변혁의 시대로 재구성하였다. 2020년 전 세계를 뒤흔든 코로나19로 인해 인간 상호작용의 많은 부분을 비대면으로 진행하는 과정에서 미래지향적 정보통신기술의 적용이 앞당겨지고 사람들이 빠르게 적응하기 시작하면서, PR 커뮤니케이션 활동도 이른바 언택트(untact) 패러다임을 준용할 수밖에 없었다. 온라인 콘텐츠 시장은 더 확대되고 데이터를 기반으로 한 디지털 PR 기획능력이 중요하게 떠오른 시기라고 할 수 있다. 또한 PR기업들은 온라인 콘텐츠 제작사, 영상제작기업 등과도 경쟁을 해야 하는 상황이 되었다.

PR학계의 발달사는 고등교육기관 과목과 전공 학과 개설로부터 살펴볼 수 있다. 신인섭(2009)에 의하면, 이미 1960년대에 PR 관련 과목이 대학에서 개설되었으며 1974년에 중앙대학교에 광보학과가 창설되어 광고와 홍보를 가르치기 시작하였다. 1978년 한국외국어대학교에도 홍보학과가 설치되었다. 타 대학에서도 홍보를 가르치기는 했으나 주로 신문방송학과 과목 중 하나로서 다룬 바 있다. 그러나 1980년대 이후 PR 영역의 전문화가 가속화되면서 주요 대학 내에 광고홍보학과가 속속 창설되기 시작하였다.

한편, PR 전공 학자들의 학술단체인 한국홍보학회는 1997년에 출범하였다. 언론대행(홍보) 활동에서 벗어나 점차 공중들과의 관계관리 전략경영 기능으로서 진화한 영역의 변화를 반영하여, 2009년 한국홍보학회는 명칭을 한국PR학회로 변경하게 된다. 한국PR학회가 발행하는 학술지인 『홍보학연구』는 우리나라 PR학의 발전과정을 오롯이 담고 있다고 할 수 있다. 1997년 창간호부터 20년간의 『홍보학연구』 논문들을 분석한 이연재와 김정남(2014)은 전반기(1997~2006)에는 주로 PR 실무와 관련된 주제, 국가 차원의 홍보, 정부PR에 초점을 맞춘 연구들이 다수였으나 2007년 이후에는 위기 커뮤니케이션, 헬스 커뮤니케이션, CSR, 이슈 관리, 소셜미디어 등의 주제를 다루는 연구들이 등장하고 있음을 보고하였다. 학계의 이러한 연구 영역 변천사는 앞서 살펴본 산업계의 시대적 변화 궤적과 크게 다르지 않다.

3. PR의 진화

미국과 우리나라 PR의 역사적 배경에는 공통적으로 정치·군사적 선전·선동이 존재함을 살펴보았다. 관에서 먼저 체계화된 PR 지식과 기술이 민간영역으로 확장되고, 언론대행(홍보) 활동을 중심으로 한 일방향적 PR의 시대가 전개되었다. 이후 사회과학적 방법론과 심리학을 적용하는 쌍방향적 PR로 확장되었고, PR 전문가들은 변화하는 정치·경제·사회적 환경 속에서 PR의 본질적인 역할과 기능에 대한 고민을 지속적으로 하게 된다. 학자들은 PR이 오로지 조직의 이익만을 생각하는 것이 과연 타당한가에 대한 깊은 성찰을 하기에 이른다. 이러한 방향성에 결정적으로 기여한 것이 PR 우수이론이다. 우수이론은 90년대 초에 발표된 그루닉과 그의 동료들의 개념체계로서, 발표 당시의 통상적인 PR의 모습과는 거리가 있어 보이는 주장들을 펼쳤다. PR 영역에서는 우수이론이 제안하고 있는 이상적인 PR의 모습이 비현실적이라는 비판과 마땅히 지향해야 할 모습이며 실재하기도 한다는 옹호가 부딪히게 되면서 기존 PR 관행을 되돌아보고 또 향후에 어떤 PR활동을 해 나가야 할지에 대한 답을 탐색하도록 만들었다. 즉, 우수이론이 PR 진화를 논하는 공론장의 구심점이 되어 활발한 아이디어 교환과 사례 공유, 대안 제시가 이루어지면서 풍부한 PR 지식 자산이 생산되고 영역의 발전 방향성이 제시되도록 한 것이다.

1) PR 우수이론[1]

그루닉 등(2002)은 PR이 조직의 효과성에 왜, 어떻게 기여할 수 있는가에 대한 답을 찾기 위한 대규모 연구프로젝트를 펼쳤다. 그들은 광범위한 관련문헌 연구를 통해 조직의 효과적인 운영에 기여하는 PR 프로그램의 특성, PR 부서의 구조적인 특성, 조직을 둘러싼 환경의 특성을 추출해 내고, 이러한 전제들에 대한 검증을 하였다. 〈표 2-4〉는 그 결과를 정리한 것이다.

---

1) PR 우수이론 부분은 이유나(2015)의 『커뮤니케이션 과학의 지평』 중 '전략 커뮤니케이션: PR(공중관계)'에서 발췌, 재구성하였다.

●표 2-4● 우수한 PR의 특성

차원	특성
Ⅰ. 프로그램 차원	1. PR 프로그램이 전략적으로 관리된다.
Ⅱ. 부서 차원	2. PR 기능이 단일부서이거나 통합되어 있다. 3. PR은 마케팅과 분리되어 독립적으로 운영되고 있다. 4. PR부서가 최고 경영진에게 직접 보고를 하거나 의사결정집단(dominant coalition)의 지지를 받고 있다. 5. 쌍방향 균형 모형(two-way symmetrical model)을 이상적 PR로 간주하거나 도입하고 있다. 6. PR 부서의 리더가 기술자보다는 관리자 역할을 하고 있다. 7. 우수PR을 수행할 수 있는 잠재력이 높다. 　• 관리자적 역할과 균형적인 PR에 대한 지식이 있다. 　• PR에 대한 전문적인 교육을 받았다(전공자). 　• 전문가의식이 있다. 8. 모든 PR 역할에 남녀차별이 없다.
Ⅲ. 조직 차원	9. 조직의 PR에 대한 세계관이 쌍방향 균형 모형을 반영하고 있다. 10. 조직의 의사결정집단에 PR 수장이 속해 있거나 의사결정 권한을 갖고 있다. 11. 권위적인 조직문화보다는 참여적인 조직문화를 갖고 있다. 12. 사내 커뮤니케이션 체계가 균형적이다. 13. 기계적이기보다는 유기적인 조직구조를 지녔다. 14. 조직이 불안정하고 복잡한 환경에 처해 있으며 시민단체 등으로부터 압력을 받고 있다.
Ⅳ. 우수한 PR의 효과	15. PR 프로그램들이 조직 커뮤니케이션 목표를 달성한다. 16. 규제, 압력, 소송 등으로 인한 비용을 절감시킨다. 17. 구성원들의 직업 만족도를 증진시킨다.

출처: Grunig et al. (2002), p. 9 표 재인용.

　그루닉 연구진은 미국, 캐나다, 영국의 3백여 개 이상 기업 CEO, PR 수장, 구성원을 대상으로 한 설문조사 및 심층면접 연구를 실시하였다. 약 5천여 명의 응답자를 대상으로 실시되었으며, PR 우수성을 구성하고 있는 최선의 변수들을 정렬하고 통합하여 다시 단일 우수성 지표를 도출해 내는 과정을 거쳤다. 이런 과정을 통해 최종적으로 단일우수성 지표를 구성하는 지표들에는 PR의 전략적 관리, 의사결정 집단의 PR에 대한 지지, 쌍방향 균형 모형의 수행 및 지향, PR 부서 수장의 관리자적 역할수행, PR에 대한 지식의 정도 등이 포함되었다. 우수성 지표하에 내포된 하위 차원들의 점수들을 계산하여, 조직들의 PR 우수성 정도를 비교할 수 있게 하였다.

결국 우수한 PR활동은 PR이 조직의 의사결정집단(dominant coalition)으로부터 가치를 인정받아 의사결정 과정에 관여할 수 있어야 하며, 마케팅 등과 분리되어 독립적으로 운영되고, 쌍방향 균형 PR 모형을 사용하며, 평등과 참여를 장려하는 기업문화나 사회 전반에 사회운동(activism), 페미니즘 등 비교적 성숙한 시민단체들로부터의 자극과 같은 내·외부 환경이 조성되어 있어야 가능하다. 프로그램 차원에서는 조사연구를 통해 대상공중을 파악하고 커뮤니케이션 목표와 목적 등을 세우며, 활동의 결과를 체계적으로 평가하는 등, 임기응변식의 PR과 대별되는 전략적 PR을 실행할 때 우수한 PR이라고 할 수 있다. 부서 차원에서는 PR이 마케팅과 독립적으로 운영되며 모든 PR 기능이 한 부서로 통합되고, 최고경영진의 직속기관이어야 전략적 PR이 가능하다. 또 쌍방향 균형 모형이나 경영자적인 지식, PR인의 전문성과 적절한 인원 구성 등도 부서 차원에서 갖추어야 할 요건이다. 조직 차원에서는 보다 참여적인 조직문화와 유기적인 조직구조, 균형적인 내부 커뮤니케이션이 존재할 때, 그리고 조직이 시민단체의 압력 등 복잡하고 불안정적인 환경적 요인에 민감할 때 우수한 PR활동이 가능하다.

우수이론은 이상적인 PR활동의 모습을 개념적으로 정리하고 검증하는 작업을 통해 PR 영역의 진화가 어떤 방향으로 이루어져야 하는가에 대한 하나의 틀을 제시하였다. 특히 그들은 일방향적 언론대행(홍보)보다는 이해관계 공중들과의 쌍방향 소통을 통해 상호호혜적 관계를 형성하고 유지하는 것이 PR의 역할임을 주장했다.

우수이론에 뒤이어 발표된 조직·공중관계경영이론도 PR은 커뮤니케이션 메시지를 통한 일방적 설득을 넘어 "상징적 메시지 및 조직의 행동 관리를 통해 상호 우호적인 관계를 촉발, 형성, 유지시키는 기능"(Ledingham & Bruning, 1998, p. 87)이라고 설명하였다. 관계경영이론과 우수이론은 PR활동의 성과가 단순히 보도자료 수나 무료게재 등의 산출에 대한 측정이 아닌, PR 커뮤니케이션 산출물에 노출되어 조직-공중 간의 관계의 품질에 어떤 변화가 있었느냐를 평가하는 차원에서 이루어져야 한다고 보았다. 예를 들어, 조직-공중 관계성 구성 차원인 신뢰, 만족, 헌신, 상호통제성 등의 평가를 통해 PR 커뮤니케이션 효과를 가늠해야 한다는 것이다. 우수이론과 관계경영이론은 발표 당시 모두 비현실적이며 지나치게 이상적이라는 비판을 받았으나, 21세기 들어 급속하게 발달하고 있는 디지털 미디어의 발달로 인해 재조명을 받고 있다.

2) 21세기의 PR: 디지털 PR로의 이행

근·현대 PR활동은 19세기 후반 북미에서 족적을 찾아볼 수 있으며, 특히 20세기 초·중반 양차 세계대전을 거쳐 전쟁에 영향을 받은 우리나라를 비롯한 아시아 국가들에 유입되고, 이것이 민간 기업으로 확장되면서 전문영역으로서 성장하는 양상을 보였다. 19세기와 20세기에 이르는 기간 동안 지상파 TV, 라디오, 신문과 같은 레거시 미디어 혹은 전통미디어는 PR이 공중에 닿기 위한 중요 채널이었다. 레거시 미디어는 사회적 의제를 설정하는 기능을 하고, 공중들은 레거시 미디어에 의존해 정보를 얻고 의견을 형성하고 행동하였다. 그러나 21세기 들어 인터넷의 발달을 기반으로 한 다양한 정보기술이 발달하고, 스마트폰이 대중적으로 보급됨에 따라 PR을 둘러싼 매체환경은 큰 변혁기를 맞이했다.

레거시 미디어의 영향력은 크게 약화되어 과거 PR이 누려 왔던 '제3자 인증효과'는 급감하였다(조삼섭, 배정근, 2013). '제3자 인증효과'란 공중들이 미화되거나 과장된 광고보다 이해관계자가 아닌 제3자 입장인 기자가 가치 있는 정보라고 판단하여 기사화한 내용을 더 신뢰하게 되는 현상을 말한다. 그러나 레거시 미디어에 대한 신뢰도가 낮아지고 이용률이 급감하며, 유가 기사가 편재하게 됨에 따라 PR 영역에서 레거시 미디어의 효용성은 낮아질 수밖에 없어졌다.

개인 모바일 기기의 편재성은 1인 미디어의 발달을 촉진시켰고 공중들은 이제 정보 소비자이자 생산자가 되어 PR의 관리 대상의 폭은 매우 넓어졌다. 게다가, 레거시 미디어를 탈피해 세대별로 소비하는 매체가 세밀하게 파편화되면서 공중 세분화는 더 정밀해져야 했다. 과거 사회적 의제설정 기능을 레거시 미디어가 독식했다면, 이제는 1인 미디어를 운영하는 인플루언서들 혹은 공중들이 사회적 의제설정을 촉발시킬 수 있는 시대가 되었다(한국기자협회, 2010). 올드 미디어가 SNS 기사를 받아쓰거나, 개별 행위자가 생산한 뉴스나 정보를 다시 받아쓰는 이른바 '뉴스의 역류현상'은 편재한다. 전문 언론사에서 여과되지 않은 일반인 생산정보가 유통되면서 '가짜 뉴스'가 사회적 문제로 떠올랐다.

이러한 매체환경의 변화와 더불어, PR 영역에 큰 영향을 끼친 역사적인 법령이 2016년 발효되었다. 「부정청탁 및 금품등 수수의 금지에 관한 법률」(이하 「부정청탁 금지법」)은 공직자의 부정청탁과 금품수수를 금지하는 것을 골자로 하며 공무원, 언론사, 학교교직원과 그 배우자들이 적용대상이다. 1인당 직무수행상의 식사대접 금액한도가 정해졌으며 현금 이외에도 초대권, 할인권, 골프 등이 뇌물의 범주에 포함됐다. PR 영역에서 언론관리를 할 때 빈번히 활용되던 시사회 초대, 취재지원 여행, 식사대접 등의 활동에 제한이 생긴 것이다. 이로써 고액이 소요될 수 있는 접대관행과 비윤리적 언론관계는 축소되고, 전략적 PR 기획능력에 의존할 수밖에 없어지면서 PR 업계 업무혁신과 탈-언론대행 중심성향은 가속화되었다.

탈-언론대행 중심성향은 아날로그 매체 중심으로부터 탈피하여 디지털 매체로의 확장을 지향하는 것으로 이어진다. 디지털 매체를 이용한 소통의 특징은 상호작용성, 연결성, 공중 참여와 대화, 신속성, 개방성, 투명성, 공유와 확산, 무한복제 가능성 등을 들 수 있다(차희원, 2019). 황성욱(2019)은 이러한 매체환경 속에서 이루어지는 PR활동을 '디지털 PR'이라 일컬으며 다음과 같이 정의했다.

> 조직체가 다양한 디지털 미디어를 통해 컴퓨터 네트워크상의 쌍방향 커뮤니케이션을 기획·수행하여, 이해관계 공중과 신뢰-호의적 관계성을 형성하고 유지하기 위해 수행하는 전략적 활동이다.

한편, 김장현(2019)은 디지털 PR을 규정하는 데 있어 디지털 수단을 이용하는 것만을 지칭하기보다는 그 수단을 이용하는 공중을 상대로 하는 아날로그 또는 디지털 기반 PR활동을 모두 포괄해야 한다고 주장했다. 매체환경은 변화하였으나, 황성욱 등이 주장하는 디지털 PR의 모습은 과거 우수이론과 조직-공중관계성 이론에서 주창했던 PR의 본질과 크게 다르지 않다.

최근 조직들의 PR활동에서는 과거 '제3자 인증효과'를 외부 매체를 통해 얻고자 하고 '객관성'을 확보하고자 하였던 레거시 미디어 시대와는 다른 목표를 설정하고 있다. 즉, 조직이 자체 미디어 채널을 통해 '1인칭 시점'에서 스스로 가치 있게 생각하는 콘텐츠를 생산-편집-유통하는 상대적으로 '주관적'인 스토리텔링을 구현하려는 성향이 뚜렷해진 것이다. 이제 PR 커뮤니케이터는 언론에만 국한되지 않는 다중 이해관계자 공중을 대상으로 하는 내러티브 및 평판 관리자이자 정치·사회·경제 환경맥락을 읽을 줄 아는 전략적 조언자 역할을 해야 하는 것이다.

PR 프로그램 차원에서는 전통적인 사회과학적 조사방법 이외 데이터 사이언스 기반의 리서치가 지속적으로 확장되고 있다. 또 과거에는 제3자인 언론에 보도되기 위한 콘텐츠 개발에 경도되었다면, 조직 자체 미디어와 소셜미디어 맞춤형 스토리텔링 콘텐츠 개발에 더 큰 관심과 노력이 쏠리고 있다. PR 부처의 역할은 과거 언론대행 혹은 언론관계에 국한되는 성향이 있었다면, 이제 PR은 파편화된 미디어와 공중들을 세분화하고 우선순위를 결정하여 맞춤형 커뮤니케이션을 설계하는 역할을 맡도록 요구받고 있다. 즉, 실무자가 언론인 네트워크가 얼마나 많은가에 따라 능력을 평가받기보다는 전략 커뮤니케이터로서의 기획역량이 얼마나 탁월한지가 더 중요해졌다. 조직 차원에서 PR은 아날로그 중심에서 디지털 중심으로 패러다임을 전환할 것을 요구받고 있다.

4. 결어

우리나라에 PR이 도입된 시점을 1945년으로 볼 때, PR은 채 100년이 되지 않은 영역이다. 한국 현대사의 굴곡과 함께 발달하는 과정에서 때로는 정권의 선전·선동기구로서 사용되었고, 재벌기업의 방어적 언론홍보 수단으로 활용된 시기도 있었다. 주로 전통매체를 기반으로 활동을 기획하고 목표를 설정하는 커뮤니케이션 기능이었던 PR은 20세기 후반으로 들어서면서 온·오프라인 매체를 모두 사용해 좀 더 쌍방향적인 소통을 지향하고 공중과의 장기적이고 호혜적인 관계를 형성하고 유지하는 디지털 PR로 진화하기 시작한다. 크게 변화한 매체환경과 「부정청탁 금지법」의 발효는 이러한 방향성을 가속화시켰다.

앞으로 다양한 정치·경제·사회·기술의 변화가 있겠지만 본질적으로 조직과 공중, 공중과 공중 간 소통을 원활하게 하며 상호이해를 증진시켜 보다 신뢰할 수 있는 사회를 만드는 데 기여하고자 하는 PR의 목적은 크게 변하지 않을 것이다. 물론 PR의 이러한 존재론적 가치가 유지되기 위해서는 PR 영역 종사자들과 영역에 진입하고자 하는 인력들 사이에 공감대가 형성되어 있어야 하며, 협회와 학회, 교육기관에서 각자 맡은 바 역할을 제대로 수행해야 한다. 협회와 학회는 산업 영역과 연구 영역의 보호와 지원을 돕기 위한 다양한 정책적 지원을 구상하고 실행해야 하며, 교육기관에서는 PR이라는 영역의 실무적인 활동뿐 아니라 존재론적 논의를 다룰 수 있는 커리큘럼을 개발하고 학생들을 가르칠 필요가 있다. 19세기와 20세기 동안 그야말로 역동적인 발전과정을 거쳐 온 PR이 21세기를 지나면서 어떤 진화를 하게 될지는 이 영역 내에 존재하는 전문가들과 인재들에게 달려 있다.

사례 | 대한항공 땅콩회항 사건

2014년 12월 5일 뉴욕 JFK공항에서 인천공항으로 출발 예정이던 대한항공 KE086 항공기가 활주로 이동 중 갑자기 멈추고 되돌아 온 사건이 발생한다. 250여 명의 승객을 태우고 있던 이 비행기는 박창진 사무장을 내려놓은 뒤 20분가량 늦게 이륙하였다. 단순한 비행기 이륙지연으로 보이던 이 사건은 내막이 드러나면서 재벌가의 갑질 사건으로 비화되었다. 조현아 부사장이 박창진 사무장을 내리게 한 이유는 승무원이 일등석 승객에게 마카다미아를 매뉴얼대로 제공하지 않았기 때문이었다. 조 부사장은 승무원의 서비스를 문제 삼으며, 사무장에게 책임을 물어 비행기에서 내리도록 한 것이다. 다음은 사건이 전개된 순으로 타임라인을 정리한 것이다.

- 2014. 12. 5.: 조현아 부사장, 박창진 사무장을 비행기에서 내리게 함
- 2014. 12. 5.~2014. 12. 7.: 블라인드 앱(2013년 발표된 모바일 어플리케이션으로, 직장인들이 익명으로 가입하여 소통할 수 있는 커뮤니티임. 2020년 현재 대한민국 직장인 가입자 수는 300만 명으로 알려져 있음)에 사건 전말과 내부 직원들 의견 올라옴
- 2014. 12. 8.: 〈한겨레〉 "조현아 부사장 '사무장 내려라' 고함", 〈세계일보〉 "조현아 부사장, 황당지시" 보도함
- 2014. 12. 8.: 첫 공식입장 발표, '조현아 부사장의 지시는 정당했다'
- 2014. 12. 9.~2014. 12. 10.: 〈서울신문〉 〈중앙일보〉 등의 갑질에 대한 강도 높은 비판. 조현아 보직 사퇴함
- 2014. 12. 11.: 조현아 국토부 출두함
- 2014. 12. 12.~2014. 12. 13.: 박창진 폭로함
- 2014. 12. 14.~2014. 12. 16.: 대한항공은 주요 신문 1면 사과문 게재함
- 2014. 12. 17.: 검찰조사 가속화되고 대한항공 노조 게시판에 수정된 가상 사과문 게재함

• 2014. 12. 18.~2014. 12. 20.: 검찰은 조현아 입건, 구속영장

쟁점-위기관리 측면에서 봤을 때 대한항공은 여러 측면에서 실기하였다. 첫째, 초기에 사건에 대해 블라인드 앱에 드러난 구성원들의 여론을 최고 의사결정권자에게 알리고 대처방안을 강구했어야 하지만, 그러는 대신 블라인드 앱 사용 금지를 공고해 버린다. 이로 인해 구성원들은 더욱 반발심을 갖게 되었을 것이다. 둘째, 부사장 국토부 출두 결정이 난 후, 한 상무가 박 사무장에게 허위진술을 지시한다. 오너를 보호하기 위해 잘못했다고 말하라는 내용이었다. 박창진은 이 사실을 폭로한다. 대한항공은 허위진술을 지시하기보다는 박 사무장에게 사과하고 재발방지를 약속했어야 한다. 셋째, 사무장의 폭로로 여론이 들끓자 대중 앞에 조현아는 뒤늦은 사과를 하였지만 이는 수용되지 않고 결국 조양호 사장이 사과에 나섰지만 이미 피해자 관리에 실패하여, 사태는 악화일로 상태였다.

위기관리 실패 사례로 유명세를 탄 이 사건은 사실 '우리나라 대기업의 구시대적인 PR 패러다임이 얼마나 위험할 수 있는가를 잘 보여 준 경우'이다. 대한항공은 조직과 오너에 대한 부정적인 정보를 방어하는 것을 PR의 주요 책임으로 보고 있었으며, 이미 변할 대로 변해 버린 매체환경과 공중의 능동성에 대한 이해도가 너무 낮았다. 모바일 앱인 블라인드의 위력을 과소평가한 것이다. 평범한 사원도 자신의 목소리를 얼마든지 이슈화시킬 수 있는 1인 미디어 시대임을 제대로 인식하지 못한 상태였다. 즉, 상대적으로 높은 내부 구성원들(임원, 중간관리자 이하)의 스마트 미디어 활용능력을 무시한 것이다.

[그림 2-3] 대한항공 땅콩회항 사건

토론주제

1. 대한항공 땅콩회항과 유사한 국내외 사례를 찾아 사례의 성공 혹은 실패 요인이 무엇이었는가에 대해 비교분석해 보자.
2. 사례에 비추어 볼 때, 디지털 미디어 시대에 효과적 PR활동을 펼치기 위해 실무자가 겸비해야 할 핵심역량은 무엇일지에 대해 이야기해 보자.
3. 요즘 공중들이 가장 선호하고 신뢰하는 매체나 정보원이 무엇인지에 대해 의견을 나누어 보자.

 참고문헌

김병희, 이종혁(2009). 한국 PR기업의 역사와 성공사례. 경기: 나남.

김장현(2019). 디지털 PR의 방법론적 전환. 김석, 김수진, 김여진, 김장열, 김장현, 박노일, 이선영, 정은화, 정지연, 최준혁, 하진홍, 황성욱 공저. 디지털 PR 이론과 실제(pp. 52-64). 경기: 한울아카데미.

신인섭(1989). 국제광고 PR론. 서울: 나남.

신인섭(2009). 기업PR의 주요 활동. 김병희, 이종혁 공저. 한국 PR기업의 역사와 성공사례(pp. 21-58). 경기: 나남.

신인섭, 이명천, 김찬석(2013). 한국PR의 역사, 1392~2010. 서울: 커뮤니케이션북스.

신호창, 이두원, 조성은(2011). 정책PR론. 서울: 커뮤니케이션북스.

오두범(1995). PR커뮤니케이션론. 서울: 나남.

유선욱, 문현기(2014). 다양성의 암중모색: 한국PR산업 연구 20년. 김병희, 차희원, 최명일, 김대욱, 김정남, 문현기, 박노일, 유선욱, 이연재, 정지연, 조정열, 최준혁, 하진홍 공저. 한국의 PR연구 20년(pp. 225-263). 서울: 커뮤니케이션북스.

이연재, 김정남(2014). PR학 생각의 지도: 〈홍보학연구〉 20년 내용분석을 통해 살펴본 한국 PR의 성장사, 김병희, 차희원, 최명일, 김대욱, 김정남, 문현기, 박노일, 유선욱, 이연재, 정지연, 조정열, 최준혁, 하진홍 공저. 한국의 PR연구 20년(pp. 57-88). 서울: 커뮤니케이션북스.

이유나(2015). 전략 커뮤니케이션: PR(공중관계). 금희조, 김대중, 류성진, 박종민, 백혜진, 심재웅, 우형진, 이두황, 이준웅, 이유나, 임종섭, 정성은, 조재호, 최세정 공저. 커뮤니케이션 과학의 지평(pp. 405-445). 경기: 나남.

이종혁, 최홍림, 기연정(2009). 한국 PR기업의 역사와 성공사례. 경기: 나남.

조삼섭, 배정근(2013). 정보원으로서의 광고주와 신문사의 관계성 연구: 광고주 영향력에 대한 기자와 광고주의 상호 인식비교를 중심으로. 홍보학연구, 17(2), 40-75.

차희원(2019). 머리말. 김석, 김수진, 김여진, 김장열, 김장현, 박노일, 이선영, 정은화, 정지연, 최준혁, 하진홍, 황성욱 공저. 디지털 PR 이론과 실제(pp. 7-13). 경기: 한울아카데미.

한국기자협회(2010). 기자협회보 선정 2010 언론계 10대 뉴스(http://www.journalist.or.kr/news/article.html?no=24972).

황성욱(2019). 디지털 PR 이론. 김석, 김수진, 김여진, 김장열, 김장현, 박노일, 이선영, 정은화, 정지연, 최준혁, 하진홍, 황성욱 공저. 디지털 PR 이론과 실제(pp. 21-51). 경기: 한울아카데미.

Grunig, J. E., & Hunt, T. (1984). *Managing public relations*. San Diego, CA: Harcourt Brace.

Grunig, L. A., Grunig, J. E., & Dozier, D. M. (2002). *Excellent public relations and effective organizations: A study of communication management in three countries*. Mahwah, NJ: Routledge.

Huang, Y. H. (1997). Public relations strategies, relational outcomes, and conflict management. Unpublished doctoral dissertation, University of Maryland.

Ledingham, J. A., & Bruning, S. D. (1998). Relationship management in public relations: Dimensions of an organization-public relationship. *Public Relations Review, 24*(10), 55-65.

Murphy, P. (1991). The limits of symmetry: A game theory approach to symmetrical and asymmetrical public relations. In L. A. Grunig & J. E. Grunig (Eds.), *Public relations research annual* (Vol. 3, pp. 115-131). Hillsdale, NJ: Lawrence Erlbaum Associates, Inc.

Newsome, D., Turk, J. V., & Kruckeberg, D. (2006). *This is PR*. Belmont, CA: Wadsworth Publishing Company.

Rhee, Y. (1999). Public relations practices of top-ranked corporations: An exploratory study in South Korea. Unpublished Master's thesis, University of Maryland.

Rhee, Y. (2002). Global public relations: Cross-cultural study of the excellence theory in South Korea. *Journal of Public Relations Research, 14*(3), 159-84.

Sha, B. -L. (2004). Noether's theorem: The science of symmetry and the law of conservation. *Journal of Public Relations Research, 16*(4), 391-416.

Sha, B. -L. (2007). Dimensions of public relations: Moving beyond traditional public relations models. In S. C. Duke (Ed.), *New media and public relations* (pp. 3-26). New York, NY: Peter Lang.

한국PR기업협회 소개. http://kprca.or.kr/kprca_kprca/

한국PR학회 연혁. http://www.kaspr.net/sub01/sub0103.asp

한국PR협회 연혁. http://www.koreapr.org/introduce/history/history_1989.php

제3장

PR은 어떻게 작동하는가?*

　PR(Public Relations)은 글자 그대로 공중과의 관계를 형성, 유지, 강화하는 활동을 의미한다. 민주주의 사회에서 조직이나 기업을 둘러싼 다양한 집단은 점점 그 영향력이 커지게 되었다. 이에 따라 조직 또는 기업에게 PR을 통해서 공중들과 동등한 위치에서 우호적인 관계를 맺는 것은 단순히 좋은 이미지를 유지하는 것을 넘어서 활동에 대한 일종의 사회적 용인을 얻는 과정이라고 할 수 있다(Bruning, Dials, & Shirka, 2008).

　이 장에서는 PR의 기능과 구조를 살펴봄으로써 PR활동에 대해서 폭넓은 이해를 얻을 수 있을 뿐 아니라 나아가 PR의 여러 모습을 고찰하고 비판적으로 분석하는 데에도 도움을 얻을 수 있을 것이다. 그리고 PR의 실행 측면에서 반드시 고려되어야 할 사항이 PR 윤리이다. 따라서 PR 전문가 집단에서는 각자의 PR 원칙과 수행방식에 대해서 규정하고 있다. 이는 PR의 역사적 측면에서 보았을 때도 PR의 사회적 기능에 대한 부정적 견해를 극복하고 PR의 사회적 책임을 다하기 위해서 PR의 윤리적 측면이 더욱 강조되어야 하겠다. 여기에 덧붙여 이 장에서는 PR의 과정을 살펴보고 각 과정별 필요한 수행방식에 대해서도 설명하였다.

---

* 이철한(동국대학교 광고홍보학과 교수)

1. PR의 기능

PR의 기능은 실제 PR을 수행하는 측면에서의 경영 기능이 있고, 또한 각 조직이 PR을 수행한 결과, 사회에 미치는 영향의 측면에서의 사회적 기능이 존재한다. PR을 수행하는 경영 과정의 측면에서 조망하면 커뮤니케이션 문제에 대한 해결방식을 제시하고 실행하는 것이 근본적인 기능이라 하겠다(Smith, 2011).

사회적인 PR의 기능으로는 PR은 대부분의 조직에서 양심의 역할을 하게 된다는 견해(Bowen, 2008)를 필두로 PR이 조직의 이익만을 대변하는 것이 아니라 궁극적으로 사회에 순기능으로 작용함이 부각되고 있다. 공중들에게 조직과 관련된 뉴스를 제공하고 조직에 대한 의견 또는 갈등이 되는 사안에 대해서 조직과 공중을 모두 이롭게 하는 행위를 하고, 사회에 긍정적으로 기여하고자 하는 선한 의도를 가진 행동을 하기 위한 노력이 PR의 순기능에 해당된다(Bowen, 2008). 이는 PR이 조직이나 기업의 이익만을 위해서 존재하는 것이 아닌가 하는 의문을 해소하는 PR의 사회적 기능이라 하겠다. 이러한 사회적 순기능을 수행하기 위해서는 필수적으로 PR이 경영의 여러 결정 과정에 참여해야 하며, 나아가 PR의 행위가 기업의 전략적 커뮤니케이션의 경영활동임을 그 정의에서도 찾아보게 되는 이유 중 하나라 하겠다(Center, Jackson, Smith, & Stansberry, 2014).

PR의 매니지먼트 측면에서의 기능에 대해서는 미국PR협회(Public Relations Society Association)가 다섯 가지 차원으로 정리해 놓은 것이 유용하다(https://www.prsa.org/about/all-about-pr).

- 예측, 분석, 여론과 공중태도 그리고 조직에 대한 긍정적이든 부정적이든 간에 이슈 영향력에 대한 분석 및 향후 대처방안 수립 기능
- 조직의 모든 층위에서의 정책 결정, 정책실행방안, 커뮤니케이션, 공중 분류방법에 대한 고려 및 조직의 사회책임활동에 대한 자문 기능
- 조직의 목표에 부합하기 위해 필수적인 공중의 이해를 얻기 위한 커뮤니케이션 프로그램 방안에 대해 지속적으로 조사하고 실행하고 평가하는 기능

- 조직이 공공 정책에 영향을 미치거나 바꾸려는 조직의 노력에 대한 계획수립과 실행 기능
- 목표를 세우고 기획하고, 예산을 수립하고 인력을 교육하고 장비를 발전시키는, 즉 주어진 자원에 대한 효과적인 활용 기능

이 기능들을 PR 업무에서 활용하기 위해서는 일련의 지식이 필요한데, 커뮤니케이션 기술, 예술, 심리학, 사회심리학, 사회학, 정치학, 경제학, 경영학의 원칙과 윤리 분야의 지식이 필요하다. 기법적인 측면에서의 기술은 여론조사, 공공 이슈 분석, 미디어 관계, 판촉메일, 기업광고, 소셜미디어 실행, 출판, 영상제작, 스페셜 이벤트, 연설과 발표 분야가 이에 해당된다(Hayes, Hendrix, & Kumar, 2013).

2. PR의 기획 구조

PR 과정에 대한 고찰에서 가장 널리 알려진 방식은 RACE 모델인데 이는 조사(Research), 수행계획(Action Plan), 커뮤니케이션(Communication), 평가(Evaluation)의 네 부분으로 나뉜다(Smith, 2005). 이 PR 과정과 기획 단계에서의 구조적 절차는 현대 PR에서 오랫동안 자리 잡아 온 형태이며 용어의 차이는 있지만 그 수행구조에 대해서는 뒤따라 제시된 여러 모델과 일맥상통한다. 가령 ROPE 모델은 조사(Research), 목표 설정(Objectives), 프로그래밍(Programing), 평가(Evaluation)의 단계로 구성되어 있다(Marston, 1979). 또한 ROPE 모델에 PR의 결과로 생겨난 공중과의 관계관리(Stewardship)를 추가한 ROPES 모델도 제시되었는데 특히 이 모델에서 추가된 S는 공중과의 관계에서 생겨난 상호관계성에 대해서 조직이 감사를 표하고 향후에도 조직은 공중에 기여하는 방식으로 운영되며 이를 지속적으로 공중에게 보고하여 조직의 책임성(accountability)을 강화한다는 의미이다(Kelly, 2001).

이 외에도 다양한 모델이 존재한다. 각각의 모델이 강조하는 바가 있겠지만 RACE 모델에서 제시한 단계별 접근의 구조를 통해서 PR 과정의 일반적인 접근방식이 충분히 투영될

수 있다고 판단하여 이 장에서는 RACE 모델을 토대로 PR의 구조를 설명하였다.

1) 조사

조사는 PR 과정의 시작이어야 한다. 조사를 선행함으로써 조직이 직면하고 있는 상황과 정확한 문제점에 대한 분석을 수행할 수 있으며 이를 통해서 정확한 실행안이 도출될 수 있고 또한 향후 PR 프로그램의 성공을 판단할 때 기준점의 역할도 수행할 수 있다(Hayes, Hendrix, & Kumar, 2013).

PR 과정에서의 첫 번째 요소인 조사는 여러 가지 유형이 존재한다. PR 에이전시의 입장에서 살펴보면 여러 가지 조사에서 고려할 요소가 보다 명확하게 드러난다. 우선, PR 과정이 조직의 문제를 해결하기 위한 답을 구하고 이를 커뮤니케이션 하는 것이 핵심적이라고 한다면 클라이언트 조직에 대한 이해가 필수적이다(Seitel, 2005).

클라이언트 조직에 대한 조사는 우선 조직의 현재 명성이나 과거 마케팅, PR 캠페인의 성과, 현재 PR활동의 강점과 약점, 회사의 비전이나 기업문화, 전체적인 커뮤니케이션 정책 등에 대해서 파악을 해야 한다(Page & Parnell, 2019). 조사 없이 바로 프로그램을 실행하게 되어 고려사항을 놓치게 된다면 애써 만들어 놓은 실행 프로그램이 전혀 소용이 없게될 위험에 처하게 된다. 예를 들어, A 주류회사의 커뮤니케이션 정책이 음주는 지인과 즐거운 분위기에서 재충전의 시간이라고 미리 정해져 있는 경우에, 이를 간과하고 아무리 흥미롭게 혼자 음주하는 방식으로 PR 프로그램이 제시된다 한들 회사의 입장에서는 받아들일 수 없게 된다. 따라서 클라이언트에 대한 조사는 수행 단계를 바르게 집행할 수 있게 돕고 기획 단계에서 에너지의 낭비를 줄여 주는 중요한 역할을 담당하게 된다.

조사 단계에서 조직의 현황에 대한 파악뿐 아니라 누가 핵심적인 공중(publics)인가에 대한 파악도 중요하다. 모든 사람을 대상으로 PR 프로그램을 진행하는 것은 예산 제약으로 인해 가능하지도 않고 그렇게 범용적인 메시지를 고안해 내는 것이 효과적이지도 않기 때문에 대부분의 현대 PR에서는 고려하지 않고 있다. 따라서 조사 단계에서 PR 수행의 주요 대상이 될 공중을 파악하고 이들에 대해서 파악하는 것이 필요하다.

공중에 대한 파악은 홍보 목표에 따라 다양한 방식으로 이뤄질 수 있다. 흔히 주요 공중(major public)이라고 하는 언론(media), 소비자(consumer), 종업원(employee), 지역사회 (community), 정부(government) 등을 대상으로 조사가 필요하다. 또한 PR 프로그램의 목표 설정에 따라 인구통계학적(demographic) 특성인 성별, 나이, 학력수준 등을 기준으로 공중에 대해서 조사한다(Karlberg, 1996). 예를 들어, 저출산 방지 캠페인의 경우에는 주요 공중으로의 영향력 확산을 위해 미디어 공중을 주요 대상으로 하여 적합한 프로그램을 개발하기 위해서 조사가 이뤄질 수도 있고 실제 직접적인 공중인 가임기 커플을 대상으로 하여 나이대나 소득수준 등에 맞춰 출산지원 PR 전략이 설정될 수도 있다.

(1) 조사방법

PR에서 조사방법은 크게 공식적인 조사(formal research)와 비공식적인 조사(informal research)로 나눌 수 있다(Hayes, Hendrix, & Kumar, 2013). 조사목적에 따라 각각의 특성에 맞게 PR 담당자는 조사방법을 선택해야 한다. 비공식적인 조사는 비교적 조사 초기에 이뤄지는 것으로 조직을 둘러싼 환경의 진단과 조직에 대한 일반적인 이해를 충족시키는 데 유용하게 사용된다. 반면에 공식적인 조사는 조사된 결과를 일반화할 수 있는 특징이 있으며 과학적으로 정립된 방법론을 바탕으로 한다(Stacks, 2011).

① 비공식적인 조사

조사 단계에서 가장 먼저 해야 할 조사는 기존에 조직이 발행한 서적, 문서, 연감, 통계 자료, 사례집, 연례보고서, 보도자료, 뉴스클리핑, 뉴스레터 등의 문서를 통해 클라이언트 조직에 대해서 분석할 수 있다(Luttrell & Capizzo, 2019). 또한 조직의 홈페이지, 블로그, 각종 소셜미디어 등에 나타난 데이터를 보면 조직의 커뮤니케이션 현황을 다각도로 분석할 수 있다.

뿐만 아니라 기업의 비전이나 커뮤니케이션 정책, 과거 집행된 조직의 광고, 홍보, 이벤트 및 마케팅 활동 보고서를 통해서도 조직에 대한 이해를 넓힐 수 있다.

② 공식적인 조사

❶ 정성적 분석(qualitative research) 방법

PR 조사에서 많이 쓰이는 정성적 분석으로는 인터뷰와 FGD(Focus Group Discussion)가 있다. 인터뷰의 경우에는 공중의 핵심 구성원들과의 대화를 포함해서 PR 프로그램 수립에 필요한 배경정보를 수집하는 데 사용된다. 특히 복잡한 이슈나 미묘한 상황에서의 수용자의 의견이나 관점을 파악하는 데 도움이 된다. 인터뷰는 심층인터뷰(in-depth interview)와 같이 인터뷰에 응하는 사람이 특정 그룹에 대해서 일정 부분 대표성을 가지고 있는 경우도 있고, 임기응변식 인터뷰(mall-intercept interview)로 거리나 쇼핑센터 등에서 무작위로 실행되는 경우도 있다(Broom & Dozier, 1990).

FGD는 진행자가 6~12명 정도의 인원을 대상으로 집단 토론을 통해서 어떤 이슈나 상품에 대한 구체적인 의견이나 평가를 얻을 수 있는 장점이 있다. 인터뷰보다는 한번에 참가하는 인원이 많기 때문에 다양한 각도에서 보다 효율적으로 의견을 수렴할 수 있는 장점이 있다. 숙련된 진행자(modulator)와 구조화된 질문지가 필요하다(Page & Parnell, 2019).

❷ 정량적 분석(quantitative research) 방법

정량적 분석으로 PR 분야에서 많이 쓰이는 것은 서베이, 실험, 내용분석이 있다. 각각의 방법은 과학적 절차에 따라서 진행되는 것이 필수적이다. 서베이는 PR 프로세스에서 가장 흔히 사용되는 방법 중 하나이다. 서베이를 통해서 목표 공중에 대해서 질문을 직접적으로 함으로써 목표 공중이나 수용자들의 관점을 이해할 수 있다. 서베이는 내부 공중을 대상으로도 하고 외부의 소비자나 목표 공중 또는 향후 행동가능성이 높은 공중 등을 대상으로 하는 경우도 많다. 서베이는 공중을 인구통계학적인 특성으로 구분하여 분석할 수 있고 비교적 빠른 시간에 설문 참여자들을 대상으로 빠르고 쉽게 의견을 구할 수 있는 조사 방법이다. 표본의 대표성이 확보된 경우 조사 결과는 각 집단을 대표하는 대표성을 가지게 된다(Broom & Dozier, 1990).

실험은 기본적으로 실험처치를 하지 않은 통제집단과 실험처치를 수행하는 자극집단을 두어 이들의 차이를 검증하는 기법을 말한다. PR 분야에서는 흔히 메시지의 집단별 효과를 발견하는 데 많이 사용되어 왔다(Broom & Dozier, 1990).

내용분석은 PR 분야에서 주로 클라이언트 조직이 언론에서 어떻게 다뤄지고 어떤 이미지를 형성하고 있는지 조직화된 분석과정을 통해서 그 주제와 경향에 대해서 분석할 때 사용되는 기법이다. 또한 기업에 어떤 이슈가 있을 때 이것이 향후 그 기업에 어떤 영향을 끼칠지에 대해서 예측하는 데에도 사용될 수 있다. 내용분석을 위해서는 코딩 지시서가 필요하며 2명 이상의 코더(coder)에 의해서 일정 수준 이상의 상호코딩 신뢰도를 확보해야 그 신뢰성이 유지될 수 있다(Page & Parnell, 2019).

2) 수행계획

PR 프로그램 과정 모델에 있어서 두 번째 단계는 수행계획(action planning) 단계이다. 이 단계에서는 조사 결과를 바탕으로 PR 프로그램의 목표(objective)와 전략(strategies), 세부방법(tactics)이 제시되어야 한다. 수행계획은 PR 과정상에 있어서 가장 중요한 부분이며 PR 에이전시의 경우 회사의 역량과 창의적 접근방식이 가장 잘 드러날 수 있는 부분이다. 많은 경우 PR 에이전시의 수행계획에 따라서 전체 PR 프로그램의 질이 평가될 수 있다.

목적은 조직의 전체적인 비전과 커뮤니케이션 방향에 부합해야 하며 전체 프로그램을 나아가게 하는 핵심동인이 되어야 한다. 효과적인 PR 프로그램 목적이 제시되기 위해서 갖춰야 할 특성은 다음과 같다. 우선, 목표 공중이 제시되어야 하고 구체적인 결과물이 있어야 하며, 변화에 대한 정도를 측정할 수 있어야 하며 가능하다면 기간이 제시되어야 한다(Hayes, Hendrix, & Kumar, 2013). 매년 수행되는 캠페인적 성격의 PR 프로그램의 목표는 전년 대비 몇 %의 증가라는 형식으로 제시되기도 한다. 전략은 목표의 달성을 위해서 필요한 제반사항에 대한 수행을 위해서 만들어지며, 실행방법은 PR 담당자가 개별적인 프로그램을 수행하기 위해서 펼치는 다양한 실무적 작업의 내용을 말한다.

예를 들어, 흡연율을 줄이고자 금연 프로그램을 수행하고자 할 때 사전 조사를 통해서 청소년 흡연이 가장 중요한 목표 공중이어야 한다는 사실이 도출되었다고 하자. 이런 경우 수행계획 단계에서 목표와 전략, 세부방법은 다음과 같이 설정될 수 있다.

- 목표

    - 청소년의 흡연율을 줄이기 위해서 또래집단의 흡연 권유를 거절하는 방법을 알린다.

    - 고등학교에서 금연 관련 교육 프로그램에 참여토록 한다.

    - 청소년 흡연의 위험성에 대해 퍼블리시티(publicity)를 진행한다.

    - (작년 데이터가 축적된 경우) 청소년 집단에게 흡연이 부정적이라는 태도를 15% 이상 증가시킨다.

- 전략

    - 청소년들에게 흡연 권유 거절방법을 나타내는 제스처를 텔레비전 광고를 통해서 노출시킨다.

    - 유명인을 청소년 금연 프로그램에 등장시킨다.

    - 청소년 흡연의 증가와 건강 위해성을 다양한 미디어를 통해서 전달한다.

- 세부방법

    - 청소년이 주로 시청하는 시간대에 금연 공익광고를 송출한다.

    - 청소년들이 주로 보는 특정 방송 프로그램에 유명인을 등장시키고 이들이 금연에 대해서 직접 설명하도록 한다.

    - 금연 토크쇼를 개최하고 이를 매스미디어 A 매체와 소셜미디어 B 매체를 통해서 ○○번 이상 노출시킨다.

앞에서와 같이 PR 프로그램 수행에서 목표를 설정함에 있어서 향후 측정가능성과 구체성이 중요한 요소로 포함되어야 한다. 어떤 목표는 PR 프로그램의 산출(input) 부분에서 세워지기도 하는데, 가령 방송 프로그램을 통한 매체의 시청률이나 특정 이벤트에 참여한 인원, 또는 소셜미디어 콘텐츠에 대한 참여도 등이 그 예이다. 이러한 산출 목표는 계량적으로 그 달성여부가 측정이 가능한 장점이 있다(Hon & Grunig, 1999). 하지만 산출 목표만으로는 PR의 성과를 충분히 나타내기 어렵다. PR 프로그램의 궁극적 목적은 목표 공중에 대한 보다 직접적인 성과이기 때문이다. 따라서 영향(impact) 목표로 인지, 태도, 행동의 변화가 제시된다. 즉, PR 메시지를 접한 후에 목표 공중의 변화된 정도를 측정하는 것이 PR 프로그램의 목적에 더욱 부합하게 되는 것이다.

최근에는 공공 PR 분야에서는 투입(input) 측면에서의 목표가 요구되기도 한다. 이는 PR 과정상에 들이는 노력에 대한 목표를 의미하는데, 가령 보도자료의 건수나 소셜미디어에 올리는 콘텐츠의 개수 등이 그 예이다. 목표의 형식으로 작성된 문구의 예는 따라서 작년 대비 보도자료의 수를 10% 이상 증가시키겠다거나 또는 블로그 업데이트 횟수를 15% 증가시키겠다고 제시된다.

산출 목표의 예로는 인지 차원에서는 조직의 새로운 사회공헌활동에 대한 인지도를 작년 대비 10% 향상시키겠다 또는 회사의 특정 제품에 대한 브랜드 스토리를 이해하는 공중을 15% 늘리겠다는 식으로 제시될 수 있다.

●표 3-1● **목표의 종류와 예시**

종류	예시
투입 목표	• 메시지를 제작한 횟수 • 이벤트를 시행한 횟수 • PR 콘텐츠의 생성 횟수
산출 목표	• 매스미디어에 노출된 횟수 • 소셜미디어를 통한 확산 횟수 • 이벤트에 참여한 인원의 수
영향 목표	• 인지 목표 　-메시지 노출 정도 　-메시지의 이해 정도 　-메시지의 지속 정도 • 태도 목표 　-태도의 형성 　-태도의 강화 　-태도의 변화 • 행동 목표 　-행동의 형성 　-행동의 강화 　-행동의 변화

산출 목표의 태도 차원에서의 목표 설정의 예로는 지역사회 공중을 대상으로 회사의 환경 개선 프로그램에 대해 긍정적인 태도를 형성하겠다거나 음주음전에 대한 부정적인 태도를 전년 대비 20% 이상 증가시키겠다 등을 들 수 있다.

산출 목표에서 행동 차원의 목표 설정은 이벤트에 대한 참여자 수를 20% 증가시키겠다거나 학교 스쿨존에서 교통규정에 맞게 서행하는 운전자의 비율을 30% 늘리겠다는 방식으로 제시될 수 있다.

이를 정리하면 〈표 3-1〉에서와 같이 목표의 종류를 나눠 볼 수 있다.

앞에서 제시한 목표는 조사 단계에서 발견된 데이터를 기반으로 설정되는 경우가 많다. 리서치 데이터는 목표 공중에 대한 정보를 얻을 수 있을 뿐 아니라 인지, 태도, 행동 측면에서 일종의 시작점을 찾아내는 데 기여하게 된다(Page & Parnell, 2019). 그리고 기존의 공중에 대해 얻게 되는 정보는 목표 설정과 커뮤니케이션 수행계획을 세우는 데 유용하게 사용된다. 예를 들어, 조직에 대해서 공중의 인지도가 낮다면 인지도를 높이는 목표를 세워야 하며, 기존 태도가 부정적이라면 이를 되돌릴 수 있는 방향으로 태도 목표를 세울 필요성이 있다. 만약 공공 캠페인에서 행동 차원에서의 참여율이 부족하다면 참여를 독려하는 방식의 캠페인이 필요할 것이다. 즉, 조사 단계에서 발견된 데이터를 바탕으로 PR의 목표를 설정하는 것이 바람직하다. 매년 반복적으로 진행되는 PR 캠페인 프로그램이라면 초기에는 인지 목표가 설정되고 그 후에는 태도 목표 그리고 최종적으로는 행동 목표가 설정되는 것이 일반적이다(Hon & Grunig, 1999).

3) 커뮤니케이션 실행안

목표와 전략이 수행되었다면 이를 바탕으로 창의적이고 효과 있는 PR 프로그램이 제시되어야 한다. 커뮤니케이션 실행안에서 가장 먼저 수행해야 할 업무는 전체적인 주제(theme)를 정하고 가능하면 이를 슬로건 형식으로 제시하여 공중에게 전달해야 한다. 주제가 정해지면 각각의 PR 프로그램들의 목표점이 분명하게 드러나고 클라이언트 조직의 경우 향후 예상되는 PR의 전개에 대해서 이해하는 데 도움을 줄 수 있다(Page & Parnell, 2019).

PR 주제는 전체 PR 프로그램 또는 PR 캠페인의 특성을 잘 나타내면서도 한번 들었을 때 귀에 듣기 좋고 이해하기 쉬우며 기억하기 좋은 형태로 제작되어야 한다. 가급적 짧을수록 좋으며 모든 PR 프로그램이 슬로건이 있어야 하는 것은 아니지만 연중으로 기획되거나 다양한 PR 전략이 다수 제시되는 경우에는 제작되는 것이 바람직하다.

예를 들어, 청소년 흡연을 줄이기 위한 효과적인 방법의 조사를 통해서 십대 후반의 청소년에게 흡연이 건강에 폐해를 끼치고 암을 유발한다는 메시지보다는 또래집단의 흡연 압력을 이겨 낼 수 있는 롤 모델이나 거절방법을 제시하는 것이 더 효과적이었다는 결과가 나왔다. 그 이유는 청소년들은 젊고 건강하기 때문에 흡연이 건강상의 위해를 가져오는 데에는 시간이 걸리고 가시적으로 판단되는 위협이 되지 않았기 때문이다. 따라서 청소년 흡연율을 줄이겠다는 홍보 목표를 위한 프로그램은 전반적으로 흡연 거부에 대한 기법을 알려 주는 방식으로 정해졌다. 이를 위해 실행에서의 전반적인 프로그램의 주제는 'Say No'라고 정해졌고 'Say No'는 연간 금연 캠페인의 슬로건으로도 쓰이게 되었다.

이외에도 많은 성공적인 홍보 캠페인에서는 핵심 주제가 커뮤니케이션 실행안에서 제시되는데 저출산 방지 캠페인에서는 '아이 좋아 둘이 좋아'가 핵심 주제 및 슬로건으로 활용되어 한 자녀가 있는 가정이 둘째도 출산할 수 있도록 캠페인 활동이 진행되었다.

앞에서 제시한 바와 같이 슬로건이나 핵심 주제로 사용될 수 있는 메시지는 연간 단위로 수행되어 목표 달성을 위해 다양한 공중에게 각각의 메시지가 전달되어야 하는 경우에도 필요하다. PR 담당자들은 목표에서 제시된 바를 정확하고도 쉽게 공중에게 전달할 수 있도록 주제 메시지를 정해야 하며 가능한 한 창의적이고 설득적으로 제시하는 것이 필요하다.

(1) 스페셜 이벤트

여기서 스페셜 이벤트(special event)란 PR 스턴트(주로 언론의 관심을 끌기 위해서 과장되게 진행되고 호기심만을 끄는 방식으로 만들어진 사건)를 의미하는 것이 아니라 PR 프로그램의 중심이 되는 주제에 맞춰 진행되는 대표 PR 프로그램을 말한다(Luttrell & Capizzo, 2019). 예를 들어, 국방부에서 국방의 의무를 자랑스럽게 여기는 사회 분위기를 조성하고자 병역 명문가를 선정하여 수상하는 PR활동을 기획하였다. 지원자격은 3대에 걸쳐 군복무를 성실히 수행한 가문을 공모를 통해 선정하여 상금을 지급하는 것이 주요 내용이었다. 이 스페셜 이벤트를 중심으로 하여 언론에 수상자들의 면면을 알리고 이들이 얼마나 국가를 위해서 대대로 헌신하였나 하는 스토리를 퍼블리시티하였고 병역 명문가 구성원들을 인터뷰하여 이 내용을 페이스북를 위시한 소셜미디어를 통해 확산시킴으로써 많은 호응을 이끌어 내는 성과를 이뤘다. 이러한 사례가 하나의 중심 이벤트를 바탕으로 PR의 수행계획이 실현되는 우수한 사례라 하겠다.

하나의 캠페인 또는 PR 커뮤니케이션 실행안에서 공중에 따라 다양한 메시지를 내는 것은 메시지의 혼잡도 측면에서도 그리고 예산상의 제약 측면에서도 대부분 가능하지 않다. 따라서 PR 실무자들은 핵심 주제를 가장 잘 드러낼 수 있는 스페셜 이벤트를 정하고 이를 바탕으로 연계 프로그램을 운영하는 것이 바람직하다 할 수 있다. 이와 같은 주요 PR 이벤트의 경우에는 공중에게 관심을 얻을 수 있으며 파급력도 있고 무엇보다 공중과 사회의 이익에도 부합하는 이벤트여야 하겠다. 그리고 시상식과 같이 많은 사람들에게 관심을 끌고 참여가 가능한 방식으로 이벤트가 운영된다면 PR 목표를 훌륭하게 수행하는 커뮤니케이션 방안이 될 것이다. 여기서 주의해야 할 사항은 앞서 언급한 대로 지나친 PR 스턴트 식으로 흥미만을 위해서 이벤트가 진행되면서 동시에 원래 PR 목표와는 직접적으로 관련이 적은 방식으로 이벤트가 진행된다면 오히려 사회적으로 비난 가능성이 높아지는 위험이 생기게 된다는 점이다. 이는 클라이언트 조직의 명성을 해칠 우려도 있으며 PR 실무자의 신뢰와 믿음이 사회적으로 저하될 수 있는 위험이 상존하는 것은 주의해야 하겠다. 전형적으로 많이 수행되는 PR의 스페셜 이벤트로는 기념일 행사, 전시회, 박람회 참여와 이벤트 후원, 축제, 콘테스트, 오픈 하우스, 공장견학, 콘서트나 연극 순회공연, 고위공무원이나 유명인 방문, 강연회, 기부행사, 환영회, 이슈 리포트, 서베이, 여론조사 결과 발표 등이 있다(Hayes, Hendrix, & Kumar, 2013).

(2) 뉴미디어의 시대의 미디어 실행안

전통적으로 PR 프로그램 수행 시 필요한 미디어 전략은 통제된 미디어(controlled media)와 비통제된 미디어(uncontrolled media)로 나눠서 집행되었다(Gregory, 2015). PR의 관점에서 통제된 미디어는 조직이 보유한 매체 또는 광고로 지면이나 방송시간을 구매할 수 있는 매체를 말하는 것이고 비통제된 미디어는 조직이 게재나 편집에 대해 관여할 수 없는 미디어를 의미하며 조직에 대한 호의적인 뉴스가 실리기를 기대하며 기자에게 정보를 제공하는 퍼블리시티(publicity)가 대표적이다.

이러한 미디어 전략은 소셜미디어의 등장으로 더 확대되었다. PESO 모델이라고 하여 미디어를 네 가지 종류로 나눠서 제시하였는데, 이는 매체를 기준으로 비용이 지불된(Paid) 미디어, 획득된(Earned) 미디어, 공유된(Shared) 미디어, 소유한(Owned) 미디어로 나눌 수 있다(Thabit, 2015. 6. 8.). 지불된 미디어는 PR의 메시지를 공중에게 전달할 때 기존 매스미디어와 같이 비용을 지불하여 메시지를 전달할 수 있는 매체인데 신문이나 방송에 광고하는 전통적인 방법 외에도 네이버와 다음에 노출되는 광고 또는 페이스북이나 유튜브, 트위터, 인스타그램 등과 같은 소셜미디어를 이용하여 목표 공중을 보다 더 선별해서 진행하는 방법이 선호되고 있다. 획득된 미디어는 퍼블리시티를 통해 조직의 우호적인 내용이 매스미디어에 기사 형태로 공중에게 전달되는 형식의 매체를 의미한다. 이는 PR 실무자들이 미디어 관계를 통해서 전통적으로 수행해 온 직무이며, 따라서 PR 부서 고유의 업무라고 여겨지고 있다(Luttrell & Capizzo, 2019).

공유된 미디어는 흔히 소셜미디어를 통해서 브랜드나 조직에 대한 콘텐츠를 게시자와 수용자가 상호 동의하에 확산시킬 수 있는 매체를 말한다. 공유된 미디어에는 인플루언서(influencer)가 주요한 역할을 담당하곤 하는데 인플루언서는 언론인이나 각 분야의 전문적인 지식을 가진 블로거일 수도 있고 연예인 등 인지도나 매력도가 높은 인물일 수도 있다. 인플루언서는 소셜미디어의 사용자들이 선호하거나 원하는 정보에 대해서 높은 이해수준을 가지고 높은 수준의 콘텐츠를 만들며 이를 다른 소셜미디어 사용자들이 호감을 표시하고 자발적으로 공유함으로써 확산하는 데 기여한다(Odden, 2011). PR 조직에서는 인플루언서를 통해서 소셜미디어상에서 조직이나 조직의 정책 내지는 브랜드가 널리 알려지고 행동적 측면에까지 영향을 끼치기를 기대한다.

소유한 미디어는 조직이 소유하고 콘텐츠에 대해 직접적으로 통제력을 가지고 있는 매체를 말하며, 그 예로는 홈페이지, 블로그, 뉴스레터, 조직이 소유한 계정의 소셜미디어 등이다. 최근에는 회사가 뉴스룸(news room)을 만들어 여기에서만 회사 관련 뉴스를 제공하여 일반 소비자나 언론과 소통하고자 하는 시도를 하고 있다(Thabit, 2015. 6. 8.). 특히 브랜드의 경우 PR 담당자에 의해서 관련 뉴스가 생성되는데 마치 언론매체와 같은 방식으로 정보를 제공하는 사례가 늘어나고 있다. 여기서 중요한 것은 제작된 콘텐츠에 대해서 소비자나 회사 관련 공중이 언론과 같은 높은 수준으로 신뢰할 수 있도록 제작하느냐이다.

4) 평가

평가는 PR 목표가 과연 제시된 대로 수행되었나를 판단할 수 있게 하는 PR 과정의 마지막 단계이다. 평가가 없으면 클라이언트에게 PR 프로그램의 효과에 대해서 제시하기 어려우며 특히 예산지출에 따른 효과가 제대로 측정되지 않는다면 PR의 효용에 대해서도 의심을 받게 된다. 또한 PR 평가에서는 향후 PR 캠페인이 지속된다면 이를 지속하기 위한 근거가 되는 지점을 제시하는 역할을 담당하게 된다(Hayes, Hendrix, & Kumar, 2013).

앞서 PR의 목표는 인지, 태도, 행동의 유지 내지는 변화를 측정하는 영향 목표와 미디어 노출건수나 이벤트의 참여인원의 수와 같은 산출 목표, 그리고 PR에서 들인 노력을 평가하는 투입 목표가 존재함을 밝혔다.

영향 목표에서의 PR의 평가는 메시지에 대해서 얼마나 그 내용을 이해했느냐의 정도를 측정하는 인지평가, 메시지의 내용에 대해서 호감을 표시한 정도를 측정하는 메시지 태도 평가, 그리고 메시지에 따라 기존 행동을 유지하거나 또는 행동의 변화를 이끌어 낸 정도를 평가하는 행동 평가로 나눌 수 있다. 구체적인 측정방법은 PR 캠페인 전후로 서베이를 시행하여 그 변화된 차이를 측정할 수도 있고 실험연구를 통해서 자극의 노출집단과 통제집단 간의 비교를 통해서 얻을 수 있으며 FGD나 롱 인터뷰(long interview) 기법을 사용해서도 측정할 수 있다(Page & Parnell, 2019).

산출 목표의 평가측정은 PR 프로그램을 통해서 얻어진 콘텐츠에 대한 노출도를 측정하는 방식으로 진행된다. PR 콘텐츠가 방송 프로그램이나 신문 지면을 통해서 수용자에게 노출된 경우 발행부수나 시청률 데이터를 바탕으로 수용자의 노출된 횟수나 기간 등을 측정하는 방식으로 이뤄지게 된다. 이벤트의 경우에는 참여자의 숫자, 소셜미디어 캠페인의 경우에는 노출횟수나 공감 표시, 공유한 횟수 등으로 측정되고 있다(Tracy, 2013).

모든 PR 프로그램 실행에 있어서 투입 목표가 세워지는 것은 아니다. 주로 정부나 공공 캠페인에서 제시되는 경우가 있는데 PR 캠페인의 투입 목표는 최소한의 PR활동에 대한 가이드라인을 제공함으로써 일종의 PR 성실성을 확인하려는 목적이 있다. 여기에는 보도 자료 생성 횟수나 소셜미디어에 게재하는 콘텐츠 제작 횟수 등이 포함되고는 한다(Hon & Grunig, 1999).

평가 단계는 PR 캠페인의 수행이 끝난 후에 단발적으로 이뤄지는 것만은 아니다. 평가는 PR 프로그램 전반에 걸쳐 지속되는 과정이며 단순히 목표의 달성여부만을 측정하는 단계에 머무르기보다는 현재 운영되고 있는 프로그램의 방향을 조정하고 수정하는 역할도 해야 하며 향후 새로운 PR 프로그램의 기획 단계에서 도움을 줄 수 있어야 한다.

평가 과정에서 포함되어야 하는 부분은 보고서의 작성이다. 보고서는 PR 캠페인의 결과를 보고하는 것으로 PR활동의 효과뿐 아니라 예산 대비 효율성에 대한 평가도 포함되어야 한다. 보고서는 명확하게 작성되어야 하며 목표가 달성되었는지의 여부를 투명하고 과장 없이 밝혀야 한다. 보고서 발표는 클라이언트 조직의 중역들이 참석하는 것이 일반적이며 목표 공중에게 PR의 주제와 메시지가 어떻게 전달되었고 공중들의 반응은 어떠했는지를 제시해야 하며 향후 캠페인의 지속을 위해서 목표나 전략, 전술 등이 어떻게 개선될 수 있는지가 포함되어야 한다(Hon & Grunig, 1999).

구체적인 결과 보고의 가이드로는 핵심 성과에 대해서 요약해서 첫 부분에 제시하고, 목표가 달성되었는지 여부를 담백하고 과장 없이 제시하며, 각 PR의 채널별 결과로 정리하지 말고 목표 설정에 따라서 결과를 배치하며, 언제나 달성된 성과와 달성되지 못한 성과를 일목요연하게 제시해야 한다. 그리고 가급적 그래픽 비주얼(visual)을 사용하여 한눈에 보기 좋게 전달하며 보고서 전체를 다 보지 않고 각각의 항목을 보더라도 완결성이 있도록 결과를 제시하는 것이 바람직하다(Luttrell & Capizzo, 2019).

3. PR의 윤리적 고려

PR은 지금까지도 프로파간다(propaganda)로 오해받고 있으며 부정적인 의미로 일컬어지는 수많은 별칭으로 불려져 왔다(Ewen, 1996). 스핀(spin), 즉 진실 중 클라이언트 조직에 유리한 한 부분만을 강조하는 행위나 고용된 총기(hired gun)이라 해서 클라이언트의 목적 달성을 위한 커뮤니케이션이라면 무엇이든 서슴지 않고 실행하는 직업이라는 이미지도 존재한다(Hayes, Hendrix, & Kumar, 2013).

사회적으로 중요한 이슈에 클라이언트 조직의 입장을 대변하여 커뮤니케이션 하는 일은 사회적으로 봤을 때 중요하고 책임이 따르는 행위인데 모든 PR 담당자가 이를 자각하여 책임 있는 방식으로 공익을 우선하는 방식을 채택하지는 않았다고 하겠다. 그 결과, PR 담당자는 스핀 닥터(spin doctor)나 선전담당자(flack), 해결사(fixer) 등과 같이 진실보다는 무엇인가 왜곡하거나 문제점을 덮는 듯한 인상을 주는 이름으로 불리고는 했다(Ewen, 1996).

현대 PR이 진실성과 윤리를 강조하고 공익을 클라이언트 조직의 이익과 같은 정도로 동시에 추구하는 직업임을 천명한 것도 과거 PR에 대한 부정적 편견에서 벗어나기 위해서이다. 사회에서 커뮤니케이션을 수행하는 직업이 사회적으로 부정적인 평가를 지속적으로 받게 된다면 이는 업무 자체에도 큰 위험이 될 것이다. 이러한 부정적 이미지를 탈피하기 위해서 PR 그 명칭을 명성 관리자(reputation manager)나 공공 관계 담당자(public affairs officers), 커뮤니케이션 컨설팅 담당자(communication consultant), 관계관리자(relations manager) 또는 회사 소통 담당자(corporate communication manager)로 바꾸는 경향도 존재한다(Martin & Wright, 2016).

물론 PR에 대한 사회적인 부정적 평가는 일부 부정적 사례가 과도하게 부각됨에서 기인한 영향도 크다. 다른 직종, 예를 들어 의료나 법률, 회계 등의 분야에서 어떤 문제가 생겼을 때 이를 업무 자체로 확대하여 비난하는 경우는 많지 않지만 PR의 경우에는 종종 업무 자체에 대해서 사회적 비판을 받게 되는 경우가 많다. 또한 PR 업무를 수행하는 사람이 모두 PR의 역사나 업무, 문화, 윤리적 기준에 대한 이해가 있는 경험자나 PR 전공자가 아니라 갑자기 다른 영역 업무 담당자가 PR 업무를 맡게 되는 경우도 흔하다. 이에 대해서 에델만(Edelman)의 대표 리처드 에델만(Richard Edelman)은 "소수의 PR인의 잘못에 의해서 업계 전체가 매도당한다."고 표현하였다(Martin & Wright, 2016, p. 17). 이러한 경향이 PR 업계의 명성 문제를 야기할 수 있으며 PR 업계가 자정작용을 수행하여 사회적으로 용인되고 나아가 존경을 받을 수 있는 방식으로 PR 업무의 윤리적 기준에 근거하여 수행되어야 하는 이유이기도 한다.

PR 관행에 대한 비판은 기피시설이나 오염물질에 대한 PR 비즈니스의 옹호에 대한 것

역시 존재한다. 존 스타우버(John Stauber)가 그의 저서에서 주장하였듯이 PR 업계는 사회 구성원이 기피하는 시설에 대해서 무해하다고만 말하고 있다고 비판하였다(Stauber, 2002). 예를 들어, 공장의 유독 폐기물이 사후 잘 처리되기만 하면 더 이상 유해하지 않고, 따라서 이름도 바이오 고체나 천연 유기농 거름으로 불러야 한다고 PR 회사가 주장한다면 공장 유해 폐수물질이 지역주민에게 좋은 것이라고 하는 게 PR의 역할인가라고 비판하였다(Stauber, 2002). 이러한 지적은 산업 폐기물이 그 독성을 처리하고 난 후에 독성이 없어지는 결과에 대해서 알리려 한 커뮤니케이션 과정이라고 볼 수 있지만 어쨌든 비판적인 입장에서는 사람들이 피하는 물질에 대해서 PR 에이전시가 주로 해롭지 않다고 하는 것에 대한 일반적인 사회적 반감을 대표하는 것이라 하겠다.

PR에 대한 사회적 기대와 일부 오해받는 측면에 대해서 PR의 명성을 보호하고 사회적으로 필요한 역할을 지속적으로 수행하기 위해서 PR 담당자들은 PR 윤리를 지키고 PR의 가치를 이해하며 그 규정에 따라서 실무를 진행하는 것이 반드시 필요하다. 즉, PR은 정확하고 진실된 정보를 자유롭게 전달하고 건강하고 공정한 경쟁을 수행하는 역할을 담당해야 한다.

1) PR과 프로파간다

커뮤니케이션 학자 라스웰(Laswell)에 따르면 프로파간다란 개인이나 집단이 의도적으로 의견이나 행동을 수행하는 데 심리학적 조작방법을 통해서 인간의 의견이나 행동에 영향을 끼치는 행위라고 말한다(Laswell, 1937). 원래 선전은 부정적인 의미로 사용되지는 않았으나 현재에 이르러서는 진실보다는 설득의 목적을 두고 이성적이기보다는 감성에 호소하여 여러 가지 선전기법을 통해서 상대방을 특정 어젠다에 노출시켜 영향을 끼치려는 행동으로 받아들여지게 되었다.

광고와 PR은 선전의 기법과 유사하게 사용되었던 기법을 공유하고 있는데, 예를 들어 스핀(spin)이라고 하여 정보의 한쪽 측면만을 부각시켜 원하는 인상을 만들어 내는 기법이 그 예이다(Martin & Wright, 2016).

과장(hype)은 특정 이벤트나 정책 등에 대해 지나치게 부풀려서 그 효능을 강조하는 것인데 광고에서 최고나 최초, 최대 등의 최상급 용어를 사용하여 제품의 특징을 알리는 것과 일맥상통하다. 같은 맥락에서 최소화(minimizing)는 제품이나 기업의 실수나 피해 정도, 부정적인 측면의 결과물을 심각하지 않은 것으로 축소하여 발표하는 것을 말한다. 과도한 일반화(overgeneralization)는 하나의 독립된 사례를 바탕으로 전체를 대표하는 결론을 내리는 기법을 말하며, 유형화(categorization)는 어떤 사람이나 이벤트, 제품의 특성을 많은 중간단계가 존재함에도 불구하고 단순히 좋다 또는 나쁘다로 단순화하게 나눠서 묘사하는 것을 말한다(Hayes, Hendrix, & Kumar, 2013).

라벨링(labelling)은 유형화와 비슷한 측면이 있는데 어떤 개인이나 이벤트에 대해서 별칭 또는 명칭을 부여해서 부르는 것을 말한다. 대부분 약한 근거를 바탕으로 라벨링이 이뤄지는데 흔히 자신을 승리자, 상대편을 패배자로 부르는 것이 대표적인 예이다. 지금도 상대방 후보자의 정책이나 특성을 모두 논하기보다는 공산주의자나 수구세력으로 부르는 것이 그 예이다. 이미지의 전의(image transfer)는 긍정적인 이미지를 어떤 사람이나 이벤트, 제품으로 전달하려는 시도를 말한다. 광고에서 흔히 사용되며 매력적인 모델의 특성을 브랜드 개성으로 옮기려 할 때 유용한 기법이다(Hayes, Hendrix, & Kumar, 2013).

제3자 보증(third-party endorsement)은 PR에서 많이 사용되는 기법으로 객관적인 과학자나 의사 등 전문가 그룹이 쟁점이나 제품에 대해서 긍정적인 평가를 내려서 일반 공중에게 호의적인 영향을 끼치려는 기법이다. 유사하게 전위집단(front group)을 사용해서 클라이언트 조직에게 호의적인 발언을 함으로써 여론을 유리하게 가져가려는 전략도 존재한다(Bowen, Rawlins, & Martin, 2010).

프로파간다의 가장 안 좋은 형태로는 거짓말이 있다. 명백한 거짓말이나 실체와 무관한 둘러대기로 불리거나 위기에 처한 상황을 모면하려는 선전기법은 사회적으로 가장 해악을 끼치는 커뮤니케이션의 형태라 하겠다. 만약 자사 제품의 결함으로 인해 소비자의 피해가 생기게 되었는데, 회사의 PR 부서가 이를 알면서도 부인하거나 소비자의 사용상의 부주의로 덮어 버리는 것이 이에 해당될 수 있다(Martin & Wright, 2016).

2) PR 윤리강령

앞서 제시된 PR에 대한 부정적인 사회적 평가와 프로파간다 선전기법은 궁극적으로 PR

의 사회적 신뢰도를 저하시킬 수 있는 위협요소이다. 이는 PR 업계 전체적으로 바람직하지 않은 방식의 행동이며 따라서 미국PR협회(Public Relations Society of America: PRSA)는 PR업의 직업적 윤리를 확립하고자 하였다. PRSA는 다음의 여섯 가지 가치를 PR이 지켜야 할 핵심 가치로 설정하였다.

- 옹호(advocacy): 대행하는 조직을 책임 있게 옹호하는 역할을 함으로써 공공의 이익에 봉사한다.
- 정직(honesty): 대행하는 조직의 입장을 전달할 때와 공중과 소통할 때 높은 수준의 정확함과 진실성을 추구한다.
- 전문성(expertise): 전문화된 지식과 경험을 획득하여 책임 있게 사용하며 지속적인 직업적 발전을 추구하고, 조사, 교육을 통해서 PR 업을 발전시킨다.
- 독립성(independence): 대행하는 조직의 목표 설정에 자문을 하며 PR 수행방법에 대해 책임을 진다.
- 충성(loyalty): 대행하는 조직에 충실하며 동시에 공공의 이익에 봉사해야 하는 PR의 의무를 존중한다.
- 공정함(fairness): 고객, 종업원, 경쟁자, 동료, 미디어, 일반 공중을 공평하게 대하며 모든 의견을 존중하고 표현의 자유를 지지한다.

PRSA가 제시한 행동의 구체적 가이드라인은 다음과 같다(https://www.prsa.org/about/prsa-code-of-ethics).

- 자유로운 정보의 유통(free flow of information): 정확하고 진실된 정보를 자유롭게 전달하고 보호하는 역할은 공중의 이익에 봉사하는 데 필수적이고, 민주주의 사회에서 정보에 근거를 둔 의사결정을 내리는 데 기여한다.
- 경쟁(competition): PR기업 간 건강하고 공정한 경쟁을 통해 튼튼한 비즈니스 환경을 육성하고 윤리적 활동을 하는 분위기를 조성한다.
- 신뢰보호(safeguarding confidences): 기업의 정보나 개인의 사적 정보에 대해서 적절한

보호조치를 취한다.

- 이익의 충돌(conflict of interest): 실제의, 잠재적인, 또는 지각된 이익의 갈등 상황을 피해서 클라이언트, 고용자, 공중의 신뢰를 구축한다.
- PR 업의 고양(enhancing the profession): PR 업계에 대한 공중의 신뢰를 강화하기 위해 노력한다.

앞에서 제시된 PR 윤리의 가치 항목과 가이드라인은 PR 실무자들의 행위가 사회적으로 용인되고 윤리적인 기준에 부합될 수 있도록 하는 데 기여한다. 예를 들어, 정직의 항목을 통해서 PR 실무자는 어떠한 경우에도 대행하는 조직의 위기를 벗어나기 위해 거짓정보를 공중에 제공해서는 안 된다는 점을 공고히 하게 되고 이익의 충돌 가이드라인에서는 서로 상충되는 비즈니스를 동시에 대행해서는 안 된다는 지침을 얻게 된다. 가령, 모유수유 홍보를 맡게 되면 분유 마케팅PR은 하지 말아야 한다.

3) 한국PR협회의 윤리강령

한국PR협회에서도 국내 실정을 보다 충실하게 반영하여 윤리강령을 발표하였다. PR 업무 중 최고의 가치를 공익에 두고 있으며 본래의 공개된 PR 목적 외에 다른 이익을 추구하지 않음을 명시하였다. 이는 일종의 숨겨진 어젠다(hidden agenda)를 가지고 PR이 본래의 추구하는 목적 외에 다른 활동을 하지 않는다는 것이며, 과거 버네이즈(Bernays)가 여성 인권 향상 퍼레이드 이벤트를 펼치는 행위의 숨겨진 목적이 여성이 공공에서 담배 필 수 있는 환경을 만드는 것이었다는 식의 PR 행위에 대한 비판적 성찰이 포함되어 있다고 하겠다 (Brandt, 1996).

결과보장에 대한 금지 항목도 중요한데 PR 업무 중 퍼블리시티 같은 경우는 그 게재여부가 PR 담당자에게 귀속된 것이 아니기 때문에 능력 밖의 약속을 하는 일이 없어야 함을 밝히고 있다. PR 수행 시 고객에 대한 정보를 제공하는 것도 투명성 제고를 위해서 필요한 일이다. 가령 금연 홍보에서 흡연자 스스로 금연을 유지하는 것이 어렵기 때문에 의사의 도움을 받으라고 권유하는 것은 타당하나 그 후원자가 금연보조제 판매업체임을 숨기고 캠페인이 진행된다면 공중은 이 캠페인의 숨겨진 어젠다가 있는 것으로 판단할 수 있다. 따라서 PR 회사는 언제든 고객정보를 제공하는 것이 문제가 되지 않을 수 있는 캠페인을 진행하는 것이 필요하다. 구체적인 PR협회의 윤리헌장은 다음과 같다.

● 한국PR협회 윤리헌장(일부 발췌) ●

PR(홍보)인의 업무수행 중 최고의 가치는 공익에 두며 PR의 전문성 제고를 위해 최선을 다해야 하며 정확성과 진실성에 입각하여 행동한다.

PR인은 고객이나 고용주를 위해 민주절차에 의해 업무를 수행하는 동안 정직과 양심을 최대한 입증시켜야 한다.

PR인은 외부적으로 명시된 업무내용과는 전혀 다른 실제적으로는 밝히지 못할 이익을 추구하는 어떤 개인이나 조직을 PR 업무수행에 이용해서는 안 되며, 현재, 과거 및 미래의 고객이나 고용주의 비밀이나 개인의 프라이버시와 관련된 사항은 철저히 보호해 주어야 한다.

PR인은 공공 커뮤니케이션 채널을 타락시키는 어떠한 행동도 해서는 안 되며, 특히 금전적인 제공을 금하며, 능력 밖의 어떤 결과를 보장해서도 안 된다. 또한 정부나 언론보도와 관련된 능력 밖의 결과보장은 철저히 금한다.

PR인은 잘못된 허위정보라는 것을 알고서 그것을 언론에 절대 배포하지 않으며 잘못된 커뮤니케이션이 이루어졌다면 이를 즉각 시정하여야 한다. 그리고 다른 사람의 생각이나 말을 인용할 때는 꼭 그 당사자를 밝혀 주어야 한다.

PR인은 다른 PR인의 고객 또는 그 고객의 비즈니스, 제품 또는 서비스를 훼손하는 어떤 행동도 해서는 안 되며, PR활동에 관련된 고객이나 고용주의 이름을 언제나 공개적으로 밝힐 준비가 되어 있어야 한다.

PR인은 경쟁사나 이해관계가 상충되는 회사의 일을 할 경우 모든 사실을 기존 고객에게 다 설명한 후 관련 당사자들의 확실한 동의를 얻은 연후에만 새로운 일을 떠맡을 수 있다. 그리고 PR인 개인의 이해관계가 고용주나 고객의 이해관계와 상충될 경우 모든 당사자들에게 관련 사실을 다 설명한 후 동의를 얻지 못하는 경우 새로운 업무에 개입해서는 안 된다.

PR인은 고용주가 새로운 고객을 영입하여 업무수행 시 그 고객의 사업성격이 사회정의에 어긋난다고 판단할 때 그 고객의 업무를 맡지 않겠다는 입장을 표시할 수 있으며, 이것과 관련하여 어떤 불이익도 받아서는 안 된다.

출처: http://www.koreapr.org/introduce/ethics.php

4) TARSE 테스트

PR 업무 중 실무자 레벨에서의 윤리적 행동인지에 대한 판단이 필요할 때가 있다. 그 이유는 모든 윤리적 갈등 상황 또는 윤리적인지에 대한 판단이 모호한 경우 이를 구분하는 개인적 차원에서의 윤리적 판단기준이 있다면 크게 도움이 되기 때문이다.

TARSE 테스트는 설득 캠페인에서 PR 담당자가 반드시 고려해야 하는 다섯 가지 요소에 대해서 제시한 것으로, 이 테스트 개별 항목에 동의할 수 있는 경우 윤리적으로 문제가 없는 행위임을 알 수 있다(Baker & Martinson, 2011).

- 메시지의 진실성(truthfulness of the message): PR의 커뮤니케이션은 수용자에게 충분한 정보를 제공하여 그들이 제시된 이슈에 대해서 정보를 바탕에 둔 결정을 내릴 수 있도록 해야 한다.
- 설득자의 진정성(authenticity of the persuader): PR 담당자는 자신이 만들어 낸 메시지가 클라이언트 외에 다른 사람을 이롭게 하는 것은 아닌지를 스스로에게 물어야 한다.
- 피설득자에 대한 존경(respect for the person being persuaded): PR 담당자는 자신의 수용자를 인간으로 존중하며 자신의 메시지가 적절한 존경이 담겨서 전달되는지를 확인해야 한다.
- 공공선에 대한 사회적 책임(social responsibility for the common good): PR 캠페인은 공공 전체의 이익에 봉사해야 한다.
- 설득의 형평성(equity of the appeal): PR 담당자는 고의적으로 특정 수용자의 약점을 이용하는 커뮤니케이션을 수행해서는 안 된다.

앞의 다섯 가지 항목은 PR 담당자 개인이 윤리적 고려가 필요할 때 메시지에 대해서 윤리성 검토를 할 수 있는 가이드라인으로 활용할 수 있을 것이다. 앞서 제시된 PR 윤리의 가치와 윤리헌장, 그리고 개인적 수준에서 점검해 볼 수 있는 TARSE 테스트를 통해서 PR 캠페인의 메시지의 윤리성을 확보할 수 있다.

존슨 앤 존슨(Johnson & Johnson)의 타이레놀(Tylenol)

• 사건의 발단

1982년 9월에 신원이 밝혀지지 않은 자가 타이레놀 캡슐에 청산가리 독극물 투여하여 시카고 일대에 판매 진열대에 무작위로 섞어서 진열한 사건이 발생하였다. 이후 타이레놀을 구매한 7명의 사람이 사망하는 사건이 발생하였다(Knight, 1982). 존슨 앤 존슨은 준비가 안 된 긴급한 상황에서 왜 자사의 대중화된 인기 있는 진통제를 복용하고 사람들이 사망하게 되었는지를 설명해야 하는 처지가 되었다. 이 사건 전까지 비처방 의약품 중 미국에서 가장 성공적인 제품인 타이레놀은 1천만 명이 넘는 사용자를 가지고 있었고 타이레놀은 존슨 앤 존슨사의 이익에 19%를 차지하고 있는 중요한 제품이었다. 타이레놀은 진통제 중에서도 압도적으로 1위를 차지하고 있었고 점유율은 37%였다(Berge, 1990).

• 대응전략

존슨 앤 존슨의 사장인 버크(Burke)는 사내 미디어 대응팀을 구성하고 버슨 마스텔러를 PR 대행사로 계약했다. 그가 세운 PR 전략에 대한 가이드는 첫 번째로는 어떻게 사람들을 보호할까에 대한 것이었고 두 번째로는 어떻게 제품을 구할까 하는 것이었다(Berge, 1990).

이 사건은 타이레놀 제품의 안전성에 문제가 있는 것이 아니라 누군가가 제품에 독극물을 첨가하여 다시 진열해 놓은 테러행위에 기인한 것이다. 하지만 타이레놀 제품을 복용하는 것이 목숨을 잃을 수 있는 행위가 된 것 역시 사실이었다. 따라서 회사의 과실은 아니지만 소비자를 위해서 천문학적 비용의 제품 리콜을 하는 것은 회사에게는 너무 큰 손실일 수 있고 책임을 회피할 수도 있었지만 소비자의 안전보다 중요한 것은 없다는 회사의 정책하에 시카고 지역뿐 아니라 미국 전체를 대상으로 제품을 회수하였다. 그리고 회사는 독극물이 첨가될 수 없도록 약을 포장할 때까지 제품판매를 중단한다고 선언하였다(Knight, 1982).

• 커뮤니케이션 실행

존슨 앤 존슨은 퍼블리시티와 광고를 통해서 타이레놀이 독약에 노출되었다는 사실을 신속하게 알리고 타이레놀을 사용하지 말 것을 호소하였다. 또한 전화 핫라인을 설치하여 제품에 대한 전화상담을 하였다. 또한 언론을 대상으로 새로운 사실에 대한 정보 업데이트 전화 라인을 신설하였다. 그 결과, 미국 전역의 다양한 미디어에 회사의 책임 있는 위기관리 방식에 대한 기사가 실리게 되었고, 소비자들에게 타이레놀은 악의적인 범죄에 의한 불행한 피해자로 여겨지게 되었다(Broom, Center, & Cutlip, 1994).

동시에 존슨 앤 존슨은 새롭게 삼중 안전장치가 되어 있는 제품 포장을 발명하여 기자회견을 통해 알렸다. 타이레놀은 업계 최초로 제품훼손 방지 포장을 위기 발생 후 6개월 만에 제품에 적용하게 되었고 이를 적극적으로 알렸다(Knight, 1982).

• 평가

위기 발생 후에 회사의 대응에 대해서 십만 건 이상의 뉴스가 미국에서 게재되었고 수백 시간 이상의 텔레비전 방송이 이루어졌다. 적극적인 미디어 대응이 이뤄졌고 그 결과 위기 사건 발생 후 조사를 통해 시카고 거주민 중 90% 이상의 응답자들이 타이레놀이 독극물에 의해서 오염되었다는 사실을 사건 발생 1주 내에 알게 되었다(Kaplan, 2005).

많은 PR학자와 PR 실무자들이 이번 존슨 앤 존슨 사건이 위기 상황을 다룬 방식에 대해서 가장 성공적인 조직의 위기관리 사례로 평가하였다. 그 이유는 이 사건 이전 그리고 현재까지도 일부 회사는 자신의 제품의 문제에 대해서 직접적인 책임이 없으면 리콜을 하는 일이 드물었고 법에 의해서 문제를 해결하려고 하지 엄청난 금전적 손실을 내면서까지 전면적인 제품 회수를 하지 않았기 때문이다.

언론 대응에 있어서도 문제점을 회피하거나 숨기려고 하지 않고 제약품 이미지에 치명적인 독극물 오염이라는 이슈를 적극적으로 언론과 광고를 통해 알렸다는 점도 높이 평가받을 만하다. 이 사례는 향후 유사 사건에 대해서 가장 고전적이고 성공적이며 참고할 만한 것으로 지금까지도 높이 평가받고 있다. 더불어, 제약회사로서 공공의 안전과 소비자가 그 어떤 비즈니스 이익보다 중요하다고 천명해 온 회사 철학 역시 다시금 주목받게 되었다(Snyder, 1983).

궁극적으로 타이레놀 리콜이 성공적이었고 독극물로 인한 제품 복용 후 사망이라는 엄청난 이미지의 피해에도 불구하고, 존슨 앤 존슨이 위기관리에 성공하고 다시 타이레놀이 원래 위치에 복귀하게 된 가장 근본적인 이유는 막대한 비용에 관계없이 옳은 일을 수행하는 회사라는 이미지를 공중에게 심어 주었기 때문이다(Knight, 1982).

토론주제

1. 타 브랜드의 제품 내용물에 독극물이 들어갔거나 들어 있다고 협박이 있었을 경우 어떻게 회사가 대응을 하였는지 조사해 보자.
2. 회사의 철학이나 비전이 위기 상황 또는 일반적인 비즈니스 상황에서 구현된 사례를 찾아 조사해 보자.

 **참고문헌**

Baker, S., & Martinson, D. (2001). The TARSE user: Five principles for ethical persuasion. *Journal of Mass Media Ethics, 16*, 148-175.

Berge, T. D. (1990). *The first 24 hours: A comprehensive guide to successful crisis communications.* Hoboken, NJ: Blackwell.

Bowen, S. A. (2008). A state of neglect: Public relations as corporate conscience. *Journal of Public Relations Research, 20*(3), 271-296.

Bowen, S. A., Rawlins, B., & Martin, T. (2010). *The pubic relations function.* New York, NY: Business Expert Press.

Brandt, A. (1996). Recruiting women smokers: The engineering of consent. *Journal of the American Medical Women's Association, 51*, 63-66.

Broom, G. M., Center, A. H., & Cutlip, S. M. (1994). *Effective public relations.* Upper Saddle River, NJ: Prentice Hall.

Broom, G. M., & Dozier, D. M. (1990). *Using research in public relations.* Englewood Cliffs, NJ: Prentice Hall.

Bruning, S. D., Dials, M., & Shirka, A. (2008). Using dialogue to build organization-public relationships, engage publics, and positively affect organizational outcomes. *Public Relations Review, 34*, 25-31.

Center, A. H., Jackson, P., Smith, S., & Stansberry, F. R. (2014). *Public relations practices: Managerial case studies and problems.* Upper Saddle River, NJ: Pearson.

Ewen, S. (1996). *PR! A social history of spin.* New York, NY: Basic Books.

Gregory, A. (2015). *Planning and managing public relations: A strategic approach.* Philadelphia, PA: Kogan Page.

Hayes, D. C., Hendrix, J. A., & Kumar, P. D. (2013). *Public relations cases.* Boston, MA: Wadsworth.

Hon, L. C., & Grunig, J. E. (1999). *Guidelines for measuring relationships in public relations.* Gainesville, FL: Institute for Public Relations.

Kaplan, T. (2005). The Tylenol crisis: How effective public relations saved Johnson & Johnson. Retrieved from http://www.aerobiologicalengineering.com/wxk116/TylenolMurders/crisis.html

Karlberg, M. (1996). Remembering the public in public relations research: From theoretical to operational symmetry. *Journal of Public Relations Research, 8,* 263-278.

Kelly, L. S. (2011). Stewardship. In R. Heath (Ed.), *Handbook of public relations* (pp. 279-289). Thousand Oaks, CA: Sage.

Knight, J. (1982). Tylenol's market shows how to respond to crisis. Retrieved from https://www.washingtonpost.com/archive/business/1982/10/11/tylenols-maker-shows-how-to-respond-to-crisis/bc8df898-3fcf-443f-bc2f-e6fbd639a5a3/

Lasswell, D. H. (1937). *Propaganda technique in the world war.* New York, NY: P. Smith.

Luttrell, R. M., & Capizzo, L. W. (2019). *Public relations campaigns: An integrated approach.* Thousand Oaks, CA: Sage.

Marston, J. E. (1979). *Modern public relations.* New York, NY: McGraw-Hill.

Martin, D., & Wright, D. K. (2016). *Public relations ethics: How to practice PR without losing your soul.* New York: NY: Business Expert Press.

Odden, L. (2011). Paid, earned, owned & shared media. Retrieved from http://www.toprankblog.com/2011/07/online-marketing-media-mix. Ethics Counsel. *Journal of Public Relations Research, 20,* 271-296.

Page, J. T., & Parnell, L. J. (2019). *An introduction to strategic public relations.* Thousand Oaks, CA: Sage.

Seitel, F. P. (2005). *The practice of public relations.* Englewood Cliffs, NJ: Prentce-Hall.

Smith, R. (2011). Public relations, history. Retrieved from http://faculty.buffalostate.edu/smithrd/prhistory.htm

Smith, R. D. (2005). *Strategic planning for public relations.* Mahwah, NJ: Erlbaum.

Snyer, L. (1983). An anniversary review and critique: The tylenol crisis. *Public Relations Review, 9*(3), 23-34.

Stacks, D. W. (2011). *Primer of public relations research.* New York, NY: Guilford Publications.

Stauber, J. (2002). *Toxic sludge is good for you: The public relations industry unspun.* Northampton, MA: Media education foundation.

Thabit, M. (2015. 6. 8.). How PESO makes sense in influencer marketing. Retrieved from http://www.prweek.com/article/1350303/peso-makes-sense-influencer-marketing

Tracy, S. J. (2013). *Qualitative research methods: Collecting evidence, crafting analysis, communication impact.* Malden, MA: Wiley-Blackwell.

제4장

공중은 누구인가?*

PR은 Public Relations의 약자이다. 여기서 Public이란 일반적으로 '공중'이라고 해석된다. 그리고 PR이 무엇인가에 대해 학자들마다 다양한 정의를 내리고 있지만, 글자 그대로 해석하자면 '공중들과의 관계'를 형성하는 것으로 해석해 볼 수 있다. 이 '공중들과의 관계'를 형성한다는 것이 정확하게 무엇을 의미하는지는 학자들이 내놓는 PR에 대한 다양한 정의들을 관통하는 몇 가지 중요한 요소를 통해 이해해 볼 수 있다. 그것은 바로 '조직체' '공중' '이해' '호의' '관리' 등이다. PR을 설득 커뮤니케이션의 한 활동으로 볼 때, 조직체는 메시지를 전달하는 송신자이며, 공중은 메시지를 전달받는 수신자이다. 그리고 '이해'와 '호의'는 PR활동의 결과이자 효과에 해당한다 하겠다. 이를 토대로, PR이란 '조직체가 공중으로부터 이해와 호의를 구축하기 위한 커뮤니케이션 관리 활동'이라고 정의 내릴 수 있다. 여기서 '이해'와 '호의'라는 결과는 PR 전략을 얼마나 잘 수립하고 실행했느냐에 따라 달라질 수 있으며, 전략 수립을 위한 기초는 바로 '공중'에 대한 이해로부터 시작된다. 즉, '공중'에 대한 이해가 PR 성공의 열쇠라 해도 과언이 아니다.

우리가 친구나 가족들과 간단한 커뮤니케이션을 할 때조차도 상대방에 대한 이해를 토대로 커뮤니케이션 방법이 달라져야 하는 것처럼, PR에서 공중에 대한 이해는 가장 기본적이다. 따라서 이 장에서는 공중이란 도대체 누구이며, 어떠한 특성을 가지고 있는지, 어떻게 유형화될 수 있는지 등을 포함하여 공중에 대해 보다 구체적으로 살펴보고자 한다.

---

* 정현주(가톨릭관동대학교 광고홍보학과 교수)

● 이 장을 통해 답을 찾을 질문들 ●

1. PR에서 공중이란 무엇인가?

2. 공중과 유사한 개념은 무엇이며, 이들과 어떠한 차별점을 가지는가?

3. PR공중의 유형은 어떻게 분류될 수 있는가?

4. 상황이론에서 제시하는 PR공중유형은 무엇인가?

5. 디지털 시대 PR공중은 어떠한 특성을 가지고 있는가?

6. 디지털 시대 PR공중은 어떻게 분류될 수 있는가?

1. 공중이란 누구인가?

1) 공중에 대한 정의

그루닉(Grunig, 1997)은 PR의 기본적인 목적에 대해 '적대적인 의견들을 변화시키거나 중립화시키고, 아직 형성되지 못했거나 잠재적인 의견들을 조직의 편으로 굳히고, 우호적인 의견들을 강화하는 것'이라고 하였다. 즉, PR은 조직 내·외부의 누군가로 하여금 해당 조직에 대한 이해도를 높여, 적대적인 의견을 가지고 있다면 이를 중립화시키고, 아직 의견이 형성되지 않았다면 자신의 편으로 만들고, 우호적인 의견을 형성할 수 있도록 만드는 것을 목적으로 한다는 것이다. 여기서 누군가란 공중(public)을 지칭하며, 누군가의 의견이란 공중들의 의견, 즉 여론(public opinion)을 의미한다. 그리고 이러한 여론 형성 및 변화에 영향을 주는 것이 PR의 궁극적인 목적이라 하겠다. 그러기에 조직의 입장에서 여론 형성의 주체인 공중이 누구인지를 정확하게 파악하고 이해하는 것은 모든 전략적 활동에 앞서 선행되어야 하는 중요한 활동이다(Grunig, Grunig, & Dozier, 2002).

PR에서 공중에 대한 정의는 다양하게 이루어져 왔다. 엘링(Ehling, 1975)은 '논쟁적인 이슈를 중심으로 형성되는 집단'으로 정의하였으며, 이는 여론에 대한 연구에서 듀이(Dewey, 1927)가 주장했던 바와 유사하다. 듀이는 '공중'을 "① 정확하게 규정되지 않은(indeterminant) 하나의 유사한 상황에 직면하여, ② 이러한 상황에서 무엇이 문제인지를 인지하고, ③ 그 문제를 위해 어떤 행동을 할 수 있도록 조직화하는 집단"으로 정의하였다. 블루머(Blumer, 1966)도 공중은 그 구성원들이 어떤 한 이슈에 직면하였을 때, 이에 대응할 수 있는 방법에 있어서 다양한 아이디어를 가지고 있으며, 그 아이디어에 대해 토론해 가는 과정에서 공중이 형성된다고 말했다. 캐리(Carey, 1987)는 "공중은 이슈에 대한 논쟁과 토론을 통해 여론을 형성하고 결정을 내리는 이성적인 공동체"라고 말한다. 커틀립, 센터와 브룸(Cutlip, Center, & Broom, 2000)은 공중을 "공통의 이해관계를 가진 집단으로서, 한 조직의 행동과 정책에 의해 영향을 받거나 혹은 그 조직에 영향을 미치는 행동과 의견을 가진 집단"으로 정의하고 있다.

요컨대, 공중이란 '어떤 특정 상황이나 이슈에 대해 공통의 이해관계를 가지며, 그 상황이나 이슈를 문제로 인식하고, 그 문제를 해결하기 위한 어떤 행동을 할 수 있도록 조직화함으로써 조직의 정책에 영향을 줄 수 있는 집단'으로 정의해 볼 수 있다.

2) 공중의 특성

그루닉(1989)은 공중에 대해 "군중, 대중, 매스미디어 수용자와 구별되며, 특정 쟁점이나 상황을 중심으로 형성되는 집단"으로 정의한 바 있다. 즉, PR에서 '공중'이라는 개념은 우리가 일반적으로 커뮤니케이션 분야에서 사용해 왔던 다른 개념들과 차이를 보인다. 대표적으로 수용자, 내중, 군숭 등과 구별되는 개념이며, 또한 이슈 관리 등에서 흔히 사용되는 이해관계자(stakeholder)라는 개념과도 차이를 보인다. 따라서 PR에서 관리하고 이해해야 할 대상으로서의 '공중'의 특성에 대해 보다 폭넓은 이해를 형성하기 위해 수용자, 대중, 군중, 이해관계자 등의 개념과 어떤 차이를 보이는지 살펴보는 것이 필요하다.

우선, 미디어를 통한 커뮤니케이션 과정에서 메시지를 받는 사람들을 우리는 '수용자'라고 부른다. 그러나 '수용자'라는 용어는 주로 메시지를 받아들이는 사람, 즉 본질적으로 수동성을 내포하고 있다. '공중'이라는 용어는 단순히 메시지를 받는 사람들을 의미하는 것이 아니다. 조직과 관련된 어떤 집단이며, 조직이 관계를 맺고자 하는 어떤 대상이다. 특히 PR에서 '공중'이라는 용어는 집단 내 구성원들 사이에 공통의 이해관계를 가지고 있거나 관심사를 공유하고 있으면서 조직의 활동에 의해 영향을 받는 사람들의 집단을 의미한다. 또 한편으로 이들은 조직의 활동에 직접적으로 영향을 미치기도 하는데, 이로 인해 조직과 공중은 서로에게 영향을 주기도 하고 받기도 하는 상호의존적인 관계에 있다고 하겠다(Newsom et al., 2007).

다음으로, 오늘날과 같은 매스미디어 시대에서 수용자는 흔히 '대중(mass)'이라고 불리는데, '공중'이라는 개념은 '대중'이라는 개념과도 차이가 있다. 〈표 4-1〉에서 보는 바와 같이 일반적으로 '대중'이란 매스미디어의 메시지를 일방적으로 수용하는 익명의 다수를 일컫는다. 대중은 널리 분산되어 있는 이질적인 성원들로 구성되어 있지만 조직화된 집단이 아니기 때문에 공통의 전통이나 관습, 규칙 등이 존재하지 않는다. 또한 성원 간에는 상호작용이나 의견교환 등에 의한 조직적인 커뮤니케이션도 이루어지지 않는다. 대개는 신문이나 방송 등의 대중매체의 수용자나 대중문화를 즐기는 사람들이 바로 대중에 해당한다. 반면, 공중의 구성원들은 '대중'과 유사하게 각처에 분산되어 존재하지만, '대중'과 달리 특정 이슈에 대한 관심을 공유하며 해당 이슈에 대한 생각과 의견을 가지고 토론에 참가하는 사람들의 집단이다.

또한 '대중'과 다른 한 개념으로서 '군중(crowd)'은 어떤 장소에서 물리적으로 함께 무리를 이루고 있는 다수의 사람들을 의미한다. 영화를 관람하기 위해 영화관에 모인 사람들이나 스포츠 경기를 관람하기 위해 경기장에 모인 관람객 등이 바로 군중의 예라 하겠다. 이들은 공동의 목표를 가지고 일시적 · 일회적 · 부정기적으로만 존재할 뿐 지속성이 없으며, 영속적인 집단의식보다는 일시적인 군중심리가 작용한다. 반면, 공중은 특정 사회적 이슈에 대해 비슷한 관심을 가지면서 스스로 사고하고 지속적으로 자신의 의견과 주장을 제시함으로써 이슈를 둘러싼 여론 형성이 가능한 사람들이다. 간단하게 요약하자면, 지속성이라는 측면에서 가장 짧은 것은 군중이며, 다음이 공중, 대중의 순서로 나타난다. 그리고 대중과 공중의 가장 큰 차이는 특정 문제에 대한 의견 유무와 논쟁 및 토론의 유무라고 할 수 있다.

●표 4-1● 공중, 군중, 대중의 차이

구분	군중	대중	공중
성향	비이성적	비합리적	합리적 · 이성적
접촉성	직접적, 특정 장소에 집합	비접촉, 널리 분산되어 있음	간접적, 서로 분산되어 있음
지속성	일시적	영속적	일시적
의견 유무	일시적 군중의식 형성	의견 없음, 매스미디어 메시지의 일방적 수용자	특정 문제에 대해 견해 가짐
커뮤니케이션	현장 커뮤니케이션	성원 간 커뮤니케이션 없음, 익명성	성원 간 적극적 토론

한편, '공중'과 유사한 개념으로 사용되면서, 간혹 혼동을 일으키는 또 다른 개념은 바로 '이해관계자'이다. 그루닉(1997)은 '이해관계자'와 '공중'을 구분해야 한다고 강조한다. 그럼에도 '이해관계자'와 '공중'이 서로 교차하여 사용되는 데는 이들이 가진 공통점에 그 원인이 있다. 즉, '문제'를 중심으로 형성되며, 그 문제에 의해 영향을 받거나 그 문제에 영향을 줄 수 있는 상호의존적 관계에 놓여 있는 사람들이 포함되어 있기 때문이다. 그러나 공중은 이해관계자보다 조금 더 역동적인 개념이다.

앞서 언급된 듀이(1927)에 의한 공중의 정의는 공중이 세 단계의 발전과정을 거쳐 형성된다는 의미를 내포하고 있다. 세 단계란 첫 번째, 구성원들이 '한정되지 않은 유사한 문제'에 직면하고, 두 번째, 그 상황에서 무엇이 문제인지를 인식하며, 세 번째, 그 문제에 관해 어떤 행동을 하기 위해 조직화하는 과정에서 '공중'이 형성된다는 것이다. 여기서 첫 번째 단계는 이해관계자와 공중이 서로 공통적으로 가지는 특성이지만, 두 번째와 세 번째는 '공중'의 개념을 규정지을 수 있는 특성이라 할 수 있다. 부언하자면, 이해관계자와 공중은 두 개념 모두 '문제'를 중심으로 형성되지만, 공중은 행동 및 조직화 등 이해관계자보다 좀 더 역동적인 특성을 포함하고 있다.

이와 유사하게, 그루닉(1997)도 이해관계자와 공중이 어떤 특정 정책 사안과 관련하여 영향을 주고받을 수 있는 사람들을 포함하고 있다는 점에서 공통되지만, 이해관계자는 아직 그들의 관심과 요구를 정책 과정에 행동으로 옮기지 않은 사람들이라는 점에서 '공중'과 구별된다고 주장하였다. 신호창, 이두원과 조성은(2011)은 이해관계자란 자신들에게 손익을 끼칠 수 있는 문제가 무엇인지를 깨닫지 못하는 상태에 있는 사람들이지만, 이들이 문제를 깨닫게 되는 순간, 공중으로 변화될 수 있다고 주장한다. 요컨대, 이해관계자와 공중은 쟁점을 중심으로 형성된다는 점에서 공통되지만, 그러한 쟁점을 문제로 인식하고, 행동을 위해 조직화하는지에 따라 차별화된다. 따라서 이해관계자란 활동적 공중으로 발전되기 전의 잠재적 공중이라 할 수 있다(Grunig & Hunt, 1984), 그리고 이러한 잠재적 공중이라 할 수 있는 이해관계자 집단은 그들이 문제를 인식하는 정도, 그 문제를 해결하려고 노력하는 정도에 따라 상황이론(situational theory)에서 말하는 자각적 공중, 활동적 공중 등으로 변화될 수 있다(신호창, 이두원, 조성은, 2011). 가령, 우리가 살고 있는 지역 주변에 쓰레기 처리장을 건립한다고 가정해 보자. 쓰레기 처리장 건립이라는 이슈는 주변환경의 오염은 물론 이에 따른 집값 하락 등 지역주민들에게 피해를 줄 수 있는 민감한 사안이다. 그럼에도 지역주민들이 이를 심각한 문제로 인식하지 못한다면 이들은 단지 이슈와 관련된 이해관계자 집단에 불과하다. 그러나 지역주민들이 문제를 인식하기 시작하면서, 쓰레기 처리장 건립 추진에 대해 반대 시위를 하는 등 영향력을 행사하는 활동적 공중으로 변화될 수 있다.

이해관계자와 공중의 관계를 좀 더 정리해 보면, 개념상으로 볼 때 [그림 4–1]에서 볼 수 있는 바와 같이 공중은 이해관계자보다 훨씬 더 넓은 의미를 가진다. 이해관계자는 쟁점이나 이슈, 혹은 조직에 특별한 이해관계를 가지는 중요한 공중들이지만, 실제적으로 행동하는 집단이기보다는 환경적으로 설정된 관계자에 지나지 않는다(최윤희, 2001). 따라서 PR활동은 조직이 관계를 맺는 모든 공중들을 상대하기보다는 조직에게 특별히 중요한 의미를 가지는 공중, 즉 이해관계자를 상대로 해야 하며(Broom, 1982), 기업이나 조직이 커뮤니케이션을 하는 데 있어서 더 중요한 비중을 차지하는 대상은 바로 이해관계자라 할 수 있다.

[그림 4–1] 이해관계자와 공중의 관계

3) 공중과 여론

PR 실무자가 효과적인 PR 전략을 수립하고 이를 토대로 다양한 PR 프로그램을 효율적으로 실행하기 위해서 우선적으로 파악해야 하는 것은 특정 조직, 쟁점 또는 이슈에 있어서 공중 혹은 핵심 공중이 누구인가라는 점이다. 그리고 다음으로 파악해야 하는 것이 바로 이들 공중이 어떠한 의견을 가지는가 하는 것이다. 즉, 공중의 의견, 이른바 여론에 대해 정확하게 파악할 수 있어야, 새로운 의견을 형성해야 하는지, 기존의 의견을 변화시켜야 하는지 그 방향성을 설정할 수 있다. 따라서 여론은 PR활동의 원인이자 결과라 할 수 있으며, 대부분의 PR 프로그램의 목적은 여론에 영향을 주는 데에 있다(Grunig, 1997). 유사한 맥락에서 사우어헤프트와 앳킨스(Sauerhaft & Atkins, 1989)는 Public Relations을 "여론을 알리고, 여론에 영향을 주고, 여론을 중립화시키는 기술"로서 정의한 바 있다.

여론이란 개념은 가브리엘 타드(Gabriel Tarde), 존 듀이(John Dewey), 월터 리프만(Walter Lippmann), 허버트 블루머(Herbert Blumer) 등의 학자들에 의해 사회학적 개념으로 처음 등장했다(Price, 1992). 여론에 대해서는 주로 여론을 구성하는 주체로서의 공중이란 도대체 무엇인가라는 점과 공중이 가지는 의견의 본질이 무엇인가라는 두 가지 차원을 중심으로 연구가 이루어져 왔다. 첫 번째 차원에서 공중은 이슈를 중심으로 형성되고, 문제와 이슈의 변화에 따라 그 수가 가감될 수 있으며, 적극성 및 소극성 정도에 있어서 차이를 보이는 것으로 정의되고 있다(Grunig, 1992). 적극적인 공중일수록 보다 조직화된 의견을 가지며, 이러한 의견을 토대로 행동에 참여하게 된다는 것이다. 두 번째 차원에서 공중이 가지는 의견이라는 것은 기본적인 태도의 표현이라기보다는 특정 이슈에 대한 인지적 반응이자 논쟁과 토론을 통해 발전된 어떤 것이며, 공중이 가지는 심리학적 혹은 사회학적 구성체로 간주된다(Grunig, 1997).

헤네시(Hennessy, 1981)는 "여론은 중요한 이슈에 대해 상당수 사람들이 표현하는 선호 여부를 의미하지만 그 구성이 매우 복잡하다."라고 말하며 여론을 구성하는 다섯 가지 기본요소에 대해 설명한다. 첫 번째 요소는 여론이란 하나의 이슈를 중심으로 구성된다는 것이다. 두 번째 요소는 여론을 형성하는 주체로서의 공중은 이슈와 어떤 관계를 가지고 있는 사람들이라는 것이며, 세 번째 요소는 '선호도의 복잡성(complex of preferences)', 즉 이슈와 관련된 공중의 개인적 의견이 매우 복잡한 특성을 지닌다는 것이다. 네 번째 요소는 여론이 다양한 방식으로 표현될 수 있다는 것이다. 즉, 여론은 기사나 글뿐만 아니라 구전이나 군중의 함성 등을 통해 표현할 수 있으며, 따라서 이들 방식을 통해 여론을 파악할 수도 있다. 다섯 번째 요소는 관여된 사람의 수로서, 여론을 형성하는 공중의 수를 의미한다. 공중의 수에 따라 여론의 강도도 달라지고, 여론의 효과도 달라질 수 있다(Newsom et al., 2007).

정리해 보면, 여론은 어떤 하나의 이슈를 중심으로 형성된 공중 구성원들의 의견의 총합이며, 이는 논쟁과 토론을 통해 형성된다. PR활동은 특정 조직, 쟁점 혹은 이슈에 대한 주요 공중을 파악한 후, 그들이 논쟁과 토론을 통해 어떠한 의견을 형성하게 되는지에 주목하고, 이러한 여론 형성에 영향을 줄 것을 목적으로 한다. 이 과정에서 PR 실무자의 역할은 여론을 규정하고, 그것을 경영관리자에게 설명하며, 여론을 형성하거나 변화시킬 수 있는 다양한 프로그램을 마련하여 실행하는 것이라 할 수 있다.

2. 공중유형의 분류

조직에게 특별히 더 중요한 의미를 가지는 공중이란 누구인가? 조직마다 그들이 관계를 맺고 관리를 해야 할 대상, 즉 '주요 공중(primary public)'은 다르며 PR 실무자는 조직과 관련된 모든 공중을 파악해야 한다. 그리고 핵심 공중을 선정해야 하는데, 광고에서 광고 대상자를 '목표 수용자(target audience)'라고 명명하고 있는 것처럼 PR에서는 PR활동의 초점이 되는 핵심 공중을 '목표 공중(target public)' 또는 '우선공중(priority public)'이라고 칭한다. 이렇듯 공중을 정확하게 규정하기 위해서 공중의 유형을 분류하는 노력들이 필요하다. 공중은 일반적으로 세 가지 방식으로 분류될 수 있다. 첫 번째는 명명식으로 분류하는 방식으로, 가장 흔히 사용되는 공중의 구분은 내부 공중과 외부 공중 2개의 범주이다. 내부 공중(internal public)이란 조직 내부에 존재하며, 조직과 정체성을 공유하는 집단으로서, 경영진, 직원들 등을 포함한다. 반면, 외부 공중(external public)이란 조직 외부에 존재하는 공중으로서, 조직 구성원은 아니지만, 조직과 어떤 형태로든 관계를 맺고 있는 사람들이다. 여기에는 소비자, 경쟁사, 시민단체, 지역주민, 증권분석가, 정부규제기관 등이 포함된다. 헨드릭스(Hendrix, 2001)는 '내부'와 '외부'라는 범주는 유용한 공중 구분법이 아니라고 주장하며, 공중을 미디어, 직원, 조직의 내부 구성원, 지역사회, 정부, 투자자, 국제공중, 특별공중, 그리고 통합마케팅 관련 공중 등으로 분류하였는데 이러한 분류 역시 명명식 방법에 의한 공중 분류라 하겠다. 두 번째는 인구통계학적 특성에 따라 분류하는 방식으로 연령, 성별, 수입, 교육수준, 인종 등 공중의 인구통계학적 특성이 공중을 구분하는 기준으로써 사용되는 것이다. 가령 남성과 여성은 성별에 따른 공중유형이며, 2030세대, 3545세대 등은 연령에 따른 공중유형에 해당한다. 세 번째는 심리학적 특성에 따라 분류하는 것으로, 이는 공중의 감정적·행동적 특성에 따라 공중을 분류하는 방식이다. 앞서 두 가지 분류방법보다 좀 더 정교한 분류방법으로서, 사람들의 가치관이나 인성, 혹은 생활방식 등을 토대로 분류될 수 있으며, VALS(Value and Lifestyle) 시스템이 대표적이다.

그러나 이와 같은 공중 구분은 단지 외적인 형태의 구분으로서, 조직의 입장에서 누구와 커뮤니케이션을 해야 하는지 그 대상에 대해서 설명해 줄 수 있으나, 커뮤니케이션 전략을 수립하기 위한 충분한 자료로서 역할을 하기는 어렵다. PR 실무자들이 조직의 PR 커뮤니케이션 전략을 보다 효과적으로 수립하기 위해서는 커뮤니케이션 대상의 구체적인 특성에 대한 정확한 파악이 선행되어야 한다. 그리고 이러한 내부적 특성에 대한 이해를 토대로 공중을 구분하고 공중유형별 적합한 커뮤니케이션 전략을 도출할 수 있을 때, PR활동은 보다 효과적으로 수행될 수 있다(Grunig & Repper, 1992). 공중의 특성을 고려한 공중유형 분류의 대표적인 형태는 그루닉과 할라한(Hallahan)에 의한 분류이다. 그루닉은 이슈상황에 대한 문제인식, 제약인식, 관여도 등을 중심으로 공중 분류를 시도한 반면, 할라한은 지식수준과 관여도를 중심으로 공중유형을 구분하였다.

1) 상황이론

그루닉이 제안하였던 상황이론에서 가장 중요한 전제는 사람들이 특정 상황(이슈나 쟁점으로 간주되기도 한다)에 대해 제각각 다르게 지각하고 그들이 지각한 것을 토대로 커뮤니케이션 행동을 한다는 것이다(Grunig & Hunt, 1984). 다시 말하면, 공중이 상황을 어떻게 지각하느냐에 따라 커뮤니케이션 행동 역시 달라질 수 있다는 것이다. 이처럼 상황이론은 상황, 즉 이슈를 중심으로 상이한 공중이 형성된다고 가정하고, 상황에 따른 공중의 상이한 커뮤니케이션 행동 특성을 설명하는 이론이라 할 수 있다. 이 이론에서 공중은 '공통적인 무엇을 갖고 있으며, 동일한 문제나 쟁점에 의해 유사한 영향을 받을 뿐만 아니라 유사한 행동을 보이는 사람들'로 정의되며, 그루닉은 '문제나 이슈에 관해 유사하게 행동하는 집단의 구성원들'로 규정하기도 하였다. 예를 들어, 미국산 쇠고기 수입 이슈와 관련하여, 이 이슈에 관심을 가지고 있는 사람들이 이슈에 대한 공중이라 할 수 있으며, 이들은 미국산 쇠고기 수입 이슈와 관련하여 일정한 태도와 행동을 보이게 된다.

상황이론에서는 상황에 대한 공중들의 지각에 영향을 주는 세 가지 변수로 문제인식, 제약인식, 관여도 등을 가정하고 있다. 문제인식이란 공중이 해당 이슈를 문제로 인식하는 정도를 말하며, 제약인식이란 공중이 자신이 해당 이슈와 관련하여 어떤 행동을 하고자 할 때 장애를 인식하는 정도를 의미한다. 관여도는 공중이 해당 이슈와 관련되어 있다고 인식하는 정도를 의미한다. 상황이론에서는 이들 세 가지 변수 중 문제인식과 제약인식은 커뮤니케이션 행동 여부를 결정하는 데 영향을 주지만, 관여도는 커뮤니케이션 행동이 능동적인지 수동적인지를 결정하는 데 영향을 주는 것으로 가정하고 있다.

(1) 문제인식

문제인식(problem recognition)이란 개인이 어떤 상황에 직면했을 때 이를 문제로 인식하는 정도를 의미한다. 그루닉(1978, 1982)은 문제인식을 '개인이 특정 쟁점에 대해 아직 문제해결이 안 된 상황으로 지각하고, 그 쟁점에 대해 생각하게 되는 정도'로 정의하고 있다. 상황이론에서 문제인식을 주요 변인으로 제안하고 있는 이유는 어떤 특정 상황에서 개인이 그 상황을 문제로 인식하지 않으면, 그 문제에 대해 고민하지 않지만, 개인이 문제로 인식할 경우, 그 이슈에 관련된 정보를 추구하거나, 더 나아가 행동에까지 참여할 수도 있다는 가정에서 비롯된다(Grunig, 1983). 이러한 문제인식은 커뮤니케이션 행동과 밀접한 관련이 있다. 즉, 한 개인이 어떤 상황에 직면하여 이를 문제로 인식하게 되면, 그 문제로 인한 불확실성을 극복하기 위해 정보를 탐색하는 경향이 높게 나타나 능동적인 커뮤니케이션 행동을 보인다는 것이다(김인숙, 2008; Atkin, 1973; Ball-Rokeach, 1973; Grunig, 1976). 그리고 문제인식은 개인의 관련성, 쟁점 자체의 성격, 환경이나 상황적 이유 등에 의해서 영향을 받기도 한다(Grunig & Repper, 1992).

(2) 제약인식

제약인식(constraint recognition)은 '어떤 상황에 직면했을 때, 이를 극복하기 위한 태도나 행동을 취하고자 하는 과정에서 개인 스스로가 통제할 수 없다고 인식하는 정도'를 의미한다. 그루닉(1978, 1982)은 '개인이 특정 문제에 대해 자발적인 행동을 계획하고 실행할 의사가 있음에도 어떠한 상황에 따라 본인의 자유의지가 제한된다고 지각하는 정도'라고 정의한다. 제약인식 역시 커뮤니케이션 행동과 밀접한 관계를 가지는데, 상황이론에서는 특성 상황에서 개인이 그 상황에 대해 통제하기 어렵다고 지각할수록 커뮤니케이션 행동은 수동적으로 나타나는 반면, 자신이 통제할 수 있고, 자신의 노력으로 개선될 수 있다고 생각하면 보다 능동적인 커뮤니케이션 행동을 보일 것으로 가정한다(Atwood & Major, 1991; Grunig, 1983).

(3) 관여도

크루그만(Krugman,1965)은 관여도(level of involvement)에 대해서 '개인이 어떤 상황과 관련된 정도' 그리고 '수신자가 메시지와 자신 사이를 연결시키는 개인적 관련성 혹은 관계의 수'라고 정의하고 있다. 이와 유사하게, 그루닉(1978, 1982)도 관여도를 '개인이 쟁점 관련 상황과 자신이 얼마나 관련되어 있는지 인식하는 정도'라고 정의하고 있다. 이러한 관여도 역시 개인의 커뮤니케이션 행동에 영향을 미치게 된다. 즉, 어떤 이슈가 개인적으로 관련성이 높은 문제로 인식될 경우, 해당 이슈에 대한 정보를 적극적으로 탐색하고자 하는 능동적 커뮤니케이션 행동을 보이는 반면, 그렇지 않은 경우 커뮤니케이션 메시지에 노출되지 않거나, 대중매체를 통해 자연스럽게 노출되는 메시지를 단순히 처리하는 수준에 머물게 된다.

상황이론에서는 우선 문제인식과 제약인식을 기준으로 〈표 4-2〉와 같이 공중을 4개의 집단으로 구분하고, 이들 각각의 공중은 차별적인 커뮤니케이션 행동을 보이는 것으로 가정하고 있다. 4개 집단의 공중유형을 구체적으로 살펴보면, 우선 문제인식이 낮으면서 제약인식도 낮은 상황의 일상행동공중(routine public)은 어떤 이슈를 문제로 인식하지 않으면서 해당 이슈와 관련하여 행동을 취하는 데 있어서 어떠한 제약도 인식하지 못하는 공중이다. 두 번째, 문제인식이 낮으면서 제약인식이 높은 상황의 숙명행동공중(fatalistic public)은 어떤 이슈를 문제로 인식하지 못하면서, 이슈 관련 행동을 취하는 데 있어서도 높은 제약인식을 가지고 있는 사람들이다. 일상행동공중과 숙명행동공중은 모두 문제인식이 낮아서 해당 이슈에 대해 문제를 제기할 가능성이 낮지만, 일상행동공중의 경우 문제를 인식할 수 있도록 지속적인 노력을 한다면 제약인식이 낮아 행동을 끌어낼 수 있다. 그러나 숙명행동공중은 문제를 인식할 수 있도록 노력하더라도 제약인식이 높아 참여 행동을 이끌어 내기가 쉽지 않다. 세 번째, 문제인식이 높으면서 제약인식이 낮은 상황의 문제직면공중(problem-facing public)은 특정 이슈에 대해 문제로 인식하면서도 제약요소에 대한 인식이 낮아서 문제를 적극적으로 제기하고 참여할 수 있는 공중이다. 마지막으로, 문제인식이 높으면서 제약인식도 높은 상황의 제약행동공중(constrained public)은 특정 이슈를 문제로 인식하면서도 문제를 제기하는 데 제약요소가 많은 것으로 인식함에 따라 쉽게 행동으로 옮기지 못하는 공중이다.

●표 4-2● **문제인식과 제약인식에 따른 공중유형**

구분		문제인식	
		낮음	높음
제약인식	낮음	일상행동공중	문제직면공중
	높음	숙명행동공중	제약행동공중

출처: Grunig & Hunt (1984) 재구성.

한편, 그루닉과 헌트(Grunig & Hunt, 1984)는 문제인식과 제약인식에 따른 공중의 커뮤니케이션 상황이라는 틀 위에 이슈에 대한 개인적 관여도를 포함하여 활동적 공중, 자각적 공중, 잠재적 공중, 비공중의 네 가지 유형의 공중을 추가하였다. 여기서 활동적 공중(active public)이란 특정 이슈에 대한 문제인식이 높고 관여도가 높지만 문제를 해결하는 데 있어서 제약인식이 낮아서 해당 이슈에 대해 적극적으로 토론하고 참여하는 특징을 가진 공중이다. 자각적 공중(aware public)이란 해당 이슈를 문제로 인식하고 있지만 제약인식이 높아서 적극적으로 행동에 참여하지는 않는 공중이다. 하지만 이러한 자각적 공중은 일단 제약인식이 제거되면 활동적 공중으로 변화되기 쉬운 공중이기도 하다. 잠재적 공중 (latent public)이란 어떤 이슈에 직면해 있으면서도 그 상황을 문제로 인식하고 있지 못하면서 제약인식은 낮은 공중을 말하며, 비공중(non public)이란 어떤 이슈를 문제로 인식하고 있지도 못할 뿐만 아니라 해당 이슈와 어떠한 관련성도 가지고 있지 않은 공중이다. 이러한 비공중을 대상으로 어떤 관계를 형성하고 문제 제기에 참여하도록 하는 것은 쉽지 않다. 〈표 4–3〉은 문제인식, 제약인식, 관여도에 따라 여덟 가지 상황의 공중을 분류한 결과이며, 각각의 상황에서 어떤 유형의 공중이 나타날 수 있는지를 보여 준다.

좀 더 구체적으로 살펴보면, 첫 번째 문제직면 상황에서의 공중은 문제인식이 높고 제약인식이 낮기 때문에 일반적으로 활동적 공중이 될 가능성이 높다. 그러나 관여도에 따라 차이를 보일 수 있다. 관여도가 높으면 당연히 활동적 공중이 되겠지만, 관여도가 낮다면 활동적 공중으로 발전될 수도 있고 자각적 공중에 머무를 수도 있다. 즉, 한 개인이 특정 이슈에 대해 문제로 인식하고 있지만, 그 이슈가 자신과 직접적으로 관련되어 있지 않은 것으로 인식한다면 문제를 인식하면서도 행동에는 적극성을 보이지 않게 되는 것이다.

두 번째, 제약 상황에서의 공중은 어떤 이슈의 상황에 대해 문제로 인식하면서도 문제를 제기하는 데 여러 제약요소가 많다고 생각하는 집단으로서, 관여도가 높으면 자각적 공중이나 활동적 공중이 되지만, 관여도가 낮으면 잠재적 공중이나 자각적 공중이 된다. 특히 관여도가 높을 경우, 자각적 공중이라 하더라도 제약요소가 극복된다면 활동적 공중으로 발전될 가능성이 높다. 그리고 관여도가 낮은 집단의 경우 매우 수동적이고 비의욕적인 공중일 가능성이 높으며, 활동적 공중으로 발전될 가능성이 낮다.

세 번째, 일상 상황에서의 공중은 제약요소에 대한 인식이 낮지만 문제인식 역시 낮은 집단으로서, 관여도가 낮은 경우 비공중이나 잠재적 공중일 가능성이 많지만, 관여도가 높은 경우 문제를 인식하게 된다면 활동적 공중으로 발전될 수도 있다.

네 번째, 숙명 상황에서의 공중은 어떤 이슈에 대해 문제로 인식하지 않으면서 제약인식은 높은 집단으로서, 이들 중 관여도가 낮은 경우 비공중이지만 관여도가 높을 경우, 문제를 인식하게 된다면 잠재적 공중으로 발전될 가능성이 있다.

●표 4-3● 문제인식, 제약인식, 관여도에 따른 공중 분류

구분	관여도	
	저관여	고관여
문제직면 상황 (문제인식 높음/제약인식 낮음)	자각적 공중/활동적 공중	활동적 공중
제약 상황 (문제인식 높음/제약인식 높음)	잠재적 공중/자각적 공중	자각적 공중/활동적 공중
일상 상황 (문제인식 낮음/제약인식 낮음)	비공중/잠재적 공중	활동적 공중
숙명 상황 (문제인식 낮음/제약인식 높음)	비공중	잠재적 공중

출처: Grunig & Hunt (1984).

(4) 공중유형별 커뮤니케이션 행동과 이슈행동

상황이론에서는 공중을 분류함과 동시에 공중별 커뮤니케이션 행동이 어떻게 나타나고 있는지를 설명한다. 여기서 커뮤니케이션 행동이란 이슈에 대한 정보추구행동(information seeking behavior)과 정보처리행동(information processing behavior)으로 구분된다. 정보추구행동이란 특정 이슈에 대한 정보를 의도적으로, 적극적으로 탐색하는 행동을 의미한다(Grunig, 1989). 주로 해당 이슈에 대해 다른 사람들과 대화를 나눈다든지, 팸플릿이나 책자, 인터넷 등을 통해 관련 정보를 적극적으로 탐색하는 활동을 가리킨다(Clacke & Kline, 1974). 그리고 정보추구행동은 정보를 수용하고 소비하는 행동뿐만 아니라 정보를 전달하고 확산시키는 행동까지도 포함하는 것으로 간주된다(김인숙, 1997). 정보처리행동이란 정보를 적극적으로 탐색하고 찾고자 하는 노력 없이 각자에게 주어지는 정보만을 소극적으로 처리하는 수동적 커뮤니케이션 행동(Grunig, 1983)을 의미한다. 주로 대중매체를 통해 들어오는 메시지를 처리하는 행동에 해당하지만, 정보에 주의를 기울인다는 점에서 주목하지 않고 단순 노출되는 상황과는 분명히 차이가 있다.

PR 실무자들은 조직의 커뮤니케이션 관리를 위해 목표를 설정하고 전략적 메시지를 구상하는 과정에서 그들의 주요 핵심 공중들이 어떠한 커뮤니케이션 행동을 보이는지 이해해야 한다. 아울러 그루닉(1989)은 상황이론에 대한 연구를 공중의 행동 부분까지 확장함으로써 문제인식이 높고, 제약인식이 낮고, 관여도가 높을수록 해당 이슈에 대해 적극적인

커뮤니케이션 행동을 보일 뿐만 아니라 이슈 관련 행동에 참여하려는 의도가 높을 수 있음을 제안하였다. 따라서 PR 실무자들이 성공적인 커뮤니케이션 전략을 수립하기 위해서는 그루닉과 헌트가 분류한 각각의 공중유형이 대체로 어떠한 커뮤니케이션 행동과 이슈행동을 보이는지를 이해하고, 각각의 공중유형에 대해 어떠한 커뮤니케이션 전략들이 마련될 수 있는지를 파악해야 한다.

상황이론에서는 전반적으로 공중들의 문제인식이 높고 제약인식이 낮은 문제직면공중들이 가장 적극적인 정보추구행동을 보이게 된다고 가정한다. 여기에 관여도가 조절작용을 할 수 있다. 즉, 관여도의 조절작용은 문제인식이 높고 제약인식이 낮은 문제직면공중과 문제인식이 높고 제약인식이 높은 제약행동공중에게 있어서 그 영향력이 더욱 두드러진다. 촛불집회 관련 이슈를 중심으로 한 연구에서도 문제직면공중의 경우 관여도가 높은 공중들일수록 정보추구행동이 높게 나타나고, 인터넷과 대인 커뮤니케이션 채널을 많이 이용하는가 하면, 촛불집회에 참여하려는 의향도 높게 나타났다. 반면, 관여도가 낮은 문제직면공중들의 커뮤니케이션 행동은 적극적이지는 않지만 저관여의 다른 공중들에 비해서는 적극적인 커뮤니케이션 행동을 보인다(Grunig & Ipes, 1983). 관여도가 높은 문제직면공중들은 문제해결을 위해 적극적인 활동을 하는 활동적 공중이 될 가능성이 많지만, 관여도가 낮은 문제직면공중들은 관여도가 높은 문제직면공중들에 비해 소극적인 행동 양상을 보이게 된다(Grunig & Hunt, 1984). 따라서 관여도가 낮은 경우, 자각적 공중을 활동적 공중으로 변화시킬 수 있는 커뮤니케이션 전략을 마련할 필요가 있다.

제약행동공중은 관여도가 높을 경우에는 문제에 대한 심각성을 인지하고 있기 때문에 문제를 해결하기 위한 정보를 적극적으로 얻고자 하는 경향이 있지만, 외부 제약이 많다고 느끼기 때문에 고관여 문제직면공중들보다 적극적인 커뮤니케이션 행동을 보여 주지 못할 가능성이 있으나 저관여 문제직면공중들보다는 적극적인 커뮤니케이션 활동을 보여 준다(남경태, 2006). 그럼에도 이슈행동에 있어서는 저관여 문제직면공중들보다 소극적인데 이는 높은 제약인식이 관련 행동에 대한 의지를 차단하기 때문일 것이다. 따라서 제약요소가 해소된다면 활동적 공중으로 될 수도 있으므로, 제약인식을 해소할 수 있도록 공중의 이해를 구하는 적극적인 커뮤니케이션 전략이 실행될 필요가 있다. 그러나 관여도가 낮은 경우 잠재적/자각적 활동을 할 가능성이 높으므로 관여도를 높이고, 제약요소를 해

소해야 하므로 좀 더 어려운 상황에서 커뮤니케이션 전략을 수립해야 한다.

이상과 같이 관여도의 조절작용은 문제인식이 높은 공중의 경우에는 그 효과를 확인해 볼 수 있으나, 문제인식이 낮은 경우에는 관여도의 효과가 크게 나타나지 않는다. 다시 말해서, 문제인식이 낮고 제약인식이 낮은 일상행동공중과 문제인식이 낮고 제약인식이 높은 숙명행동공중은 모두 관여도가 높다 하더라도 적극적인 정보추구행동을 보이지 않는다는 것이다(김인숙, 1997). 따라서 일상행동공중과 숙명행동공중 모두에게 있어서 우선적인 커뮤니케이션 전략은 문제를 인식시키는 것으로부터 시작되어야 한다. 특히 관여도가 높은 일상행동공중의 경우에는 해당 이슈가 문제임을 인식시키는 것이 숙명행동공중보다는 용이할 수 있고, 현 이슈가 왜 문제가 되는지를 잘 교육시킨다면 문제직면공중으로 전환될 가능성이 높으므로 문제인식을 위한 다양한 커뮤니케이션 전략이 마련될 필요가 있다. 관여도가 낮은 숙명행동공중의 경우 가장 소극적인 커뮤니케이션 활동을 보이는 비공중으로, 이들은 심지어 수동적인 정보처리조차 하지 않을 가능성도 있다(조민정, 박종민, 2011). 따라서 가장 복잡하고 힘든 커뮤니케이션 상황이며, 커뮤니케이션 전략을 실행하는 데도 시간적·비용적 문제가 크게 발생할 수 있어 대체로 커뮤니케이션 전략 수립 과정에서 배제되는 경우가 많다

● 표 4-4 ● **공중유형별 커뮤니케이션 행동과 이슈행동, 그리고 커뮤니케이션 전략**

구분		커뮤니케이션 행동	이슈행동	커뮤니케이션 전략
일상행동공중	고관여	정보처리행동	소극적	문제인식 전략
	저관여	정보처리행동	소극적	문제인식 전략/관여도 향상 전략
숙명행동공중	고관여	정보처리행동	소극적	문제인식 전략/제약요소 제거 전략
	저관여	정보처리행동	소극적	문제인식 전략/관여도 향상 전략/제약요소 제거 전략
문제직면공중	고관여	정보추구행동	적극적	강화 전략
	저관여	정보처리행동	소극적	관여도 향상 전략
제약행동공중	고관여	정보추구행동	적극적	제약요소 제거 전략
	저관여	정보처리행동	소극적	제약요소 제거 전략 및 관여도 향상 전략

(5) 상황이론의 확장

상황이론은 어떤 상황에서 공중들은 그 상황에 대해 각자 다르게 인지한다는 점을 전제로 문제인식, 제약인식, 관여도 등에 따라 공중유형을 분류하고, 이들 각 공중들의 커뮤니케이션 행동은 다르게 나타나며, 이를 고려하여 조직의 커뮤니케이션 전략이 차별화되게 수립되어야 한다고 강조한다. 이에 지진(Major, 1998), 대기오염(Major, 1993), 위천공단 상수원 오염(김인숙, 1997) 등의 환경이슈, 원자력발전소 설치이슈(Grunig, 1994), AIDS(Grunig & Childers, 1988), 성희롱 문제(김인숙, 2001), 외모지상주의(남경태, 2006), 「성매매 처벌 특별법」(문관식, 이병관, 2006), 미국산 쇠고기 수입 문제(김인숙, 2008) 등 다양한 이슈를 둘러싸고 상황이론을 실증적으로 검증하고자 하는 노력들이 시도되었으며, 그 가운데 문제인식과 관여도는 상관관계가 높기 때문에 이들 두 개념을 분리된 개념으로 보기에는 문제가 있는 것으로 지적되기도 하였고(Slater et al., 1991), 관여도 개념이 제외된 상태에서 연구되기도 하였다(문관식, 이병관, 2007).

이와 같이 상황이론에 대한 검증을 시도한 여러 연구에서 상반된 연구 결과들이 나타나고 있음으로 인해, 상황이론에 근거한 공중 분류에 대해 비판하고 있는 학자들도 있다. 특히 할라한(2000)은 상황이론에서 비활동공중의 의미가 축소되었다고 주장했다. 즉, 비활동공중이란 어떤 조직의 제품이나 서비스와 관련하여 낮은 수준의 지식과 관여도를 갖는 이해관계자를 의미하며, 활동공중과는 다른 커뮤니케이션 전략이 필요함에도 불구하고, 상황이론에서는 이 부분이 간과되었다고 그는 주장하였다. 또한 바스케즈와 테일러(Vasquez & Taylor, 2001)는 상황이론의 기본적 전제인 '상황적 변인들'을 토대로 공중을 분류하는 것에 문제가 있다고 비판하였다. 알두리와 샤(Aldoory & Sha, 2007)는 글로벌 매체 및 문화적 환경이 변화함에 따라 정보추구와 정보처리라는 커뮤니케이션 행동의 구분이 재검토되어야 한다고 주장하였다. 이와 더불어 새로운 디지털 미디어 환경에서는 커뮤니케이션 행동에 대한 구분이 보다 다차원적으로 이루어져야 할 필요가 있음이 제기되기도 하였다(박노일, 2010).

이러한 맥락에서 상황이론에 대한 확장을 위해 문제해결 상황이론이 제기되었다. 기존의 상황이론이 커뮤니케이션과 공중을 중심으로 하여 의사결정을 위한 커뮤니케이션 상황에 초점을 두고 있는 데 반해, 문제해결 상황이론은 문제해결을 위한 커뮤니케이션 행동으로 초점을 이동시키고 있다(김정남, 박노일, 김수진, 2014). 이는 의사결정을 위한 커뮤니케이션 행동의 경우 정보의 공유, 전달, 선택 등 다른 차원의 커뮤니케이션 행동을 간과할수도 있는데, 커뮤니케이션 목적을 의사결정이 아닌 문제해결로 전환하면 커뮤니케이션 행동의 범위를 좀 더 확대시킬 수 있게 된다는 점에서 제안된 것이다. 문제해결 상황이론에 대해서 후반부에서 좀 더 구체적으로 살펴보기로 한다.

상황이론에 대한 또 다른 차원의 확장 노력으로, '쟁점 활성화 전 단계(cross-situational approach)'를 이해해야 한다는 논의가 제시되었는데, 이는 쟁점 활성화 전과 후의 상황적 속성의 차이가 쟁점에 대한 상황 변인보다 더 큰 영향을 준다는 연구 결과로부터 비롯된 것이다(Kim, Ni, & Sha, 2008). 쟁점이 진행되는 상황에서는 쟁점에 대한 개인의 지각이 공중유형에 영향을 주지만, '쟁점 활성화 전 상황'에서는 개인의 성별, 연령, 정치성향, 사회적 지위 등 선유경향이라는 개인의 환경적 특성이 커뮤니케이션 행동에 더 많은 영향을 줄수 있다는 것이다(조민정, 박종민, 2011). 〈표 4-5〉에서 볼 수 있는 바와 같이, 쟁점 활성화전에는 이해관계자에 머물던 사람들이 쟁점이 활성화되기 시작하면서 특정 쟁점을 중심으로 하여 하나의 공중으로 활성화되기 시작한다. 따라서 '쟁점 활성화 전 단계'에서의 공중 세분화는 쟁점이 활성화되어 상황적 특수성이 반영되는 '쟁점 활성화 상황'에서의 공중세분화와 구별되어 접근되어야 한다.

● 표 4-5 ● **쟁점 활성화 단계별 공중 세분화**

단계		세분화 가능 개념	공중 세분화 유형
쟁점 활성화 전 단계	이해관계자 단계 (stakeholder stage)	가치관, 관계, 능력	인구학적 속성, 지역학적 속성, 심리적 속성, 문화, 관계, 사회/정치/경제적 맥락
쟁점 활성화 상황 단계	공중 단계 (public stage)	문제인식, 제약인식, 관여도	문제직면공중 제약행동공중
	쟁점위기 단계(issues/crisis stage)	자원, 문제, 결과	일상행동공중 숙명행동공중

출처: 조정민, 박종민(2011); Aldoory & Sha (2007); Kim, Ni & Sha (2008).

2) 할라한에 의한 공중 분류

할라한(2000) 역시 각각의 공중유형에 적합한 커뮤니케이션이 이루어져야 할 필요가 있음을 강조하며, 지식수준(level of knowledge)과 관여도를 기준으로 하여 공중의 유형을 네가지로 분류하였다. 즉, 〈표 4-6〉에서와 같이 그는 비활동공중(inactive public), 인지공중(aware public), 자각공중(aroused public), 활동공중(active public) 등을 포함하여 공중유형을 분류하였는데, 상황이론에서 그루닉은 비활동공중을 PR의 대상에서 간과한 반면, 할라한은 비활동공중을 주요한 전략적 공중이라고 주장하였다. 그 이유는 비활동공중은 지식수준과 관여도가 모두 낮고 이슈 자체에 무관심한 경우가 많지만, 그들의 지식수준과 관여도가 높아지면 언제라도 활동공중으로 변화될 수 있다고 보았기 때문이다. 인지공중은 지식수준은 높으나 관여도가 낮은 공중이며, 자각공중은 관여도는 높지만 지식수준이 낮은 집단이다. 만약 갈등 이슈가 첨예화된 상황이라면, 활동공중의 경우 일방적인 설득 커뮤니케이션 전략으로 그들의 이해와 동의를 구하기 쉽지 않으며 오히려 반발을 일으키는 역효과를 가져올 수도 있으므로 커뮤니케이션 전략이 주의 깊게 이루어질 필요가 있다. 또한 인지공중이나 자각공중은 아직은 수동적인 공중에 불과하지만, 인지공중의 관여도가 높아지고, 자각공중의 지식수준이 높아진다면 활동공중으로 변화될 수 있으므로 갈등 이슈에 있어서는 이들 인지공중과 자각공중이 활동공중으로 변화되기 전에 적절한 커뮤니케이션 전략이 수립되어야 한다.

●표 4-6● **할라한에 의한 공중 세분화**

구분		관여도	
		저관여	고관여
지식수준	고지식	인지공중	활동공중
	저지식	비활동공중	자각공중

3. 디지털 환경에서의 온라인 공중

프랑스 사회학자 자크 아탈리(Attali, 2005)는 21세기를 "디지털 장비를 가지고 지구를 떠도는 디지털 노마드의 시대"로 규정한 바 있다. 이후 '디지털 노마드(digital nomad)'는 오늘날과 같은 디지털 시대의 대표적인 인간 유형을 지칭하는 개념으로 사용되고 있다. '디지털 노마드'는 유목민을 의미하는 '노마드'와 '디지털'을 결합하여 만들어진 합성어로 디지털이라는 새로운 환경에서 효율성을 우선시하며 시공간의 장벽을 넘나드는 현대 인간의 삶의 모습을 잘 표현하고 있는 개념이다. 여기서 디지털 노마드의 삶을 가능하게 하는 근거는 바로 디지털 장비에 있다. 일반적으로 대중매체란 다수의 사람들이 동시에 정보를 공유할 수 있도록 하는 대표적인 커뮤니케이션 수단이자, 한 사회 구성원 간 교류의 토대가 되기도 한다(홍상현, 2020). 그러나 새로운 디지털 환경에서 인터넷, 소셜미디어, 모바일 등 뉴미디어가 새로운 미디어 형태로 등장하면서 기존의 대중매체의 역할을 대체하고 있으며, 디지털 노마드는 이러한 디지털 미디어를 기반으로 활동하는 사람들을 일컫는다.

PR은 조직과 조직에 영향을 주고받는 공중과 상호호혜적인 관계를 창출하고 유지하는 커뮤니케이션 활동으로서 정의될 수 있으며(Grunig & Hunt, 1984), 공중을 규정하는 데 있어서 핵심은 바로 쟁점과 커뮤니케이션이다(박노일, 2010). 매체의 변화는 사람들의 커뮤니케이션 양식을 변화시키며, 이슈라는 상황을 중심으로 한 공중의 인식적 특성도 변화시킬 수 있다. 따라서 디지털 환경에서 PR 커뮤니케이션을 보다 효율적으로 수행하기 위해서는 전통적인 공중의 개념에 기반하기보다는 차별화된 방식으로 공중을 새롭게 정의하고 공중유형 역시 새롭게 구분할 것이 요청된다.

처음 인터넷이 등장하면서 새로운 온라인 환경에서의 공중을 가리켜 '전자공중'(최윤희, 2001) 혹은 '사이버서퍼'라는 개념이 사용되었다. 그러나 '전자공중'이라는 개념은 방송이나 라디오와 같은 전자매체를 소비하는 공중까지 포함시킬 수 있으며, '사이버서퍼'라는 개념은 단순히 의견이나 정보 등을 검색하는 집단으로서 쟁점과 연결되지 않는다. 즉 '전자공중'이라는 개념은 범위를 지나치게 확장하는 느낌이 있는 반면, '사이버서퍼'는 공중의 범위를 지나치게 축소시키는 경향이 있다. 이에 배미경(2003)은 '온라인 공중'이 인터넷

매체 시대 공중을 설명할 수 있는 가장 적절한 용어라고 주장했다. 이 장에서는 디지털 환경에서 생활하는 '온라인 공중'에게 영향을 주는 디지털 매체 및 디지털 환경이 가진 특성에 대해 살펴봄으로써 '온라인 공중'의 특성을 파악하고, 그 유형 분류에 대해 논의해 보고자 한다.

1) 디지털 미디어 환경과 온라인 공중의 특성

21세기 미디어 생태계는 급격한 변화의 소용돌이 속에 있다. 현재 미디어 환경은 전문적 매스미디어가 공중의 여론 형성 기능을 독점하는 형태에서 다양한 개인 미디어 주체들과 공유하는 형태로 변화하고 있다(Plowman, Wakefield, & Winchel, 2015). 그리고 시공간의 초월성, 상호작용성, 익명성, 비선형적 커뮤니케이션, 미디어의 통합성 등 온라인 공간이 가진 특성은 기존의 커뮤니케이션 형식과는 완전히 다른 공간적 커뮤니케이션 특성을 보여 주고 있다(배미경, 2003). 이렇듯 인터넷 공간이 가진 특성은 온라인 공중의 활동 및 커뮤니케이션 방식에도 영향을 미치게 되며, 이로 인해 기존 대중매체 중심의 공중과는 다른 성격의 공중이 출현할 수도 있다.

'온라인 공중'에 대해 배미경(2003)은 "사이버 공간에서 특정 조직이나 개인과 연결되는 지점에서 담론구성에 참여하여 자신의 정체성을 드러내는 개인 혹은 집단"이라고 정의하고 있다. 한정호 등(2007)은 정체성을 드러내지 않는 공중의 활동도 간과되어서는 안 된다고 지적하며 '온라인 공중'을 보다 광의 개념으로서 "온라인 공간에서 특정 쟁점이나 문제점을 중심으로 형성되는 집단"으로 정의하였다.

배미경(2003)은 이러한 '온라인 공중'의 특성을 여섯 가지로 정리하고 있다. 첫째, 온라인 공중은 온라인 공간에서 의견을 표현하거나 토론에 참여함으로써 자신의 정체성을 드러내는 경향이 있다. 둘째, 온라인 공중은 정보이용자인 동시에 정보 제공자라는 이중적 역할을 한다. 셋째, 온라인 공중은 온라인 공간에서 그들의 의견을 적극적으로 표현할 수 있는 합리적 공중의 가능성도 있지만, 익명성으로 인한 비이성적 공중행동의 가능성도 함께 지닌다. 넷째, 온라인 공중은 자신들의 오프라인 경험을 중심으로 온라인 이슈 형성에 참여하기도 한다. 다섯째, 온라인 공중은 네트워크가 지닌 속성으로 인해 온라인 공간상에 가상 커뮤니티와 같은 조직을 만들어 집단적 힘을 갖추게 됨으로써 조직의 이미지를 손상시키거나 경제적 손실을 가져다줄 수 있다. 여섯째, 온라인이 가지는 가변성으로 인해 온라인 공중은 한 개인이 동시에 여러 조직의 공중이 될 수 있는 다중공중으로 발전될 가능성도 있다.

아울러, 전통적인 미디어 환경에서 '공중'이라는 개념은 가시적으로 드러날 수 있는 소규모 집단으로서 공중의 범위와 구성원을 규정하기가 어렵지 않았다. 그러나 온라인 미디어 환경에서의 '온라인 공중'은 소규모 집단이라는 물리적 제약을 벗어나, 가시적으로 드러나지 않는 인터넷 공간에서 타인의 의견과는 상관없이 자신의 의견을 표명할 수 있어 상호 소통 형태가 매우 제한적일 뿐만 아니라, 공중의 범위와 구성원을 명확하게 규정하기 쉽지 않다. 따라서 집단 구성원 간 상호 신뢰가 형성되기란 매우 어려울 수 있다(박인호, 장현석, 박현순, 2019). 그럼에도 인터넷의 익명적 속성은 정보를 급속히 확산시켜 사회적 쟁점을 부각시킬 수 있으며, 이는 쟁점에 대한 문제인식과 관여도를 강화시키면서 제약인식까지 낮출 수 있기 때문에 인터넷상의 온라인 공중은 극단적인 활동에 적극적으로 참여할 수 있는 활동적 공중으로 발전될 가능성이 매우 높다(한정호, 박노일, 정진호, 2007; Postmes & Brunsting, 2002). 또한 그루닉의 상황이론에서 공중은 '변화하는 상황에 따라 만들어졌다가 이슈나 상황이 해결되면 사라지는 집단'으로 상황 의존적 집단인 반면, 온라인 미디어 환경에서 공중은 이슈에 대한 정보공유 및 참여를 기본으로 하는 활동적 공중으로 발전될 가능성이 매우 높다. 이렇듯 매체환경의 변화가 공중의 특성을 변화시키게 되면서, 상황이론의 모델에서 제안하는 공중유형의 분류에 대한 수정이 불가피하다는 주장이 제기되었다.

2) 디지털 공중의 유형 분류

많은 학자가 온라인 공중의 세분화 필요성에 대해 논의를 제기하였으나, 모든 학자가 공통된 의견을 가지는 않는다. 즉, 몇몇 학자는 그루닉의 공중유형 분류의 타당성을 입증하는 시도를 보이기도 하였다(Hearit, 1999; Phillips, 2001). 하지만 새로운 매체환경과 공중특성의 변화에 적합한 공중유형의 구분이 새롭게 이루어질 필요가 있다는 의견이 지배적이다. 이에 배미경(2003)은 문제인식, 제약인식, 관여도 등이 온라인상의 커뮤니케이션 동기 요소가 될 수는 있지만, 공중을 세분화할 수 있는 절대적 기준에는 한계가 있음을 지적하며, 특정 사이트를 방문한 고객들의 커뮤니케이션 행동 자료를 토대로 정보처리형, 정보추구형, 담론구성형 등으로 공중유형을 분류하였다. 여기서 정보처리형 공중이란 조직이 제공한 정보에만 의존하는 가장 소극적 단계의 행동을 보이는 공중이며, 정보추구형 공중은 조직이 제공한 정보에만 만족하지 않고 자신에게 필요한 정보를 적극적으로 기업에 요구하는 공중유형이다. 그리고 담론구성형 공중이란 조직과 관련된 이슈에 대해 자신의 의견을 적극적으로 밝히는 공중을 의미한다.

이와 더불어, 김정남과 그루닉(Kim & Grunig, 2011)은 그루닉의 상황이론의 확장된 형태인 문제해결 상황이론을 재정립하는 가운데 새로운 형태의 공중 세분화 방법을 제안하였다. 이 새로운 공중 세분화 방법은 디지털 미디어 시대 상황에 맞게 그루닉의 상황이론에 근거한 네 가지 공중유형 중 활동공중과 자각공중만을 대상으로 하고 있다. 문제해결 상황이론에 대해 보다 구체적으로 살펴보면, 이 이론은 문제인식, 제약인식, 관여도라는 기존 상황이론의 세 가지 독립변인에 준거지침(reference criterion)을 포함시키고 문제해결을 위한 커뮤니케이션 행동을 정보전달, 정보선택, 정보취득이라는 세 가치 차원에 포함된 여섯 가지 변인으로 세분화하였다. 즉, 적극적 혹은 소극적 형태임을 고려하여, 정보전달(information transmission)은 정보전파(information forwarding)와 정보공유(information sharing)를, 정보선택(information selection)은 정보선별(information forefending)과 정보수용(information permitting)을, 그리고 정보획득(information acquisition)은 정보추구(information seeking)과 정보주목(information attending)을 포함하였다. 준거지침은 개인이 이미 보유하고 있는 지식 중 적용 가능한 지식(Higgins, 1996) 혹은 경험을 의미하며, 김정남과 그루닉(2011)은 '문제해결을 위한 개인의 노력이나 커뮤니케이션 행동에 영향을 미칠 수 있는 주관적 판단체계'라고 정의하였다. 문제해결 상황이론의 기본적인 모델은 [그림 4-2]와 같다.

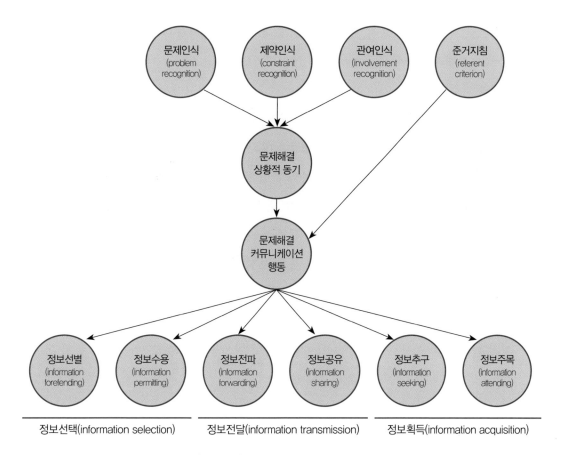

[그림 4-2] **문제해결 상황이론의 기본 모델**

아울러, 니와 김정남(Ni & Kim, 2009)은 문제해결의 세 가지 특성(문제해결접근에 대한 개방성, 문제해결에 대한 적극성, 문제해결과 관련된 시간)에 따라 공중유형을 구분한 후 이를 재조합하여 8개의 공중유형으로 분류하였다. 문제해결접근에 대한 개방성은 공중이 문제해결을 위해 관련된 정보를 수용하는 정도와 관련된 개념으로서, 개방형 공중은 어떤 정보든 관련성이 있다고 판단되면 언제든지 받아들이는 공중인 반면, 폐쇄형 공중은 주관적 판단에 기반하여 정보를 걸러 내는 공중을 의미한다. 문제해결과 관련된 적극성은 정보전달과 관련된 기준으로서, 적극적 공중은 다른 사람의 의사와 상관없이 문제해결과 관련된 정보를 타인에게 적극적으로 전달하는 공중인 반면, 소극적 공중은 받은 정보를 공유하거나 타인이 요구하는 경우에만 전달하는 경향을 보인다. 문제해결에 대한 적극성 정도는 수동적 공중(passive publics), 능동적 공중(active publics), 활동가 공중(activist publics)을 구분하는 기준으로 작용하기도 하며, 정보습득 단계(내·외적 문제탐색 단계)와 문제해결 단계(개인적·집단적 활성화 단계)를 구분하는 기준이 되기도 한다([그림 4-3] 참조). 마지막으로, 문제해결과 관련된 시간을 기준으로, 상황적 공중은 정보를 얻고자 하는 의지가 높아서 적극적으로 정보를 습득하고자 하는 경향을 보이는 반면, 만성적 또는 휴면 상태의 공중은 정보 습득에 있어서 수동적이다(천명기, 김정남, 2016).

그리고 〈표 4-7〉에서 볼 수 있는 바와 같이 문제해결의 세 가지 특성은 각각의 특징적 공중유형을 포함하기도 하지만 문제해결 상황이론에서 제시되었던 여섯 가지 유형의 커뮤니케이션 행동과도 연결된다. 니와 김정남(2009)은 문제해결의 세 가지 특성을 기준으로 6개의 능동적 공중과 2개의 인지공중을 포함하여 여덟 가지 추가 하위공중을 세분화하였다. 6개의 능동적 공중이란 폐쇄-상황적 활동가 공중, 폐쇄-만성적 활동가 공중, 폐쇄-상황적 능동적 공중, 개방-상황적 활동가 공중, 개방-만성적 활동가 공중, 개방-상황적 능동적 공중 등으로 구분하였으며, 2개의 인지공중은 폐쇄-만성적 수동적 공중과 개방-만성적 수동적 공중으로 분류하였다.

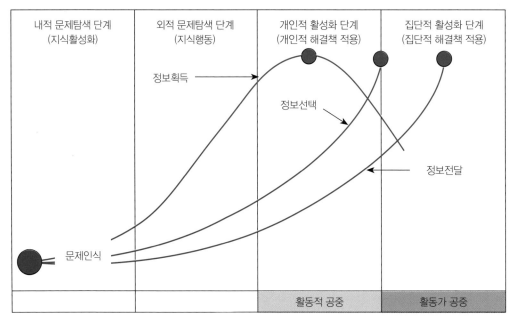

[그림 4-3] 문제해결 상황이론의 이론적 모델

● 표 4-7 ● **문제해결 상황이론에서의 공중유형 및 커뮤니케이션 유형**

문제해결 특성	공중유형	커뮤니케이션 유형
문제해결접근에 대한 개방성	개방형 공중 (open-type publics)	정보수용 (information permitting)
	폐쇄형 공중 (closed-type publics)	정보선별 (information forefending)
적극성 정도	적극적 공중 (practive publics)	정보전파 (information forwarding)
	소극적 공중 (reactive publics)	정보공유 (information sharing)
문제해결과 관련된 시간	상황적 공중 (situational publics)	정보추구 (information seeking)
	만성적 공중 (chronic publics)	정보주목 (information attending)
	휴면상태의 공중 (dormant publics)	

4. 결론

　정치, 경제, 사회, 기술 등 조직을 둘러싼 모든 환경이 급변하고 있으며, 그러한 환경 속에서 존립하는 사회 구성원들 역시 그 영향을 피해 갈 수 없다. 이는 조직이 관계를 맺고자 하는 공중들의 특성에 대한 변화를 예고하고 있어, 조직과 공중과의 관계를 긍정적으로 형성하는 것을 목적으로 하는 PR활동에서도 조직이나 쟁점을 둘러싼 핵심적인 공중유형 및 이들 공중의 의견에 대한 정확한 파악이 그 어느 때보다도 중요한 시점이다. 따라서 조직을 위한 PR활동이든 특정 쟁점을 둘러싼 PR활동이든, 지속적으로 공중의 동태를 모니터링하고 세분화된 개별 공중의 특성들을 파악하려는 노력만이 PR활동이 성공적인 결실을 맺을 수 있는 지름길이 될 수 있을 것이다.

사례 **황우석 사태**

2005년 한국 사회와 국민에게 큰 충격과 혼란을 안겨 주었던 사건이었던 '황우석 사태'. 이 사건을 통해 우리는 공중들을 중심으로 형성된 여론의 힘이 어느 정도인지 가늠해 볼 수 있다. 1999년 젖소 '영롱이' 복제로 유명해진 황우석 교수는 인간 체세포 복제 배아줄기세포 논문과 환자 맞춤형 배아줄기세포 논문을 『사이언스(Science)』에 게재하면서 세계적인 학자로 떠올랐다. 아울러, 황우석 교수의 연구업적과 개인 우상화 중심의 언론보도를 통해 '황우석 신드롬'이 형성되기에 이르렀다. 그러나 2005년 11월 22일 MBC 〈PD수첩〉 제659회 '황우석 신화의 난자 의혹'편의 방영은 국민을 실망과 좌절을 넘어 분노의 감정에까지 휩싸이게 하였다. 이후 황우석 지지자들과 네티즌들을 중심으로 MBC 〈PD수첩〉에 대한 거센 비난이 쇄도하였고, 특히 YTN이 '〈PD수첩〉 취재윤리위반'에 대해 보도하면서 〈PD수첩〉 시청자 게시판은 인터넷 이용자들의 비판과 공격성 글들로 도배가 되었다. 그리고 인터넷 이용자들의 압력으로 MBC의 대국민 사과방송, 〈PD수첩〉 프로그램 광고 중단 등의 결과를 이루어 냈다. 이후 서울대학교 조사위원회에서 논문 허위를 최초로 공식 확인했으며, 『사이언스』가 2004년, 2005년 논문을 모두 철회하면서 사태는 일단락되었다.

[그림 4-4] MBC 〈PD수첩〉 보도와 관련해 황우석 교수 팬카페 회원과 시민들의 촛불집회
출처: 임미진, 김호정(2005. 12. 14.).

여기서 주목해야 할 것은 바로 공중의 형성과 발전이다. '황우석 줄기세포 논문 조작 사건'이라는 이슈에 관심을 가지고 이를 중심으로 여론 형성에 참여했던 사람들이 바로 공중이다. 언론에 의한 황우석 신격화가 시작되던 초기 공중들은 사태에 대한 정확한 정보를 갖고 있지 않았으며, '논문 조작'이나 '생명윤리위반'과 같은 문제에 대해서 깊이 생각하지 않았다. 그러나 〈PD수첩〉에 의한 문제 제기 이후 문제를 인식하게 되는 공중들이 점차 증가하게 되었다.

물론 문제인식 초기에는 단지 시청자 게시판에 그들의 의견을 쏟아 놓는 정도였으나, 이후 온라인 공간에서의 의제가 사회적 의제로 발전되면서, 'PD 협박 공갈죄 조사청원 서명운동'이나 〈PD수첩〉 광고업체 제품 불매운동' '항의전화' '촛불집회' 등 점차 조직적이면서도 폭력적인 행동에까지 참여하게 되었다. 따라서 대체로 초기에는 포털사이트 다음(Daum)의 '아이러브황우석' 카페의 구성원으로 맹목적인 태도를 보였던 공중들만이 활동적 공중에 해당하였으나, 이슈가 진행되면서 보다 많은 공중들이 활동적 공중으로 발전하게 되어 여론은 걷잡을 수 없이 확대되었다. 여론의 확산에 따라 주류 언론도 '황우석 살리기'에 치우쳐 진실을 감추고 의문을 제기하는 의견은 무시하는 보도행태를 보이기도 하였다. 당시 국내 언론은 네티즌의 의제설정에 주류 언론이 영합함에 따라 언론의 의제설정 기능을 상실하고 언론의 공신력을 스스로 떨어뜨렸다는 비판을 피할 수 없었다. 그러나 '황우석 사태'는 많은 교훈을 주었다. 비단 여론의 위력을 확인하게 된 것뿐만 아니라 과학에 대한 시민들의 관심도를 향상시켰고, 언론의 문제점을 돌아보고 자정 노력의 필요성이 제기되었다는 점에서 다시 한 번 되새겨 볼 만한 이슈라 하겠다.

토론주제

1. 상황이론의 공중 구분에 따라 '황우석 사태'에 관련된 공중들을 분류하고, 공중이 어떻게 발전해 갔는지 논의해 보자.
2. 공중들의 의견이 변화하는 데 있어서 매체는 어떠한 역할을 하였는지 논의하고, 바람직한 매체의 역할은 어떤 것인지에 대해 생각해 보자.
3. 만약 본인이 PR 실무자라고 가정한다면, 오늘날과 같은 디지털 매체환경에서 '황우석 사태'를 보다 긍정적인 방향으로 이끌기 위해서는 어떤 공중들을 대상으로 어떤 PR활동을 시도하는 것이 도움이 되었을지 생각해 보자.

 참고문헌

권중록(2000). 상황이론을 적용한 목표 공중 분석에 관한 연구. 홍보학연구, 4(1), 5-40

김인숙(1997). 환경문제에 대한 공중의 커뮤니케이션 행위: 상황적 이론. 언론과 사회, 15, 85-109.

김인숙(2001). 공중의 커뮤니케이션 행동에 영향을 미치는 상황적 변인들에 대한 연구: 성희롱 문제에 대하여. 홍보학연구, 5(1), 62-84.

김인숙(2008). 상황지각과 공중의 유형에 따른 커뮤니케이션 행동과 이슈관련 행동에 관한 연구. 언론과학연구, 8(3), 201-232.

김정남, 박노일, 김수진(2014). 공중상황이론의 수정과 진화: 문제해결상황이론을 중심으로. 홍보학연구, 18(1), 330-366

남경태(2006). 외모지상주의 문제에 관한 공중별 커뮤니케이션 행동에 관한 연구. 한국광고홍보학보, 8(3), 237-270.

문관식, 이병관(2007). 공중유형에 따른 자기 의견 표명에 관한 연구. 성매매 처벌 특별법 이슈를 중심으로. 한국광고홍보학보, 9(1), 87-108.

박노일(2010). 상황이론의 블로거 공중 세분화 적용 연구. 홍보학연구, 14(3), 69-105.

박인호, 장현석, 박현순(2019). 디지털시대의 온라인 공중 집단행동에 대한 집단 효능감의 역할. 홍보학연구, 23(3), 1-30.

배미경(2003). 온라인 공중: 개념, 특성, 공중 세분화에 관한 논의. 홍보학연구, 7(2), 213-245

신호창, 이두원, 조성은(2011). 정책PR. 서울: 커뮤니케이션북스.

임미진, 김호정(2005. 12. 14.). [2030와글와글] PD수첩 사태 전후 네티즌의 여론 형성(https://news.joins.com/article/1765607).

조민정, 박종민(2011). 쟁점 활성화 전 단계와 쟁점 활성화 상황의 비교를 통한 공중 상황 이론의 확장: 취업 쟁점에 대한 대학생 공중 유형 분류와 커뮤니케이션 행동예측. 한국언론학보, 55(4), 76-104.

차동필(2002). Grunig과 Hallahan의 공중 분류 모델 비교 연구. 홍보학연구, 6(2), 96-127.

천명기, 김정남(2016). 적극적 공중에 대한 이해와 공중 세분화 방법에 대한 연구: 문제해결 상황이론을 적용한 공중세분화방법론 제안. 홍보학연구, 20(3), 113-138.

최윤희(2001). PR의 새로운 패러다임. 서울: 커뮤니케이션북스.

한정호, 박노일, 정진호(2007). 온라인과 오프라인 커뮤니케이션 상황이 공중 세분화 변인에 미치는 영향에 관한 연구. 언론과학연구, 7(1), 319-350.

한혁, 김영욱, 금현섭(2017). 공중상황이론을 바탕으로 한 PR전략연구: 미세먼지 이슈를 중심으로. 한국언론학보, 61(3), 222-254.

홍상현(2020). 디지털 노마드 시대, 디지털-온라인 환경에서의 새로운 영상 커뮤니케이션-디지털 영상의 존재론적 위치 정립을 위한 네 가지 재고. Homo Migrans, 22, 203-228.

Aldoory, L. (2001). Making health connections meaningful for women: Factors that influence involvement. Journal of Public Relations Research, 13(2), 163-185.

Aldoory, L., & Sha, B. L. (2007). The situational theory of publics: Practical applications, methodological challgenges, and theoretical horizons. In E. L. Toth (Ed.), The future of *excellence in public relations and communication management challenges for the next generation* (pp. 339-356). Mahwah, NJ: Erlbaum.

Atkin, C. K. (1973). Instrumental utilities and information seeking. In P. Clarke (Ed.), *New model for communication research* (pp. 205-242). Beverly Hill, CA: Sage.

Attali, J. (2005). 호모 노마드, 유목하는 인간(이효숙 역). 서울: 웅진닷컴. (원저 2003년 출판).

Atwood, L. E., & Major, A. M. (1991). Applying situational communication theory to an international political problem: Two studies. *Journalism Quarterly, 68*(1/2), 200-210.

Ball-Rokeach, S. J. (1973). From pervasive ambiguity to a definition of the situation. *Sociometry, 36*(5), 378-389.

Blumer, H. (1966). The mass, the public and the public opinion. In B. Berelson & M. Janowitz (Eds.), *Reader in public opinion and communication* (2nd ed., pp. 43-50). New York, NY: Free Press.

Broom, G. M. (1982). A comparison of sex roles in public relations. *Public Relations Review, 8*(3), 17-22.

Carey, J. W. (1987). The press and the public discourse. *The Center Magazine, 20*(2), 3-16.

Clarke, P., & Kline, F. G. (1974). Mass media effects reconsidered: Some new strategies for communication research. *Communication Research, 1,* 224-270.

Cutlip, S. M., Center, A. H., & Broom, G. M. (2000). *Effective public relation* (8th ed.). Englewood Cliffs, NJ: Prentice-Hall, Inc.

Dewey, J. (1927). *The public and its problems.* Chicago, IL: Swallow Press.

Ehling, W. P. (1975). PR administration management science, and purposive systems. *Public Relations Review, 1,* 15-43.

Grunig, J. E. (1976). Communication behaviors occurring in decision and nondecision situations. *Journalism Quarterly, 53*(2), 252-263.

Grunig, J. E. (1978). Defining publics in public relations: The case of a suburban hospital. *Journalism Quarterly, 55,* 109-118.

Grunig, J. E. (1982). The message-attitude-behavior relationship: Communication behaviors of organizations. *Communication Research, 9*(2), 63-200.

Grunig, J. E. (1983). Communication behaviors and attitudes of environmental publics: Two studies. *Journalism Monographs, 81,* 9-16.

Grunig, J. E. (1989). Sierra club study show who becomes activists. *Public Relations Review, 15*(3), 3-24.

Grunig, J. E. (1992). Communication, public relations, and effective organizations: An overview of the book. In J. E. Grunig (Ed.), *Excellence in public relations and communication management* (pp. 1–30). Hillsdale, NJ: Lawrence Erlbaum Associates.

Grunig, J. E. (1994). A situational theory of publics: Conceptual history, recent challenges, and new research. Paper presented to the International Public Relations Research Symposium, Bled, Slovenia.

Grunig, J. E. (1997). A situational theory of publics: Conceptual history, recent challenges and new research. In D. Moss, T. MacManus, & D. Vercic (Eds.), *Public relations research: An international perspective.* London, UK: International Thomson.

Grunig, J. E., & Childers, L. (1988). Reconstruction of a situational theory of communication: Internal and external concepts as identifiers of publics for AIDS. Paper presented at the meeting of the communication theory and methodology division, Association for Education in Journalism and Mass Communication, Portland, OR.

Grunig, J. E., & Hunt, T. (1984). *Managing public relations.* New York, NY: Holt, Rinehart and Winston.

Grunig, J. E., & Ipes, D. A. (1983). The anatomy of a campaign against drunk driving. *Public Relations Review, 9*(3), 36-53.

Grunig, J. E., & Repper, F. C. (1992). Strategic management, publics, and issues. In J. E. Grunig, D. M. Dozier, W. P. Ehling, L A. Grunig, F. C. Repper, & J. White (Eds.), *Excellence in public relations and communication management* (pp. 117-157). Hillsdale, NJ: Lawrence Erlbaum.

Grunig, L. A., Grunig, J. E., & Dozier, D. M. (2002). *Excellent public relations and effective organizations: A study of communication management in three countries.* Mahwah, NJ: Lawrence Erlbaum Associates.

Hallahan, K. (2000). Inactive publics: The forgotten publics in public relations. *Public Relations Review, 26*(4), 499-515.

Hearit, K. M. (1999). Newsgroups, activist publics and corporate apologia: The case of Intel and its pentium chip. *Public Relations Review, 25*(3), 291-308.

Hendrix, J. A. (2001). *Public relations cases* (5th ed.). Belmont, CA: Wadsworth.

Hennessy, B. (1981). *Public opinion* (4th ed.). Monterey, CA: Brooks/Cole.

Higgins, E. T. (1996). Knowledge activation, application, and salience. In E. T. Higgins & A. W. Kruglanski (Eds.), *Social psychology: Handbook of basic principles* (pp. 237-275). New York, NY: Guilford.

Kim, J. -N., & Grunig, J. E. (2011). Problem solving and communicative action: A situational theory of problem solving. *Journal of Communication, 61*, 120-149.

Kim, J. -N., Ni, L., & Sha, B. -L.(2008). Breaking down the stakeholder environment: Explicating approaches to the segmentation of publics for public relations research. *Journalism & Mass Communication Quarterly, 85*(4), 751-768.

Kim, Y., Miller, A., & Chon, M. (2016). Communicating with key publics in crisis communication: The synthetic approach to the public segmentation in communicative action in problem solving. *Journal of Contingencies and Crisis Management, 24*(2), 82-94.

Krugman, H. E. (1965). The impact of television advertising: Learning without involvement. *The Public Opinion Quarterly, 29*(3), 349-356.

Major, A. M. (1993). Environmental concern and situational communication theory: Implications for communicating with environmental publics. *Journal of Public Relations Research, 5*(4), 251-268.

Major, A. M. (1998). The utility of situational theory of publics for assessing public response to a disaster prediction. *Public Relations Review, 24*(4), 489-508.

Newsom, D., Turk, J. V., & Kruckeberg, D. (2007). PR: 공중합의 형성과정과 전략(박현순 역). 서울: 커뮤니케이션북스. (원저 2003년 출판).

Ni, L., & Kim, J. -N. (2009). Classifying publics: Communication behaviors and problem-solving characteristics in controversial issues. *International Journal of Strategic Communication, 3*, 1-25.

Phillips, D. (2001). *Online public relations.* London, UK: Kogan Page.

Plowman, K. D., Wakefield, R. I., & Winchel, B. (2015). Digital publics: Tracking and reaching them. *Public Relations Review, 41*(2), 271-277.

Postmes, T., & Brunsting, S. (2002). Collective action in the age of internet: Mass communication and online mobilization. *Social Science computer Review, 20*(3), 290-301.

Price, V. (1992). *Public opinion.* Newbury Park, CA: Sage.

Sauerhaft, S., & Atkins, C. (1989). *Image wars: Protecting your company when there's no place to hide.* New York, NY: Wiley.

Slater, M. D., Okeefe, T., & Kendall, P. (1991). Information processing and situational theory: A cognitive response analysis. *Journal of Public Relations Research, 4*(4), 189-203.

Vasquez, G., & Taylor, M. (2001). Research perspectives on the public. In R. L. Heath (Ed.), *Handbook of public relations* (pp. 127-138). Thousand Oaks, CA: Sage.

제5장

CSR은 기업의 명성 관리에 어떻게 도움이 되는가?*

소셜미디어의 발달로 디지털 소통의 시대에 살고 있는 우리는 과거에 비해 훨씬 투명한 사회에 살게 되었으며 우리 사회에서 '명성 관리(reputation management)'는 기업뿐 아니라 정당, 대학교, 비정부조직(Non-Governmental Organization: NGO) 등 다양한 조직의 생존에 중요한 이슈가 되었다. 조직의 좋은 명성은 단기간에 쉽게 쌓을 수 있는 것이 아니지만 오랫동안 쌓아 온 좋은 명성이 한 순간의 위기로 쉽게 무너져 내리는 경우는 흔하다. 이러한 사회적 분위기 속에서 사회를 위해 적극적으로 이바지하는 기업의 사회적 책임(Corporate Social Responsibility: CSR)은 기업 명성 관리의 기본이 되었다. 이 장에서는 기업 명성의 개념부터 기업 명성을 위한 CSR활동과 CSR커뮤니케이션의 역할에 대해 고찰해 보고자 한다.

* 김수연(서강대학교 지식융합미디어학부 교수)

1. 기업 명성

명성은 영어로는 reputation에 해당하는데, reputation은 한국어로 명성 혹은 평판으로 번역된다. 국립국어원 표준국어대사전[1]에서 명성(名聲)은 '세상에 널리 퍼져 평판 높은 이름'으로 정의되며 예시로는 '명성을 날리다, 명성을 떨치다, 명성을 얻다'가 있다. 평판(評判)은 '세상 사람들의 비평, 비평하여 시비를 판정함'이라는 뜻으로, 예시에는 '평판이 나쁘다, 그는 효자라는 평판이 자자하다, 그 사람에 대한 마을 사람들의 평판은 어떠한가?, 어떻게 설명해야 정확한 평판이 될지 모르지만'이 있다. 캠브리지 사전[2]에서는 reputation을 "사람들이 일반적으로 무언가에 대해 가지고 있는 의견, 혹은 과거의 행위와 특징에 기초해 누군가나 무엇이 존경과 감탄을 받는 것"으로 정의했다. 구체적인 예시로는 '기업은 상품의 질에 있어서 세계적인 명성을 가지고 있다, 정부의 명성은 이미 잇따른 스캔들로 해를 입었다' 등이 있었다. 이렇게 사전적인 정의들을 살펴본 후, 이 장에서는 기업을 공중의 평가를 받는 대상으로서의 의미보다는 명성을 얻는 주체로서의 주체성을 강조하기 위해 reputation을 '평판'이 아닌 '명성'으로 이해하고 사용하였다.

기업 명성(corporate reputation)은 조직 정체성(organizational identity)과 조직 이미지(organizational image)와 비슷해 보이지만 그 의미는 뚜렷이 구분될 수 있다(Walker, 2010). 조직 정체성은 조직 내부 구성원들의 인식으로서, '우리가 누구 혹은 무엇이라고 믿는가?' 와 같은 질문에 답할 수 있고, 조직 이미지는 조직 외부 이해관계자들의 인식으로 '우리는 다른 이들이 우리를 어떻게 보기를 희망하는가'의 질문과 관련이 있다(Walker, 2010). 이에 반해, 기업 명성은 조직 내부 구성원과 외부 이해관계자들 모두의 인식으로서 '우리가 어떻게 보이고 있는가'와 관련이 있기에 더 포괄적인 개념으로 앞의 두 개념과 차별성이 있다(Walker, 2010).

---

1) 2020년 12월 2일 https://stdict.korean.go.kr/search/searchView.do에 접속해 단어 찾기 기능을 통해 설명된 정의와 예시이다.

2) 2020년 12월 2일 https://dictionary.cambridge.org/dictionary/english/reputation?q=reputation+에 접속해 단어 찾기 기능을 통해 설명된 정의와 예시이다.

일찍이, 폼브런(Fombrun, 1996, p. 37)은 "기업 명성은 소비자, 투자자, 직원, 일반 공중들이 기업의 이름에 대하여 '순수하게' 느끼는(좋은 혹은 나쁜, 약한 혹은 강한) 반응을 의미한다."라고 정의했다. 워커(Walker, 2010)는 기업 명성에 대한 개념 정립을 위해 54개의 관련 논문과 서적을 대상으로 체계적 문헌고찰(systematic review)을 실시하여 기업 명성 개념에 포함되는 다섯 가지 특징을 다음과 같이 정리했다. 그것은 폼브런(1996)이 강조한 ① 인식에 기초하며, ② 모든 이해관계자의 총체적 인식으로서, ③ 상대적인 개념의 기업 명성에, ④ 긍정적이거나 부정적일 수 있으며, ⑤ 안정적이고 지속되는 것이라는 특징을 추가한 다섯 가지였다. 후에 폼브런, 가버그와 바넷(Fombrun, Gardberg, & Barnett, 2000, p. 87)은 기업 명성을 "기업이 이해관계자들에게 결과물을 전달하는 능력을 집합한 기업의 행위와 결과에 대한 인지적 묘사"로 보다 단순하게 정의했다. 그 후 폼브런(2012, p. 100)은 "기업 명성은 기업이 자원 경쟁을 하는 다른 기업들과 비교했을 때 특정 이해관계자 집단이 기업의 매력을 집단적으로 평가하는 것이다."로 새롭게 정의 내렸다. 이렇듯 폼브런의 기업 명성에 대한 정의는 구체적인 이해관계자들을 지칭하고 그들의 반응이라고 이해했던 정의부터 시작해, 최근으로 올수록 다양한 이해관계자들의 집단적인 평가 대상이자 다른 기업들과의 비교대상으로서의 의미를 강조하는 개념으로 발전했다.

2. 기업 명성 관리를 위한 커뮤니케이션의 역할

기업의 명성 관리를 위해서 커뮤니케이션은 필수적일 수밖에 없는데, 차희원(2015, pp. 5-6)은 『기업명성과 커뮤니케이션』이라는 저서에서 기업의 명성 관리를 위한 커뮤니케이션의 역할과 의미를 다음과 같이 강조했다.

특히 커뮤니케이션 관점에서, 명성 형성 과정에 있어서 다양한 공중과 기업 간의 상호작용적 커뮤니케이션을 통해 상호 의미를 공유하고 상호이해를 추구해 가는 과정에 주목한다. 커뮤니케이션이 조직과 공중 간 의미를 공유하게 하며 상호이해를 증진시키는 가장 중요한 변수이기 때문에 기업은 커뮤니케이션이라는 매개체를 통해 자신의 입장을 표현하고 자신을 둘러싼 다양한 공중과 서로 다른 의미를 공유함으로써 상호이해를 증진시켜 좋은 명성을 확보할 수 있게 되는 것이다.

기업 명성은 내·외부 이해관계자들의 인식을 모두 의미한다(Walker, 2010). 따라서 명성 관리를 위한 커뮤니케이션의 역할에는 내부 직원들을 위한 사내 커뮤니케이션과 외부 이해관계자들에 대한 커뮤니케이션이 모두 포함되기에, 직원과 직원의 행동, 내부 직원 교육 프로그램도 기업의 명성 관리를 위한 주요 요인이 될 수 있다(Gotsi & Wilson, 2001). 이러한 맥락에서 기업 명성과 조직의 커뮤니케이션을 담당하는 PR(public relations)은 관련성이 높을 수밖에 없다.

그러나 아쉬운 점은 과거 국내 PR학계가 외부 공중들의 인식을 중요시하는 '이미지' 개념을 포괄적인 개념인 '명성'보다 더 중시했었다는 점이다(김수연, 최명일, 김대욱, 2013). 한국과 미국의 PR학 트렌드를 비교분석하기 위하여 1997년부터 2012년까지 두 국가의 PR 대표 저널인 『홍보학연구』와 『JPRR(Journal of Public Relations Research)』에 게재된 모든 논문의 제목에 나온 키워드를 중심으로 언어네트워크분석을 실시하였다(김수연 외, 2013). 두 학술지에서 공통적으로 주요하게 부각된 핵심 키워드에는 'PR' '기업' '커뮤니케이션' '전략'이 있었지만, 한국의 『홍보학연구』에서만 '이미지'를 더욱 중시하였고, 핵심어 연결정도의 중앙성을 보았을 때도 '이미지'가 전체 단어들 중에서 5위로 그 중요성이 상당히 컸던 반면, '명성'은 50위로 그 중요성이 적었다. 미국의 저널과 비교했을 때도 그 차이점이 확인되었는데 『JPRR』에서는 '명성(reputation)'이 25위로 34위인 '이미지(image)'보다 그 중요성이 더 크게 나타났다. 그러나 이러한 연구 결과는 2012년까지의 선행 연구들만을 표본으로 삼았기에 그 후의 연구 결과는 반영되어 있지 않다는 점에 주의할 필요가 있으며, 최근 국내 PR 연구들은 '이미지'보다 '명성'에 보다 관심을 기울였을 것으로 기대해 본다.

3. 기업 명성 관리로서의 CSR

1) CSR의 전통적 정의

CSR에 관한 정의는 매우 다양하지만 캐럴(Carroll, 1991)의 경제적·법적·윤리적·자선적 책임의 네 가지 CSR 책임으로 구성된 피라미드 모형에 기반을 둔 전통적 정의가 최근까지도 학자들에 의해 많이 인용되고 있다. 우선, 피라미드 가장 하단에 위치하는 경제적 책임은 기업이 소비자에게 좋은 질의 제품을 합리적 가격에 판매하여 수익을 창출해야 함을 의미하며 그다음 상위의 법적 책임은 기업이 국가의 법을 준수하며 운영되어야 함을 의미한다. 그다음 상위의 윤리적 책임은 기업이 사회적으로 바람직한 책임을 다함을 의미하며, 최상위의 자선적 책임은 기업이 사회 문제의 해결을 위해 적극적으로 개입하여 책임을 다함을 의미한다. 이 피라미드 모형은 상단과 하단이 존재하기에 자칫 상단에 위치한 자선적 책임이 기업의 가장 중요한 CSR로 오해받을 수 있는데, 원래 캐럴(1991)이 피라미드 모형을 통해 강조하고자 했던 바는 가장 하단에 위치한 경제적 책임이 기업의 가장 근본적인 기본적인 책임이라는 것이었다. 제일 상단의 자선적 책임은 현재 우리 사회에서 일반적으로 기업의 CSR활동으로 알려진 기업의 사회적 책임 활동을 의미하며, 이 장에서는 자선적 책임과 비슷한 의미로 CSR을 칭하였다.

2) CSR과 명성 관리의 관련성에 대한 이론적 기원

기업의 명성 관리와 CSR의 관계를 설명하기 위하여 선행 연구들은 이해관계자(stakeholder)이론, 귀인(attribution)이론, 가치(value)이론, 탈식민지적(postcolonial) 이론을 적용했었다(Ozdora-Aksak, Ferguson, & Duman, 2016). 이해관계자이론은 소비자를 포함한 주요 공중들이 기업이 CSR에 참여하도록 압력을 가하고 있는 현상을 설명할 수 있다. 사람들이 상황을 이해하고 설명하기 위해서 이유를 찾는 인지적 과정을 설명하는 귀인이론은 소비자들이 기업이 CSR활동을 통해 매출 증가를 목적으로 할 때 왜 회의적인가를 설명할 수 있게 한다. 가치이론은 CSR활동이 기업의 핵심 가치를 바탕으로 구축되어야 함을 강조하며 탈식민지적 이론은 CSR과 지속 성장(sustainable development)과 같은 용어와 맥을 같이하는 신식민주의(neocolonial)에 비판하는 입장으로서 지배적이며 서구 중심의 경제성장모델을 기반으로 하는 기업의 목적을 폭로하고자 한다. 오즈도라 악삭 등(Ozdora-Aksak et al., 2016)은 선행 연구들이 이러한 이론들을 적용해 CSR과 기업 명성의 관계를 설명했지만, 조직이 제도하의 환경에서 사회적·문화적 기대에 부응해야 하는 현상을 설명하는 조직제도론(institutional theory)이 CSR과 평판 관리의 관계를 잘 설명할 수 있다고 주장하였다. 결국 이러한 시각은 CSR활동을 산업적 표준과 가치를 따르고 정당성을 인정받아야 하는 사회적인 맥락을 보다 강조하는 입장이다.

그러나 CSR과 기업 명성의 관련성을 이해관계자이론으로 설명하려는 입장이 더 일반적이다. 베흐 등(Veh, Göbel, & Vogel, 2019)은 비즈니스, 경영, 회계 분야의 기업 명성에 관한 선행 연구들을 대상으로 체계적 분석을 실시했는데 연구 결과, 게임과 신호이론(game and signaling theory), 자원기반 관점(resource-based view), 조직제도론(institutional theory), 사회적 책임성(social responsibility)의 네 가지 이론을 주요 이론으로 파악했다. 이 중 사회적 책임성 이론은 프리먼(Freeman, 1984)의 이해관계자이론과 맥을 함께했는데, 이 이론이 기업 명성의 주요 이론들 중의 하나로 확인된 이 연구 결과는 CSR이 기업 명성의 주요한 분야임을 뒷받침하는 결과라 할 수 있을 것이다. 비슷하게, 리 등(Li, Spry, & Woodall, 2020)도 기업 명성과 CSR에 관한 선행 연구들을 대상으로 체계적 분석을 실시하여 이해관계자이론이 CSR과 명성 관리와의 관련성을 가장 잘 설명함을 확인했다. 고메즈-트루질로 등(Gomez-Trujillo, Velez-Ocampo, & Gonzalez-Perez, 2020)도 2000년부터 2019년까지 CSR을 포괄하는 개념인 지속가능성(sustainability)과 명성과의 관련성에 관한 선행 연구들의 연구 경향을 파악하였는데, 이해관계자이론(12.2%)이 가장 많이 쓰였으며, 일반적인 CSR 체계(10.3%), 제도적 정당성 이론(7.0%), 일반적 기업 명성 체계(5.1%), 자원기반 관점(3.8%) 등의 순으로 많이 적용되었음을 보였다.

결국 이해관계자이론이 CSR과 명성 관리의 관계 설명에 유용하다는 것은 이해관계자들의 CSR활동에 대한 지각이 그들의 기업 명성에 대한 평가를 결정짓고 기업은 주요 이해관계자들의 흥미와 관심을 반영하여 CSR활동을 전략적으로 실행해야 한다는 논리이다. 이해관계자이론에 따르면, 다양한 이해관계자가 CSR의 다양한 면들을 해석하여 기업 명성에 다차원적으로 영향을 미칠 수 있기 때문에 기업 명성과 CSR의 관련성은 다차원적이라고도 할 수 있을 것이다.

3) 최근 국내 기업들의 CSR활동 현황

전국경제인연합회는 매년 매출액 상위 500대 국내 기업을 대상으로 설문조사를 진행해 국내 기업들의 CSR활동 현황을 조사하고 있다. 전국경제인연합회(2020)는 254개사(49.0%)의 설문 참여 결과를 바탕으로 2019년 국내 기업의 사회공헌 현황에 관한 「2020 주요 기업의 사회적 가치 보고서」를 발표했으며 주요 결과는 다음과 같다.

2019년 한 해 동안 기업들의 사회공헌 총 비용은 2조 9,927억 7,110만 원이었고, 1개사의 평균 사회공헌 지출 규모는 136억 351만 원, 분석기업의 지출 규모를 나열한 중간값은 21억 2,100만 원으로 나타나, 2018년 총 지출 비용(2조 6,060억 5,809만 원)과 비교했을 때 14.8% 증가한 규모였다. 2019년 기업들의 사회공헌활동 지출액은 전체 매출액 대비 0.2%, 2019년 세전이익 대비 4.0% 수준으로 파악되었다. 이러한 국내 기업들의 CSR활동 규모는 기업들이 단기적인 기업 성과에 따라 그 규모를 확대, 축소하는 수준을 넘어 사회적 이슈에 민감하게 대응하며, 기존 CSR프로그램을 투자 확대하고 신규 프로그램을 시작하여 적극적인 CSR활동을 진행하는 안정된 수준임을 확인시켜 주었다.

국내 기업들의 CSR프로그램 목표를 살펴보면, '건강과 복지'(19.2%), '양질의 교육'(15.5%), '불평등 완화'(12.2%), '지속가능한 도시 및 거주지 조성'(9.9%), '빈곤의 종식'(9.4%) 등의 순으로 다양하게 나타났다. 구체적인 CSR프로그램별 지출 현황과 관련해서는 '취약계층 지원'에 대한 지출(33.5%)이 가장 많았고, '교육·학교·학술'(10.6%), '문화예술·체육'(9.2%), '지역경제 활성화'(5.6%) 순으로 나타났다. CSR프로그램의 대상에는 '아동·청소년'(36.0%), '지역사회 발전'(12.9%), '장애인'(9.7%), '노인'(9.1%), '환경'(8.6%), '다문화 가정'(5.4%), '청년'(4.3%), '여성'(3.8%), '퇴직자, 중장년'(1.1%) 순으로 다양하게 나타났다.

결론적으로 「2020 주요 기업의 사회적 가치 보고서」는 국내 기업들의 최근 CSR프로그램의 특징을 'NEW 5W1H'로 표현했는데, 이는 프로그램 주체(회사 → 기업), 수행 시기(근무·여가시간 활용), 대상(취약계층 → 사회 전반), 내용(현물 → 무형적 가치)의 변화, 그리고 방법과 목적의 다양화 경향을 의미했다(p. 11). 기업이 주체가 되기보다는 임직원이 주체가 되어 CSR프로그램을 직접 기획하고 참여하는 경우가 많아졌으며 따로 시간을 내기보다 근무 시간을 활용하는 등 자유롭게 프로그램에 참여하는 경향이 많아졌다. 그 대상에 있어서도 취약계층을 넘어 지역사회 전반으로 그 대상의 폭이 넓어졌으며 그 방법에 있어서도 기업의 다양한 인프라를 활용하고 온라인 플랫폼, 디지털 기술의 접목 등 다양화가 눈에 띄었다. 그 목적과 관련해서도 취약계층 지원이라는 제한적 목표를 넘어 다양한 사회문제해결과 사회 발전을 위한 프로그램들을 실행하고 있었다. 이처럼 국내 기업들의 CSR활동들은 장기적인 안목을 바탕으로 기획, 실행되고, 다양한 대상을 타깃으로 다양한 프로그램들을 새롭게 시도하며 어느 정도 안정적인 수준에 이르렀음을 보여 주었다.

4) 명성 관리를 위한 CSR의 전제조건: CSR커뮤니케이션

명성 관리를 위한 CSR의 역할을 논하기 위해서는 명성 관리를 위한 CSR커뮤니케이션의 역할에 대해 논의해야 할 필요성이 있다. 고메즈-트루질로 등(2020, p. 417)은 "기업의 명성을 향상시키고 브랜드 자산을 증가시키기 위한 도구로 지속가능성 보고(sustainability reporting)를 해야 한다."고 주장했다. 소비자들의 CSR에 대한 지식, CSR활동에 대한 신뢰는 CSR커뮤니케이션의 결과이며 이러한 조건이 있을 때만 CSR을 통한 기업의 명성 관리가 가능하다(Kim, S., 2019). 기업 명성을 위한 CSR커뮤니케이션의 주요한 차원에는 CSR 정보성, 개인적 관련성, 일관성, 투명성, 사실적 메시지 톤, 제3자의 보증을 들 수 있다(Kim & Ferguson, 2018). CSR을 통해 기업이 긍정적 명성을 쌓는다는 의미는 기업의 CSR활동에 대해 이해관계자들의 인지가 있어야 하기 때문에 CSR커뮤니케이션을 전제로 할 수밖에 없다. 한 예로, 기업이 CSR활동을 진행했을 때, 이를 언론이나 홈페이지를 통해 외부로 알리지 않는다면 일반 공중들은 해당 기업의 CSR활동을 알 수가 없기 때문에 CSR을 통한 기업의 명성 관리는 불가능하다.

그러나 흥미로운 점은 기업이 그들의 CSR활동을 적극적으로 알리는 커뮤니케이션에 대해서 회의적인 입장이 현실에 존재한다(김수연, 권지현, 2017; Dhanesh, 2015)는 것이다. 김수연과 권지현(2017)은 국내 100대 기업 소속 16명의 사회공헌 담당자와 인터뷰를 진행해 CSR과 PR의 관련성을 알아보았는데, 연구 결과 그 관련성은 '주요한 경영적 역할' '커뮤니케이션 역할' '사회공헌활동의 하위 기능' '관련 없음'의 네 가지로 구분되었다. 결국 사회공헌 담당자들 가운데에는 PR이 주도적 역할을 한다는 '주요한 경영적 역할'과 CSR활동의 커뮤니케이션 필요성을 인정하는 '커뮤니케이션 역할' 입장도 있었지만 CSR활동을 내·외부로 소통할 필요가 없다는 '관련 없음'의 입장도 있었던 것이다. 일부 관련이 없다는 입장을 가진 담당자들의 인터뷰 예시를 인용하면 다음과 같다(김수연, 권지현, 2017, pp. 57-58).

"지금까지 저희 회사 사회공헌이 정말 순수 진정성을 중요시하는 사회공헌이었어요. 대내외 홍보 잘 안 하고, 그냥 정말 진정성, 구성원 노력 봉사 이런 것들 위주였죠."(B, 여, 34세. B2B 회사)

"저희가 올해 같은 경우는 보도자료를 거의 내지 않았는데요. 일부러 PR을 위해서 만드는 행사는 일절 안 하고 있어요. PR을 위한 행사, PR을 위한 가공, 그다음에 PR을 만들기 위해서 뭘 하고 이런 것들은 안 한다는 그런 뜻입니다. 저는 '사회공헌도 경영 활동의 하나이다'라고 생각하고 있고, '사회공헌도 CSR의 일부분'이라고 생각해요. 'CSR은 경영 활동'이고. 그런 의미에서 사회공헌과 PR은 레이어(layer)가 다른 거라고 보입니다."(G, 남, 46세. 지주 회사)

이처럼 국내 기업을 대표한다고 할 수 있는 국내 100대 기업의 사회공헌 담당자들 중에는 기업의 CSR활동 내용을 굳이 외부로 알릴 필요가 없다고 인식하는 담당자들이 있었으며, 이들은 CSR커뮤니케이션의 역할과 의미를 부정하고 있었다. 특히 CSR 내용을 외부로 알릴 때 오히려 CSR을 통한 진정성을 해친다고 답해서 CSR커뮤니케이션의 역기능만을 강조하고 있다는 점이 흥미롭다. 이러한 입장에 대해 김수연과 권지현(2017, p. 61)은 "CSR 진정성을 PR이 저해한다고 이해하는 입장은 PR이 사회공헌활동에 관여될 때 사회공헌활동 자체가 목적이 아니라 사회공헌활동을 알리는 일에 치중하게 되며, 이는 결과적으로 기업이 자기중심적인 이윤 추구의 목적으로 사회공헌활동을 진행한다고 공중에게 인식시킬 수 있다는 불안감에서 비롯되는 것"이라고 해석했다. 그러나 CSR커뮤니케이션을 부정한다면 CSR을 통한 기업의 명성 관리는 불가능하기에(Kim, S., 2019), CSR커뮤니케이션은 단순히 활동을 보고하는 기능적 수준에서 벗어나 장기적인 공중관계 전략으로 진화해야 할 것이다(김수연, 권지현, 2017). 이 장에서 강조하는 CSR활동을 통한 기업 명성 관리는 전략적인 CSR커뮤니케이션을 전제로 한다.

5) CSR활동을 통한 기업의 명성 관리에서 고려해야 할 주요 이슈

지금까지 CSR활동은 기업 명성의 선행 요인으로 많이 파악되었는데 이는 CSR활동을 통해 다양한 이해관계자들에게 긍정적인 기업 명성을 쌓게 하기 때문에 기업의 재무성과까지 긍정적으로 이어질 수 있는 논리를 바탕으로 했다. 한 예로, CSR과 명성 관리에 관한 선행 연구들의 연구 결과 분석(Gomez-Trujillo et al., 2020)에 따르면, 과반수의 연구들(60.89%)이 지속가능성을 기업 명성의 선행 요인으로 보았고, 소수 연구들(7.05%)만 기업 명성을 지속가능성을 위한 선행 요인으로 파악하였다. 다른 연구들(32.05%)은 지속가능성과 기업 명성의 관계를 양방향으로 파악해서 그 관계성이 명확하지는 않았다.

실제로 국내 대기업의 사회공헌 담당자들이 인식하는 CSR활동에 대한 기대효과에는 브랜드 관리와 위기관리가 있었다(김수연, 권지현, 2017). 브랜드 관리와 위기관리는 모두 기업의 명성 관리에 속한다고 할 수 있는데 브랜드 관리는 평소의 명성 관리, 위기관리는 위기가 일어난 후의 위기 후 명성 관리로 이해할 수 있을 것이다. 일반적으로 CSR활동은 기업의 명성 관리에 도움이 되며 특히 위기 상황에서 방어 수단의 역할을 할 수 있지만(김무곤, 김소진, 2009), 기업이 처한 상황이나 CSR활동과 관련한 변수들에 영향을 받을 수 있기에, 이와 관련한 주요 변수들을 다음에 정리했다.

(1) 기업 명성

일반적으로 기업의 CSR활동은 기업의 명성에 긍정적인 영향을 미치며(Hur, Kim, & Woo, 2014) 기업의 위기 상황에서 CSR활동은 위기 방어의 역할을 통해 기업 명성 유지에 기여할 수 있다(김무곤, 김소진, 2009). 그러나 많은 학자(Bögel, 2019; Kim, 2014; Kim & Ferguson, 2019; Ozdora-Aksak et al., 2016)는 그 효과가 기업의 명성에 따라 달라질 수 있다고 주장했다.

특히 CSR 부합성(fit)은 기업의 비즈니스와 CSR활동이 일치하는 정도를 의미하며, 고부합은 잘 일치하는 경우, 저부합은 관련성이 떨어지는 경우를 의미한다(김병철, 이철한, 2011). 예를 들면, 컴퓨터 회사가 컴퓨터를 기부하는 CSR활동을 진행한다면 이는 고부합 CSR활동이지만, 환경보호를 위해 거리에서 쓰레기 줍기 CSR프로그램을 진행한다면 이는 저부합 활동이 되는 것이다. 기업의 명성이 좋을 경우, 기업의 고부합 CSR(high-fit CSR)활동은 CSR활동에 대한 공중의 회의감을 줄일 수 있게 한다는 점에서 저부합 CSR활동에 비해 긍정적이지만, 기업의 명성이 나쁜 경우, 고부합 CSR활동은 기업의 명성에 부정적인 영향을 미칠 수 있다(Kim & Ferguson, 2019; Ozdora-Aksak et al., 2016). 또한 부정적인 명성의 기업이 사회에 봉사하는 동기(society-serving motive)를 강조하는 CSR활동을 진행하는 경우 오히려 역효과를 가져올 수 있다(Kim, 2014). 이는 기업의 명성이 좋지 못할 경우, 공중의 기업에 대한 기대와 판단이 이미 부정적이기 때문에 기업의 CSR활동에 대해 냉소적일 수밖에 없는 것이다. 그러나 부정적인 명성의 기업이 CSR활동을 진행한다면 공중들의 신뢰 수준은 낮을 수밖에 없지만 그 프로그램이 장기적으로 지속된다면 공중들의 CSR프로그램에 대한 평가는 긍정적일 수 있다(Bögel, 2019)는 점에 부정적 명성의 기업들은 주목해야 할 것이다. 따라서 부정적인 명성의 기업은 CSR프로그램의 효과가 긍정적인 명성의 기업과 다를 수 있기 때문에 CSR활동을 통한 긍정적인 기업 명성 효과를 기대하기 위해서는 더욱 전략적인 CSR활동(예: 저부합 CSR프로그램, 장기적으로 기획된 CSR프로그램)이 필요함을 명심해야 할 것이다.

그러나 최윤슬과 염동섭(2018)은 기업의 CSR활동과 기업 명성이 공중의 기업에 대한 판단이나 평가에 무관하게 영향을 미친다고 강조했다. CSR광고 유형(공익연계/사회책임 활동), 기업 명성(고/저), 브랜드-공익 관련성(고/저)에 따른 진정성과 공중관계성을 알아보았는데, 기업 명성은 공중의 진정성 인식에는 유의미한 영향을 미치지 않았지만 사회기여성에는 유의미한 영향을 미쳤다. 이 연구는 CSR활동을 활용한 광고 유형을 구분했다는 점이 흥미로운데, 공익연계 CSR광고는 "정부가 추진하는 공익성 메시지를 후원하며, 기업의 정체성이나 이미지가 직접적으로 드러나지 않고 공공의 문제에 초점을 맞춰 올바른 사회 분위기를 조성하는 데 협력하는 광고"이고, 사회책임 활동 광고는 "기업이 직접 참여하거나 진행하는 사회공헌활동, 지역사회봉사 등에 대한 광고로 기업의 정체성이나 이미지가 직접적으로 드러나며, 대중의 관심과 기업 이미지의 제고를 목적으로 집행하는 광고"(p. 162)를 뜻한다. 연구 결과, CSR광고 유형과 기업 명성 사이의 상호작용 효과는 유의미하지 않아 기업 명성의 좋고 나쁨에 상관없이 기업의 사회책임 활동 광고가 공익연계 CSR광고보다 더 긍정적인 효과가 있는 것으로 나타났다.

(2) CSR프로그램과 CSR커뮤니케이션의 특성

기업의 CSR프로그램 유형과 CSR커뮤니케이션에 따라 기업 명성 효과는 다를 수 있다 (김무곤, 김소진, 2009; 최윤슬, 염동섭, 2018). 김무곤과 김소진(2009)은 기업의 도덕성 위기 발생 시, CSR활동 유형(공익연계마케팅, 기부활동, 봉사활동)과 CSR활동 인식 유무에 따른 기업 명성 평가와 브랜드 태도를 알아보았다. CSR활동을 인지한 집단은 위기가 일어나기 전후에 기업 명성과 브랜드 태도에서 그 변화의 폭이 CSR활동을 인지하지 못한 집단보다 적었기에 CSR활동은 도덕성 위기 시 방어제의 역할을 하는 것으로 나타났다. CSR활동 유형에 따른 차이를 보았을 때, 공익연계마케팅과 기부활동의 경우 위기 노출 전후에 기업 명성 평가에 차이가 있었지만 봉사활동의 경우는 위기 노출 전후에 기업 명성 평가에 차이가 나타나지 않아 봉사활동 유형이 위기 발생 시 기업 명성에 대한 위기 방어 역할을 가장 잘 수행했음을 확인했다. 공익연계 활동과 기부활동 유형은 위기가 일어나기 전에는 기업 명성을 긍정적으로 평가하게 했지만, 위기 발생 후에는 기업 명성을 긍정적으로 형성하게 하지 못했다는 것이다. 그러나 봉사활동 유형은 위기가 일어나기 전과 후 모두에서 기업 명성을 비슷한 수준으로 긍정적으로 평가하게 했기에 앞의 다른 두 유형과 차이를 보이며 기업 명성 관리에 가장 효과적으로 나타난 것이다. 최윤슬과 염동섭(2018)은 공중들이 사회책임활동 광고를 공익연계 광고보다 더 진정성이 있으며 브랜드–공익 관련성이 높다고 인식했기에 기업이 단순한 공익연계의 활동을 강조하는 광고보다는 기업이 적극적인 주체로서 사회 문제에 개입함을 보여 주는 CSR활동 광고가 더 바람직하며 효과적이라고 강조했다.

6) 기업의 CSR 명성: CSR 이슈 소유권

기업들은 CSR활동의 목표를 차별성 있는 CSR프로그램을 통한 인지도 제고, CSR프로그램 진행을 통한 긍정적인 브랜드 인지도 제고, 사회문제해결까지 다양하게 가지고 있다 (김수연, 2018). 이 중에서 국내 기업들은 특히 CSR과 관련한 이슈 소유권(issue ownership)을 가지는 차별성 있는 CSR프로그램 진행에 대한 열망이 강한 것으로 나타났는데(김수연, 2018), 이슈 소유권은 "공중이 중요하다고 생각하는 특정한 이슈 영역에서 우세한 문제해결 능력을 가지고 있다고 평가받는 기업에게 해당되는 것"(김사라, 김수연, 2016, p. 19)을 의미한다. 국내 기업 소속 사회공헌 담당자들과 사회공헌활동 경력이 풍부한 PR 실무자들과의 질적 인터뷰를 진행한 심수연(2018)은 그들과의 인터뷰에서 유한킴벌리가 이슈 소유권을 가진 기업으로, 선망의 대상으로서 많이 언급됨을 확인했으며, 일부 예시 인터뷰는 다음과 같다.

> "첫 번째는 유한킴벌리의 '우리 강산 푸르게 푸르게'처럼 우리도 대표하는 사업을 하나 만들어 보자, 그래서 그때 했던 게 처음에 ○○○ 캠페인을 했었고요."(김수연, 2018, p. 394)

> "유한킴벌리가 41주년인가 된 것 같은데 저희도 ○○년 다 된 것 같은데, 저희도 ○○년을 더 하면 유한킴벌리처럼 상위권에 들 수 있을까? 이런 생각도 하고 있고……"(김수연, 2018, p. 401)

유한킴벌리의 '우리 강산 푸르게 푸르게' 캠페인은 CSR 이슈 소유권을 지닌 유한킴벌리의 대표적인 CSR프로그램이다. 이 프로그램은 1984년에 시작되었으며 '국유림 나무 심기' '청소년 숲 체험학교' '전국민을 대상으로 하는 숲 보호 캠페인' '학교 숲 만들기' 활동까지 이어졌다(정혁준, 2013). 또한 2003년 도시숲 운동, 2005년 서울숲 조성, 2016~2018년 남산숲, 한강숲, 서울숲 등 도시 작은 숲 만들기, 2019년 서울숲 설렘 정원 만들기로 최근까지도 이어지고 있다(유한킴벌리 지속가능경영). 정혁준(2013)은 유한킴벌리의 '우리 강산 푸르게 푸르게'를 일찍 시작한 사회공헌활동으로서의 선구자적 자세, 새로운 영역으로 나아가는 개척자적 자세, 숲 보호라는 하나의 주제에 집중하는 모습의 세 가지 요인을 성공 포인트로 지적했다. 실제로 국내 기업들은 유한킴벌리처럼 CSR 이슈 소유권을 지니기를 희망하며 CSR프로그램을 통한 기업의 명성 관리를 하고자 하였는데(김수연, 2018), 이를 위해서는 장기적인 안목과 시대를 앞서 나갈 수 있는 미래지향적인 프로그램을 진행해야 할 것이다.

7) 디지털 시대의 CSR을 통한 기업 명성 관리

소셜미디어를 통한 상호작용성(interactivity)은 공중들의 CSR커뮤니케이션 메시지에 대한 신뢰성을 높이고 기업과 동일시하게 할 수 있게 하며, 기업 명성에까지 긍정적인 영향을 미칠 수 있기 때문에(Eberle, Berens, & Li, 2013), 소셜미디어상의 CSR커뮤니케이션은 기업의 명성을 향상시키는 데 긍정적인 효과를 발휘할 수 있다(Grover, Kar, & Ilavarasan, 2019).

소셜미디어를 활용한 성공적인 CSR캠페인의 하나로 최근 국내에서 진행된 현대자동차 그룹의 '기프트 카(gift car)' 캠페인을 들 수 있을 것이다. 2010년 시작된 이 프로그램은 저소득층, 취약계층에게 자동차를 선물하고 그들의 자립을 돕는 캠페인이었다. 이 캠페인은 자동차가 필요한 대상을 선정한 후, 이를 TV 광고로 제작해 방영한 후, 이에 대한 소개를 블로그에 올리며, 한 달간 매일 댓글이 300개가 달릴 경우, 사연의 주인공에게 직접 차를 선물해 주는 시나리오에 기반했다(이길형, 김태현, 2016). 이 캠페인은 매스미디어, 온라인 채널, 오프라인 채널의 활용을 통한 공중의 자발적 참여를 기반으로 하여 다양한 채널을 통해 소비자와의 상호작용성을 높이고, 소비자의 공감을 기반으로 한 흥미로운 콘텐츠, '댓글 달기'라는 행동을 통해 일반 소비자들에게 공익적 가치를 실현하게 해 주었다는 점이 높이 평가된다(이길형, 김태현, 2016).

최근까지도 이 CSR캠페인은 활발히 진행되고 있는데, 2020년 현대자동차 그룹은 '기프트카 레드카펫' 헌혈 캠페인을 실시하여, 헌혈자들이 헌혈의 집까지 이동할 수 있도록 하는 '프라이빗 픽업 서비스', 원하는 장소에서 헌혈을 진행할 수 있게 도와주는 '프라이빗 헌혈 서비스'를 운영하였다(최상운, 2020. 11. 19.). 이 캠페인을 진행하면서 '헌혈'을 상징하는 빨간색 아이템을 찍어 필수 해시태그(#기프트카레드카펫 #레드카펫챌린지 #기프트카 #선한영향력)와 함께 개인 SNS에 업로드하는 이벤트인 '레드카펫 챌린지'도 함께 진행하였다(최상운, 2020. 11. 19.). 이 캠페인은 2010년에 시작하여 최근까지도 11년째 장기적으로 이어지며 그 구체적인 캠페인 내용은 변했지만 자동차 회사가 다양한 수혜자들에게 자동차를 활용한 서비스를 제공한다는 점에서 고부합 CSR활동을 일관되게 진행하고 있으며, 소셜미디어를 CSR커뮤니케이션을 위해 적극적으로 활용하여 공중들의 적극적인 참여를 이끌어냈다는 점에서도 긍정적이다.

그러나 소셜미디어상의 CSR커뮤니케이션도 기업 명성에 따라 그 효과가 달라질 수 있음에 유의할 필요가 있다(Kim, Y., 2019). 부정적인 명성의 기업이 소셜미디어를 활용하여 CSR 커뮤니케이션을 할 때, 공중과의 적극적인 쌍방향 커뮤니케이션이나 정보를 일방향으로 전달하는 방식은 공중들의 긍정적이지 못한 반응을 일으킬 수 있는 위험성이 있다(Kim, Y., 2019). 따라서 보다 대화에 기반한 커뮤니케이션 방식(질문에 잘 응대해 주는 식)의 CSR커뮤니케이션이 부정적인 명성의 기업한테는 바람직한 소셜미디어를 활용한 CSR커뮤니케이션 방식일 수 있다(Kim, Y., 2019). 소셜미디어는 일반 공중과의 쌍방향 커뮤니케이션이 용이하기 때문에 기업이 의도치 않은 공중들의 반응을 불러올 수 있는 것이다. 이러한 맥락에서 부정적인 명성의 기업은 소셜미디어를 활용하여 CSR커뮤니케이션을 한다면 긍정적인 명성의 기업보다 더욱 신중하게, 더욱 예의 바르게, 더욱 전략적으로 접근해야 할 것이다.

8) CSR을 활용한 기업 명성 관리에 대한 앞으로의 전망

(1) 선도적인 CSR 분야의 중요성

전국경제인연합회(2020)의 2019년 국내 기업의 사회공헌 현황에 관한 「2020 주요 기업의 사회적 가치 보고서」는 국내 기업들의 CSR활동 규모가 기업들이 단기적인 기업 성과에 따라 그 규모를 확대, 축소하는 수준을 넘어 사회적 이슈에 민감하게 대응하며, 기존 CSR 프로그램을 투자 확대하고 신규 프로그램을 시작하여 적극적인 CSR활동을 진행하는 안정된 수준을 보여 주었다. 또한 기업들의 대표 CSR프로그램 평균 기간은 9.3년으로 나타났으며, 10년 이상 지속되고 있는 프로그램은 28.2%(15년 이상 11.8%, 11~15년 16.4%), 5년 이상 지속되고 있는 프로그램도 60.9%(6~10년 32.7% 포함)에 달하는 것으로 나타나 과반

수 이상의 CSR프로그램들이 장기적으로 진행되고 있음을 보여 주었다. 이러한 결과는 국내 기업들의 CSR프로그램들의 수준이 다른 나라들과 비교했을 때보다도 뒤처지지 않는 수준이며 국내 기업들이 선제적으로 시대에 맞는 새로운 CSR프로그램을 진행할 역량을 갖췄음을 보여 준다고 할 수 있을 것이다.

미국의 컨설팅 기업, 레퓨테이션 인스티튜트(Reputation Institute: RI)는 '전세계 기업 평판도 순위(The world's most reputable companies)'를 기업의 일곱 가지 영역[상품/서비스(product/service), 혁신(innovation), 직장(workplace), 관리방식(governance), 시민권(citizenship), 리더십(leadership), 실적(performance)]에 기반해 발표하고 있다. 2015년 자료를 통해 이 일곱 가지 영역 중에서 기업 명성과 상관성이 가장 높은 분야를 분석한 연구(Sánchez-Torné, Morán-Álvarez, & Pérez-López, 2020)는 대다수의 기업(73.91%)이 CSR과 비슷한 개념의 시민권 영역을 높은 수준으로 수행하고 있다고 보고했는데, 시민권 영역은 환경을 위한 책임, 사회적 대의명분에 대한 지지, 사회에 미치는 긍정적인 영향력을 의미했다. 특히 직장과 관리방식 영역이 기업 명성과 높은 상관관계가 있다고 파악되었지만, 약 절반 정도(53.3%)의 기업들만 직장 영역을 잘 수행하며 47.8%의 기업들만 관리방식 영역을 잘 수행하고 있는 것으로 나타났다. 직장 영역은 직원들에 대한 공평한 대우, 직원들의 복지에 대한 관심, 직장에서의 평등한 기회 제공을 의미했고, 관리방식 영역은 투명한 기업의 운영 방식, 윤리적인 기업의 행동, 공평한 기업의 운영 방식을 의미했다. 이러한 결과는 이미 대다수 기업의 CSR영역이 어느 정도 수준에 올랐음을 보여 주며, 앞으로는 직원들의 복지에 대한 관심과 기업의 윤리적이며 투명한 관리방식이 기업 명성에 더욱 큰 영향을 미칠 수 있음을 시사했다.

(2) 효율적인 CSR커뮤니케이션의 중요성

과거에는 CSR커뮤니케이션을 CSR활동을 진행한 후 이를 보고하는 수준으로 이해했지만(Jahdi & Acikdilli, 2009; Smith & Langford, 2009), 최근에는 이를 기업 명성 관리를 위한 중요한 수단으로 이해하고 있다(Kim, S., 2019; Pérez-Cornejo, de Quevedo-Puente, & Delgado-García, 2020). 페레즈 코네조 등(Pérez-Cornejo et al., 2020)은 "우수 CSR 소통(high-quality CSR reporting)"이라는 표현을 쓰고 이를 "기업이 경제적·사회적·환경적 차원을 일상의

의사결정 과정에서 통합하는 기업의 경영 방식을 커뮤니케이션하는 것"(p. 1255)으로 이해했다. 또한 우수한 CSR 소통의 세부적인 분야와 기업의 명성과의 관련성을 보았을 때, 경제적 차원에 대한 우수한 CSR커뮤니케이션은 기업 명성과 관련성이 유의미하지 않았지만 사회적·환경적 차원에 관한 우수한 CSR커뮤니케이션은 기업 명성과 긍정적인 효과가 있는 것으로 나타났다. 이에 이 연구는 사회적 영역과 환경적 영역에 대한 효과적인 CSR커뮤니케이션이 기업 명성에 중요하다고 강조했다.

김(Kim, S., 2019)은 소비자들의 CSR커뮤니케이션에 대한 인지와 신뢰가 기업 명성에까지 이르는 과정을 실증적 연구를 통해 설명하고자 하였다. 기본적으로 소비자들은 기업의 CSR에 대해서 알고 있을 때 기업의 CSR활동에 대한 신뢰를 가질 수 있었으며, 형성된 신뢰가 기업 명성으로까지 이어졌다. 그러나 CSR커뮤니케이션의 상업적 메시지 톤(promotional tone)은 소비자들의 CSR활동의 진실성에 대한 신뢰를 잃게 하고, 결국 부정적인 기업 명성에까지 이르게 하여, 사실에 기초한 메시지 톤(factual tone)보다 부정적인 효과를 낳았다. 그러나 흥미로운 결과는 상업적 메시지 톤의 CSR커뮤니케이션이라고 하더라도 소비자들은 이를 통해 기업의 CSR활동을 인지하게 되기 때문에 결국에는 이러한 커뮤니케이션도 기업 명성에 긍정적인 효과를 있게 한다는 것이었다. CSR커뮤니케이션 과정에서 소비자들의 참여(consumer engagement)를 유도하려는 노력도 긍정적인 시도로 파악이 되었지만, 이때 소비자들에게 양질의 참여 기회를 주지 못하면 오히려 역효과가 있을 수도 있다고 제언했다.

국내에서도 효율적인 CSR커뮤니케이션의 중요성을 나타내는 '대한민국 커뮤니케이션 대상'에서의 CSR(사회공헌활동) 부문 시상이 있다. 최근 현대차 정몽구 재단(이사장 권오규)은 '2020 대한민국 커뮤니케이션 대상'에서 CSR(사회공헌활동) 부문 최우수 대상을 수상했다(방완재, 2020. 12. 9.). 이 시상식은 한국사보협회가 주관하고 문화체육관광부와 보건복지부 등이 후원하는 행사로서 국가기관 및 기업, 단체를 포함해 특별한 커뮤니케이션 제작물을 선정하는 커뮤니케이션 부문 국내 유일의 시상식이다(방완재, 2020. 12. 9.). 현대차 정몽구 재단은 2014년 사회공헌 교양 계간 소식지 『함께 여는 아름다운 세상』을 창간했으며 국내외 핫이슈 및 미래 트렌드를 조망할 수 있는 사회공헌 분야 주제를 선정하여 'Theme On(주제 연구)' 'People On(사회공헌 분야의 인물탐구)' 'Scene On(사회공헌 현장 취재)' 'Art &

Culture On(고품격 문화예술 교양)' 등 총 4개 테마 24가지 코너로 구성하여 제작했다(방완재, 2020. 12. 9.). 또한 소식지의 내용을 재단의 다양한 소셜미디어 채널(유튜브 채널, 페이스북, 네이버 블로그)을 통해 다양한 공중들에게 확산시켰기 때문에 양질의 콘텐츠를 적극적으로 다양한 이해관계자에게 소통했다는 점에서 높이 평가받았다(방완재, 2020. 12. 9.).

이러한 맥락에서 국내 기업들의 일부 사회공헌 담당자들이 CSR커뮤니케이션을 부정하는 시각(김수연, 권지현, 2017)은 지양되어야 할 것이다. CSR커뮤니케이션이 없다면 CSR을 통한 기업의 명성 관리는 불가능하기에 CSR커뮤니케이션은 단순히 활동을 보고하는 기능적 수준이 아니며, 보다 장기적인 공중관계 전략으로 진화해야 할 것이다(김수연, 권지현, 2017). 앞으로의 기업 명성 관리를 위한 CSR은 장기적인 안목에서 CSR활동과 CSR커뮤니케이션을 별개로 보기보다는 통합적 활동으로 이해할 필요가 있을 것이다.

사례 **2018년 미국 도미노 피자(Domino's Pizza)의 도로보수공사 캠페인**

• 캠페인 설명

2018년 6월 11일부터 8월 28일까지 피자 배달 전문점인 도미노 피자는 미국에서 '피자를 위해 포장합니다(Paving for Pizza)'라는 이름의 CSR캠페인을 도미노 피자의 PR 부서와 크리스핀 포터 앤 보구스키(Crispin Porter & Bogusky)라는 광고, 웹사이트 개발 회사와 함께 협업을 통해 진행했다. 이 캠페인은 피자 배달을 위해 피자 배달원이 운전할 경우 움푹 패인 도로 때문에 피자의 토핑이 떨어져 엉망이 되는 점을 문제로 지적하며 도미노 피자에서 직접 도로를 포장해 주는 프로그램이었다(Frederick, 2018. 10. 26.).

• 캠페인 전술(tactic)

캠페인 진행을 위해 www.pavingforpizza.com라는 마이크로사이트(microsite)를 운영하였는데, 캠페인에 관심이 있는 공중들이 도로 재포장이 필요하다고 생각하는 도로를 이 사이트를 통해 지정할 수 있었다. 만약 해당된 도로가 선정되면 도미노 피자는 선정된 도시에 도로를 포장할 수 있는 보조금을 지원하였다(Frederick, 2018. 10. 26.).

• **캠페인 결과**

−아웃컴(outcome) 차원

미국 전체 50개 주 내 15,275개 도시의 137,000개 이상의 도로 재포장에 대한 의견이 사이트를 통해 접수되었다. 첫 번째 캠페인을 통해 도미노 피자는 20개 이상의 도시에 도로 포장을 위한 보조금을 제공하였으며, 첫 번째 캠페인의 대성공으로 8월 말까지 두 번째 캠페인을 시작하기로 계획하여, 2018년 말까지 50개 주에 최소 1개의 도로 포장 프로젝트를 성사시키기로 목표를 재수립했다(Frederick, 2018. 10. 26.).

−아웃풋(output) 차원

캠페인 시작 첫째 주에 소셜미디어상에서 35,000번의 이 캠페인에 대한 언급이 있었으며 이 캠페인은 NBC의 〈The Today Show〉〈The Late Late Show with James Corden〉과 같은 인기 TV프로그램, 『USA Today』『Washington Post』 등의 신문매체에도 노출이 되었다(Frederick, 2018. 10. 26.).

• **PR적 시사점**

1. 이 캠페인을 얼핏 보았을 때 사람들은 피자 회사에서 도로를 보수하는 캠페인을 진행한다는 것에 대해 '왜?'라고 의문을 제기할 것이다. 그러나 피자를 배달할 때 움푹 파인 도로 때문에 피자를 잘 배달할 수 없다는 문제점에서 피자와 도로 보수와의 연관성을 찾으면서 결과적으로는 도미노 피자라는 피자 회사와 이 도로 보수 캠페인은 적합성(fit)이 높은 캠페인이 되었다. 이러한 측면에서 이 캠페인은 비예측성(unexpectedness)의 요소를 통해 사람들에게 흥미롭게 다가가며 논리적으로도 이치에 맞기에 사람들의 기억에 오래 남을 수 있는 강점(Heath & Heath, 2007)이 있다.

2. CSR 부합성(fit)은 기업의 비즈니스와 CSR활동이 일치하는 정도를 의미하며, 고부합은 잘 일치하는 경우, 저부합은 관련성이 떨어지는 경우를 의미한다(김병철, 이철한, 2011). 기업의 명성이 좋을 경우 고부합 CSR(high−fit CSR)활동은 CSR활동에 대한 공중의 회의감을 줄일 수 있게 한다는 점에서 저부합 CSR에 비해 긍정적이다(Ozdora−Aksak et al., 2016). 이러한 맥락에서 이 캠페인은 고부합 CSR 캠페인으로 성공적인 CSR캠페인의 기본 요소를 갖추고 있다고 할 수 있다.

3. 이 캠페인은 소셜미디어를 활용한 쌍방향 커뮤니케이션을 실현한 캠페인이다. CSR캠페인이라는 취지에 걸맞게 공중이 원하는 사회문제해결을 기업이 선도하고, 이를 위해 공중들의 적극적인 참여를 이끌어 냈다는 점에서 의의가 크다. 기업이 내가 사는 도시의 문제를 적극적으로 해결해 주고 일상을 보다 편리하게 해 주었다는 점은 소비자들에게 크게 와 닿는 친밀하고 진정성 있는 캠페인으로 기억될 것이다.

토론주제

1. 한국에서도 CSR 적합성이 높으면서, 흥미를 유발하며, 소셜미디어를 활용해 쌍방향 커뮤니케이션을 실현한 성공적인 CSR캠페인에는 어떠한 프로그램이 있을까?

2. 도미노 피자의 도로보수공사 캠페인을 한국에서 진행한다면 어떨까? 미국에서 성공한 캠페인이 한국 상황에서도 비슷하게 성공할 수 있을까? 만약 한국 상황에서는 맞지 않는다면 그 이유는 무엇일까?

3. 성공적인 CSR캠페인은 무엇일까? 기업의 입장에서 성공적인 CSR캠페인과 소비자 입장에서 성공적이라고 판단하는 CSR캠페인은 무엇일까? 이 둘은 일치할까? 불일치할까?

 참고문헌

김무곤, 김소진(2009). 기업의 도덕성 위기 상황에서 공중의 CSR 활동에 대한 인식이 기업명성과 브랜드 태도에 미치는 영향. 광고연구, 6(83), 313-337.

김병철, 이철한(2011). 담배회사의 사회공헌활동 효과 연구: 제품사용 여부, 공헌 유형, 부합성을 중심으로. 한국광고홍보학보, 13(4), 5-37.

김사라, 김수연(2016). 기업의 이슈소유권, 위기책임성, 위기커뮤니케이션이 공중의 기업에 대한 태도에 미치는 영향. 한국광고홍보학보, 18(4), 5-37.

김수연(2018). 기업들은 사회공헌활동 관련 PR목표 설정과 그 효과 측정을 어떻게 하고 있을까?: 실무자들의 인식을 통한 질적 고찰. 한국광고홍보학보, 20(4), 377-411.

김수연, 권지현(2017). 국내 대기업 사회공헌 담당자들이 인식하는 사회공헌활동의 기대 효과와 PR의 역할에 대한 질적 고찰. 한국광고홍보학보, 19(3), 38-67.

김수연, 최명일, 김대욱(2013). 한국과 미국의 PR 연구 경향 분석: 홍보학연구와 PRR 게재 논문에 대한 언어 네트워크 분석을 중심으로. 홍보학연구, 17(3), 120-153.

방완재(2020. 12. 9.). 현대차 정몽구 재단 소식지 2020 대한민국 커뮤니케이션 대상 수상(http://www.kyosu.net/news/articleView.html?idxno=58760).

이길형, 김태현(2016). 크로스미디어 커뮤니케이션 전략의 Wom 효과에 관한 연구: 현대자동차그룹 '기프트카' 캠페인 사례를 중심으로. 커뮤니케이션 디자인학연구, 55(0), 56-66.

전국경제인연합회(2020). 2020 주요 기업의 사회적 가치 보고서(http://www.fki.or.kr/publication/report/View.aspx?content_id=3d1003e9-348c-42c8-b093-a8cd6d3d8172&cPage=1&search_

type=0&search_keyword=).

정혁준(2013). 유한킴벌리 이야기. 서울: 한스미디어.

차희원(2015). 기업명성과 커뮤니케이션. 서울: 이화출판.

최상운(2020. 11. 19.). 현대차, '기프트카 레드카펫' 헌혈 캠페인 실시(http://kr.aving.net/news/ view.php?articleId=1588055&Branch_ID=kr&rssid=naver&mn_name=news).

최윤슬, 염동섭(2018). 기업의 사회적 책임 광고(Csr) 효과 연구: 광고유형, 기업 명성, 브랜드-공익 관련성을 중심으로. 광고PR실학연구, 11(2), 149-179.

Bögel, P. M. (2019). Company reputation and its influence on consumer trust in response to ongoing CSR communication. *Journal of Marketing Communications, 25*(2), 115-136.

Carroll, A. B. (1991). The pyramid of corporate social responsibility: Toward the moral management of organizational stakeholders. *Business Horizons, 34*(4), 39-48.

Dhanesh, G. S. (2015). The paradox of communicating CSR in India: Minimalist and strategic approaches. *Journal of Public Relations Research, 27*(5), 431-451.

Eberle, D., Berens, G., & Li, T. (2013). The impact of interactive corporate social responsibility communication on corporate reputation. *Journal of Business Ethics, 118,* 731-746.

Fombrun, C. J. (1996). *Reputation: Realizing value from the corporate image.* Boston, MA: Harvard Business School Press.

Fombrun, C. J. (2012). The building blocks of corporate reputation: Definitions, antecedents, consequences. In M. L. Barnett & T. G. Pollock (Eds.), *The oxford handbook of corporate reputation* (pp. 94-113). Oxford, UK: Oxford University Press.

Fombrun, C. J., Gardberg, N. A., & Barnett, M. L. (2000). Opportunity platforms and safety nets: Corporate citizenship and occupational risk. *Business and Society Review, 105*(1), 85-106.

Frederick, D. (2018. 10. 26.). Domino's paving for pizza campaign proves 'people are very passionate about potholes'. Retrieved from https://www.prweek.com/article/1497341/ dominos-paving-pizza-campaign-proves-people-passionate-potholes

Freeman, R. E. (1984). *Strategic management: A stakeholder approach.* Boston, MA: Pitman.

Gomez-Trujillo, A. M., Velez-Ocampo, J., & Gonzalez-Perez, M. A. (2020). A literature review on the causality between sustainability and corporate reputation: What goes first? *Management of Environmental Quality: An International Journal, 31*(2), 406-430.

Gotsi, M., & Wilson, A. (2001), Corporate reputation management: Living the brand. *Management Decision, 39*(2), 99-104.

Grover, P., Kar, A. K., & Ilavarasan, P. V. (2019). Impact of corporate social responsibility on reputation: Insights from tweets on sustainable development goals by CEOs. *International Journal of Information Management, 48*, 39-52.

Heath, C., & Heath, D. (2007). *Made to stick: Why some ideas survive and others die.* New York, NY: Random House.

Hur, W. M., Kim, H., & Woo, J. (2014). How CSR leads to corporate brand equity: Mediating mechanisms of corporate brand credibility and reputation. *Journal of Business Ethics, 125,* 75-86.

Hutton, J. G., Goodman, M. B., Alexander, J. B., & Genest, C. M. (2001). Reputation management: The new face of corporate public relations? *Public Relations Review, 27*(3), 247-261.

Jahdi, K., & Acikdilli, G. (2009). Marketing communications and corporate social responsibility (CSR): Marriage of convenience or shotgun wedding? *Journal of Business Ethics, 88*(1), 103-113.

Kim, S. (2019). The process model of corporate social responsibility (CSR) communication: CSR communication and its relationship with consumers' CSR knowledge, trust, and corporate reputation perception. *Journal of Business Ethics, 154,* 1143-1159.

Kim, S., & Ferguson, M. A. T. (2018). Dimensions of effective CSR communication based on public expectations. *Journal of Marketing Communications, 24*(6), 549-567.

Kim, Y. (2014). Strategic communication of corporate social responsibility (CSR): Effects of stated motives and corporate reputation on stakeholder responses. *Public Relations Review, 40*(5), 838-840.

Kim, Y. (2019). Strategic CSR communication in social media: The effectiveness of stakeholder information, response, and involvement communication strategies factoring corporate reputation. *Public Relations Journal, 12*(4), 1-24.

Kim, Y., & Ferguson, M. A. (2019). Are high-fit CSR programs always better? The effects of corporate reputation and CSR fit on stakeholder responses. *Corporate Communications: An International Journal, 24*(3), 471-498.

Li, S., Spry, L., & Woodall, T. (2020). Corporate social responsibility and corporate reputation: A bibliometric analysis. *International Journal of Industrial and Systems Engineering, 14*(11), 1041-1045.

Ozdora-Aksak, E., Ferguson, M. A., & Duman, S. A. (2016). Corporate social responsibility and CSR fit as predictors of corporate reputation: A global perspective. *Public Relations Review,*

42(1), 79-81.

Pérez-Cornejo, C., de Quevedo-Puente, E., & Delgado-García, J. B. (2020). Reporting as a booster of the corporate social performance effect on corporate reputation. *Corporate Social Responsibility and Environmental Management, 27*(3), 1252-1263.

Sánchez-Torné, I., Morán-Álvarez, J. C., & Pérez-López, J. A. (2020). The importance of corporate social responsibility in achieving high corporate reputation. *Corporate Social Responsibility and Environmental Management, 27*(6), 2692-2700.

Smith, V., & Langford, P. (2009). Evaluating the impact of corporate social responsibility programs on consumers. *Journal of Management & Organization, 15*(1), 97-109.

Veh, A., Göbel, M., & Vogel, R. (2019). Corporate reputation in management research: A review of the literature and assessment of the concept. *Business Research, 12*, 315-353.

Walker, K. (2010). A systematic review of the corporate reputation literature: Definition, measurement, and theory. *Corporate Reputation Review, 12*(4), 357-387.

유한킴벌리 지속가능경영. https://www.yuhan-kimberly.co.kr/Society/Forest

제6장

이슈, 쟁점 진화인가?
관리인가?*

이슈(issue)는 조직과 공중 간의 기대 차이로 인해 발생하는 논란의 여지가 존재하는 모든 사안이다. 이러한 기대의 차이는 상호 간의 논쟁을 유발할 수 있으며, 그 논쟁의 결과는 조직에게 중요한 변화를 가져올 수 있다(Heath, 1997). 동일한 이슈에 대해 조직과 공중은 종종 서로 다른 입장을 취할 수 있으며, 공중은 조직의 활동에 단순히 이의를 제기하거나 문제가 심각할 경우 조직의 운영에 실질적 제약을 가하기 위한 조직적 행동을 취할 수도 있다. 따라서 이슈 관리는 조직을 둘러싼 다양한 논쟁점을 사전에 발견하고, 그 논쟁이 가져올 수 있는 결과를 예상하여, 이슈에 관한 여론적 환경을 조직 운영에 유리한 방향으로 조성하는 모든 과정을 포괄한다(Dougall, 2008). 이 장에서는 이슈의 정의, 이슈의 발전 단계, 이슈 관리 전략에 대해 살펴보고, 디지털 시대의 적절한 이슈 관리를 실제 사례를 통해 논의하고자 한다.

---

* 오현정(차의과학대학교 의료홍보미디어학과 교수)

● 이 장을 통해 답을 찾을 질문들 ●

1. 이슈란 무엇인가?

2. 이슈는 어떻게 발전하고 쇠퇴하는가?

3. 이슈 관리가 중요한 이유는 무엇인가?

4. 디지털 환경에서의 이슈 관리는 기존의 이슈 관리와 무엇이 다른가?

1. 이슈의 정의 및 특징

1) 이슈의 정의

이슈[1]는 사전적으로 '사람들의 논의 혹은 논쟁의 대상이 되는 중요한 사안'으로 정의된다.[2] PR 분야에서 정의하는 이슈 역시 이와 크게 다르지는 않으나 그 초점이 좀 더 조직의 경영과 생존에 맞춰져 있다. PR 분야에서 가장 널리 활용되는 몇몇 학자의 정의를 살펴보자. 먼저, 존스와 체이스(Jones & Chase, 1979)는 이슈를 '조직을 둘러싼 환경의 변화로 인해 발생된 아직 해결되지 않은 사안'이라고 정의하였다. 또 무어와 칼루파(Moore & Kalupa, 1985)는 이슈를 '조직의 경영에 중대한 영향을 미치는 내부적 혹은 외부적 상황이나 조건'이라고 정의하였다. 애슐리와 모리슨(Ashley & Morrison, 1995) 역시 이슈를 '조직의 성과에 영향을 미칠 수 있는 내부적·외부적 요인'이라고 정의하였다. 한편, 하인스워스(Hainsworth, 1990)는 이슈를 '조직과 공중 간에 일어나는 갈등의 순간'으로 정의하여, 좀 더 관계와 갈등의 측면에서 초점을 두었다. 한편, 크레이블과 비버트(Crable & Vibbert, 1985)는 '개인 혹은 집단이 어떤 상황이나 문제에 심각성을 부여하게 되면, 그 사안은 이슈가 된다'고 주장하였다. 이는 이슈가 절대적으로 존재하기보다는 공중들의 관심에 의해 상대적으로 나타나고 유지된다는 관점이다. 할라한(Hallahan, 2001)은 이슈를 좀 더 중립적인 관점에서 '둘 이상의 집단이 자연, 재정, 정책 혹은 상징적 차원에서의 자원의 분배에 대해 벌이는 논쟁'이라고 정의하였다.

---

1) 이슈는 쟁점이라고 번역되어 사용되기도 한다. 이 장에서는 이슈라는 용어로 통일하여 사용할 것이다.
2) 옥스퍼드 사전. https://www.oxfordlearnersdictionaries.com/definition/english/issue_1?q=ISSUE

●표 6-1● 이슈의 정의

학자	정의	핵심 키워드
존스와 체이스 (1979)	조직을 둘러싼 환경의 변화로 인해 발생된 아직 해결되지 않은 사안	조직, 미해결, 외부(환경)적 발생, 사안
무어와 칼루파 (1985)	조직의 경영에 중대한 영향을 미치는 내부적 혹은 외부적 상황이나 조건	조직, 경영, 영향력, 내부적·외부적 발생, 상황, 조건
애슐리와 모리슨 (1995)	조직의 성과에 영향을 미칠 수 있는 내부적·외부적 요인	조직, 성과, 내부적·외부적 발생, 영향력
하인스워스(1990)	조직과 공중 간에 일어나는 갈등의 순간	조직, 공중, 갈등
크레이블과 비버트 (1985)	개인 혹은 집단이 문제인식을 통해 심각성을 부여한 어떤 상황이나 문제	공중, 문제인식, 상황, 문제
할라한(2001)	둘 이상의 집단이 자연, 재정, 정책, 혹은 상징적 차원에서의 자원의 분배에 대해 벌이는 논쟁	자원 분배, 논쟁

키워드를 바탕으로 종합하자면 이슈는 크게 다섯 가지로 정의할 수 있다. 첫째, 이슈는 조직의 내부 혹은 외부에서 발생하여 조직과 공중 사이에서 존재하는 문제, 상황, 사안, 조건 등을 포괄한다. 둘째, 이슈는 그 문제를 둘러싼 조직, 공중, 이해관계자 간에 입장의 차이가 존재할 수 있기 때문에 본질적으로 갈등을 내포한다. 셋째, 이슈는 절대적으로 존재하는 문제이기보다는 공중의 관심이나 사회적 상황에 따라 상대적으로 부상하거나 쇠퇴할 수 있다. 넷째, 이슈는 그 향방에 따라 조직의 성과와 경영에 중대한 영향을 미칠 수 있는 힘을 가지고 있다. 다섯째, 이슈는 완전히 해결되지 않기 때문에 조직이 지속적으로 관리해야 하는 사안이다.

2) 이슈의 특징

이슈의 특징에 대해 좀 더 자세히 논의해 보자. 미국 콜로라도 주립대학교의 PR학자 커크 할라한(Kirk Hallahan)은 이슈의 중요한 특징을 다음과 같이 아홉 가지로 요약하였다 (2001).

(1) 이슈는 사적인 경험에서 출발한다

이슈는 누군가 어떤 상황을 문제라고 인식하는 순간 탄생한다. 문제적 상황은 대부분 개인이 무언가가 도덕적으로 부당하거나 물리적·경제적 혹은 심리적으로 불편 혹은 위험하다고 느낄 때 발생한다. 따라서 사회적으로 논의가 되고 있는 많은 이슈들은 대부분 누군가의 사소한 경험에서 출발하는 경우가 많다. 특히 인터넷이 발전하면서 조직과 관련된 개인의 경험은 그 어느 때보다 빠르게 공유되고 확산되어 다수의 공감을 얻게 된다. 또 그 경험이 부당하거나 위험의 요소를 안고 있을 때, 그 파장은 더욱 커진다.

(2) 이슈는 사회적으로 구성된다

개인의 문제가 사회적 문제로 규정되고, 한정되고, 논의되기 시작할 때 비로소 이슈는 영향력을 갖기 시작한다. 그리고 문제를 인식한 개인은 문제에 대한 사회적 논의에 참여하고 영향력을 행사하기 시작하면서 점차 활동적 공중으로 변모하게 된다. 즉, 과거에는 문제로 여기지 않던 것도 시대가 변화하고 사회적 인식이 변화하면 문제가 될 수 있다. 예컨대, 환경 문제에 대한 사회적 민감도가 높아지면서 많은 공중이 조직들에게 친환경적 경영과 관련 정보의 공개를 요구하게 되었다.

(3) 이슈는 미디어의 의제설정 과정을 통해 가시화된다

이슈가 사회적 관심을 얻고 다수의 공중들로부터 지지를 받기 위해서는 미디어의 주목이 필수적이다. 의제설정이론에 의하면 미디어가 중요하게 다루는 의제는 공중에게도 중요한 의제가 되고, 이는 결국 중요한 정책적 의제로 논의된다. 또한 미디어가 이슈를 어떻게 프레이밍 하는가에 따라 여론의 향방이 달라진다. 따라서 조직은 미디어 보도에 대한 지속적 모니터링을 통해 사회적으로 의제화될 수 있는 이슈를 확인하고 이슈에 대한 주요 언론의 입장을 확인해야 한다.

(4) 이슈는 역동적으로 발전하며, 이슈의 발전 단계는 공중의 주목도에 의해 결정된다

특정 이슈가 어떤 계기로 인해 미디어와 공중의 주목을 받게 되면 사회적 가시성이 점차 증가하게 된다. 또 반대로 이슈가 해결의 국면으로 접어들거나 시간이 지나게 되면 이슈에 대한 사회적 관심이 감소하고, 이슈와 관련된 사안은 다시 동면 상태에 접어들게 된다. 이슈의 발전 단계는 이 장에서 다시 상세하게 다룰 것이다.

(5) 이슈의 생명력은 다양한 내부적 · 외부적 상황에 의해 결정된다

이슈의 사회적 중요도, 시기적 특성, 복잡성 등 이슈 자체에 내재된 특성이 1차적으로는 이슈의 발전과정을 결정한다. 또한 이슈에 대해 반복적으로 알리고 미디어의 관심을 유도하는 이슈 옹호자(issue advocates)[3]들의 역할도 매우 중요하다. 이슈가 발전하는 시기의 사회적 상황도 이슈의 생존에 중요한 영향을 미친다. 특정 이슈가 불거진 시기에 다른 경쟁 이슈들이 많을 경우, 그 이슈를 향하는 공중의 주목도는 상대적으로 감소할 수밖에 없다.

(6) 이슈는 권력과 투쟁을 내포한다

특정 이슈에 대한 권력은 여론의 지지를 얻는 것에서 비롯되며, 치열한 공방을 통해 다수 공중들의 지지를 얻은 이슈 옹호자들은 종종 거대한 조직의 승복을 받아 내기도 한다. 반대로 조직은 이슈가 활성화되는 과정에 영향을 미치기 위해 조직이 보유한 권력 자원을 최대한 활용하여 대응한다. 이슈는 문제와 해결에 대해 상이한 입장을 지닌 집단 간의 투쟁을 유발하며, 투쟁은 이슈를 둘러싼 주장들의 공방을 통해 절충과 타협을 거쳐 잠정적으로 해결된다.

(7) 이슈 옹호자들은 다양하게 조직화하여 움직인다

사회 문제를 해결하기 위한 목적으로 시민들이 구성한 풀뿌리 단체들, 특정 집단 구성원들의 이익을 대변하기 위해 운영되는 협회, 조합, 연맹과 같은 이익 집단들, 정치적 신념으로 운영되는 정당, 정부나 공공 정책에 대한 감시자의 역할을 하는 공공 단체 등 다양한 조직들이 이슈의 옹호를 위해 활동한다. 조직은 다양한 이해관계, 신념, 목적을 가진 이슈 옹호 집단에 대응해야 하며, 그들의 조직적 움직임에 효과적으로 맞서야 한다.

---

3) Issue Advocates는 주로 이슈 옹호자라고 번역되나, 이는 이슈 자체를 옹호하기보다는 이슈의 해결을 위해 조직적 활동을 취하는 개인 혹은 집단을 지칭하는 용어로 이해하는 것이 적절하다.

(8) 이슈에 관한 논쟁은 공중들에게 현실이기보다는 하나의 드라마이다

이슈 옹호자와 조직 간의 갈등은 종종 공중들에게 영웅, 희생자, 악인 등으로 구성된 한 편의 드라마처럼 보인다. 이들은 자신들의 정당성과 가치를 관중들에게 알리고 설득하기 위해 다양한 수사학적 기법과 내러티브를 활용하며, 그 결과 일반 공중들은 이슈와 이슈를 둘러싼 관계자들에 대해 나름대로의 판단을 내리게 된다. 즉, 객관적 사실이나 현실적 사안보다는 그 이슈와 관련된 상황을 얼마나 설득력 있게 묘사하는가에 따라 이슈와 조직을 대하는 공중과 대중들의 태도가 달라진다.

(9) 이슈는 불확실성을 갖는다

조직은 안정적 경영을 위해 이슈 때문에 발생하는 조직 운영 환경의 불안전성을 제거하기 위해 노력한다. 시스템 이론에 따르면 조직은 불균형을 바로잡는 과정을 통해 조직과 환경의 평형을 유지한다. 조직은 조직을 둘러싼 산업적·정치적·경제적 환경에 대한 조직의 통제를 증가시키고 그 결과로 조직의 장기적 생존과 번영을 추구한다. 따라서 이슈가 갖는 행방의 불확실성은 조직의 안정적 운영에 장애요인이 될 수밖에 없다. 조직은 이슈의 불확실성을 낮추고 그 행방에 대한 조직의 통제력을 높이기 위해 조직의 자원을 투입한다. 이슈 관리는 결국 조직 경영 환경에 대한 조직의 예측력과 통제력을 높이는 과정이라고 볼 수 있다.

결론적으로 이슈는 해결을 필요로 하는 모든 문제이며, 이는 사회적 환경이나 산업 트렌드와 같이 포괄적인 상황에서부터 정부나 공중에 의해 실질적으로 논의되고 있고 언론이 주목하고 있는 구체적인 사안까지 매우 광범위한 영역에 걸쳐 있다. 조직의 입장에서 이슈는 불확실한 요소가 많기 때문에 이슈 발생 초기에 이를 감지하는 것이 무엇보다 중요하다. 또한 조직은 이슈에 대해 선제적으로 대응하고 관리함으로써 이슈를 둘러싼 여론과 미디어 환경이 조직에게 유리한 방향으로 움직일 수 있도록 해야 한다.

2. 이슈의 발전

이슈는 사회 구성원들에 의해 광범위하게 논의되며, 미디어에 의해 주목을 받고, 정부에 의해 논의된다(Hallahan, 2001). 이슈는 정적인 상태로 존재하기보다는 공중의 관심이 집중되고 멀어짐에 따라 발전하고 쇠퇴하는 일종의 발전 단계를 갖는다. 조직의 입장에서 이슈의 관리는 이슈의 발전 단계에 따라 전략적으로 이루어진다. 이슈의 발전 단계를 나누는 기준은 학자마다 조금씩 다르지만 여기에서는 가장 널리 알려져 있는 크레이블과 비버트(1985)의 이슈 생애 주기와 하인스워스(1990)의 이슈 발전 단계를 살펴보도록 하겠다.

1) 크레이블과 비버트의 이슈 생애 주기

크레이블과 비버트는 이슈의 발전을 잠재, 임박, 현재, 위험, 동면의 5단계로 구분하고 각 단계별 특성을 다음과 같이 설명하였다.

(1) 잠재(potential) 단계

이슈에 대해 개인 혹은 집단이 관심을 보이기 시작하는 단계로 이 단계에서는 이슈와 관련된 문제를 가장 먼저 제기한 주체가 누구냐에 따라 이슈의 성격과 문제해결의 방향이 규정된다. 즉, 누가, 어떠한 문제를 어떠한 관점에서 이슈화하였는가에 따라 이슈의 발전 양상이 결정된다고 볼 수 있다.

(2) 임박(imminent) 단계

이슈가 점차 많은 사람에게 알려지기 시작하는 단계로 소수의 문제에 국한되었던 이슈가 정부나 여론 지도자 등에 의해 공식적으로 언급되거나 지지를 받게 되면서 점점 공공의 의제로 발전되어 간다.

(3) 현재(current) 단계

이슈가 공식적으로 사회 공공의 의제가 되는 단계로 미디어가 이슈에 주목하기 시작함에 따라 이슈와 관련된 많은 양의 정보가 생산되고, 공중들은 이슈를 놓고 찬성 혹은 반대의 논쟁을 벌이기 시작한다.

(4) 위험(critical) 단계

이슈에 대한 조직의 직접적인 대응이 요구되는 단계로 이슈가 점차 심각한 사회의 의제로 떠오름에 따라 해결이 필요한 단계로 접어들게 된다. 이슈에 대한 공중들의 입장이 확고해지고, 문제의 해결을 위한 정책적·사회적 요구의 목소리가 커진다.

(5) 동면(dormant) 단계

이슈에 대한 문제가 어느 방향으로든 결론이 나고, 공중의 관심이 소강상태에 접어들어 새로운 국면의 잠재 단계로 연결되는 단계이다. 이 단계에서 이슈는 어느 정도 해결되었기 때문에 표면적으로는 사라진 것처럼 보인다. 그러나 언제든 이슈와 관련된 새로운 문제가 부상할 수 있고, 조직은 새로운 형태의 이슈 옹호자들과 새로운 문제에 다시 부딪힐 수 있다.

2) 하인스워스의 이슈 발전 단계

하인스워스(1990)는 이슈의 발전 단계를 발단, 조정과 확장, 조직화 그리고 해결의 4단계로 구분하였다.

(1) 발단(origin)

조직에게 잠재적으로 문제 혹은 기회가 될 수 있는 정책, 경제, 사회 환경적 변화가 발생한 단계로 보통 학계나 관련 분야의 소수 전문가들에 의해 트렌드가 소개될 뿐 공중이나 대다수의 전문가는 관련 사안에 대해 크게 관심을 두지 않는 단계이다.

(2) 조정과 확장(mediation & amplification)

조직에게 이슈와 관련하여 점진적인 압력이 가해지기 시작하면 조직은 이를 이슈 부상 단계로 인지할 수 있다. 대부분의 경우 이러한 압력은 개인이나 집단이 특정 이슈의 정당성을 확보하기 위한 움직임의 결과로 나타난다. 그리고 점차 이들과 동일한 관점을 가진 다른 집단 혹은 공중들이 조직화하여 변화에 영향을 미치기 위한 활동을 시작함으로써 해당 이슈가 공공 이슈에서 정책적 의제로 발전되며, 미디어의 관심이 집중되기 시작한다. 이 시기에 조직은 경쟁 상황을 파악하고, 미디어와 효과적으로 커뮤니케이션하며 산업, 제도, 사회 등의 환경을 모니터링하면서 대응 방침을 세워야 한다.

(3) 조직화(organization)

이 단계에 오면 이슈는 이미 성숙한 단계에 접어들었다고 할 수 있다. 이슈와 관련된 논의가 사회에 깊숙이 침투하여 곳곳에 강력한 영향력을 발휘하고 있기 때문에 그 향방은 이미 조직의 손을 떠났다고도 볼 수 있다. 이 단계에서 조직은 문제를 해결하는 데 집중해야 한다. 이해 집단은 수용가능한 해결책을 찾기 시작하며, 집단의 조직력 혹은 재정적 상황에 따라 그들의 영향력은 달라진다. 사안에 대한 공중의 관심이 집중될수록 이해 집단의 권력은 강해지며, 조직에 대한 압력 또한 거세진다. 심각한 경우, 조직에게 위협이 되는 정책이 수립되거나 법적 제제가 가해지고 조직은 위기를 맞이하게 된다.

(4) 해결(resolution)

이슈가 최종 단계에 이르게 되면 조직에게 가해지는 압박은 최고치에 이르게 된다. 이슈는 이미 공공 정책의 영역에 들어서게 되고, 갈등의 해결을 위해 조직은 많은 시간과 노력이 필요하게 된다. 해결 단계는 이슈가 어떠한 방식으로든 조직 혹은 정부에 의해 처리된 후의 단계를 의미한다. 하지만 해결은 일시적인 대응의 결과이지 문제 자체의 종결을 의미하지는 않는다. 예컨대, 경영진이 노조와의 협상을 통해 일시적으로 파업을 중단시킬 수는 있지만 노조는 언제든 파업을 다시 시작할 수 있다. 따라서 조직이 이슈를 지속적으로 관리하지 않는다면 조직은 언제든 유사하지만 다른 형태의 위기 상황을 맞이할 수 있다.

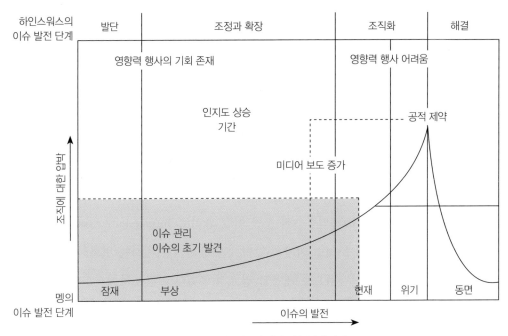

[그림 6-1] 하인스워스와 멩의 이슈 발전 단계

출처: Regester & Larkin (2008).

[그림 6-1]은 레지스터와 라킨(Regester & Larkin, 2008)이 하인스워스의 이슈 발전 단계를 멩(Meng, 1992)의 단계와 통합하여 도식화한 것이다. 멩(1992)의 이슈 발전 단계는 하인스워스의 4단계와 아주 유사하지만 조직화 단계를 '현재 단계'와 '위기 단계'로 나누어 잠재, 부상, 현재, 위기, 동면의 5단계로 나누었다는 차이점이 있다.

이슈의 발전은 순차적으로 진행되지 않을 수도 있다. 더 높은 발전 단계로 나아가는 데 실패한 이슈는 언제든 다시 동면의 단계로 접어들어 잠재 이슈의 상태로 머무를 수 있다. 경우에 따라서는 현재 단계에 오른 이슈가 해결되지 못한 채 동면의 단계에 이르기도 한다 (Crable & Vibbert, 1985). 이슈는 동면 단계에 접어들기 이전까지 점차 공중들의 관심을 얻게 되며, 이슈에 대한 사회적 관심이 증가할수록 조직의 이슈 관리는 점차 더 어려워진다. 즉, 조직의 이슈 관리는 빨리 시작될수록 조직이 이슈에 대해 통제권과 선택권을 가질 수 있게 된다. 이슈가 발전할수록 이슈에 관여하거나 관심을 갖는 공중의 범위가 넓어지고 이슈는 곤고해지며 조직이 선택할 수 있는 전략적 대안의 범위는 점차 줄어들게 된다. 이슈가 위기의 국면에 접어들게 되면, 조직이 취할 수 있는 전략은 정부나 외부 관계자의 요구에 반응하는 수동적 대응에 국한될 수밖에 없다. 따라서 조직이 이슈를 사전에 파악하고 선제적으로 대응하는 것은 성공적인 위기관리에 무엇보다도 중요하다(Dougall, 2008).

3. 이슈 관리의 정의

이슈 관리가 조직 PR의 영역에서 중요하게 논의된 것은 조직 PR 전문가였던 하워드 체이스(Howard Chase)가 1976년 『조직 공공 이슈 관리(Corporate Public Issues and Their Management)』 창간호에서 조직이 외부의 압박에 대응하기 위해서는 변화하는 환경과 트렌드에 조직이 주목하여 선제적으로 대응할 필요성이 있다고 강조하면서부터이다(Chase, 1976). 당시 체이스는 많은 조직이 소비자들의 불매 운동이나 정부의 반조직적 법률 제정 등 이미 위기에 봉착한 후에 자신과 같은 PR 전문가의 조언을 구하는 것에 대해, 조직이 내부 전문가나 외부 관계자를 통해 조직에게 잠재적 위협이 될 수 있는 사안을 지속적으로 감시하고 초기에 경고할 수 있는 시스템을 갖추는 것이 중요하다고 보았다.[4] 이슈 관리가 PR의 영역에 들어오면서 단순 언론관계에 국한되었던 PR 부서의 업무가 조직의 핵심 업무로 부상하는 계기가 되었다.

이슈 관리는 크게 정책적 관점과 조직 경영적 관점에서의 정의로 구분할 수 있다. 공공 정책적 관점은 이슈를 공공 정책이 수립되기 이전 단계의 문제가 정의되는 과정에서 논의하고, 조직 경영의 관점에서의 이슈 관리는 이슈가 조직의 성과와 생존에 미치는 영향에 주목하여 정의하고 있다.

종합하자면 이슈 관리는 공공 정책이 조직에게 우호적임과 동시에 조직을 둘러싼 공중, 이해관계자, 지역사회 모두가 수용할 만한 방향으로 수립되도록 조직이 보유한 자원을 활용하여 개입하고 커뮤니케이션하는 모든 활동을 포괄하며, 조직 내부적으로도 조직의 생존과 경영 성과에 영향을 미칠 수 있는 이슈를 초기에 발견하고 평가하여 효과적으로 대응하기 위한 체계적 관리의 과정이다.

---

4) 이슈관리협회(Origin of Issue Management). https://issuemanagement.org/learnmore/origins-of-issue-management/

●표 6-2● 이슈 관리의 정의

관점	정의
공공 정책 관점	• 공공 정책을 통해 조직과 지역사회의 자원을 관리함으로써 조직과 이해관계자 및 공중 간의 이해관계와 권리에 대한 상호 균형을 유지하는 활동(Heath & Coombs, 2006) • 이슈의 성공적 해결에 조직이 관여하기 위한 조직적 자원 및 노력을 관리하는 활동(Ewing, 1987) • 조직과 관련된 공공 정책 사안들을 확인하고 그에 대응하는 조직적 활동(PRSA, 1987) • 공공 정책 영역 안에서 조직과 공중 간의 화합을 증대시키고 마찰을 줄이는 일련의 전략적 기능들(Heath, 2005) • 개인 혹은 조직의 생존에 영향을 미치는 공공 정책의 형성 과정에 개입하기 위해 조직이 정책 기획 및 전략적 기능들을 이해하고 운용하고 조합할 수 있는 역량(Chase, 1982) • 조직 경영에 중대한 영향을 미치는 공공 이슈를 형성하고 해결하는 데 효과적으로 참여하기 위한 조직의 전문적 역량을 조직화하는 과정(Arrington & Sawaya, 1984)
조직 내부 관점	• 조직의 이득을 위해 시장을 보호하고, 위험을 줄이고, 기회를 만들고, 이미지를 관리하는 일련의 관리 과정(Tucker, Broom, & Caywood, 1993) • 이슈에 능동적으로 반응하기 위한 계획을 조율하는 것으로 조직이나 산업이 향후 마주할 수 있는 이슈를 초기에 건설적으로 이해하기 위한 도구(Coates, Coates, Jaratt, & Heinz, 1986) • 조직에 중요한 영향을 미칠 수 있는 사회적·정치적 이슈를 정의하고 평가하고 대응하는 과정(Johnson, 1983) • 변화를 예측하고 기회를 추구하고 위험 요소를 피하거나 낮춤으로써 조직의 현재와 미래의 성과와 지위를 높이는 것(Renfro, 1993) • 잠재적 위협 요소를 초기에 감지함으로써 사회적·정책적 변화가 조직에게 미치는 영향력을 최소화하고, 이슈에 대해 조직 전체가 일관된 입장에서 체계적이고 효과적으로 대응하는 것(Wartick & Rude, 1986) • PR 기능을 조직 경영 기능과 결합함으로써 조직의 외부 지향적 활동을 돕고 참여적 조직문화를 촉진하는 것(Heath & Palenchar, 2009)

출처: Jaques (2009).

4. 이슈 관리 전략 및 단계

　이슈 관리는 이슈의 발전 단계와 각 단계별 조직의 목표에 따라 전략적으로 수행되어야 한다. 이슈의 초기 단계부터 조직은 이슈를 파악하고 분석하고 계획적으로 대응함으로써 조직의 입장과 목표에 따라 이슈의 발전을 지연 혹은 촉진시키고, 이슈를 둘러싼 여론을 조직이 원하는 방향으로 흘러가도록 유도할 수 있다. 이를 통해 조직은 이슈에 대한 통제력을 높이고 이슈가 조직의 사업과 생존을 위협할 가능성을 최소화할 수 있다.

1) 존스와 체이스의 이슈 관리 모델

존스와 체이스는 이슈 관리를 이슈 정의, 이슈 분석, 전략적 의사결정, 이슈 관리 프로그램 실행, 그리고 이슈 관리 결과 평가의 5단계로 나누어 설명하였다(Dougall, 2008; Jones & Chase, 1979).

(1) 이슈 정의(issue identification)

이슈 정의 단계에서 조직은 조직이 속한 분야를 둘러싼 사회, 정치, 경제, 기술, 경쟁적 환경과 트렌드를 파악하고, 조직의 목표 및 사업 방향과 비교하여 현재 조직을 둘러싼 핵심 이슈를 파악하고 정의한다. 이슈가 의사결정을 기다리는 해결되지 않은 사안이라면, 트렌드는 이슈를 야기할 수 있는 변화라고 볼 수 있다. 예컨대, 환경에 대한 사회적 관심이 증가하는 트렌드가 있다면, 이것은 잠재적으로 조직의 친환경적 경영에 관한 이슈를 발생시킬 수 있다. 이슈를 정의하는 단계에서 조직은 환경을 감시하고 이슈를 모니터링하는 것이 중요하다(Dougall, 2008).

- 환경 감시(scanning): 조사를 통해 조직의 환경을 분석하는 활동이다. 조직을 둘러싼 정보를 수집, 분류, 체계화하는 과정이며, 그 목적은 조직이 필요한 환경에 대한 통찰을 얻는 것이다. 이 과정을 통해 조직은 조직이 특히 주목해야 할 중요한 이슈들과 우선순위를 파악하게 된다.
- 모니터링(monitoring): 환경 감시를 통해 중요한 이슈가 밝혀지면 조직은 해당 이슈를 추적 관찰하기 시작한다. 조직이 조직을 둘러싼 모든 이슈를 모니터링하는 것은 현실적으로 불가능하기 때문에 조직은 이슈의 모니터링 기준을 설정할 필요가 있다. 예컨대, 이슈가 ① 기자나 관련 분야의 전문가들의 주목을 받기 시작하였을 때, ② 조직 경영에 큰 위협이나 기회로 작용할 가능성이 있을 때, 그리고 ③ 조직에게 영향을 미칠 수 있는 집단이나 단체에 의해 옹호되고 있을 때 조직은 해당 이슈를 우선적으로 모니터링해야 한다(Heath, 1997).

(2) 이슈 분석(issue analysis)

이슈 관리의 두 번째 단계는 중요한 이슈들을 면밀하게 분석하는 단계이다. 조직을 둘러싼 다양한 이슈에 대한 자료의 수집과 분석을 통해 조직은 객관적 근거에 기반을 둔 과학적 의사결정을 할 수 있다. 즉, 이슈와 조직을 둘러싼 사회, 정치, 경제적 환경에 대한 과거와 현재의 자료를 수집하고 분석함으로써 조직은 이슈들의 시의성을 판단하고, 관리의 우선순위를 결정하고, 조직이 보유한 자원 등을 고려하여 현실적으로 이슈 관리 전략을 수립할 수 있다.

- 이슈의 근원(origin of issue): 이슈 분석의 시작은 바로 이슈의 출발점을 밝히는 것이다. 이슈는 사회적·경제적·정치적 트렌드, 압력, 사건 등 다양한 계기로 촉발될 수 있다. 따라서 조직은 이슈에 대해 이미 알려진 정보, 지식, 대응 사례 등에 대한 기존 자료를 광범위하게 수집하고 이슈와 관련된 조직의 상황을 다방면으로 평가하고 검토해야 한다. 예컨대, 이슈와 관련된 여론조사 결과, 정부의 정책 보고서, 중요한 인사나 여론 지도자의 공개적 발언, 언론보도 혹은 미디어 노출 실태 등을 활용할 수 있으며, 조직 내부 구성원들이나 관계자들의 의견을 수렴할 수도 있다. 이를 통해 조직은 이슈의 근원과 이슈를 옹호하는 주요 관계자를 파악하고, 이슈의 성격과 잠재적 영향력에 대해 좀 더 정확하게 이해할 수 있다.
- 현재의 상황(present issue situation): 앞선 단계에서의 분석을 통해 충분하게 수집되지 않은 정보들을 조직이 직접 조사하고 분석함으로써 조직은 이슈와 관련된 현재의 상황을 좀 더 정확하게 분석할 수 있다. 이슈와 관련된 여론 지도자, 미디어, 공중, 정부 관계자 등 주요 관계자의 입장을 파악하기 위해 조직은 설문조사, 언론보도 내용분석, 여론조사, 정책조사 등 다양한 연구조사 방법을 활용한다. 이를 통해 조직은 이슈의 시의성을 판단하고 이슈에 대응하기 위한 조직의 역량을 파악할 수 있다.

(3) 전략적 의사결정(issue management strategic options)

이 단계는 이슈와 관련한 조직과 공중의 입장을 고려하여 이슈 대응 방침을 결정하는 단계이다. 모든 이슈에 대해 조직이 선두에 나설 필요는 없으며, 경우에 따라서는 조직이 여론의 흐름을 수용하는 것이 더 좋거나 유리한 경우도 있다. 이 단계는 전략을 실질적인 계획으로 실행하기 위한 전 단계로 조직의 대응 기조를 정하고 이슈 관리의 방향성을 수립한다.

- 우선순위 결정(issue prioritization): 조직은 한정된 자원을 가지고 있기 때문에, 조직의 자원을 이슈 관리에 적절하게 배분하기 위해서는 이슈들을 선별하는 과정이 필수적이다. 일반적으로 조직은 이슈의 발생 가능성과 이슈가 조직에 미치는 영향력을 기준으로 이슈들의 우선순위를 결정한다. 이 과정을 통해 이슈의 중요도에 따라 조직이 적극적으로 대응 전략을 강구하거나 그동안의 모니터링을 유지하는 등의 대응 방침이 결정된다.
- 전략의 선택(issue change strategy options): 좋은 이슈 관리 전략은 정확한 자료, 다양한 시각, 그리고 창의적인 사고에서 나온다. 적절한 인력을 이슈 관리 팀에 배치하고, 정확한 정보를 바탕으로 현실적이고 측정 가능한 목표를 부여하는 것은 효과적인 이슈 관리의 핵심이다. 존스와 체이스는 이슈 관리 전략을 조직의 대응 방침에 따라 크게 세 가지 유형으로 구분한다. 세 가지 유형은 조직의 능동성 측면에서 차이가 있으나, 모두 궁극적으로는 동일한 목표를 가진다. 그것은 바로 조직의 생존과 번영이다. 각 전략에 대한 구체적인 설명은 〈표 6-3〉을 참고하자.

● 표 6-3 ● 이슈 관리 전략 유형

유형	대응적(reactive)	수용적(adaptive)	역동적(dynamic)
전략 핵심	현재의 사회적·정책적 현실에 맞지 않는 이슈나 정책에 대해 조직이 묶인	조직이 환경적 상황이나 조건에 적합한 형태로 조직 전체를 조율	조직이 적극적·생산적으로 이슈를 관리하고 변화를 주도
계획 초점	내부 지향적(외부의 압력이 아닌 내부적 의사를 반영하는 데 초점)	계획 지향적(활동 프로그램의 세부적 기획을 통해 목표를 달성하는 데 초점)	미래 지향적(과거에 대한 숙고를 바탕으로 미래의 사건이나 상황을 예측하는 데 초점)
실행 근거	경험 기반(사건에 대한 참여나 관찰을 통해 얻은 현실 지식)	정보 기반(조사, 연구, 정보, 지침 등으로부터 얻은 지식)	지혜 기반(축적된 지식, 이해, 안목에 의한 분별력과 올바른 의사결정 역량)

전략 기조	고정적(뚜렷한 변화 없이 조 직의 현 상태를 유지)	유연적(변화하는 새로운 환경 에 순응하거나 반응)	즉각적(가까운 미래의 특정 상 황이나 목표를 고려하여 대응)
시행 형태	중앙집권적(조직의 경영자를 중심으로 권력과 힘이 집중된 형태)	분산적(개별 실행 부서로 기 능과 권력이 분산되어 있는 형태)	과업지향적(시기별 주요 과제 에 조직의 핵심 인력이 집중 되는 형태)
목표 성과	효율적(최소한의 노력으로 원 하는 효과 달성)	통합적(조직이 사회와의 협의 를 통해 차선의 효과 달성)	효과적(조직이 원하는 결정적 인 성과 달성)

출처: Jones & Chase (1979).

(4) 이슈 관리 프로그램 실행(issue action program)

이슈 관리 목표를 설정하고, 적절한 전략과 전술을 고안한 후, 조직이 보유한 자원을 활용하여 움직이기 시작하는 단계이다. 이 단계의 이슈 관리 담당자는 목표 달성을 위해 조직이 보유한 전술적 자원을 총동원해야 한다. 이 단계의 조직은 이슈와 관련된 논쟁에 효과적으로 참여하기 위해 기존 단계에서 얻은 지식을 최대한 활용한다.

- 목표 설정: 조직이 프로그램을 통해 달성하고자 하는 최종적 결과(goal)를 결정하고, 그 결과를 반영한 상세한 목표(objectives)를 결정한다. 이 단계의 목표는 정확하고 측정 가능한 형태로 제시되어야 한다.
- 전략 구성: 목표 달성에 활용 가능한 조직의 수단과 자원을 확인하고, 최적의 전략을 설정하는 단계이다. 이 단계에서 이슈 관리 담당자는 조직론, 정치학, 사회과학, 경제학 등 다학제적 지식을 총동원하여 최적의 전략과 전술을 선택해야 한다.
- 자원 운용: 전략이 결정되면 조직은 프로그램의 효과성과 효율성을 높이기 위해 조직이 보유한 재정 자원, 인적 자원, 프로젝트 자원, 그리고 정보 자원 등을 운용한다. 재정 자원은 조직이 이슈 관리에 투입할 수 있는 가용 예산을 의미하며, 인적 자원은 이슈 관리에 활용할 수 있는 내부 구성원과 외부 관계자, 조직이 보유한 인적 네트워크 등을 포괄한다. 프로젝트 자원은 조직이 이슈를 해결 혹은 변화를 야기하기 위해 고안한 전술 또는 방법으로 이슈 관리에서 공중을 설득하는 핵심이 된다. 마지막으로, 정보 자원은 공중에게 이슈와 관련된 사안과 조직의 입장을 공중에게 전달하고 소통할 수 있는 채널, 미디어, 플랫폼 등을 일컫는다.

(5) 이슈 관리 결과 평가(evaluation of results)

하나의 이슈 관리 프로그램이 종결된 이후에도 조직은 새로운 목표와 프로그램을 통해 이슈 관리의 과정을 지속해 나아가야 한다. 프로그램이 종결된 이후 가장 중요한 과정은 바로 이슈 관리 프로그램의 결과를 평가하는 것이다. 이때 담당자는 프로그램을 통해 목표한 효과와 실제 결과를 비교함으로써 프로그램과 프로그램 담당자들의 성과를 평가할 수 있다. 그리고 이 시기는 새로운 이슈 관리 사이클이 다시 시작되는 시기이다. 새로운 사이클이 시작되면 이슈와 관련된 새로운 관계자가 나타나고, 이슈는 새롭게 정의되며, 조직은 새로운 프로그램을 기획하고, 새로운 결과를 맞이할 것이다(Dougall, 2008).

2) 크레이블과 비버트의 이슈 촉진 전략

이슈 촉진 전략(catalytic strategy)은 이슈 관리 전략의 가장 초기 단계에서부터 조직이 적극적으로 이슈에 대한 우선권을 갖는 전략이다(Crable & Vibbert, 1985). 존스와 체이스는 기본적으로 이슈가 조직에게 적대적이라는 가정에서 출발한다. 따라서 조직은 이슈를 두려워하고 이를 진화하거나 관리함으로써 이슈 자체의 영향력을 줄이기 위해 노력한다는 점을 전제한다. 이러한 관점에서 이슈 관리의 첫 번째 단계는 조직이 환경을 감시하고 관찰하여, 이슈를 감지하는 것이다. 그러나 이슈 촉진 전략을 주장한 크레이블과 비버트는 이슈를 감지하는 것조차 조직의 수동적 대응이라고 본다. 이슈 촉진 전략이 앞선 세 가지의 이슈 관리 전략과 다른 점은 조직이 환경에 필요한 변화를 선제적으로 제시한다는 것이다. 즉, 촉진 전략의 목적은 조직이 먼저 이슈를 제안하고, 이슈를 활성화(issue stimulation)하고, 이슈를 높은 단계로 발전시킴으로써 해당 이슈가 조직에게 우호적인 방향으로 해결되도록 적극적으로 유도하는 것이다.

크레이블과 비버트의 이슈 촉진 전략은 5단계로 나누어 수행될 수 있다. 표면적으로 보았을 때는 존스와 체이스의 이슈 관리 모델의 단계와 유사한 것처럼 보이지만, 조직이 이슈를 감지하는 것이 아니라 능동적으로 제기한다는 것이 가장 핵심적인 차이이다.

(1) 상황 분석

조직이 보유한 자원, 조직의 경영 목표, 잠재적으로 조직의 목표 달성을 촉진하거나 방해하는 외부 환경 요소를 평가함으로써 조직에게 필요한 변화를 찾아내는 단계이다.

(2) 목표 설정

조직에게 필요한 변화를 실질적 목표로 전환하고 조직이 원하는 변화의 성격(즉, 새로운 정책)을 명확하게 정의함으로써, 변화를 촉구하기 위한 조직의 역할과 역량을 파악하고 조직 이슈 옹호 전략을 결정하는 단계이다.

(3) 이슈 형성

잠재 단계의 이슈를 임박 단계로 발전시키는 활동으로 내부 공중, 지역사회, 정부 등 중요 관계자들의 개입을 유도하고, 다양한 전술을 활용하여 이슈의 정당성을 알리고, 이슈와 공중 간의 연관성을 정립해 나가는 단계이다.

(4) 이슈 촉진

임박 단계의 이슈를 현재 단계로 발전시키기 위해 조직은 의제를 활성화하고, 미디어를 통해 이슈에 뉴스가치를 부여하고, 정책적 변화의 합당성을 알리는 등 해당 이슈가 공중에게 신선하고 극적인 이슈로 자리매김하기 위한 커뮤니케이션 전략과 전술을 적극적으로 활용하는 단계이다.

(5) 이슈 해결

이슈 촉진 전략의 결실을 확인하는 단계로 조직이 이슈 촉진에 실패할 경우, 이슈는 다시 동면의 상태로 들어가는 반면, 조직이 성공적으로 이슈를 옹호할 경우 이슈가 공중 의제에서 정부 의제로 넘어감으로써 조직이 성공적으로 공공 정책에 영향을 미치게 된다. 이를 통해 조직은 원하는 정책적 목표를 달성하고 공중과의 관계 개선 등 긍정적인 성과를 거두게 된다.

5. 이슈 관리의 가치

이슈 관리의 가치[5]는 내부적 가치와 외부적 가치로 나눌 수 있다. 내부적 가치는 이슈 관리가 조직 경영과 조직 구성원들에게 갖는 의미이며, 외부적 가치는 조직의 이슈 관리 활동이 조직성과 및 사회 전반에 미치는 긍정적 영향력에 관한 것이라고 볼 수 있다.

1) 내부적 가치

적절한 이슈 관리를 통해 조직은 내부적으로 조직을 효율적으로 경영하고, 내부 구성원들의 역량과 소속감을 증진시키고, 이슈 및 위기에 대한 경영진의 책임성을 줄이고, 조직의 평판을 관리함으로써 조직의 안정적 경영과 장기적 생존을 도모할 수 있다.

(1) 기업 전반의 경영 역량 증진과 조직 자원의 효율적 분배

잠재적 이슈에 대한 지속적인 모니터링과 관리는 조직의 운영에 영향을 줄 수 있는 조직 내부, 외부 환경에 존재하는 불확실성에 대한 조직의 통제력을 높임으로써 조직의 장기적인 생존을 도모하는 데 기여한다. 또한 조직은 산업, 시장, 사회 등 환경의 변화를 지속적으로 살피고 이를 조직 시스템의 구조와 운영에 반영함으로써 조직의 내부 자원을 효율적으로 관리할 수 있다.

(2) 조직 구성원의 대변인 역량 강화

조직 상황에 대한 정기적인 내부 커뮤니케이션을 통해 구성원들이 조직을 둘러싼 외부 환경과 조직에게 영향을 미칠 수 있는 현재 혹은 잠재적 이슈에 대해 명확히 이해하고, 이슈에 대한 조직의 입장과 목표를 내부적으로 공유함으로써 구성원들이 조직을 대변할 수 있는 역량을 강화하고 구성원 개개인이 조직과 공중 사이에 존재하는 접점 사원으로서 일

---

5) 이슈관리협회(Issue Management Value). https://issuemanagement.org/learnmore/issue-management-value/

관된 메시지를 내보낼 수 있도록 관리할 수 있다.

(3) 내부 구성원들의 팀워크와 생산성 향상

이슈에 대한 조직의 전략과 개인의 역할에 대한 이해를 바탕으로 내부 구성원들은 업무의 팀워크를 높이고 생산성을 향상시킬 수 있다. 특히 변화하는 산업 트렌드와 사회적 요구에 맞춰 내부 구성원들에게 지속적으로 교육과 자기 계발의 기회를 부여함으로써 내부 구성원들의 효능감과 팀워크를 증진시킬 수 있다. 이를 통해 조직은 인적 자원의 질을 높이고 조직 생산성을 강화할 수 있다.

(4) 조직 구성원들의 이슈 옹호 및 이슈에 대한 책임성 강화

이슈 관리는 조직 경영진과 PR 담당자의 노력으로만 이루어지지 않는다. 많은 사회적 이슈는 구성원들의 윤리 의식과 적극적 참여를 요구한다. 따라서 조직은 사회적 가치와 문화 등 조직을 둘러싼 사회적 요구에 부응하기 위해 구성원들의 사회적 책임 의식을 높이고 조직적 차원에서의 이슈 옹호와 문제해결의 노력에 동참하도록 장려함으로써 구성원들의 조직 충성도와 소속감을 높이는 것은 물론 이슈에 대한 구성원 개개인의 책임 의식을 높일 수 있다.

(5) 조직 경영진의 책임성 감소

이슈 초기부터 조직 경영진의 이슈 관리과 옹호의 노력을 지속적으로 미디어를 통해 공중들에게 노출함으로써 조직은 불가피하게 맞이한 위기의 상황에서 조직의 평판을 보호하고, 조직 경영진에 대한 공중의 비난을 줄일 수 있다.

(6) 위기 발생 가능성 감소

이슈 관리의 가장 중요한 목적 중 하나는 바로 이슈가 조직에게 위기로 닥치는 것을 사전에 예방하기 위함이다. 조직에게 잠재적 위협이 되는 요소를 조기에 감지하여 관련 공중들과 적극적으로 소통하고, 사전에 문제를 해결하거나 핵심 사안과 관련된 조직의 입장과 상황을 알림으로써 조직은 이슈가 위기의 단계로 넘어가는 것을 최대한 지연하고 예방할 수 있다.

2) 외부적 가치

조직의 이슈 관리 활동은 조직이 변화하는 외부 환경에 적절하게 대응하도록 돕고, 조직과 시장, 사회, 공중과의 상호호혜적 관계성 증진에 기여할 수 있다.

(1) 이해관계자/공중관계성 향상

이슈 관리를 통해 조직은 공중 및 이해관계자가 가진 조직에 대한 갈등 요소와 문세의식을 조기에 발견하고 적절하게 대응할 수 있다. 이를 통해 조직은 공중들과의 관계성을 높이고 대화를 통해 잠재적 갈등 요소를 사전에 예방하고, 조직적 사안에 대해 이해관계자의 입장과 목표를 반영한 상호호혜적 해결책을 모색할 수 있다.

(2) 서비스/품질 향상

조직이 생산하는 제품, 서비스 등에 대해 소비자와 공중들이 갖는 불만족 요인을 사전에 파악하고 개선함으로써 소비자를 만족시키고 장기적으로 시장에서의 조직적 성과를 향상시킬 수 있다. 또한 산업 트렌드와 사회 변화 등 시장 상황에 영향을 미칠 수 있는 이슈를 사전에 감지하고 이를 생산 과정에 반영함으로써 미래 시장에서의 경쟁 우위를 점할 수 있다.

(3) 커뮤니케이션 잡음 관리

이슈에 대한 철저한 모니터링을 통해 조직은 시장에서의 조직 경쟁력을 약화시킬 수 있는 커뮤니케이션 잡음을 줄일 수 있다. 예컨대, 조직에 대한 루머, 경쟁사의 도발, 블랙 컨슈머 등 조직에게 잠재적 위협이 될 수 있는 요소들을 사전에 발견하고 대응하여 문제가 커지는 것을 차단함으로써 조직의 불필요한 자원 낭비를 최소화할 수 있다.

(4) 조직 운영의 제약 요인 확인

조직의 경영이나 새로운 시장 진입과 같은 사업 확장에 방해가 되는 현재 혹은 잠재적 정책, 사회, 경쟁 요소 등을 파악하고 관련 사안의 이슈 단계나 정책적 상황을 감시 및 분석함으로써 조직 운영과 목표 달성에 장기적으로 방해가 될 수 있는 외부 요인에 대해 이해하고 효과적으로 대비할 수 있다.

(5) 사회적 책임 경영

조직이 사회적 책임 경영을 실천하는 것은 조직의 평판 관리와 공중과의 관계성 향상에 매우 중요한 요소이다. 특히 현대 시대의 조직 경영은 단순히 재무적 성과를 추구하는 것에 그치지 않고 조직이 사회의 한 구성원으로서 사회 문제를 해결하고 사회와의 공유된 가치를 추구함으로써 조직의 환경적 책임, 사회적 책임을 다하는 것을 포괄한다. 따라서 조직은 사회적으로 중요한 이슈에 적극적으로 대응하고 사회적 요구를 조직 경영에 반영함으로써 조직의 사회적 가치를 높이고 공중과 상호호혜적 관계를 유지할 수 있다.

(6) 조직 운영의 내실화

조직이 이슈와 관련된 사안을 다양한 관점에서 조망하는 과정에서 조직은 조직 내부 목표와 외부 상황 간의 간극을 확인하고, 현실적으로 목표를 재정립할 수 있다. 특히 경영진의 기대가 현실과 부합하지 않는 경우, 경영진을 설득하여 전략과 목표치를 조정함으로써 시장의 요구에 맞지 않는 사업에 과도한 예산을 투입하거나 사업 실패와 같은 조직 내부의 경영 위기를 예방할 수 있다.

종합하자면, 이슈 관리는 조직을 둘러싼 문제를 선제적으로 관리하고 정책적 환경을 개선하기 위한 목적에서 실행되지만, 적절한 이슈 관리 실무를 일상화하는 것은 조직 구성원들의 역량을 높이고, 조직의 시장 내 입지를 강화하고, 조직의 경영 내실을 다짐으로써 장기적으로 조직이 경영 성과를 높이고 사회적 역할을 잘 수행하는 데 직간접적으로 기여할 수 있다.

> **사례** **디지털 시대의 이슈 관리: #blackouttuesday 해시태그 캠페인**
>
> • **사건 개요**
>
> 　2020년 5월 25일, 미국 미네소타주 미니애폴리스에서 한 남성이 위조지폐 사용 신고를 받고 출동한 경찰관에 의해 체포되는 과정에서 사망하게 된 사건이 발생하였다. 사인은 목 부위의 과도한 압박으로 인한 질식사였으며, 당시 사망한 용의자는 조지 플로이드(George Floyd)라는 흑인 남성이었다. 당시 흑인의 목을 직접 압박하던 경찰관이 백인이고, 체포 현장을 촬영한 영상에서 과잉 진압의 요소가 발견되면서 사망 다음 날인 2020년 5월 26일부터 미니애폴리스를 중심으로 경찰 폭력과 인종 차별에 반대하는 시위가 일어났으며, 특히 6월에는 미국 전역은 물론 세계적으로 인종 차별 문제를 해결하기 위한 연대의 움직임이 빠르게 확산되었다. 이 장에서 논의할 사례는 조지 플로이드 사망 사건 이후 SNS를 뜨겁게 달구었던 흑인 인권 운동 해시태그 캠페인에 대한 것이다.
>
> • **#blackouttuesday 해시태그 캠페인**
>
> 　해시태그는 해시(#)라는 기호를 이용해서 게시물을 묶는다(tag)는 의미이다. 해시 기호는 컴퓨터가 우선적으로 처리해야 하는 키워드를 알려 주는 C 프로그래밍 언어였으나, 이후 트위터에서 출발하여 페이스북, 인스타그램 등 소셜네트워크서비스(SNS)에서 이용자가 해시태그와 함께 작성한 단어나 문구를 모아서 보여 주는 서비스를 제공하기 시작하면서 오늘날 우리 사회의 문화를 주도하는 가장 대표적인 소통의 기호로 자리 잡았다.
>
> 　해시태그 캠페인(hashtag campaign) 혹은 해시태그 운동(hashtag activism)은 유사한 신념과 문제의식을 공유하는 사람들이 SNS상에서 해시태그를 중심으로 연대하여 정치적 · 사회적 이슈를 생산하고 영향력을 행사하려는 일련의 노력 혹은 현상을 지칭한다. 대표적인 해시태그 캠페인은 2015년 파리에서 벌어진 테러의 희생자를 추모하기 위한 #PrayForParis, 2018년 성폭력 폭로와 반대를 위해 진행된 #MeToo, 그리고 2014년부터 시작되어 바로 이 장에서 다루게 될 흑인 인권보호 운동 #blacklivesmatter 등이 있다. 해시태그 캠페인은 언론이나 조직에 의해 촉발되기보다는 공중들이 먼저 이슈를 제기하고 여론과 변화를 주도한다는 점에서 기존의 이슈들과는 다른 속도와 발전과정을 거친다.
>
> 　#blackouttuesday[6]는 플로이드 사망에 대항하여 미국 내 음반사 대표인 2명의 흑인 여성들에 의해 시작된 해시태그 캠페인이었다. 애틀랜틱 레코드사의 자밀라 토머스(Jamila Thomas)와 플래툰의 브리아

---

6) 최초의 해시태그는 #TheShowMustBePaused였으나 이후 검정색 타일과 함께 #blackouttuesday가 더욱 활발하게 공유되기 시작하면서 많은 사람이 이 캠페인을 #blackouttuesday 해시태그 캠페인으로 기억하고 있다.

나 아지망(Brianna Agyemang)은 흑인들이 음악 시장에 기여하는 바를 알리고, 플로이드 사망 사건에 대한 음악 업계의 책임 있는 대응을 촉구하기 위해 2020년 6월 2일 화요일, 모든 음악 업계가 활동을 멈추고 인종 차별에 대항하자는 아이디어를 제안하였다.[7] 이 캠페인은 음악 업계의 큰 지지를 얻었고, 소니 뮤직, 유니버설 뮤직 등 세계적 음반사들과 유명인사, 아티스트 등 다수가 참여를 약속하였으며, 하루 만에 70만 건 이상의 해시태그가 공유되었다. 참여한 SNS 계정들은 검정색 바탕에 흰색 메시지를 넣거나, 아무런 글자가 없는 검정 타일을 해시태그와 함께 공유하면서 이용자들의 SNS 화면을 검정색으로 물들였다.

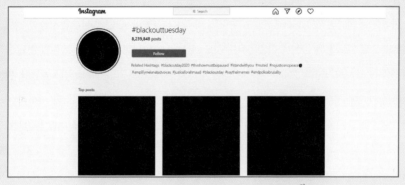

[그림 6-2] #blackouttuesday 인스타그램 화면[8]

#blackouttuesday 캠페인은 음악 업계에 속해 있는 많은 기업과 음악가에 의해 공유되면서 빠른 속도로 확산되었으나, 참여자가 기하급수적으로 늘어나면서 처음의 의도와는 다른 이슈에 직면하게 되었다. 먼저 #blackouttuesday 캠페인에 참여한 조직들이 #blacklivesmatter 해시태그를 함께 사용하면서 오래 전부터 흑인 인권운동을 이어 왔던 #blacklivesmatter[9] 사회운동가들의 활동을 결과적으로 방해하게 되었다. #blackouttuesday의 상징인 검정색 화면으로 도배된 SNS 채널들로 인해 인종 차별 문제와 플로이

7) #blackouttuesday 캠페인 발단에 대한 상세한 내용은 theshowmustbepaused.com에서 확인할 수 있다.

8) NBC (2020. 6. 3.). Celebrities warn that using #BLM with Blackout Tuesday posts could hide important information. https://www.nbcnews.com/pop-culture/pop-culture-news/celebrities-warn-using-blm-blackout-tuesday-posts-could-hide-important-n1222106

9) #blacklivesmatter는 2012년 10대 흑인 소년에게 총격을 가한 백인 경찰관이 무죄 판결을 받은 것을 계기로 역시 인종 차별과 경찰 폭력을 반대하고 관련 정책 변화를 촉구하기 위한 해시태그 기반 운동으로, 현재 전 세계 30개 이상의 지사를 둔 광범위한 네트워크 조직을 구성하고 있다. 이 조직은 리더십을 기반으로 한 중앙집권적인 기존의 전통적인 사회운동 조직과는 달리 다양성 존중, 인종 평등, 인권 존중 등 조직이 표방하는 신념을 추구하는 개인은 누구나 참여할 수 있는 광범위하고 수평적인 조직 구조를 가지며, 플로이드 사건에 대해서도 핵심적인 해시태그로 자리 잡고 있었다.

드 사건에 대해 흑인인권 운동가들이 #blacklivesmatter 캠페인을 통해 알리고자 했던 정보와 문제들이 오히려 뒤 페이지로 사라지게 된 것이다. 이는 이슈의 본질에 무지한 조직들의 무분별한 개입이 오히려 꼭 필요한 정보의 확산을 방해한 사례라고 볼 수 있다. 『워싱턴 포스트』는 이에 대해 'Black Lives Matter 지지자들이 인스타그램의 검정색 화면에 화를 내는 이유는 무엇인가'라는 기사를 보도하여 논란의 불을 지폈으며,[10] 많은 조직은 #blacklivesmatter 해시태그를 스스로 삭제하거나 공중들로부터 직접 지워 달라는 요구를 받기도 하였다.

둘째, 캠페인에 참여한 많은 조직이 흑인 존중이라는 캠페인의 본질에 주목하기보다 캠페인을 이용하여 자신들의 브랜드를 알리는 데 집중한 것에 대한 부정적 여론에 직면하게 되었다. 더불어 해시태그 캠페인에 참여한 조직들의 진정성에 대한 논란이 일어나기 시작했다. 관련 인플루언서들과 많은 공중은 자신들의 SNS 계정을 통해 검정색 화면은 아무것도 해결힐 수 없다고 비판하며, 조직의 인권 운동에 대한 과거 행적을 조사하거나 앞으로의 행보에 대한 구체적 계획을 촉구하는 목소리를 높였다. 단순히 검정색 화면을 SNS에 게재하는 것으로 쉽게 이슈에 동참하려고 했던 조직들의 의도가 미숙한 관리로 인해 오히려 공중들의 뭇매를 맞게 된 것이었다. 몇몇 유명 인사는 이번 캠페인에 참여한 음반사들이 실제로 흑인 아티스트들과 불공정 계약을 맺고 착취하였다는 점을 언급하기도 하였다. 결과적으로, 캠페인에 참여한 기업들은 그동안의 인권 운동 관련 행보에 대한 공중들의 과도한 주목을 받았고, 진정성 있는 모습을 보여 준 조직들은 공중들의 지지를 받은 반면, 몇몇 기업들은 오히려 숨기고 싶었던 과거의 행적이 드러나 비판을 받거나, 이슈에 편승하고자 한 의도에 대해 해명을 하는 등 불필요한 구설수에 오르게 되었다.

• #blackouttuesday 사례를 통해 본 디지털 시대의 이슈 관리

이 사례를 통해 우리는 디지털 시대의 조직의 이슈 관리에 대해 몇 가지 교훈을 얻을 수 있다. 첫째, 디지털 환경에서 이슈의 확산 속도는 매우 빠르며 확산 범위는 국경을 초월한다. 실제로 조지 플로이드가 사망하고 대규모 시위가 일어나기까지 걸린 시간은 하루가 채 되지 않았다. 사건 현장을 촬영한 동영상이 사건 당일 페이스북을 통해 공유되었고, 이 동영상은 하루 만에 페이스북에서만 전 세계적으로 5만여 명이 공유하고, 트위터, 인스타그램 등 다른 채널에서도 빠르게 확산되었다. 즉, SNS가 지배하는 디지털 미디어 시대에서 모든 이슈는 순식간에 글로벌 이슈로 확산되며, 그 중심에는 언론이 아니라 개별

---

10) The Washington Post (2020. 6. 3.). Why some Black Lives Matter supporters are upset about those black squares on Instagram. https://www.washingtonpost.com/technology/2020/06/02/black-out-tuesday-black-lives-matter-instagram/

적으로 이슈 확산에 동참하는 공중들이 있다. 즉, 이슈의 발전 속도는 과거보다 훨씬 빨라졌으며, 공중들은 매우 가까운 곳에서 이슈를 관찰하고, 자신이 발견한 이슈를 스스럼없이 공유한다. 조직이 이슈를 확인한 시점에서 대응하기까지의 시간적 여유가 과거보다 확연하게 감소하였고, 조직들은 보다 광범위하게 이슈를 모니터링하고, 다양한 이슈에 대해 사전에 대응 계획을 마련하고, 준비를 하고 있어야 한다.

둘째, 조직들은 전보다 다양한 성격의 이슈들에 대응해야 하는 상황에 직면하고 있다. 디지털 미디어의 발전으로 인해 공중들은 이전보다 많은 사회적 이슈에 접근할 수 있게 되었다. 그리고 자신들이 관심을 가진 이슈에 대해 즉각적으로 반응하지 않는 조직의 SNS나 홈페이지를 통해 직접적으로 행동을 촉구한다. 즉, 빠른 대응이 가능한 미디어 채널의 존재로 인해 조직들은 공중의 요구에 즉각적으로 반응하도록 요구받는다. 따라서 직접적인 이해관계가 없는 이슈라 하더라도 조직은 침묵하기보다는 조직의 입장을 밝히고, 적극적으로 소통할 필요가 있으며, 잠재적으로 부상할 수 있는 사회적 이슈들을 항상 감시하고 선제적으로 대응해야 한다. 실제로 플로이드 사망 사건에 침묵하고 있는 다른 조직들을 겨냥하여 오랜 기간 흑인 인권 운동에 참여해 온 아이스크림 제조사 벤앤제리스(Ben & Jerry's)는 자사의 홈페이지를 통해 '침묵이라는 선택지는 없다'라며, 다른 조직들의 참여를 촉구하는 성명을 내었고, 넷플릭스(Netflix) 역시 '침묵은 곧 동조다'라는 메시지를 트위터에 공유함으로써 대응하지 않고 있는 다른 조직들을 간접적으로 비판하였다.[11]

[그림 6-3] 넷플릭스의 트위터 성명 '침묵은 동조다'[12]

셋째, 조직 정보에 대한 공중들의 접근성 증가는 조직의 메시지와 실제 조직 활동의 격차에 대해 공중의 감시를 가능하게 한다. 조지 플로이드 사건과 관련하여 진행된 2개의 해시태그 캠페인에 참여한 조직들에 대해 공중들은 실제로 그동안 인종 차별 관련 캠페인에 자금을 후원해 왔는지, 그동안 사회적 약자를 돕거나 인종 차별을 반대하는 실질적인 행보가 있었는지에 대해 감시하였다. 예컨대, 나이키(Nike)는

---

11) 더피알. 인종차별 대하는 '브랜드'의 자세. http://www.the-pr.co.kr/news/articleView.html?idxno=45016
12) https://twitter.com/netflix/status/1266829242353893376?lang=en

'For once, Don't Do it'이라는 메시지를 통해 캠페인에 동참하였으나, 공중들은 나이키 경영진 중 흑인이 10%에도 채 미치지 못한다는 사실과 위구르족 아동 노동 착취 등에 대한 문제를 거론하며, 나이키의 진정성에 대해 반문하였고, 이 내용은 BBC 등 주류 언론을 통해 보도되기도 하였다.[13] 이에 대해 나이키의 대표인 존 도나휴(John Donahue)는 앞으로 4년간 40천만 달러를 흑인 커뮤니티를 위해 기부할 것을 약속하고, 조직 안에서도 다양성과 포용성을 넓히기 위해 노력하겠다고 밝혔다.

[그림 6-4] 나이키의 'Don't Do It' 캠페인[14]

디지털 미디어 시대에서 효과적인 이슈 관리를 위해 SNS의 활용은 필수적이다. 특히 조직은 SNS를 통해 빠르게 조직의 공식 입장을 표명할 수 있으며, 언론을 매개하지 않고 직접 공중들과 소통할 수 있다. 또한 평소에도 다양한 이슈에 대한 공중들의 반응과 여론의 향방을 모니터링할 수 있으며, 조직의 목적에 따라 해시태그를 활용하여 적재적소에 개입할 수 있다. 그러나 준비되지 않은 조직의 이면이 한순간에 다수의 공중들에게 폭로될 수 있으며, 해시태그를 통한 쉬운 개입이 가능한 만큼 조직의 신중한 접근을 요구한다. 결국 디지털 미디어는 조직에게 이슈 관리에 필요한 많은 정보와 채널을 제공하지만 그만큼 조직의 빠르고 신중한 대응을 요구한다는 점에서 이슈 관리 담당자의 실무를 더욱 어려운 과제로 만들고 있다. 이번 #blackouttuesday 캠페인 역시 이슈의 빠른 확산, 조직들의 손쉬운 개입, 경솔한 이슈 관리로 인한 부작용 등 디지털 미디어 시대의 이슈 관리를 둘러싼 다양한 단면을 잘 보여 주고 있다.

---

13) BBC (2020. 6. 13.). Black Lives Matter: Do companies really support the cause? https://www.bbc.com/worklife/article/20200612-black-lives-matter-do-companies-really-support-the-cause
14) https://news.nike.com/news/nike-for-once-don-t-do-it-film

1. 이번 #blackouttuesday 해시태그 캠페인 사례를 통해 알 수 있는 디지털 시대의 이슈 관리의 특징에 대해 논의해 보자.
2. 지금 이 시기에 조직들이 중요하게 관리해야 할 사회적 이슈에는 무엇이 있으며, 어떠한 이슈 관리 전략이 필요할 것인지 논의해 보자.

참고문헌

최윤희(1999). 현대PR론(개정판). 서울: 나남

Arrington, C. B., & Sawaya, R. N. (1984). Managing public affairs: Issues management in an uncertain environment. *California Management Review, 26*(4), 148-160.

Ashley, W. C., & Morrison, J. L. (1995). *Anticipatory management: 10 power tools for achieving excellence into the 21st century.* Leesburg, VA: Issue Action Publications.

Chase, W. H. (1976). Issue management. *Corporate Public Issues and Their Management, 1*(1), 1-2.

Chase, W. H. (1982). The corporate imperative: Management of profit and policy. *Public Relations Quarterly, 27*(1), 25-29.

Coates, J. F., Coates, V. T., Jarratt, J., & Heinz, L. (1986). *Issues management: How you can plan, organize and manage for the future.* Mount Airy, MD: Lomond Publications.

Crable, R. E., & Vibbert, S. L. (1985). Managing issues and influencing public policy. *Public Relations Review, 11*(2), 3-16.

Dougall, E. (2008). Issues management. Retrieved from https://instituteforpr.org/issues-management/

Ewing, R. P. (1987). *Managing the new bottom line: Issues management for senior executives.* Homewood, IL: Dow Jones Irwin

Hainsworth, B. E. (1990). The distribution of advantages and disadvantages. *Public Relations Review, 16*(1), 33-39.

Hallahan, K. (2001). The dynamics of issues activation and response: An issues processes model.

Journal of Public Relations Research, 13(1), 27-59.

Heath, R. L. (1997). *Strategic issues management: Organizations and public policy challenges.* Hillsdale, NJ: Lawrence Erlbaum Associates.

Heath, R. L. (2005). Issues management. In R. L. Heath (Ed.), *The encyclopedia of public relations* (pp. 460-463). Thousand Oaks, CA: Sage.

Heath, R. L., & Coombs, W. T. (2006). *Today's public relations: An introduction.* Thousand Oaks, CA: Sage.

Heath, R. L., & Palenchar, M. J. (2009). *Strategic issues management: Organisations and public policy challenges* (2nd ed.). Thousand Oaks, CA: Sage.

Jaques, T. (2009). Issue and crisis management: Quicksand in the definitional landscape. *Public Relations Review, 35*(3), 280-286.

Johnson, J. (1983). Issues management: What are the issues? *Business Quarterly, 48*(3), 22-31.

Jones, B. L., & Chase, W. H. (1979). Managing public policy issues. *Public Relations Review, 5*(2), 3-23.

Meng, M. (1992). Issue life cycle has five stages. *Public Relations Journal, 48*(3), 23.

Moore, H. F., & Kalupa, F. B. (1985). *Public relations: Principles, cases and problems* (9th ed.). Homewood, IL: Irwin.

Public Relations Society of America (1987). Report of special committee on terminology. *International Public Relations Review, 11*(2), 6-11

Regester, M., & Larkin, J. (2008). *Risk issues and crisis management in public relations: A casebook of best practice.* London, UK: Kogan Page Publishers.

Renfro, W. (1993). *Issues management in strategic planning.* Westport, CT: Quorum Books

Tucker, K., Broom, G., & Caywood, C. (1993). Managing issues acts as bridge to strategic planning. *Public Relations Journal, 49*(11), 38-40.

Wartick, S. L., & Rude, R. E. (1986). Issues management: Corporate function? *California Management Review, 29*(1), 124-140.

제7장

위기는 예측할 수 있는가?*

코로나19로 인해 2020년 전 세계에 보건 위기가 닥쳤다. 각국의 보건당국은 아직도 확진자와 사망자를 줄이기 위해 치열한 사투를 벌이고 있다. 이 위기로 배달사업은 호황을 맞은 가운데, 포장 배달된 족발에서 살아 있는 쥐가 나와 TV 뉴스에 보도되었다. 업체 프랜차이즈의 본사 홈페이지 및 소셜미디어가 마비될 정도로 소비자의 지탄이 이어졌고, 업체 대표는 공식 사과하기에 이르렀다.

보건 위기부터 제품 결함이나 대표(CEO)의 일탈, 학교 폭력, 연예인의 마약 투약이나 원정 도박, 성폭행 등 국가적 · 조직적 · 개인적 차원에서 위기는 빈번하게 찾아온다. 이러한 위기를 잘 관리하고 대응하지 못하면 국가, 회사, 개인의 명성은 물론 존속까지도 위태로워질 수 있다. 따라서 위기관리는 PR학에서 점점 더 중요한 분야가 되고 있다. 이 장에서는 위기는 무엇이고, 어떻게 대응해야 하며, 성공적인 위기관리란 어떤 것인지를 살펴보고자 한다. 특히 고전 사례와 최근 국내 사례를 적용해 보며 위기와 위기관리에 대한 다음의 질문에 답해 보고자 한다.

---

* 백혜진(한양대학교 광고홍보학과 교수,
식품의약품안전처 소비자위해예방국장)

● 이 장을 통해 답을 찾을 질문들 ●

1. 위기는 예측할 수 있는가?

2. 위기의 유형은 어떻게 나눌 수 있는가?

3. 어떻게 하면 위기에 잘 대응할 수 있을까?

4. 디지털 시대의 위기관리는 어떻게 다른가?

1. 위기와 위기관리

1) 정의

위기(crisis)란 보건, 안전, 환경, 경제 등 다양한 이슈와 관련한 사건이 예측할 수 없이 일어나 이해관계자들의 이해를 심각하게 위협하며 조직의 성과나 명성에 부정적인 결과를 야기하는 상황을 말한다(김효정, 2018; Coombs, 2019). 여기서 이해관계자란 소비자/국민, 투자자, 조직원 등 건강이나 재정적 피해, 사기 저하 등 직접적인 피해를 보는 집단으로부터 시민단체나 언론 등 여론을 주도하거나 그 이슈와 연관이 있는 집단까지 다양하다.

'위기'는 면밀히 따지면 재난(disaster)과 구분되는 개념이다. 우선, 재난과 위기는 갑자기 발생하고 일상에 심각한 지장을 초래한다는 차원에서 유사하다. 하지만 재난은 지진과 같은 자연 재난, 화재와 같은 인공 재난, 세월호 침몰 사고와 같은 사회적 재난 등 사회적 가치와 목표를 위태롭게 하는 사건인 반면, 위기는 조직 및 조직과 관계한 이해관계자들에게 미치는 영향에 초점을 둔다는 점에서 차이가 있다(Coombs, 2019). 다만, 지진이나 홍수 등 자연 재해나 재난에서조차 그와 연관된 조직과 이해관계자가 있고 정부나 기업 등 사고를 수습해야 하는 조직이 있다는 점에서 이 장에서는 재해, 재난, 위기 이슈를 별개로 구분하지 않는다.

위기의 특징을 몇 가지 살펴보면 다음과 같다.

첫째, 위기는 실제보다는 공중 혹은 이해관계자들의 인식에 달려 있다. 이러한 인식은 주관적이므로 조직의 관점이 아니라 공중의 관점에서 위기를 보고 대응해야 한다는 점을 함의한다.

둘째, 위기는 정확히 언제 올지 예측할 수는 없지만, 언젠가 올 수도 있다는 예상은 할 수 있다. 따라서 사회적 파급력이나 사람들의 관심도가 높은 이슈들을 선제적으로 관리한다면 위기가 터지거나 확산되는 것을 예방할 수 있다.

셋째, 위기 상황에서는 조직을 위협하는 여러 요소가 잠재하는데 이는 조직에게 재정적인 손해는 물론 신뢰와 명성 등 보이지 않는 자산에도 해를 끼칠 수 있으며, 나아가 관련 산업과 이해관계자들에게도 타격을 입힌다.

따라서 위기를 얼마나 효과적으로 관리하느냐는 조직의 흥망성쇠를 좌우한다. 위기관리(crisis management)는 위기의 부정적인 결과를 최소화함으로써 조직은 물론 이해관계자들의 피해를 줄이고자 하는 경영 활동 혹은 전략적 계획을 이행하는 과정으로 정의할 수 있다(김효정, 2018; 황성욱, 2014; Fern-Banks, 1996). 위기관리의 전 과정에서 다양한 이해관계자에게 정보를 제공하고 대화하며 의미를 공유함으로써 위기의 피해를 최소화하려는 노력을 위기소통(crisis communication)이라고 한다. 위기소통은 위기관리의 성공 여부와 효과를 가늠하는 중요한 잣대가 된다.

2) 사례로 보는 위기관리의 기원과 발전

PR학에서 위기관리 분야는 기업 및 조직의 위기 사례들이 반복되면서 이러한 위기들을 어떻게 하면 효과적으로 관리할 수 있을까를 고민하면서 발전하였다. 미국 존슨 앤 존슨사의 타이레놀 독극물 사건과 정유회사인 엑슨 모빌(Exxon Mobil)의 기름 유출 사고는 위기관리의 역사를 이야기할 때 가장 많이 언급되는 사례이다(Seeger, Sellnow, & Ulmer, 2010). 타이레놀 독극물 사건은 1982년 시카고 교외에서 누군가 의도적으로 청산가리를 주입한 타이레놀 진통제를 복용한 7명이 사망하면서 위기가 시작되었다. 사건 직후 미국의 진통·해열제 시장에서 1위(35%)를 달리던 타이레놀의 점유율이 7%로 곤두박질칠 만큼 회사로서는 큰 위기였다. 회사는 제품의 안전성에 대해 확신을 심어 주고 브랜드 이미지를 회복하기 위해 시장에 출시된 타이레놀 3,300만 병을 전부 회수했다. 그때 당시 약 1억 달러 가치에 해당하는 양이었다. 또한 제품에 이물을 집어넣을 수 없도록 신제품의 포장을 바꾸고 안전장치를 탑재했다(김이삭, 2020. 5. 15.). 이러한 회사의 노력으로 사건이 일어난 지 7개월 만에 시장 점유율을 회복했다는 점에서 이 사례는 성공적인 위기관리 사례이자 윤리적인 경영 사례로 기록되었다. 제품 자체의 결함이 아니라 누군가의 의도적인 이물 주입이었다는 점에서 회사의 책임이 크지 않았음에도 불구하고 회사는 신속하게 회수 조치함으로써 국민의 불안을 해소시켰다는 이유에서이다. 반면, 정유회사 엑슨 모빌의 기름 유출 사고는 실패 사례로 꼽힌다. 유조선 엑슨 발데즈가 1989년 미국 알래스카주 프린스 윌리엄 만에서 좌초되면서 적하되어 있던 원유 1,100만 갤런이 유출된 사고이다. 이 사고는 지금까지 해상에서 발생한 인위적인 환경 재난 중 최악의 사고로 꼽힌다. 고의적인 사고가 아니었다고 하더라도 대량의 원유가 유출되면서 환경 피해가 막대하였으며, 기름에 뒤범벅되어 죽어 가는 새나 수달 등의 이미지가 TV에 생생하게 보도되면서 회사의 이미지는 추락했다. 회사는 10억 달러 이상의 비용을 들여 이미지 회복에 나섰으나 공중의 신뢰를 되찾는 데 실패했다는 평가를 받았다. 이는 회사가 사건 초기에 책임을 회피하면서 수동적인 자세를 취했고, 희생양을 찾는 데 급급하였기 때문이라는 분석이다.

이러한 사례를 바탕으로 학자들은 효과적인 위기관리의 요인들을 찾고 이론화하려는 시도를 해 왔다. 이러한 요인들은 위기의 규모나 유형, 위기의 책임 소재, 위기에 적합한 위기 대응 전략을 포함한다. 이 과정에서 이해관계자들과 어떻게 소통하며 얼마만큼 신속하게 대응하느냐도 성공적인 위기관리에 영향을 미친다. 위기관리와 소통의 대표적인 이론 두 가지는 뒷부분에서 소개된다.

3) 위기 및 위기관리의 단계

●표 7-1● **학자별 위기 단계 구분**

구분	핑크 (Fink, 1986)	미트로프와 피어슨 (Mitroff & Pearson, 1993)	쿰스 (Coombs, 1999)	윌콕스와 캐머런 (Wilcox & Cameron, 2010)
사전 위기	1. 사전 경고/징후 단계	1. 위기감지 단계 2. 대비/예방 단계	1. 예방 단계 2. 준비 단계	1. 사전 대책강구 단계 2. 전략 단계
위기 발발	2. 위기 발생 단계	3. 위기 피해 억제 단계	3. 실행 단계	3. 반응 단계
사후 위기	3. 사후 처리/만성 단계 4. 해결 단계	4. 회복 단계 5. 학습 단계	4. 학습 단계	4. 회복 단계

위기는 수면 위로 떠오르지 않았던 어떤 이슈가 점차 두드러지며 위기 상황으로 전환되는 과정을 거친다. 위기의 단계는 학자들마다 다르게 구분하지만(〈표 7-1〉 참조), 크게 사전 위기, 위기 발발, 사후 위기의 세 단계로 나눌 수 있다. 각 단계마다 관리나 소통의 계획

이 조금씩 달라진다. 이 장에서는 각 단계별 특성과 계획의 세부 내용을 살펴보기로 한다 (Coombs, 2019).

(1) 사전 위기 단계

아직 위기가 두드러지지 않고 조금씩 위기의 신호가 감지되는 단계이다. 이 단계에서는 그러한 신호를 감지하고, 예방하며, 위기를 준비해야 한다. 특히 위기로 불거지면 조직의 재정적 피해뿐만 아니라 신뢰나 명성 등의 피해까지 감수해야 하기 때문에 평소에 대비하는 것이 중요하다. 특히 다음의 몇 가지를 준비할 필요가 있다(Coombs, 2014).

- 위기관리 계획을 세워 두고 적어도 내년 업데이트할 것
- 위기관리 팀을 정하고 훈련할 것
- 위기관리 계획으로 적어도 1년에 한 번은 모의훈련할 것
- 위기 상황에서 사용할 메시지의 초안을 만들어 둘 것

위기관리 계획에는 주요 연락처, 위기 시 작성해야 할 자료와 이행사항 목록 등이 포함된다. 주요 연락처에는 위기에 영향을 받을 수 있는 집단의 연락처가 포함된다. 회사 직원, 고객, 위기가 터진 지역에 사는 공동체 일원 등을 모두 포함한다. 또한 위기 시 이들에게 한꺼번에 메시지를 전달할 수 있는 시스템을 개발해 두어야 한다.

위기관리 팀은 법, 공중관계(PR), 보안, 전략 담당, 재정, 인사 담당 조직원으로 구성된다. 특히 위기 시 다양한 채널을 통해 메시지가 일관되게 전달될 수 있도록 대변인을 지정하고 평상시 훈련해야 한다. 위기 시에 언론이 어떻게 위기에 대한 보도를 하느냐에 따라 공중의 인식과 태도가 달라질 수 있기 때문에 사전에 미디어와 우호적인 관계를 형성하고 유지해야 한다. 소셜미디어를 통해 위기가 발발하고 확산되는 사례가 증가함에 따라 소셜미디어 관리자도 팀에 포함해야 한다. 팀원들은 각각 무슨 일을 언제 어떻게 할지에 대한 사전 준비가 되어 있어야 한다. 계획과 준비가 잘 된 위기관리 팀은 위기가 발발하면 더 빨리 대응하고 의사결정할 수 있다. 조직에서는 위기에 대비하여 평상시에 위기 대응 체계를 구축하고 매뉴얼을 정비하여야 한다. 예를 들어, 식품의약품안전처(이하 식약처)는 식

●표 7-2● **식약처 위기관리 단계별 조치사항 및 소통 매뉴얼**

위기관리 단계		조치사항	소통
위기 발생 전	예방	• 취약 분야 주기적 점검·규제(안전기준 설정) • 예방적 안전관리 계획 수립 • 매뉴얼 등 표준운영절차 확립 • 안전관리 인력 확보 및 관리·교육 • 위기 발생 취약요인에 대한 정보수집 및 분석·평가 • 위기감지·정보 수집관리 시스템 구축	• 위기예방 홍보체계 구축 • 위기 유형별 홍보전략 수립 • 위기 발생 계층·지역별 등 대상·여건에 따른 홍보전략 수립 • 안전점검 및 문화 확산 캠페인 • 위기감지에 따른 소통 시스템 구축
	대비 준비	• 위기신호 감지를 위한 모니터링 • 사전훈련, 대응훈련 • 위기 대응 조직/자원/장비의 확보·비축 및 유지관리(물리적 인프라 확보) • 위기 상황·위기관리·통제계획 및 긴급지원 등 위기 대응 계획 수립 • 예보·경보 체제 구축 • 매뉴얼 등 표준운영절차 정비·개선 • 유관기관 협조체제 유지	• 온라인 모니터링(언론, 소셜미디어) • 이슈 및 위기 유형별 대응 및 관리를 위한 커뮤니케이션 체계 마련 • 위기 대응 활동 신속한 정보 제공·홍보 등 소통체제 구축 • 언론매체와의 긴밀한 협조체제 구축 • 이슈 발생 가능 채널 파악과 모니터링 • 유관기관 간 정보공유 체계 구축
위기 발생 및 진행	대응	• 대책본부 및 통합상황실 등 구성·운영 • 피해상황·원인파악 및 긴급대응 • 현장수습 및 관리·대응 체계 가동 • 위기 대응 기관 간 협조·조정 • 피해자 보호 및 구호조치 • 긴급(임시)·복구 계획 수립 및 이행 • 위기 위험성이 미치는 사회적 편익 분석 및 그에 따른 조치방향 검토 등	• 신속성·일관성·개방성에 입각한 소통·커뮤니케이션 • 위기 대응 활동에 대한 신속한 정보 제공·해명/반론정정·홍보 • 언론매체 대상 미디어 브리핑 정례화 및 긴밀한 협조 • 온라인 매체 등을 통한 확산·파급 분석 • 유관기관 간 정보 공유
위기 발생 후 소멸	복구 평가	• 복구상황의 점검, 관리 및 집계 • 피해상황에 따른 긴급복구 • 피해자 보상·배상관리 • 위기 발생 원인 분석·평가 • 복구 우선순위 결정 및 중장기 복구계획 수립 • 유사위기 재발방지를 위한 위기 대응 개선방안 마련 및 정책기반·제도 등 관리체계 재정비 • 피해유발 책임자 법적 처리 등	• 신속한 복구정보 제공, 자발적 지원·협조, 피해 보상·배상 등에 대한 홍보 • 발생 위기로 인해 생긴 부정적 이미지 해소를 위한 소통·홍보 • 지속적인 모니터링 및 최신 정보 제공 • 위기 대응 모니터링·커뮤니케이션 사례분석 및 개선방안 도출 등

품과 의약품, 의료기기 등의 안전관리를 담당하는 중앙정부기관이다. 과거 중국산 분유 멜라민 오염 사건, 라면 벤조피렌 논란, 살충제 오염 계란 이슈 등 국민의 생활과 밀접한 식품 사건·사고는 물론 생리대 유해성 논란, 발암물질이 포함된 의약품 사고 등으로 국민의 건강과 조직의 신뢰에 위기를 빈번하게 맞았다. 이에 단계별 조치 사항 및 소통 내용, 역할과 기능 등을 상세하게 기술한 위기 대응 매뉴얼을 마련해 두고 있다(〈표 7-2〉 참조; 세종대학교 산학협력단, 2018). 또한 매뉴얼을 매년 정비하고 모의훈련을 통해 담당자들이 매뉴얼을 숙지하도록 한다.

한편, 사전 위기에는 앞으로 닥칠 위기의 조짐이 보인다. 이때 날씨로 인한 위협, 직원 폭력, 기술적 실패 등 조직이 직면하는 여러 위험 요소를 파악해야 한다(Coombs, 2013). 또한 위기로 번질 만한 요소를 파악하고 사전에 예방하거나 완화하기 위한 노력을 한다. 예를 들어, 식약처는 매년 5만여 건의 식품과 의료제품 관련 해외 위해 정보를 수집하고 분석하여 해외에서 이물 검출이나 부작용, 회수 폐기 등의 위해 사례가 있는 식품이나 의료 제품의 경우는 국내에도 유통되는지를 파악하고 선제적으로 조치하고 있다. 태풍이나 폭설 등의 피해를 예방하기 위하여 행정안전부는 지속적으로 날씨를 모니터링하고 중앙재난안전대책본부를 가동할 준비를 한다. 또한 경제, 사회, 보건, 외교 등 다양한 분야에서는 빅데이터, 인공지능(AI) 등의 과학 기술을 활용하여 과거의 위기 사례를 바탕으로 위기감지 및 예측 시스템을 개발하여 위기 발발을 최소화하려고 노력한다.

(2) 위기 발발 및 대응 단계

이 단계에서는 촉발 사건(trigger event)을 계기로 위기가 시작된다. 앞에서 제시했던 타이레놀 사고와 엑슨 발데즈 기름 유출 사고는 언론의 보도로 위기가 촉발되었다. 삼성전자는 2016년 갤럭시 노트 7을 출시하였으나 제품이 충전 중 폭발했다는 주장이 온라인 커뮤니티에서 제기되면서 위기가 촉발되었다. 제품 결함이 문제가 되는 경우 대부분 소비자 1~2명의 제보로 위기의 전조가 나타난다. 이 단계에서는 위기를 빨리 인지하고 차단하려는 노력을 하면서 이해관계자와 신속하게 소통하는 것이 중요하다.

위기 대응은 관리 팀이 어떤 조치를 하고 무엇을 소통할지와 관련된 모든 활동이다. 위기 대응에 있어서는 신속함이 중요하기 때문에 초기 대응을 어떻게 하는지, 또한 위기로 인해 타격받은 조직의 평판을 어떻게 복구하는지가 관건이다. 성공적인 초기 위기 대응을 위해서는 다음을 염두에 두어야 한다(Coombs, 2014).

- 신속할 것. 위기 발발 직후 한 시간 안에 첫 대응을 하도록 노력할 것
- 사실을 주의 깊게 체크하여 정확성을 갖출 것
- 대변인이 위기 사건과 메시지의 요점을 숙지하여 일관적으로 대응할 것
- 공중의 안전을 최우선으로 할 것
- 소셜미디어, 웹사이트, 인트라넷, 대량 통보 시스템 등 모든 소통 채널을 가동할 것
- 희생자에 대해 염려와 공감을 표현할 것
- 초기 대응부터 조직원과 함께 할 것
- 희생자와 그의 가족, 직원 등에게 스트레스와 트라우마와 관련한 심리 상담을 제공할 준비를 할 것

　위기 상황에서는 언론은 물론 여러 이해관계자로부터 다양한 요구가 폭증한다. 무슨 일이 왜 일어났는지 알고 싶어 하며 당면한 문제를 어떻게 해결할지에 대한 질문이 쏟아질 것이다. 끊임없는 질문에 대한 답이 분명하고 신속하게 이루어지지 않고 정보의 공백이 생길 경우 악성 루머와 가짜 뉴스가 생성되고 확산될 수 있다. 따라서 위기관리 팀은 정보를 수집하고 파악하는 즉시 공중에게 제공해야 한다.

　위기가 발발하면 선제적인 대응이 매우 중요한데 이와 관련된 개념으로 선점 전략 혹은 선제공개 전략(stealing thunder)이 있다. 조직 스스로의 실수나 약점을 언론이나 다른 이해관계자가 발표하기 이전에 먼저 공개하는 전략으로 정의된다(Arpan & Pompper, 2003). 법 분야에서 빌려 온 개념인데 자신의 약점을 언론이나 경쟁자 등 다른 사람이 노출하기 전에 자신이 먼저 밝힘으로써 김을 빼는 작전이다. 위기 상황에서 자신의 약점을 다른 사람보다 먼저 공개하는 경우 조직이 해를 덜 입을 수 있다. 2010년 동화약품의 까스활명수 독극물 사건은 선제공개 전략이 사용된 사례이다. 이물질 주입이 의심되는 까스활명수 소화제 한 박스가 경북의 한 마을 주택가 현관에서 발견됐다. 정상 유통경로인 약국에서 판매되는 제품은 문제가 없었고, 제품의 하자가 아니었기 때문에 회사의 책임은 거론되지 않았

다. 그러나 회사는 '용기 훼손된 까스활명수 먹지 마세요'라는 제목의 보도자료를 언론사 및 전국 약국에 배포함으로써 피해를 최소화하려는 선제적인 노력을 하였다. 이후 범인은 체포되었고 피해자는 발생하지 않았다. 이 사건은 기업이 선제적으로 위기를 극복한 성공적인 사례로 기록된다(이정현, 김수연, 2019).

선점 전략의 효과는 일부 연구를 통해 입증되었다. 의류업체 공장에서 독성화학물질이 실수로 강에 방류된 시나리오를 사용한 연구에 따르면, 기자들은 경찰서를 통해 그 내용을 전달받은 경우보다 PR 실무자가 기자회견을 통해 선제적으로 알리는 경우 기업을 더 신뢰하고 긍정적으로 평가하는 경향이 있었다(Arpan & Pompper, 2003). 특히 평소에 평판이 좋은 기업이 선점 전략을 사용하면 공중은 그 진정성을 인식하고 긍정적으로 반응하는 경향이 있었디(이정현, 김수연, 2019).

(3) 사후 위기 단계

위기가 끝난 이후에는 평가 및 사후 관리가 필요하다. 명성이나 평판을 회복하는 노력을 위기 대응 단계부터 실행하지 못했다면 이 단계에서 시작해야 한다. 또한 위기로 인해 추락한 신뢰를 회복하기 위해서 다양한 정보를 지속적으로 제공하는 등의 소통 노력이 필요하다. 사후 위기 활동은 다음 위기를 더 잘 준비하게 하고, 이해관계자들에게 조직의 위기관리 노력에 대해 긍정적인 인상을 심어 주며, 위기가 진정으로 끝났는지를 재확인하는 계기가 된다(Coombs, 2019). 사후 위기 단계에서의 주요 활동 지침은 다음과 같다.

- 알아낸 정보는 즉시 이해관계자들에게 제공할 것
- 이해관계자들에게 시정조치 사항이나 조사의 진행상황 등을 지속적으로 업데이트할 것
- 위기관리 활동을 분석하고 평가한 내용을 조직의 위기관리 시스템에 환류시킬 것
- 피해자와 그 가족, 관련자들에게 더 해야 할 일이 있는지 검토할 것

2015년 메르스 감염병 위기 사례의 경우 보건당국의 컨트롤 타워와 방역체계가 미비하고, 신속하고 투명한 위기소통이 부족하여 효과적으로 대응하지 못했다는 비판을 받았다

(백혜진, 2017). 메르스가 종식된 이후 질병관리본부(현재 질병청)는 물론 여러 지방자치단체에서는 각각 백서를 편찬하고 위기 대응의 전반을 평가하고 개선하려는 노력을 했다. 보건복지부 감염병 위기관리 표준 매뉴얼과 소통 매뉴얼이 개정되었고 위기 대응 소통 지침서와 표준운영절차가 마련되었다. 감염병 위기 발발 시 신속한 대응을 위해 법적 절차가 개선되고 위기소통 조직 체계가 재정비되었다. 질병관리본부 안에 위기소통 담당관이 신설되어 언론대응 및 온라인 홍보, 여론 분석, 전문가 및 일반인과의 소통 네트워크 구축 등이 통합적으로 이루어지게 한 점도 특이할 만하다. 이러한 개선의 노력으로 보건당국은 2020년 코로나19 초기 대응에 있어서 신속하고 투명한 위기소통을 했다는 평가를 받았다 (Paek & Hove, 2020).

2. 위기 대응의 전략: 이론적 접근

초기의 위기관리 연구가 사례 중심이었다면 이후 위기관리를 보다 체계화하려는 이론적 논의가 진행되었다. 위기관리와 소통에 대한 이론적 접근으로는 베노이트(Benoit, 1995)의 이미지 회복이론(image restoration theory)과 쿰스(Coombs, 2007)의 상황위기소통이론(situational crisis communication theory: SCCT)이 대표적이다.

1) 이미지 회복이론

이미지 회복이론은 대중 연설의 기술 혹은 웅변술을 뜻하는 수사(rhetoric)에 초점을 두는 수사학적 관점을 기반으로 한다. 수사학의 사과론(apologia)을 이론화한 것인데, 여기에서 사과는 일상에서 자기를 방어하고 변론하는 일체의 소통 행위를 포괄하는 개념이다. 이미지 회복이론은 조직의 소통은 목표 지향적인 활동이며 우호적인 평판이나 이미지를 유지하는 것이 소통의 주요 목표임을 전제로 하고, 조직이 위기 상황에서 이미지 회복을 위해 적용할 수 있는 메시지 전략을 제시한다. 어떠한 상황에서든 공중이 나쁜 인상을 가지면 조직에게 불리하기 때문에 이미지는 모든 조직에게 매우 중요한 자산인 것이다.

베노이트는 이미지 회복 전략을 다섯 가지—부인, 책임 회피, 공격성 축소, 개선행위, 사과—로 나눈다. 이 다섯 가지 전략은 위기의 책임과 공격성 두 가지 특성을 반영한 것인데 책임을 부인하는 단계부터 책임을 받아들이는 단계(사과)까지로 나열할 수 있다. 각 세부 전략은 〈표 7-3〉에서 간략하게 설명하였다.

●표 7-3● **베노이트의 이미지 회복 전략**

이미지 회복 전략		의미
부인	단순부인	단순하고 직설적인 부인
	비난전가	사건의 책임을 다른 곳으로 돌림
책임 회피	희생양 만들기	다른 문제에 대처하려다 일어난 잘못이나 실수임
	불가항력	정보의 부재 혹은 통제 불가로 인한 잘못이나 실수임
	사고	의도하지 않은 우연한 사고
	선의	의도 자체는 좋았음
공격성 축소	입지 강화	부정적 감정을 반감하고자 예전의 선행 등 긍정적인 이미지를 상기시킴
	최소화	공격에 대한 나쁜 감정을 최소화하거나 문제의 규모를 축소하려고 함
	차별화	공격받는 내용이 사건과는 별개의 것임을 강조함
	초월	공격받는 이슈를 긍정적인 맥락으로 재해석, 대의명분을 찾으려고 함
	공격자 공격	공격하는 경쟁자에게 반격함
	보상	피해받은 당사자에게 보상함으로써 이미지를 개선하고자 함
개선행위		문제로 지적받은 행동을 고치려고 함
사과		잘못을 시인하고 용서를 구함

베노이트는 사례연구를 바탕으로 다양한 위기 상황에 처한 조직이나 인물이 국민을 대상으로 제시한 메시지를 분석하여 어떤 전략을 사용했는지 파악하였다. 디젤 게이트라고 명명되는 폭스바겐(Volkswagen) 배기가스 조작 사건은 회사가 이미지 회복에 실패한 사례이다. 2015년 미국 환경보호청은 미국에서 판매되는 폭스바겐 디젤 차량에 사용 금지된 배기가스 장치를 장착했다고 회사를 고발했다. 이 장치는 차가 배기가스 시험을 받을 때는 기준을 통과하도록 설계되었지만, 실제 도로 주행 시에는 배출량이 최대 40배까지 올라갔다. 같은 차량에 대해 우리나라를 비롯한 여러 나라의 정부가 회사를 상대로 조사에 들어갔으며 이 사건으로 회사 대표는 물러나야 했다. 회사는 미국 환경 당국의 조사발표에도

무반응으로 일관하였고 신속하게 공식 사과를 하지 않았으며, 의도적인 조작을 부인하는 등 비일관적이고 부적절한 이미지 회복 소통 전략을 사용했다(Lee, Ahn, & Cho, 2017).

위기를 맞은 국내 기업들이 언론에 게재한 사과문을 분석한 연구에 따르면, 사건의 공격성을 축소하기 위한 정당화 전략을 가장 많이 사용하고 사과, 개선행위, 부인, 변명 순으로 이미지 회복 전략을 사용하였다(김영욱, 2006). 대체로 차별화된 이미지 회복 전략보다는 일률적인 사과 메시지를 사용하였고 순응적 전략을 주로 사용하였다(이수진, 2016). 2014년 세월호 침몰 사고 당시 정부 브리핑을 분석한 결과를 보면, 다양한 이미지 회복 전략이 사용되었지만 특히 '개선행위'(예: "정부는 마지막까지 최선을 다해 구조에 전념하겠다.")와 '변명'(예: "과거로부터 겹겹이 쌓여 온 잘못된 적폐들을 바로잡지 못하고 이런 일이 난 것에 대해 너무도 한스럽다.")과 같은 전략이 많이 사용되었다(류현정, 2016).

이미지 회복이론은 사례를 분석하여 어떤 이미지 회복 전략이 사용되었는지 유형을 분류하고 메시지를 파악하는 데 유용하다. 반면, 위기의 유형에 따라 어떤 전략을 사용해야 효과적인지를 제안하는 데는 한계가 있다.

2) 상황위기소통이론

상황위기소통이론은 귀인이론을 바탕으로 다양한 위기 유형에 따른 대응 및 소통 전략을 체계적으로 제시하고자 하였다. 귀인이론은 심리학적 관점에서 사람들은 타인의 행동, 외부 사건에 대해 원인이 무엇인지 찾으려는 경향이 있다고 가정한다(Weiner, 1985). 특히 부정적이고 기대치 않은 사건일수록 더욱 그렇다. 특성상 부정적일 수밖에 없는 위기는 귀인이론으로 잘 설명된다. 위기로 인한 위협의 규모는 위기 책임의 소재와 정도에 따라 달라지기 때문에 그에 맞는 적합한 대응 전략을 사용해야 한다.

위기 유형은 우선 책임 소재에 따라 사건의 원인이, 조직 외부에 있어 조직에게 책임성이 낮게 부여되는 위기 유형(예: 자연 재해, 기술적 오류, 코로나19 등 감염병 위기)과 내부에 있어 조직의 책임이 높게 부여되는 위기 유형(예: 사고, 의도적 위반/범죄)으로 크게 나눌 수 있다. 특히 제품 결함은 기업에게 책임이 부여되는 대표적인 사례로 초기 위기관리 연구에서 활용되었다. 이 경우 크게 네 가지 대응 전략이 제시되었다(Coombs, 2007).

- 부인(denial): 제품 결함이 크게 위협이 안 된다고 부인하는 전략
- 강요된 순응(forced compliance): 어쩔 수 없이 회수하는 등의 조치를 하는 전략
- 자발적 순응(voluntary compliance): 자발적이고 능동적으로 회수 등의 조치를 하는 전략
- 특단의 노력(super efforts): 적극적인 조치와 더불어 피해자에게 보상을 하는 전략

상황위기소통이론에 따르면 위기관리자는 닥친 위기가 조직의 평판에 어느 정도의 영향이나 위협을 미치는지 먼저 평가해야 한다. 평가의 기준으로 활용되는 세 가지 요소는 초기 위기 책임, 위기 이력, 사전 평판이다.

초기의 위기 책임은 위기의 책임이 조직에 어느 정도 있는지를 이해관계자들이 가늠하는 정도이다. 초기의 위기 책임은 위기의 책임 소재와 정도에 따라 세 가지 위기군으로 분류할 수 있다. 이에 따라 위기 대응 전략도 다르다(〈표 7-4〉 참조).

- 희생자군: 위기 책임에 대한 귀인이 가장 약하며 평판에 대한 위협도 미미하다. 희생자군에는 지진과 같은 자연 재해, 루머, 직장 폭력, 외부의 의도적인 제품 조작/악의적 행위 등 네 가지 유형이 있다. 이 군에 대한 위기소통 전략은 정확한 정보를 신속하게 전달하는 정보 중심의 소통이다. 위기 대응 전략으로는 방어적인 전략이 적절한데, 공격자를 공격하거나 희생양을 찾아 책임을 전가하는 등의 부인 전략을 사용한다.
- 돌발사고군: 조직에게 미약한 정도의 위기 책임이 있으며 비의도적이고 통제할 수 없는 위기 유형이다. 외부로부터 이의제기가 오거나 기술 오류로 인한 제품 결함 및 사고 등의 위기가 있다. 평판에 대한 위협이 어느 정도 있기 때문에 조직의 손실을 최소화하기 위해 변명이나 정당화 등의 축소 전략을 사용한다.
- 의도군: 예방가능군(preventable cluster)이라고도 한다. 조직원의 오류로 인한 사고나 제품 결함, 조직의 비위 등이 그 예이다. 조직의 책임성이 가장 높은 경우로 명성에 대한 큰 손실이 불가피하기 때문에 개선행위, 사과 등의 복구 전략을 사용한다.

●표 7-4● **쿰스의 위기 유형별 위기 대응 전략**

위기 유형	위기 대응 전략
희생자군 • 자연 재해 • 루머 • 작업장 폭력 • 제품 조작/악의적 행위	부인 전략 • 공격자 공격 • 부인 • 희생양 찾기
돌발사고군 • 이의제기 • 기술오류로 인한 사고 • 기술오류로 인한 제품 결함	축소 전략 • 변명 • 정당화
의도군 • 조직원의 오류로 인한 사고 • 조직원의 오류로 인한 제품 결함 • 상해 없는 조직 비위 • 경영진의 비위행위로 인한 조직 비위 • 상해 있는 조직 비위	복구 전략 • 보상 • 사과

　앞의 세 가지 위기군은 서로 독립적이라기보다는 책임성이 낮은 수준에서 높은 수준까지의 연속선상에 있다고 보아야 한다. 조직의 책임성이 낮은 경우 방어적 전략을, 높은 경우는 수용적 전략을 활용한다. 방어적 전략은 조직이나 조직의 성과에 큰 문제가 없다고 주장하며 곧 정상화될 것이라고 이해관계자들을 안심시키는 전략이다. 수용적 전략은 책임을 받아들이고 문제가 있음을 인정하며 개선을 위한 조치와 사과를 하는 전략이다.

　조직의 위기 책임이 위기 발생 시 명성에 영향을 미치는지를 판단하는 첫 번째 기준이라면 위기 이력과 사전 평판/관계 이력은 두 번째, 세 번째 기준이다. 위기 이력은 과거에 유사한 위기가 있었는지의 여부와 빈도로 정의된다. 사전 평판/관계 이력은 조직이 공중과의 관계를 우호적 혹은 비우호적으로 유지한 정도를 말한다. 과거에 유사한 위기가 반복적일수록, 관계 이력이 비우호적일수록 공중은 조직의 책임성을 더 높게 인지하는 경향이 있다. 또한 위기 이력과 사전 평판은 위기에 대한 인식을 악화시켜서 희생자군에 속한 위기를 돌발사고군으로, 돌발사고군은 의도군으로 인식하게 할 수 있다(Coombs, 2007).

　상황위기소통이론은 이미지 회복이론과 더불어 위기소통과 관리 연구에서 가장 많이 활용되는 이론이다. 국내외에서 진행된 연구는 크게 다섯 가지 방향으로 정리해 볼 수 있다(이현우, 최윤형, 2014).

- 위기 대응 전략의 효과 연구: 사과 전략은 대체적으로 효과적인 편이다. 특히 국내의 연구에서는 사과가 공중에게 가장 수용 정도가 높은 전략으로 나타났다. 다만, 사과와 동정처럼 감정을 공유하는 전략과 보상 전략의 차이는 크게 없었다. 변명이나 부인과 같은 최소화 전략보다는 침묵하는 것이 분노와 부정적인 입소문을 완화시키고 위기 책임성을 낮게 인식하게 한다는 연구도 있다. 그럼에도 가장 책임성이 높은 의도군의 위기 상황에서 기업은 부인 전략을 가장 빈번하게 사용한다는 연구 결과가 있다.
- 위기 인식과 대응에 영향을 미치는 변수 연구: 위기 이력이 있거나 유사 위기가 반복되거나 관계 이력이 비호의적인 경우 공중이 조직의 위기 책임성을 더 크게 인지하는 것으로 나타났다. 이러한 연구 결과는 평상시 조직이 공중과의 우호적인 관계를 유지하는 것이 중요하다는 점을 시사한다. 이 밖에 기업의 사회공헌활동(CSR)이나 대표(CEO)의 역할도 위기에 대한 공중의 인식이나 대응에 대한 평가에 영향을 미칠 수 있다.
- 공중 특성이 위기 대응에 미치는 영향 연구: 이 방향의 연구는 공중의 감정이나 관여도 등을 고려하는 것이 위기 대응 전략의 효과성을 파악하는 데 중요하다는 점을 강조한다. 특히 공중의 감정적 반응이 조직에 대한 위기 책임성과 평판 인식, 불매운동과 같은 행동의도에 영향을 미친다고 알려져 있다.
- 위기관리에 있어 뉴미디어의 역할에 관한 연구: 위기관리에 기여하는 디지털 미디어의 역할 및 기능에 관한 연구는 매우 부족한 실정이다. 다만, 일부 연구에서 전통매체와 트위터로 조직의 위기를 접한 경우 위기 책임 인식, 신뢰성 인식, 사과 메시지 수용에 있어 차이가 있다고 보고하였지만 결과의 방향은 혼재되어 있다.
- 위기관리에 문화적 관점을 고려한 연구: 일부 학자는 상황위기소통이론이 서구에서 개발되어 동양의 문화적 맥락에는 적합하지 않다고 주장한다. 이들의 연구에 따르면 체면과 정(情) 등 동양적인 감정이나 사고가 위기 대응의 효과에 영향을 미칠 수 있다.

3. 디지털 시대의 위기관리와 소통

인터넷과 소셜미디어 등 디지털 미디어 환경이 급속히 발달하면서 조직의 위기관리는 더 복잡해졌다. 많은 조직의 위기가 디지털 미디어에서 생성되거나 확산된다. 조직은 이러한 뉴미디어 환경에 맞추어 위기 대응을 하지 않으면 크게 타격을 입는다. 앞에서 제시했던 삼성 갤럭시 노트 7의 배터리 화재 사고의 경우 인터넷이 없었다면 위기가 그렇게 빠르게 전 세계로 확산되지는 않았을 것이다.

우리나라 가구당 인터넷 보급률은 전 세계 1위이며 국민의 95% 이상이 모바일을 사용하고 있다. 우리나라 국민은 다른 나라 국민에 비해 온라인 매체를 통해 뉴스를 더 많이 접하고 있으며 소셜미디어 중에서는 유튜브를 통해 뉴스를 가장 많이 접하고, 카카오톡, 페이스북, 인스타그램 순으로 많이 접한다(이소은, 박아란, 2020). 새로운 소셜미디어가 계속해서 등장하고 인기를 얻는 것도 위기관리자에게는 도전과제이다. 다양한 위기가 확산되는 새로운 채널이 되기 때문이다. 예를 들어, 15초짜리 동영상을 공유하는 소셜네트워크서비스(SNS) 앱인 '틱톡(TikTok)'이 미국 청소년들 사이에서 엄청난 인기를 끌고 있다. 이 앱에서 알레르기 치료약인 베나드릴(Benadryl)을 과다 복용하여 환각에 이르는 놀이를 하는 '베나드릴 챌린지'가 유행하였다. 이 챌린지에 참여한 오클라호마시티의 15세 소녀가 약물 과다 복용으로 사망하고, 부작용으로 병원에 실려 가는 청소년들이 늘면서 미국 식품의약국(FDA)은 학부모들에게 경고를 하기에 이르렀다(이경숙, 2020. 9. 25.). 새롭게 등장한 소셜미디어를 통해 새로운 보건 위기가 확산된 사례이다. 국내에서도 디지털 미디어에서 위기에 처하는 기업들의 사례는 빈번하게 등장하고 있다. 인터넷 쇼핑몰을 운영하는 업체에서 자사의 인스타그램으로 역사 의식을 망각한 광고를 올렸다가 여론의 뭇매를 맞은 '무신사'(뒤에 나오는 사례 참고)나 제품 결함으로 환불을 요구한 소비자에게 유튜브를 통해 진정성 없는 사과 등으로 잘못 대응하여 위기를 더 키운 '임블리' 등이 대표적인 최근 사례이다.

급변하는 미디어 환경에서 공중과 디지털 미디어는 모두 전통미디어 시대와는 다른 성격을 갖게 된다(김효숙, 2014; 백혜진, 2018). 첫째, 공중의 역할이 달라진다. 정보를 받기만 하던 수용자에서 정보를 생산하고 공유하며, 확산하는 능동적인 참여자가 된다. 둘째, 디지털 미디어는 서로 다른 공중 사이에, 공중과 미디어 사이에서 사회적인 상호작용(interactivity)을 통해 관계성을 촉진한다. 셋째, 정보의 양은 막대하며 정보의 흐름은 훨씬 빠르고 복잡하다. 이러한 정보의 특성상 출처나 진위가 확인되지 않는 루머가 생성되고 확산된다. 루머는 진위가 입증되지 않았으나 구전을 통해 전달되는 진술이다(Allport & Postman, 1946). 가짜 뉴스라고도 불리는데 사실이 아닌 오정보(misinformation)와 악의적인 허위정보(disinformation)를 모두 포함한다. 루머는 조직은 물론 조직의 대표나 연예인 등 공인의 평판과 명성에 큰 해를 입힐 수 있다. 2009년 가수 타블로는 미국 명문 스탠퍼드 대학교를 졸업한 것으로 알려졌으나, 이 학력이 위조되었다는 루머에 휘말렸다. 일명 '타진요(타블로에게 진상을 요구한다)'라는 안티 카페 등이 나서서 학력 위조설을 퍼뜨렸으며 심지어 학력 위조로 타블로를 사법당국에 고발까지 했다. 사건을 방관했던 타블로 측은 나중에야 스탠퍼드 대학교 성적표 등을 공개하며 루머를 수습하려 했으나, 이 루머는 그 후로도 1년 이상 사회적 이슈로 남아 타블로의 평판에 큰 해를 입혔다(유재웅, 2015. 6. 26.). 2020년 코로나19 감염병 위기 초기에도 마스크 착용과 손 씻기가 감염병 예방에 소용이 없으며 감염자 눈만 봐도 감염된다는 등의 가짜 뉴스가 온라인에 퍼져 보건 당국이 대응하는 데 진땀을 흘리기도 했다.

소셜미디어 위기소통 모형(social mediated crisis communication model)은 기업이 위기 상황에서 TV나 신문 등 전통미디어를 통해 사과나 부인 등의 위기 대응 메시지를 전달하고 한정된 채널을 관리할 수 있었던 시대는 지났다고 설명한다. 반면 소셜미디어에서는 공중이 기업의 대응메시지를 해석하고 공유하며 확장하는 역할을 한다는 것이다(Liu, Austin, & Jin, 2011). 이 때문에 조직은 다양한 이해관계자들과 신속한 위기소통을 할 수 있는 반면, 그 과정에서 공중이 매개 역할을 하기 때문에 통제 및 관리능력을 잃는다. 위기 이슈가 신문과 같은 전통매체와 트위터, 페이스북 등 소셜미디어를 통해 전달되었을 때 위기의 책임 정도에 관계없이 매체 자체가 위기 이슈에 대한 공중의 인식에 영향을 줄 수 있다(Utz, Schultz, & Glocka, 2013). 소셜미디어 환경에 맞는 효과적인 위기소통을 위해 다음과 같은 점을 고려해야 한다(Eriksson, 2018).

- 공중과의 쌍방향 소통을 활용하고 소셜미디어에 적합한 메시지와 정보원을 활용하여

적시에 소통할 것

- 사전에 위기를 대비하기 위해 소셜미디어 특성을 이해하고 소셜미디어상에서 공중과의 관계를 구축할 것
- 소셜미디어에 등장하는 이슈를 지속적으로 모니터링 할 것
- 위기 상황에서는 소셜미디어보다 전통매체를 더 우선적으로 활용할 것
- 소셜미디어는 위기소통 및 마케팅 캠페인에 전략적으로 활용할 것

4. 통합적 접근: 위기, 응급, 위험 커뮤니케이션

위기 이슈는 다양한 자연적·사회적 재난이나 감염병 등과 같은 위험 이슈와 분명하게 구분하기 어려운 경우가 많다. 위험은 위해 요소(hazard)로 인한 질병, 상해, 죽음 등의 부정적 결과가 실제로 일어날 가능성으로 정의된다. 이러한 가능성은 불확실성을 수반하고, 불확실성은 다시 불안과 공포 등의 감정적 반응을 야기하여 실제 위험보다 더 크게 위험을 인식하게 한다. 이러한 위험의 본질, 심각성, 통제 가능성과 관련해 개인, 조직, 기관 등 이해관계자들 사이에서 정보를 교환하는 과정을 위험 소통이라고 한다(백혜진, 2017). 위험 소통의 핵심은 전문가가 알고 있는 위험과 일반인이 인식하는 위험의 차이를 최소화하는 것이다. 위험 소통이 간과되면 위험 인식이 과장되고 즉각적인 대응이 필요한 위기로 번질 수 있다. 따라서 위험 소통과 위기소통은 연결고리가 있다.

2001년 미국은 9·11 테러를 겪었고 그 직후 생화학 테러 위협을 당했는데, 생화학물질인 탄저균에 노출된 22명의 감염자 중 5명이 사망했다. 미국 질병통제예방센터(CDC)에서는 이 사건을 위험과 위기소통의 실패로 보고, 즉각적이고, 위협적이며 불확실성이 높은 상황에서 어떻게 공중에게 효과적으로 소통해야 하는지에 대해 고민하면서 서로 독립적으로 발전해 온 위험과 위기 커뮤니케이션 분야를 위기와 응급 위험 커뮤니케이션(Crisis and Emergency Risk Communication: CERC)으로 통합하였다(백혜진, 2017). 2008년에 처음으로 발간된 CERC 지침서는 몇 번의 개정을 거치며 다양한 위험과 위기 상황에서 전략적이고 효과적으로 소통할 수 있는 지침을 제공하며 전 세계적으로 활용되고 있다.

CERC 지침서는 공중보건의 위기를 맞을 때 명심해야 할 기본원칙을 여섯 가지로 제시하고 있다. 신속, 정확, 정직과 신뢰감, 공감, 행동 촉구와 공중에 대한 존중이다. 개정된 CERC 지침서에는 위기 상황에서의 사람들의 심리를 이용하여 메시지 개발 원칙을 제시하고 위기 5단계(사전위기, 초기, 유지, 해결, 평가)별 해야 할 일과 전달할 메시지 내용을 정리하고 있다(CDC, 2014).

●표 7–5● CERC 단계별 소통 전략

단계	단계별 소통 전략
사전위기	• 연대 형성, 권고행동에 대한 합의, 메시지 테스트
초기	• 사건을 인지했음을 공감과 함께 표현히기 • 위험에 대해 가장 이해하기 쉬운 방법으로 공중에게 설명하기 • 조직과 대변인의 공신력 확보하기 • 행동 지침 제공하기
유지	• 공중이 이슈를 더 정확히 이해할 수 있도록 소통하기 • 필요로 하는 사람들에게 더 자세히 설명하기 • 대응과 회복 계획에 대해 이해관계자를 이해시키고 지지 확보하기 • 이해관계자의 말을 경청하고 잘못된 정보 수정하기 • 응급 권고 내용 설명하기 • 공중이 위험 대비 혜택을 이해하고 의사결정할 수 있도록 지원하기
해결	• 사후 유사 상황에서 공중이 더 적절히 반응할 수 있도록 교육 제공하기 • 문제와 실수 등을 면밀히 검토하고 회복 단계에서 작동했던 전략 강화하기 • 위기에 대응할 수 있는 정책과 자원 배분을 지지하도록 공중 설득하기 • 내외적으로 조직의 정체성 및 활동 강화하기
평가	• 소통 계획과 수행능력 평가하기 • 백서 등을 통해 자료 축적하기 • 위기 체계 및 계획의 개선방안 모색하기

5. 결론

이 장에서는 위기와 위기관리의 정의, 위기의 단계와 단계별 행동 및 소통 지침, 그리고 위기관리의 이론적 관점을 검토하였다. 디지털 미디어 시대의 위기관리와 위험 및 재난 등 위기와 근접한 개념들을 통합하는 시도를 논의하였다.

위기는 예측될 수 있는가라는 처음의 질문으로 돌아가 보자. 위기가 정확히 언제 어떻게 올지를 예측하기는 어렵다. 그러나 자칫하면 위기로 이어질 수 있는 잔 불씨들을 조기에 감지하고 선제적으로 관리한다면 위기를 예방할 수 있고, 위기가 터지더라도 그 피해를 최소화할 수 있다.

효과적인 위기관리를 위해서는 위기 단계마다 다양한 이해관계자에게 적절한 소통 전략을 사용해야 한다. 어떤 전략이 적절한지는 위기의 유형 및 책임의 소재, 위기의 사회적 파급력 등 여러 요인에 따라 다르다. 급변하는 미디어 환경에서는 위기가 터질 수 있는 채널도, 조직이 위기소통을 할 수 있는 채널도 더 다양하고 복잡해졌다. 위기가 터졌을 때 공식적인 소통 채널은 언론 브리핑 등 전통미디어를 우선적으로 활용해야 하지만, 소셜 미디어 등 디지털 미디어 역시 지속적으로 모니터링하고 위기소통 채널로서 활용해야 한다. 일단 위기가 터지면 아무리 잘 대응해도 위기를 사전에 예방한 것만큼의 효과를 거두기 어렵다. 평소에 이슈·명성·평판 관리와 더불어 사전 예방이 점점 더 중요해지는 이유이다.

사례 **디지털 시대의 위기관리: '무신사'의 신사다운 사과**

• **회사 배경과 사건 개요**

'무지하게 신발 사진이 많은 곳'이라는 의미의 무신사는 2001년 프리첼 커뮤니티에서 운동화동호회로 출발하여 2009년 쇼핑몰 형태를 갖춘 후 우리나라 최대 온라인 패션 플랫폼이자 온·오프라인을 통틀어 국내 1위의 패션 편집숍이 되었다. 10대를 포함한 젊은 소비자들이 주로 이용하는 쇼핑몰인데 차별화된 디자인과 가성비 높은 브랜드를 개발하거나 기존 브랜드와 공동으로 마케팅을 한다. 단순히 옷과 신발을 파는 곳이 아니라 거리에서 만나는 일반인의 패션 사진을 공유하여 친근감 있는 패션 스타일링을 제공하는 등 다양한 콘텐츠를 제공하는 패션 문화의 메카를 자처한다. 사업의 대부분은 온라인에서 이루어지지만 패션 특화 공유 오피스인 무신사 스튜디오, 오프라인 편집숍인 무신사 테라스 등 온라인과 오프라인을 연계하는 마케팅을 하기도 한다.

젊고 창의적이며 화제성 있는 마케팅과 광고를 펼쳐 온 무신사에게 위기가 닥쳤다. 2019년 7월 2일 잘 마르는 양말 광고를 인스타그램 공식계정에 올렸는데 광고 메시지가 박종철 고문치사 사건에 나오는

'탁 치니 억하고 죽었다'는 표현을 패러디해 "속건성 책상을 '탁' 쳤더니 '억' 하고 말라서"라고 표현한 것이다. 양말이 빠르게 마르는 것을 강조하기 위한 것이었으나 소비자의 항의가 빗발쳤다. 튀는 광고 카피를 찾다 보니 상식과 역사 의식, 그리고 윤리 의식이 부족했다는 비판이었다. 소셜미디어 콘텐츠 검수 과정의 문제점도 지적되었다.

[그림 7-1] 논란이 된 무신사 인스타그램 광고

• 위기 대응과 소통

무신사는 세 번에 걸쳐 사과문을 온라인에 올렸다. 처음 두 번의 사과문은 이슈가 터진 다음 날 신속하게 올라왔다. 광고를 보고 불쾌감을 느꼈을 모든 이에게 콘텐츠를 제대로 검수하지 못하고 사건의 역사적 의미를 인식하지 못한 점을 사과했다. 같은 날 두 번째 사과문을 올리고 단순히 말로 하는 사과에 그치지 않고 진정성 있는 사과를 위한 후속조치는 물론 재발방지 대책을 내겠다는 계획을 밝혔다. '민주열사박종철기념사업회'를 직접 방문해 사과하고 후원금을 전달할 것이며, 담당자 및 전 직원에 대해 역사 교육을 실시하겠다는 것이었다. 더 엄격한 콘텐츠 검수를 위한 개선책도 내놓았다. 세 번째 사과문은 기념사업회를 방문하고 해당 콘텐츠를 만든 담당자에 대한 조치 등을 마무리한 후 12일에 온라인에 게재되었다. 기념사업회 측은 후원금은 거절하였지만 문제해결 방식이 건강하다며 사과를 받아들였다.

이번 사안에 대해 다시 한 번 사과드립니다.

단순 사과에 그치지 않고 확실한 재발 방지와 진정성 있는 사과를 위한
후속 조치에 대해 말씀드립니다.

우선 해당 컨텐츠를 제작한 담당자와 편집 책임자, 무신사 전 직원을 대상으로
근현대사 민주화운동 관련 역사 교육을 실시하겠습니다.

그리고 빠른 시일 내 컨텐츠 기획, 제작부터 발행 전체 과정에서 별도의 컨텐츠
검수 단계와 담당자를 추가하겠습니다.

마지막으로 해당 사건의 관련 단체인 (사)민주열사박종철기념사업회에 소정의
후원금을 전달하여 조금이나마 저희의 잘못을 사죄하는 마음이 전해질 수
있도록 하겠습니다.

관련 사안에 대해 어떠한 의도도 없었던 점을 간곡히 말씀드리며,
저희의 잘못으로 인해 상처받으신 모든 분들께 진심으로 사과드립니다.

[그림 7-2] 무신사 사과문

• 평가 및 함의점

소셜미디어에서 일어나는 위기는 초기에 적절한 대응을 하지 않으면 일파만파 확산되고 걷잡을 수 없이 악화된다. 무신사의 위기 대응은 그런 점에서 보기 드물게 성공적이었다. 신속하고 투명한 위기 대응의 원칙이 잘 수행되었다. 사과 역시 신속하고 진정성 있었다. 누구에게 사과하는지, 무엇을 잘못했는지, 개선을 위해 무엇을 할지 분명히 밝혔다. 무엇보다 말로만이 아닌, 행동이 뒤따르는 사과임을 보여 주었다. 계획과 동시에 실천한 내용까지 투명하게 밝힌 점도 효과적이었다.

언론이나 PR 전문지에서도 무신사의 대응을 성공적인 사례로 꼽았다. 특히 유사한 온라인 패션몰 '임블리'의 사례와 대조되어 더욱 빛을 발했다. 임블리 사례는 온라인에서 판매하는 호박즙에 곰팡이가 있다는 소비자 민원에 성의 없이 대응하고, 대표 등의 사과가 신속하지도 진정성 있지도 않다고 인식되면서 위기는 더 커졌다.

2020년에는 특히 코로나19 특수로 무신사는 더욱 성장하였다. 그러나 위기는 계속된다. 국내 6개 언론사에서 저작권을 보유한 연예인의 보도 사진 및 이미지를 웹사이트와 SNS 등에서 마케팅에 무단 사용했다는 이유로 무신사 대표를 고소했다. 응모에 당첨된 사람에게만 제품을 판매하는 방식의 무작위 추첨('래플') 당첨 문자를 잘못 발송해 소비자들의 원성을 사는 사고도 있었다. 코로나19 위기를 겪으면서 온라인 시장은 더욱더 활성화되면서 경쟁은 심화되고 있다. 이러한 경쟁에서 살아남으려면 차별화된 마케팅 전략과 더불어 효과적인 위기관리 PR이 더욱 더 중요한 시점이다.

토론주제

1. 앞에서 잠깐 언급한 '임블리'의 사례를 더 자세히 찾아보자. '무신사' 사례와 비교할 때 어떤 점이 문제인가? 여러분이 임블리 회사의 위기관리 팀장이라면 어떻게 더 효과적으로 이 사건에 대응했을까?
2. 디지털 시대에 위기관리에 있어 위기관리자가 직면한 도전과제는 무엇인가?
3. 소셜미디어상에서 다양한 위기 사례를 찾아보고 사건의 발달과 경과, 대응조치와 함의점을 논의해 보자.

참고문헌

김영욱(2006). 우리나라 조직의 사과수사학: 신문에 난 위기 커뮤니케이션 메시지문의 내용과 수용여부 분석. 광고학연구, 17(1), 179-207.

김이삭(2020. 5. 15.). 흉기로 돌변한 진통제… 치사량 1만배 독극물 누가 넣었나(https://www.hankookilbo.com/News/Read/202005131507343332).

김효숙(2014). 소셜미디어 시대의 위기 관리. 소셜미디어 활용 적극성과 위기 책임성, 위기 커뮤니케이션: 전략 유형을 중심으로. 광고연구, 103(겨울), 5-37.

김효정(2018). 위험과 위기 커뮤니케이션. 백혜진, 최세정, 조수영, 정세훈, 최인호, 박진성, 전종우, 박노일, 이두황, 서영남, 김미경, 김수연, 김효정, 정동훈 공저. 광고PR 커뮤니케이션 효과이론 (pp. 287-314). 경기: 한울아카데미.

더피알뉴스(2019. 7 15.). 무신사, 세 번째 사과문으로 '역사 논란' 씻나(https://www.the-pr.co.kr/news/articleView.html?idxno=42954).

류현정(2016). 정부의 위기커뮤니케이션과 언론보도 비교 연구: 세월호 침몰 사고를 중심으로. 이화여자대학교 정책과학대학원 석사학위논문.

백혜진(2017). 전략적인 감염병 위기대응 소통: 변화하는 공중의 역할과 미디어 환경. 대한의사협회지, 60(4), 306-313.

백혜진(2018). 뉴미디어 유형이 위험특성 위험인식 예방행동의도의 관계에 미치는 영향: 조건적 과정 모형의 검증. 한국언론학보, 62(3), 215-245.

세종대학교 산학협력단(2018). 위기대응 및 소통 강화를 위한 안전관리 개선방안 연구. 2017 정책연구 용역보고서. 식품의약품안전처.

오늘경제(2020. 10. 20.). 무신사 호 허술한 경영의식 낳은 '무개념 마케팅' 빈축… 공정위 '칼날' 피할 수 있을까(http://www.startuptoday.co.kr/news/articleView.html?idxno=57940).

유재웅(2015. 6. 26.). 유재웅 교수의 위기관리 특강 12강 위기와 루머(https://www.mk.co.kr/news/business/view/2015/06/610233/).

이경숙(2020. 9. 25.). 미국 FDA, 항히스타민제 과다 복용 유발 '베나드릴 챌린지' 경고(https://www.medisobizanews.com/news/articleView.html?idxno=72973).

이소은, 박아란(2020). 편향적 뉴스 이용과 언론 신뢰 하락: 〈Digital News Report 2020〉 주요 결과. *Media Issue, 6*(3), 1-14.

이수진(2016). 위기유형에 따른 위기 대응 커뮤니케이션 전략 실태 연구: 국내 사과문 분석을 중심으로. 숙명여자대학교 국제관계대학원 석사학위논문.

이정현, 김수연(2019). 기업 위기상황에서 선제공개전략(Stealing thunder)이 공중의 진정성인식과 위기커뮤니케이션 반응행동에 미치는 영향: 안전성 기준 위기유형, 사전평판에 따른 차이를 중심으로. 한국언론학보, 63(2), 145-176.

이현우, 최윤형(2014). 위기관리에서 상황적 위기 커뮤니케이션 이론의 전개과정과 향후연구를 위한 제언. 홍보학연구, 18(1), 444-475.

코리아비즈니스리뷰(2019. 12. 16.). 경영 전략 사례: 무신사, 패션 플랫폼 넘어 유니콘 기업으로 거듭나다(http://koreabizreview.com/detail.php?number=1667&thread=22r02).

한국경제(2019. 7. 15.). 잘나가는 패션 온라인몰, 위기 대처엔 극과 극… '사과의 정석' 무신사 vs '무성의 대응' 임블리(https://www.hankyung.com/economy/article/2019071557801).

한국경제(2020. 11. 5.). 무신사 '한 가족 전략' 빛났다… 100개 입점 브랜드 매출 5배↑ (https://www.hankyung.com/economy/article/2020110592181).

한국경제(2020. 6. 28.). '몸값 2조' 무신사… 매출 年 45% 고성장(https://www.hankyung.com/finance/article/2020062880141).

황성욱(2014). 위기관리. 김병희, 한정호, 김장열, 김찬아, 박노일, 박동진, 박종민, 배지양, 오창우, 유선욱, 이유나, 이제영, 전형준, 정지연, 조삼섭, 최준혁, 탁재택, 황성욱 공저. PR학 원론 (pp. 140-187). 서울: 커뮤니케이션북스.

Allport, G. W., & Postman, L. (1946). An analysis of rumor. *Public Opinion Quarterly, 10*, 501-517.

Arpan, L. M., & Pompper, D. (2003). Stormy weather: Testing stealing thunder as a crisis communication strategy to improve communication flow between organizations and journalists. *Public Relations Review, 29*(3), 291-308.

Benoit, W. L. (1995). *Accounts, excuses, apologies: A theory of image restoration strategies.* Albany, NY: State University of New York Press.

Coombs, W. T. (1999). *Ongoing crisis communication: Planning, managing, and responding* (1st ed.). Thousand Oaks, CA: Sage.

Coombs, W. T. (2007). Protecting organization reputations during a crisis: The development and application of situational crisis communication theory. *Corporate Reputation Review, 10*(3), 163-176

Coombs, W. T. (2013). Crisis and crisis management. In R. L. Heath (Ed.), *Encyclopedia of public relations* (2nd ed., pp. 216-219). London, UK: Sage.

Coombs, W. T. (2014). Crisis management and communications. Retrieved from https://instituteforpr.org/crisis-management-communications/

Coombs, W. T. (2019). *Ongoing crisis communication: Planning, managing, and responding* (5th ed.). London, UK: Sage.

Eriksson, M. (2018). Lessons for crisis communication on social media: A systematic review of what research tells the practice. *International Journal of Strategic Communication, 12*(5), 526-551(https://doi.org/10.1080/1553118X.2018.1510405).

Fearn-Banks, K. (1996). *Crisis communication: A casebook approach.* Mahwah, NJ: Lawrence Erlbaum Associates.

Fink, S. (1986). *Crisis management: Planning for the inevitable.* New York, NY: AMACOM.

Lee, Y. L, Ahn, H. M., & Cho, Y. S. (2017). An expected crisis: A case study of Volkswagen diesel crisis. 광고PR실학연구, 10(1), 244-264.

Liu, B. F., Austin, L., & Jin, Y. (2011). How publics respond to crisis communication strategies: The interplay of information form and source. *Public Relations Review, 37*, 345-353.

Mitroff, I. I., & Pearson, C. M. (1993). *Crisis management: A diagnostic guide for improving your organization's crisis preparedness.* San Francisco, CA: Jossey-Bass Publishers.

Paek, H. -J., & Hove, T. (2020). Communicating uncertainties during the COVID-19 outbreak. *Health Communication, 35*, 1729-1731(https://doi.org/10.1080/10410236.2020.1838092).

Seeger, M. W., Sellnow, T. L., & Ulmer, R. R. (2010). Expanding the parameters of crisis communication: From chaos to renewal. In R. L. Heath (Ed.), *The sage handbook of public relations* (pp. 489-499). London, UK: Sage.

U.S. Centers for Disease Control and Prevention (CDC) (2014). Crisis emergency risk communication 2014 edition(https://emergency.cdc.gov/cerc/resources/pdf/cerc_2014

edition.pdf)

Utz, S., Schultz, F., & Glocka, S. (2013). Crisis communication online: How medium, crisis type and emotions affected public reactions in the Fukushima Daiichi nuclear disaster. *Public Relations Review, 39,* 40–46

Weiner, B. (1995). *Judgments of responsibility: A foundation for a theory of social conduct.* New York, NY: Guilford Press.

Wilcox, D. L., & Cameron, G. T. (2010). *Public relations: Strategies and tactics* (9th ed.). Boston, MA: Pearson.

제8장

디지털 시대,
언론관계는 최선의 PR인가?*

PR(Public Relations) 업무에서 언론관계는 말 그대로 다양한 공중관계 중 언론과의 관계를 의미한다. 쉽게 말해, 언론사/언론인들과 좋은 관계를 형성/유지/발전시키기 위한 PR 업무라고 할 수 있다. 사실 빠르게 변화되는 미디어 환경에서 과거보다는 그 의미와 중요성이 덜하기는 하지만, 언론관계는 PR의 다양한 업무 중 가장 많은 부분을 설명해 왔던 부분이기도 하고, PR 자체가 '언론관계' '언론홍보'라고 이해되기도 했을 만큼 중요하게 여겨졌던 업무이다.

이 장에서는 언론관계의 역사적인 의미와 기본적인 개념이 무엇인지에 대해 알아본다. 또한 언론관계의 실제 업무와 실무적 함의에 대해 살펴보고자 한다. 덧붙여, 변화하는 미디어 환경에서 언론관계는 어떻게 변화하고 있으며, 변화해야 하는지에 대해서도 논의해 보고자 한다.

* 최홍림(선문대학교 미디어커뮤니케이션학부 교수)

● 이 장을 통해 답을 찾을 질문들 ●

1. PR에서 언론관계란 무엇인가?

2. 언론관계의 역사적 배경은 무엇인가?

3. PR의 커뮤니케이션 방식과 언론관계의 역할이 중요한 이유는 무엇인가?

4. 보도자료를 작성할 때 고려해야 할 사항은 무엇인가?

5. 새로운 미디어 환경에서 언론관계의 변화와 실무자의 역할은 무엇인가?

1. 언론관계 개념

PR에 대한 정의는 보는 관점에 따라 다를 수 있지만, 흔히 다양한 공중과의 관계를 의미한다. 이러한 PR의 개념을 설명하는 것 중에, PRSA(Public Relations Society of America)가 2012년에 개정한 PR의 개념은 다음과 같다.

> "PR은 조직과 공중 간에 상호호혜적인 관계를 구축하기 위한 전략적인 커뮤니케이션 과정이다."

사실 이 개념도 조직적인 관점에 국한되어 있다는 한계가 있지만, 가장 널리 통용되는 PR 개념 중 하나라고 할 수 있다. PRSA가 정의하는 PR은 결국 조직 또는 기업이 그들의 공중들과 좋은 관계를 구축하기 위한 커뮤니케이션이라고 설명한다. 흔히 이런 공중관계로 정의하는 PR은 [그림 8-1]로 설명할 수 있다.

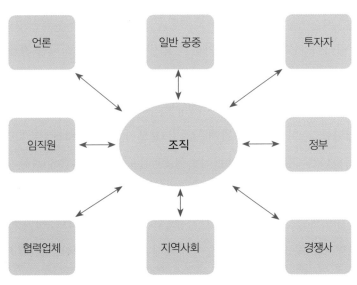

[그림 8-1] PR 공중관계

PR은 [그림 8-1]과 같이 다양한 공중과의 관계를 위한 커뮤니케이션이라고 할 수 있다. 그리고 앞의 다양한 공중 중 언론과 좋은 관계를 구축하기 위한 커뮤니케이션이 바로 '언론관계(media relations)'이다. 이러한 언론관계의 목적은 언론과 좋은 관계를 구축하여 클라이언트의 활동이나 성과에 대한 적절한 미디어 지면을 얻어 내는 것이다.

2. 언론관계와 PR 산업의 성장

영화나 미국 드라마 등에서 보면 PR 실무자들이 많이 등장한다. 그중 영화 〈핸콕(Hancok)〉에서 주인공의 친구인 레이 엠브레이 그리고 〈섹스 앤 더 시티(Sex and The City)〉의 주인공 중 하나인 사만다 존스는 극 중에서 자신의 직업을 PR 실무자(PR professional)라고 소개한다. 그런데 이들이 극에서 다른 사람들에게 명함을 건네는 장면이 있는데, 자세히 보면 직업이 퍼블리시스트(publicist)라고 적혀 있는 걸 볼 수 있다. 퍼블리시스트는 주로 퍼블리시티(publicity) 활동을 하는 사람을 의미하며, 흔히 언론관계, 언론홍보 전문가를 의미한다.

여기서 퍼블리시티가 무엇인지에 알아볼 필요가 있다. 퍼블리시티는 크게 두 가지 의미를 가지고 있다. 첫 번째는 언론관계 활동을 의미한다. 여기서 언론관계 활동이란 실무자가 언론과 좋은 관계 구축을 통해 클라이언트의 활동과 업적에 대한 뉴스를 미디어에 노출시키는 것을 의미한다. 이러한 언론관계 활동은 보도자료 작성/배포, 뉴스 인터뷰 등 다양한 활동으로 나타난다. 두 번째 퍼블리시티의 의미는 앞의 언론관계 활동을 통해 뉴스화가 된 것을 의미한다. 다시 말해, 실무자의 노력으로 언론매체에 클라이언트의 뉴스가 노출된 결과물을 의미한다. 이는 곧 언론관계 활동의 목적이기도 하다. 사실 PR은 다양한 커뮤니케이션 영역으로 확장되고 있지만, 아직까지 PR 업무를 이야기할 때 언론관계 또는 언론홍보는 PR 자체를 의미하거나 근원이라고 할 정도로 많은 부분을 설명해 왔다. 그러면 왜 이렇게 언론관계가 PR에서 중요하게 다루어져 왔을까? 이는 역사적인 배경부터 살펴볼 필요가 있다.

이전에도 공중관계를 위한 PR활동이 있었겠지만 일반적으로 현대적 의미의 PR은 미국의 PR 발전사에서 근원을 찾는 경우가 많다. 미국에서 PR은 17~19세기 서부개척시대, 남북전쟁 그리고 산업혁명 등을 거치며 현대적 의미의 PR로 진화되어 왔다고 할 수 있다. 특히 이 시기는 현대적 의미의 PR이라기보다는 선전에 가까웠다고 할 수 있다. 이러한 모습은 실존 인물 바넘(P. T. Barnum)의 일대기를 그린 영화 〈위대한 쇼맨(The Greatest Showman)〉에서 볼 수 있다. 영화에서 바넘은 쇼 비즈니스 사업가로 부각되어 있고 서커스 흥행을 위해 거짓말까지 하며 갖은 방법을 동원한다. 특히 바넘은 신문 매체도 잘 이용하는 장면이 나온다.

본격적인 PR은 20세기 초반에 시작되었다고 할 수 있는데, 특히 1900년대 초반 급격한 산업화 속에 등장한 PR 대행업의 모습에서 볼 수 있다. 이 시기 미국은 급격한 산업화와 인구증가, 대량생산시대가 도래하고, 특히 이러한 산업화는 대중사회를 발전시키면서 신문, 잡지 등의 출판 매체가 크게 발전한다. 또한 산업화로 부의 집중현상이 뚜렷하게 나타나고 독점 대기업들이 성장한다. 이러한 독점 대기업들은 구시대적인 경영방식을 답습하며, 대중적 비난과 반기업 정서가 일기 시작했고, 정부도 이러한 기업들을 견제하는 정책과 법을 제정하려는 움직임을 보인다. 이 당시 언론도 이러한 대기업에 대한 견제를 하면서 기업의 비리를 취재 보도하는 추문폭로자(muckraker)의 역할을 하는 기자들이 나오게 된다. 이러한 반기업 환경에서 기업들도 좀 더 체계적인 대응책을 마련할 필요가 생기면서, 미국에서 PR 산업이 발전하게 된다. 커틀립(Cutlip, 1994)은 이 시기 PR 산업이 군주적 권력자와 독점적 자본의 힘에 반발하는 세력들의 갈등과 혼란 속에서 발전하게 되었다고 설명한다. 따라서 1900년대 초반 미국 동부 대도시를 중심으로 언론 대응을 주 업무로 하는 PR 대행사들이 설립된다.

이 시기 설립된 최초의 PR 회사는 1900년도 보스턴에 설립된 퍼블리시티 뷰로우(Publicity Bureau)로 알려져 있다. 이 최초의 대행사는 주로 언론 대행의 장점을 부각하며 뉴욕, 시카고, 워싱턴 D.C., 캔자스, 캘리포니아까지 진출하여 성장해 나갔다(Cutlip, 1994). 퍼블리시티 뷰로우의 창립자인 스몰(Small)은 "언론에 전달되는 모든 기사는 명확하고 지속적인 책임감 속에 만들어진다."라고 주장하며, 언론대응의 중요성을 언급한다. 이 밖에도 이 시기에 설립되었던 대행사들이 언론 대행업을 주 업무로 성장하게 되는데, 이 중에는 1904년 PR의 선구자(pioneer of public relations)로 알려진 아이비 리(Ivy Lee)가 공동으로 참여하여 뉴욕에서 창업한 파커 앤 리(Parker & Lee)도 있다. 아이비 리는 공중(public)과 언론에게 진실한 정보를 제공해야 한다는 것을 강조하면서, 다음과 같이 비즈니스 방침을 설명하는 '원칙선언(declaration of principles)'을 일간지에 게재하여 발표한다.

> "이것은 비밀스러운 언론 기관이 아니다. 우리의 모든 업무는 공개적으로 이루어지며, 뉴스 제공을 목표로 한다. 우리는 광고 대행사가 아니다. …… 요약하자면, 우리의 계획은 솔직하고 숨김없이 비즈니스의 우려와 공공 기관을 대신하여 공중에게 가치 있고 흥미로운 정보를 신속하고 정확하게 제공하는 것이다."(Morse, 1906)

이러한 권리장선은 산업화가 진행되던 1800년대 말 철도재벌 윌리엄 벤더빌트(William Henry Vanderbilt)가 말했던 "공중이 무시받는(the public be damed)" 시대의 변화를 주장하며 나온 것이다. 아이비 리는 공중의 알 권리를 강조하면서 "공중이 알아야 하는(the public be informed)" 시대로의 전환을 주장한다.

이러한 배경을 정리하자면, 1900년대 산업화 시대에 비판적 언론, 정부의 제재, 직원들의 파업 등 어려운 환경에 직면하게 된 거대 기업들은 이러한 비판적 환경에 대응할 필요가 있었고 이러한 필요에서 PR 산업이 발전했는데, 이는 기업의 언론대행업으로 출발했다고 볼 수 있다. 특히 이 당시 아이비 리를 비롯한 많은 대행사 설립자가 언론 조직과 환경에 대해 이해가 깊은 기자 출신들이었다. 따라서 산업적 측면에서 PR의 출발은 언론관계라고 할 수 있고 이러한 영향에서 언론관계는 PR의 많은 부분을 설명해 왔다고 할 수 있다.

우리나라에서도 언론관계는 PR의 중추적인 분야로 성장해 왔다. 물론 매스미디어의 영향력이 감소되고 미디어 환경이 변화하면서, 조직 PR 영역에서 언론관계의 비중이 감소되고 있기는 하지만, 아직까지 언론관계는 PR을 대표하는 업무로 여겨지고 있다. 우리나라에서 PR은 흔히 '홍보'로 번역되고 있다. 이는 한자로 넓을 홍(弘), 알릴 보(報), 다시 말해 널리 알린다는 의미를 가진다. 그럼 우리나라에서는 왜 PR을 홍보로 써 왔을까? 사실 널리 알리는 활동은 그 어느 시대에도 있었을 것이다. 그런데 굳이 PR, 홍보가 하나의 직업 또는 전문 영역으로 여겨진 기원을 찾는다면, 해방 후 미군 시스템에 의해 전해진 Public Information(공공정보)이 정부의 공공정보를 알리는 공보(公報)로 번역되고, 후에 기업 등

사적 영역으로 확장되면서 홍보라는 말로 쓰였다.

아직까지 홍보는 PR과 혼용되어 쓰이고 있다. 특히 성장 중심의 고도 산업화가 절정을 이루던 1960~1970년대 우리나라 기업의 모습은 앞서 말한 미국 20세기 초반과 비슷한 모습을 보이는데, 그럼에도 불구하고 한동안 PR 산업이 발전하지 못한 이유는 PR에 대한 필요성이 그리 크지 않았기 때문이다. 20세기 초반 반기업 환경에서, 기업이 정부와 언론의 견제를 받던 미국과 달리, 한국은 정부 주도적인 고도성장 환경에서, 대기업은 정부와 긴밀한 관계를 유지하며 성장했다. 따라서 이 시기 기업은 공중관계적 차원에서의 커뮤니케이션으로 PR을 필요로 하기보다는, 정부와 긴밀한 관계 속에 이를 비호하는 언론관계에 주목한 것이 사실이다. 따라서 이 시기는 말 그대로 '피할 건 피하고, 알릴 건 알려 주는' 언론관계에 주목했고, 이는 실무자와 기자와의 긴밀한 관계를 통해 가능했다. 버코비츠와 리(Berkowitz & Lee, 2004)는 한국의 이러한 언론관계를 기자와 홍보 실무자와의 '정'으로 묘사했다. 하지만 기업 실무자와 언론과의 유착 관계는 부정적인 모습으로 나타나 공중의 알 권리를 방해하며, 그 당시 PR의 부정적인 면을 드러내기도 했다.

3. PR 커뮤니케이션과 언론관계

언론관계의 중요성이 강조되면서 홍보가 PR을 대체하는 말로 사용되어 왔다. 앞 장의 PR의 개념에서도 다루었지만, PR은 공중관계(public relations)를 의미하며, 다양한 공중과 좋은 관계를 구축하기 위한 '커뮤니케이션'이라고 할 수 있다. 커뮤니케이션은 '상호성(mutuality)', 즉 쌍방향성을 가지고 있다. 따라서 PR을 정의할 때 가장 중요한 전제는 일방적인 메시지 전달이 아닌 상호적 소통이다. 이런 측면에서 보면 '널리 알리다'라는 의미의 홍보라는 말은 상호적인 '커뮤니케이션'이라기보다는 메시지 전달(message transit)에 가깝다고 할 수 있어 PR의 원래 의미와 거리가 있다고 할 수 있다. 그럼에도 불구하고 왜 PR은 홍보라고 번역되어 쓰고 있을까? 그리고 왜 홍보 자체가 언론관계, 언론홍보로 이해되어 왔을까?

대중사회의 발전과 인쇄, 텔레커뮤니케이션 기술의 발전은 흔히 전통미디어로 불리는 매스미디어의 영향력을 공고히 해 왔다. 이러한 매스미디어의 영향력은 1930년대 자극반응이론이라 불리는 '마법의 탄환 이론'이나 '피하주사이론' 등으로 설명할 수 있다. 이는 대중사회에서 매스미디어의 영향력을 설명하는 것으로 매스미디어의 메시지가 사람들에게 강력한 영향력을 발휘한다는 것이다. 이러한 매스미디어의 영향력은 다양한 미디어효과 연구와 이론으로 설명되어 왔다. 이러한 매스미디어의 영향력에 대한 이해는 왜 PR 영역에서 언론과의 관계가 중요하게 다루어져 왔는지를 설명할 수 있다.

1) PR 커뮤니케이션: 3자 인증

PR에서 매스미디어, 언론미디어와의 관계가 왜 그렇게 중요한지에 대해 이해하기 위해서는 먼저 PR의 커뮤니케이션 방식에 대한 이해가 선행되어야 한다. 많은 사람이 PR을 광고와 혼동하곤 한다. 사실 이는 우리가 '광고홍보'라는 말을 거의 하나의 단어처럼 쓰기 때문이기도 하지만, 특히 PR의 많은 부분을 설명하는 언론관계가 광고와 마찬가지로 매스미디어를 활용하기 때문이기도 하다.

여기서 광고와 PR의 커뮤니케이션이 어떻게 다른가에 대해 알아보자. TV를 보다가 여러분들이 어떤 기업제품 A를 접하게 되었다고 생각해 보자. 먼저 여러분은 TV 광고를 통해 A라는 제품에 대한 정보를 알 수 있다. 그리고 얼마 후 여러분들이 뉴스를 보던 중 A 제품에 대한 정보를 얻게 되었다. 처음 광고를 통해 A 제품을 접하게 됐을 때 여러분들은 '자기네 회사 제품 광고니까 장점만 이야기하겠지'라고 생각하고, 뉴스로 다시 접했을 때는 '뉴스에서 A가 좋다고 하네'라고 하며 해당 제품 정보를 좀 더 신뢰할 수 있다. 이는 광고와 PR에 대한 차이를 설명하는 것이다. 여러분은 A 제품 TV 광고를 통해 해당 기업이 자사 제품에 대한 정보를 그대로 전달하는 것을 듣게 되지만, 두 번째는 A 제품에 대해 제3자인 언론사가 A 제품에 대한 정보를 인증해 주기 때문이다. 이는 [그림 8-2]로 볼 수 있다.

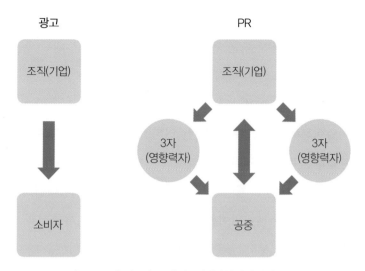

[그림 8-2] 광고와 PR의 커뮤니케이션 방식 차이

　　PR의 기본적인 커뮤니케이션 방식은 '3자 인증(3rd party endorsement)'이다. 따라서 이러한 3자 인증 커뮤니케이션 방식은 PR의 기본적인 전략이라고 할 수 있다. 따라서 PR 프로그램을 기획할 때 가장 먼저 고려해야 하는 것은 신뢰 있는 3자의 역할을 해 줄 수 있는 영향력자(influencer)를 찾아내고, 이들과 협력관계를 유지하는 것이다. 여기서 3자는 언론이 될 수도 있지만, 전문가, 공인된 기관, 정부, 유명인이 될 수도 있다. 또한 온라인 미디어 환경에서는 디지털 공간상의 영향력자(digital influencer)가 중요한 3자로 떠오르고 있다. 언론관계가 PR에서 중요한 역할을 한 것은, TV나 신문 등 뉴스미디어는 빠른 시간 안에 많은 사람에게 메시지를 전달할 수 있고, 사람들은 과거 뉴스 정보에 신뢰를 갖고 있었기 때문이다. PR 업무에서 뉴스미디어는 가장 중요하게 여겨져 온 영향력 공중이었던 셈이다.

2) 언론미디어의 사회적 의미

　　뉴스미디어는 사회적 현실을 재구성해서 보여 준다고 한다. 이는 뉴스가 현실을 있는 그대로 보여 주기보다는 이를 재구성하여 보여 주는데 사람들이 이런 뉴스를 통하여 사회 곳곳에서 일어나는 정보를 취득하고 간접 경험을 하게 된다는 것을 의미한다. 이는 뉴스미디어가 그만큼 책임감을 가지고 뉴스를 만들어야 하는 이유가 되기도 하지만, 그만큼 뉴스미디어가 막강한 영향력을 가지고 있다는 것을 일깨워 주는 것이라고 할 수 있다.

이러한 매스미디어에 기반을 둔 언론의 영향력을 설명하는 대표적인 이론은 슈메이커와 보스(Shoemaker & Vos, 2009)의 게이트키핑이론(gatekeeping theory), 맥콤스와 쇼(McCombs & Shaw, 1972)의 의제설정이론(agenda setting theory), 그리고 고프만(Goffman, 1974)의 프레이밍이론(framing theory)이다. 먼저, 뉴스 게이트키핑은 뉴스미디어가 정보유통 통로를 관리하는 것으로 정보를 검열하고 이를 내보낼지 차단할지를 결정하는 역할을 한다는 것이다. 이러한 뉴스 게이트키핑에서 더 나아가 뉴스미디어의 영향력을 설명하는 것은 의제설정이론과 프레이밍이론이다. 의제설정이론은 뉴스미디어가 특정 의제와 관련한 뉴스보도를 통하여 사회, 공중의 중요한 의제 결정에 영향을 미친다는 것이다. 이는 결국 뉴스미디어가 중요하다고 보도하는 의제가 결국 사회의 중요한 의제로 제시된다는 것이다. 마지막으로, 프레이밍이론은 뉴스미디어가 어떤 의제에 대해 보도할 때 한 쪽 측면을 선택하고 강조하거나 배제시켜 특정 프레임(frame)을 부각하고, 이에 사람들이 영향을 받는다는 것이다. 예를 들어, 정부의 어떤 정책 이슈에 대한 뉴스를 진보 언론과 보수 언론을 통해 접했을 때, 사람들은 그 언론들이 강조하는 특정 프레임에 영향을 받아 같은 이슈에 대해서 다르게 생각할 수 있다는 것이다. 의제설정이론과 프레이밍이론의 영향력을 구별하자면, 의제설정은 사람들이 무엇을 생각하게 하는가(what to think)에 영향을 미치는 것이라면, 프레이밍은 특정 의제에 대해 사람들이 어떻게 생각하느냐(how to think)에 영향을 미치는 것이라 할 수 있다.

이러한 뉴스미디어의 영향력을 설명하는 이론들은 결국 뉴스미디어가 PR에서도 얼마나 중요한 영향력 공중인지를 설명하고 있다. 다시 말해, 최근까지 뉴스미디어는 가장 영향력 있는 제3의 영향력자였고, 따라서 언론관계가 그동안 PR의 중요 업무로 자리매김하여 왔다는 것이다.

4. 언론관계 활동과 뉴스

1) 무엇이 뉴스가 되는가?

앞서 말했듯이 언론관계 활동의 궁극적인 목적은 클라이언트의 활동이나 업적 등을 언론미디어에 노출시키는 것, 즉 '뉴스화'를 이끌어 내는 것이다. 즉, PR 실무자는 어떤 것이 뉴스가치가 있고 미디어에 노출될 수 있는지 뉴스아이템을 발굴하여 언론을 설득하고 뉴스로 보도할 수 있도록 해야 한다. 이를 위해서는 무엇보다 언론을 설득할 수 있는 뉴스아이템을 개발하는 것이 우선이다. 다음은 언론을 설득할 수 있는 뉴스아이템 가치를 지니기 위한 요소들이다(Calame, 2006. 12. 3.).

- 언제나 새로운 사실이어야 한다.
- 실제로 무슨 일이 있었는지 명확하게 밝힐 수 있어야 한다.
- 설득력 있는 방식으로 이야기할 수 있어야 한다.
- 뉴스아이템이 사회적 영향력을 미칠 수 있어야 한다.
- 사람들이 공감할 수 있는 인상 깊은 이야기여야 한다.

이 요소들은 PR 실무자가 뉴스아이템을 기자에게 설득하기 위한 요소들이라고 할 수 있다. 쉽게 말하면, 뉴스화가 이루어지기 위해서는 먼저 기자들이 원하는 것이 무엇인가를 이해하고 이를 충족시켜 기자를 설득하는 것이 중요하다는 것이다. 하지만 기자가 좋아하는 것만을 추구한다고 해서 반드시 뉴스보도가 이루어지는 것은 아니다. 왜냐하면 언론사도 그들의 독자와 시청자의 관심과 요구를 이해하고 이를 충족시킬 때 뉴스미디어로서 신뢰를 구축할 수 있기 때문이다. 따라서 '뉴스가치'가 있는 뉴스아이템을 발굴하기 위해서는 언론사뿐만 아니라 해당 언론사의 어디언스(독자, 시청자)의 관심사와 요구도 이해할 수 있어야 한다.

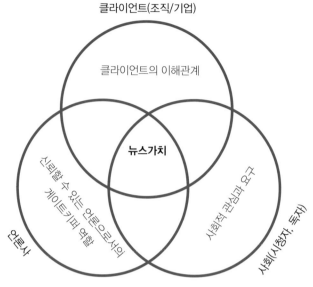

클라이언트(조직/기업)

클라이언트의 이해관계

뉴스가치

신뢰할 수 있는 언론으로서의
게이트키퍼 역할

언론사

사회적 관심 요구

사회(시청자, 독자)

[그림 8-3] PR 실무자가 고려해야 할 뉴스의 요건

[그림 8-3]은 PR 실무자가 고려해야 할 뉴스의 요건을 설명한다. 실무자는 먼저 자신의 클라이언트가 어떤 뉴스아이템을 언론에 노출시키고 싶어 하는지 파악해야 한다. 다음에는 언론사가 해당 아이템에 관심이 있을지 생각해 봐야 한다. 언론사는 해당 정보유통이 언론의 게이트키퍼로서 역할을 하는 데 적정한 것인지 고려할 것이다. 또한 그 언론사는 시청자와 독자가 해당 뉴스아이템에 관심이 있을지 고려할 것이다. 따라서 PR 실무자가 언론관계를 통해 뉴스화를 이루기 위해서는 클라이언트, 언론, 사회적(시청자, 독자) 관심사 모두를 고려해야 한다.

2) 언론관계 활동

언론관계 활동은 뉴스보도 기회를 갖기 위해 언론과 접촉하고 정보를 공유하는 모든 활동을 의미한다고 할 수 있다. 예전에는 언론관계 활동에서 기자와 PR 실무자는 역학적 관계로 기자가 우월한 관계에 있는 갑과 을의 관계로 설명하기도 했다. 왜냐하면 결국 뉴스로 나갈 건지 아닌지 선택권이 기자에게 있기에 기자가 실무자에 대해 갑의 권한을 가질 수 있다는 것이다. 이는 광고와 PR의 매스미디어 활용방식으로 설명할 수 있다.

현재 미디어 환경은 많이 바뀌고 있지만 전통적인 매스미디어 활용에 있어 광고는 '돈을 지불하는(paid)' '통제가 가능한(controllable)' 미디어를 활용하고, PR은 '돈을 지불하지 않는(non-paid)' '통제가 불가능한(uncontrollable)' 방식으로 매스미디어를 활용한다. 이 말을 설명하자면, 광고는 TV 방송시간이나 신문지면 등을 돈을 지불하고 사서, 관련 법이 정하는 선에서 시간, 내용 등 원하는 대로 광고를 할 수 있다. 반면, PR은 보도자료 배포 등 언론관계 활동을 통해 언론미디어 노출을 추구한다. 이때 보도자료를 배포할 때 돈을 지불하지 않는다. 따라서 보도가 될지 안 될지 또는 내용이나 시간 등에 대해 PR 실무자가 결정권을 갖고 통제할 수 있는 것이 아니라 언론사 편집국, 기자가 결정권을 갖게 된다(최근 유료로 뉴스를 거래해서 문제가 되고 있는 유가 기사, 애드버토리얼 등은 예외가 될 수 있다). 뉴스 기회를 갖기 위한 언론관계 활동은 다음과 같은 활동을 모두 포함하며, 이러한 활동을 퍼블리시티 활동이라고 한다.

- 보도자료 배포(news release)
- 기획기사 개발(feature article development)
- 언론사 미팅(press meeting arrangement)
- 언론사 기획 캠페인(press co-campaign)
- 컬럼 기획 및 작성(editorial services)
- 미디어 응대(media inquiry follow-up)
- 미디어 인터뷰(media interview arrangement)
- 프레스킷(press kit) 제작
- 뉴스 클리핑(news clipping services) 및 보고
- 미디어 트레이닝(media training)

퍼블리시티 활동은 결국 뉴스아이템을 기자들에게 '준다' '던진다'의 의미에서 피칭(pitching)이라고 한다. 피칭은 정확하게 설명하면 뉴스화를 위해 기자를 설득하는 과정을 의미한다.

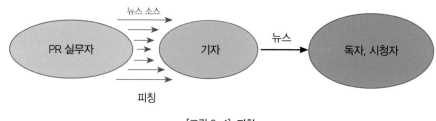

[그림 8-4] **피칭**

[그림 8-4]는 PR 실무자가 기자가 관심 있어 할 만한 뉴스 소스(news source)를 피칭하여 보도를 이끌어 내기까지 과정을 보여 준다. 기자를 설득하여 뉴스보도를 이끄는 피칭은 PR 실무자의 능력을 보여 주는 것이라 할 수 있다.

그러면 좋은 피칭은 어떻게 해야 할까? 야구에서 좋은 투수(pitcher)의 기준이 무엇인가를 생각해 본다면 이에 대한 답을 찾을 수 있다. 야구에서 좋은 투수는 포수에게 스트라이크를 잘 던지는 선수이다. 따라서 투수와 포수 간에 원활한 커뮤니케이션을 통해 호흡이 잘 맞는 것이 중요하다. 미국 메이저리그에서 활약하고 있는 류현진, 김광현 같은 투수들은 매번 포수와의 호흡의 중요성을 강조한다. 언론관계에서 PR 실무자와 기자와의 관계는 투수와 포수의 관계라고 할 수 있다. 따라서 실무자와 기자가 호흡이 잘 맞을 때 언론관계에서의 '스트라이크', 뉴스보도를 이끌 수 있다. 이러한 호흡은 원활한 커뮤니케이션을 통한 상호이해관계가 선행될 때 이루어질 수 있다. 애론슨 등(Aronson, Spetner, & Ames, 2010)은 효과적인 피칭은 다음의 순서대로 이루어져야 한다고 설명한다.

① 뉴스 컨셉(아이템) 분석과 타깃 언론가 선정: 뉴스아이템에 대해 분석 후 아이템이 보도되고 조직이 원하는 성과를 거둘 수 있는 언론사들을 선정한다. 이때 해당 언론사에 노출되는 어디언스가 중요한 고려요인이 된다.

② 해당 언론사 접촉: 타깃 언론사들의 에디터나 기자를 접촉하고 보도 가능성을 확인한다.

③ 피칭: 보도자료 배포 등 피칭을 한다.

④ 피칭 후 보도 확인: 피칭 후 자료를 잘 받았는지 또는 추후 보도를 한다.

5. 보도자료

1) 보도자료란?

세이탈(Seital, 2014, p. 317)은 보도자료가 "PR 글쓰기의 할아버지"라고 표현하며, 가장 효과적인 PR 수단이라고 설명한다. 사실 PR 실무자들이 가장 많이 고민하고 노력을 들이고 있는 것 중에 하나는 미디어 노출을 할 수 있는 보도자료 작성에 대한 것이다. 보도자료는 조직의 공식적인 입장을 문서로 작성하여 언론보도를 이끌기 위한 것이다(Seital, 2014). 쉽게 말해, 보도자료는 PR 실무자가 작성하는 가상의 뉴스를 의미한다. PR 실무자는 클라이언트에 대한 정보를 언론에 노출시키기 위해 보도자료를 작성하여 언론사에 배포하고, 언론사는 이러한 보도자료에 대한 뉴스가치를 판단하여 보도한다.

2) 보도자료의 종류와 고려사항

보도자료는 다음과 같은 형태를 가지고 있다.

- 보도기사(straight news) 자료: 시의성 있는 뉴스 전달이 목표
- 기획, 해설기사 자료: 사안에 대한 분석과 전망 제시, 기사의 대형화가 목표
- 피처(feature story) 자료: 읽을거리를 제공, 흥미유발이 목적, 사안 자체보다는 뒷배경 이야기와 화젯거리 중심
- 캡션(caption) 자료: 사진을 게재하여 전달효과를 높임, 사진과 함께한 설명

하지만 뉴스의 종류가 보통 일반적인 사건·사고를 다루는 하드 뉴스(hard news)와 심층취재 기획 기사 같은 소프트 뉴스(soft news, feature)로 나눌 수 있기 때문에 보도 가능성을 높이기 위해 다음과 같은 두 가지 뉴스의 특성을 파악하는 것이 중요하다.

● 표 8-1 ● **일반뉴스와 기획뉴스의 특징**

구분	일반뉴스(News)	기획뉴스(feature)
뉴스 길이	비교적 짧음	길이가 긺
보도 관점	3인칭(non-personal)	1인칭(personal)
보도시기	사건·사고 발생 직후, 긴급 보도	일반뉴스에 비해 긴급하지 않고, 보도시기가 상대적으로 유연함
도입부 (뉴스 시작)	6하 원칙에 입각한 사실 위주	이야기식으로 어디언스의 이목을 끄는 방법(narrative hook)
내용구성 방식	핵심 포인트 위주로 단조롭게 전개 (mono-tone)	사안에 대한 풍부하고 다양한 내용 구성 (colorful)

〈표 8-1〉은 어떤 뉴스를 지향하는가에 따라 보도자료의 형식도 달라져야 함을 보여 준다. 또한 실무자는 보도 가능성을 높이기 위해 보도자료를 작성하고 배포할 때 다음과 같은 사항을 고려하여야 한다(Seital, 2014).

- 왜 보도자료를 작성하고 배포해야 하는지 이유가 명확해야 한다.
- 각 보도자료는 이것저것 많은 내용을 담기보다는 딱 하나의 주제에 집중해서 작성해야 한다.
- 보도자료의 주제가 해당 조직, 산업 및 커뮤니티에서 뉴스가치가 있는가를 확인해야 한다.
- 보도자료에는 제품이나 서비스 또는 관련 사항에 대해 사람들이 어떻게 이야기하고 있는지에 대한 사실을 담아야 한다.
- 보도자료는 과장이나 거짓 없이 사실을 전달해야 한다.

3) 보도자료 작성: 내용과 형식

PR 업무를 하게 된다면 언젠가는 보도자료를 작성하는 경험을 하게 된다. 사실, 보도자료를 피칭하여 뉴스보도를 이끌어 내는 작업은 실무자들이 가장 스트레스를 받는 업무이면서, 실무자들의 역량을 평가하는 중요한 잣대로 여겨지기도 한다. 그럼 보도자료는 어떻게 써야 할까? 보도자료는 그 내용과 형식이 조직마다 그리고 목적에 따라 다를 수 있기 때문에 무엇이 맞다 틀리다 단정할 수는 없다. 특히 최근 미디어 환경이 빠르게 변하면서 보도자료 작성과 배포의 방법도 다양하게 나타나고 있다. 여기서는 전통적인 보도자료 작성 방법을 중점적으로 논의한다. 보도자료 작성 방법은 다음과 같다.

첫째, 철저한 조사를 바탕으로 보도자료를 작성해야 한다. 실무자는 보도자료 작성 전에 해당 사안에 대한 정확한 이해를 바탕으로 환경적 영향, 의견 등에 대한 정확한 방향을 정하는 것이 중요하다. 따라서 효과적인 보도자료를 준비하기 위한 첫 번째 단계는 보도 가능성에 대한 철저한 '조사'를 하는 것이다. 이때 주제와 관련한 가능한 많은 정보를 수집하여 포괄적인 정보를 보도자료에 담을 수 있어야 한다. 보도자료 작성을 위해서는 사전에 유사한 보도자료가 뉴스화된 적은 없는지를 조사하여 반복 보도를 피해야 한다. 덧붙여, 보도자료 작성 시 내용의 윤리적 측면에 대한 고려가 있어야 한다. 또한 개별 언론사들은 특정 형식을 갖추고 있는 경우가 있으므로 이에 대한 조사를 통해 언론사 형식에 맞추어 작성해야 한다.

둘째, 보도자료는 제목(headline), 부제(sub-head), 도입부(lead), 본문 등의 순서로 이루어진다.

셋째, 보도자료는 일반적으로 '역삼각형 구조'로 작성한다. 자료의 핵심 사항을 서두에 제시하고 본문에 세부내용을 정리하는 방식이다. 이는 연역적 구조로 글을 작성하여 어디언스의 관심을 끌고 이해를 쉽게 하려는 의도도 있지만, 상대적으로 언론사의 기자들에게 쉽게 어필하여 보도 가능성을 높이려는 목적을 가지고 있다. 왜냐하면 기자들은 수많은 보도자료를 받게 되는데 이러한 보도자료를 모두 다 자세하게 읽어 보기는 힘들다. 실제 보도 결정은 보도자료의 제목, 부제, 그리고 도입부에서 결정이 나는 경우가 많다. 따라서 실무자들은 전략적으로 핵심 사항들을 보도자료의 앞에 배치하여 언론사가 해당 자료를 뉴스 소스로 채택할 가능성을 높일 수 있다.

넷째, 6하 원칙(언제, 어디서 누가, 어떻게, 무엇을, 왜)에 따라 작성한다. 사실에 기초하여 자세한 내용을 담아 보도자료를 작성한다.

다섯째, 보도자료 글 작성은 3S의 기준을 따른다. Simple(간단하고 명료하게 글로 표현), Speed(사안에 대한 정확한 이해를 바탕으로 막힘없이 표현), Service(독자가 쉽게 읽고 이해할 수 있는 표현으로 문장을 작성)가 그 기준이다.

메시지는 내용과 형식으로 이루어져 있다. 따라서 보도자료를 통하여 특정 메시지를 뉴스화하기 위해서는 내용뿐만 아니라 형식도 그만큼 중요하게 고려해야 한다. 앞서 말했듯이 보도자료의 형식이 특별하게 정해진 것은 아니지만, 일관성 있는 형식은 보도자료에 대한 신뢰감 및 전문성 등에 대한 인상을 심어 줄 수 있으므로 중요하다. 다음은 보도자료가 갖추어야 할 필수 요소들이다.

- 날짜 및 보도일시(embargo): '일주일 후 보도 부탁드립니다' '내일 조간에 보도 부탁드립니다'
- 담당자 연락처
- 제목(headline+sub-head): 실제 보도 시 언론사에 의해 조정될 가능성이 높지만, 가능한 한 보도자료 내용을 잘 드러낼 수 있는 제목 제시
- 레터헤드: PR 회사나 클라이언트의 형식 사용을 통하여 신뢰 증가. 대개 회사 로고와 전화번호, 이메일, 팩스번호 등 연락처와 주소 등을 기입

이봉원(2013)은 보도자료 완성도 평가기준 예시를 〈표 8-2〉와 같이 제시하고 있다.

● 표 8-2 ● **보도자료 평가지표 예시**

분류	평가방법	평가항목	해당 여부	점수
제목	자수	9~14자 이내?	○	1
	어투	제목이 관심을 끄는 구어체?	×	
도입부	제목 연관성	도입부에서 제목이 나오는가?	○	1
본문	문단 배열	역피라미드형?	○	1
	문장 구조	한 문장이 2행 이내, 6하 원칙?	○	1
	문장 연결	독자 입장 작성?	×	
	기호 사용	기호를 쓰지 않았는가?	○	1
	보도자료 길이	원고지 6매(A4 1.5매) 이내	×	
	완성도	책임자 인용 포함?	○	1
	첨부자료	표, 그래프, 사진 등	○	1
평가(10점 만점)				7

출처: 이봉원(2013).

이 평가표는 최적의 보도자료를 평가하기 위한 기준을 제시하고 있다. 기업, 기관 그리고 PR 회사들은 조금씩 차이가 있지만, 주기적인 보도자료 평가를 통하여 보도 확률을 높이기 위한 노력들을 하고 있다. [그림 8-5]는 가상의 예시를 통해 보도자료 구성요소를 설명하고 있다.

[그림 8-5] **보도자료 예시 설명**

6. 결론

지금까지 언론관계와 보도자료에 대해 알아봤다. 사실 미디어 환경이 급속하게 변화해 가면서 언론관계에 대한 관심이 예전에 비해 줄어들고 있고, 언론과 실무자와의 관계도 변화하고 있다. 특히 디지털 미디어 환경에 따라 언론사 자체도 뉴스보도의 방식을 달리 하고 있고, PR 실무자들에게도 변화에 대한 적응과 전문성 강화에 대한 요구가 계속되고 있다.

앞서 언론미디어의 사회적 역할을 논의하면서 게이트키핑, 의제설정, 프레이밍과 같은 언론의 영향력에 대해 설명했다. 하지만 언론이 영향력을 발휘하기 이전에 PR은 언론에 뉴스 정보를 제공하는 역할을 한다. 따라서 PR 실무자 자체가 언론 이전에 게이트키퍼 (gatekeeper), 의제설정자(agenda-setter), 프레이머(framer)의 역할을 하는 것이다. 특히 전통 언론사의 위기와 상업주의 광고 수주 경쟁 등의 영향으로 과거 갑과 을의 관계로 여겨 지던 기자와 PR 실무자의 역학관계도 역전되는 현상도 일어나고 있다. 또한 디지털 미디어 환경에서의 보도 경쟁이 심화되면서 과거 조간, 석간신문, 아침, 저녁 뉴스 등의 데드라인 중심으로 업무가 진행되던 언론관계가 24시간 쉬지 않는 체제로 가고, 심지어 에디터의 검열 기능도 약해지고 있다는 소리가 들린다. 이와 같은 변화에 있어 PR 실무자의 윤리의식과 사회적 책임에 대한 목소리도 높아지고 있다. 2018년 글로벌 커뮤니케이션 보고서 (Global Communication Report)의 조사 결과에 따르면, 응답한 실무자 62% 이상이 향후 자신의 회사에서 커뮤니케이션 윤리에 대한 중요성이 강화될 것이라고 생각하고 있었다. 사회적 관계성이 강화되면서 PR 실무자의 윤리적 커뮤니케이터 역할이 점점 중요해지고 있다. 이러한 커뮤니케이션 윤리에 대한 인식과 실천은 PR의 사회적 존재가치와 전문 직업 영역의 위치를 강화할 수 있는 길임을 명심해야 한다.

사례 **서울웨스틴조선호텔 F&B 리뉴얼 론칭 언론관계**

• **상황분석**

2017년 조선호텔은 프리미엄 호텔의 위상을 재정립하기 위하여 호텔의 식음료 업장의 리뉴얼을 통하여 재도약하는 계기를 마련한다. 조선호텔은 다음의 목적 달성을 위해 언론관계 프로그램을 기획/실행한다.

–F&B(식음료) 리뉴얼을 통한 주요 식음업장의 변화(베이커리, 바, 양식당) 이슈화

–경쟁 호텔과의 차별성 고취 및 새로운 트렌드를 주도하며 업계 리더십 형성

–각 업장의 오픈 시기에 맞춰 미디어 및 소비자 관심 집중 필요

–워너비 호텔 다이닝으로 포지셔닝해 '미식명가' 명성에 맞는 트렌드를 구축하는 것과 동시에 '가고 싶은 호텔 다이닝'이라는 인식 형성

–신규 고객 유입, 특히 젊은 층(2030세대)의 유입 절실→젊고 감각 있는 호텔

• **커뮤니케이션**

–서울웨스틴조선호텔 F&B 리뉴얼의 특징을 이해할 수 있도록 전통과 트렌드를 조합한 '헤렌디 (Heritage+Trendy: Herrendy)'라는 신조어를 만들어 키 콘셉트로 선정

–업장별 메인 제품, 서비스, 인테리어 등의 특징을 정리해 최신 트렌드와의 교집합을 찾아 메시지 개발

–이를 기반으로 방송, 일간지, 매거진 등 다양한 미디어를 통해 각 업장들의 독특한 콘셉트와 방향성을 알렸으며, 호텔 업계뿐만 아니라 유통, 문화 등 여러 분야에 걸쳐 서울웨스틴조선호텔 F&B가 노출

–단순하게 업장을 알리기보다 새로운 트렌드를 만들고 이를 언론홍보를 통하여 프레이밍(4개월간 30여 개의 기획자료)

–'인증 부르는 인스타그래머블 베이커리' '호텔로 모이는 2030 바니아(Bar mania)' '프리미엄 주류 바 뜬다! 워너비(Wannabe) 워너바(Wannabar)' '핫플레이스의 귀환, 강남에서 강북으로 바(bar)통터치' '더 작고 화려해진 미니백…… 가방 속 제품도 다운 사이징' 등 기존 호텔 홍보 방식과는 다르게 전체 트렌드를 주도하는 앵글

–호텔업계에서 일반적으로 진행하는 호텔 묶음 기사가 아니라, 주요 타깃인 30대를 중심으로 한 새로운 트렌드를 선도하는 장소로 노출됨에 따라 업계 및 소비자들의 관심을 집중시킴

• **성과 평가**

–주요방송사 언론 노출 9회 달성(KBS 뉴스 3회, MBC 뉴스 2회, MBN 뉴스 2회, SBS CNBC 2회)

—런칭 PR 4개월간 총 342건 신문 기사 보도

—신규 고객 30% 증가, 젊은 층 유입 및 방문 증가, 전체 식음업장 매출 40% 증가

[그림 8-6] 서울웨스턴조선호텔 F&B 리뉴얼 보도기사

출처: 한국경제(2017. 5. 21.).

자료 제공: 프레인글로벌.

토론주제

1. 언론관계에서 고려할 윤리는 무엇인가?

2. 디지털 미디어 환경에서 언론관계의 실무 변화는 어떠한가?

3. 언론관계는 앞으로도 PR 실무에서 가장 중요한 영역으로 고려될 수 있을까?

 참고문헌

이봉원(2013). PR에세이와 언론홍보클리닉. 서울: 과학사랑.

한국경제(2017. 5. 21.). 퇴근 후 칵테일 한잔으로 힐링… "여기 참 편하다"(https://www.hankyung.com/news/article/2017052148391).

Aronson, M., Spetner, D., & Ames, C. (2010). *The public relations writer's handbook: The digital age* (2nd ed.). San Francisco, CA: Jossey-Bass.

Berkowitz, D., & Lee, J. (2004). Media relations in Korea: Cheong between journalist and public relations practitioners. *Public Relations Review, 30*(4), 431-437.

Calame, B. (2006. 12. 3.). Scoop, impact or glory: What motivates reporters? Retrieved from http://www.nytimes.com/2006/12/03/opinion/03pubed.html?_r=2&ex=1187841600&en=c16 b173afa6092e8&ei=5070

Cutlip, S. M. (1994). *The unforeseen power: Public relations, a history.* Hilisdale, NJ: Lawrence Erlbaum Associates

Fairhurst, G., & Sarr, R. (1996). *The art of framing.* San Francisco, CA: Jossey-Bass.

Goffman, E. (1974). *Frame analysis: An essay on the organization of experience.* New York, NY: Harper & Row

McCombs, M., & Shaw, D. (1972). The agenda-setting function of mass media. *The Public Opinion Quarterly, 36*(2), 176-187

Morse, S. (1906). An awakening in wall street. *The American Magazine, 62.* 457-463.

Scheufele, D. A. (1999). Framing as a theory of media effects. *Journal of Communication, 49*(4), 103-122.

Seital, F. (2014). *The practice of public relations* (12th ed.). London, UK: Pearson

Shoemaker, P. J., & Vos, T. P. (2009). *Gatekeeping theory.* New York, NY: Routledge.

제9장

사내 커뮤니케이션, 왜 조직에게 중요한가?*

사내 커뮤니케이션, 종업원 커뮤니케이션, 혹은 내부 공중 커뮤니케이션으로도 불리는데 동일하게 내부 구성원 대상 사내 커뮤니케이션을 통칭하는 개념이다. 일반적인 PR활동이 외부 공중 대상 커뮤니케이션 활동으로 알고 있지만 내부 공중 대상 커뮤니케이션은 외부 공중 못지않게 갈수록 중요해지고 있다. 디지털 환경하에서 어떤 의미에서는 내부 공중이 외부 공중보다 더 중요할 수도 있다. 조직 구성원들이 조직에 대해 가지는 직·간접적인 경험, 구전, 만족도는 그 어떤 요인보다 조직의 평판에 강한 영향을 미치며, 지금과 같은 디지털 매체 환경에서는 순식간에 전파되는 특징을 가진다. 이 장에서는 사내 커뮤니케이션의 특징과, 매체 활용, 사내 커뮤니케이션에 영향을 미치는 변수들에 대해 살펴보고자 한다.

* 조삼섭(숙명여자대학교 홍보광고학과 교수)

● 이 장을 통해 답을 찾을 질문들 ●

1. 사내 커뮤니케이션은 왜 중요한가?

2. 사내 커뮤니케이션의 주요 매체별 특성은 무엇인가?

3. 사내 커뮤니케이션에 영향을 미치는 요인들은 무엇인가?

4. 사내 커뮤니케이션과 관련된 이슈는 무엇이 있는가?

5. 사내 커뮤니케이션의 패러다임 변화는 무엇인가?

1. 사내 커뮤니케이션의 중요성과 유형

현대 오일뱅크는 지난 2011년부터 해마다 신입사원 입사식에 부모님을 초청하여 행사를 치룬다. 이러한 행사는 신입사원들에게는 자긍심을 갖게 하고, 부모님에게 자녀가 어떤 일을 하는지 설명하고, 자랑스러운 성취라는 자긍심을 갖게 하는 효과를 만드는 좋은 프로그램이다. 통상적인 사장님의 당부 메시지는 쉽게 잊히는 반면, 이 같은 행사는 신입사원들에게 더 애사심을 갖게 하고 기억에 남는 효과를 만들어 낸다. 이렇듯 사원 커뮤니케이션은 언어적 메시지뿐 아니라, 구성원들의 만족도를 높이기 위한 언어적 · 비언어적 소통 전략과 프로그램을 포함하는 개념이다.

세계적인 배달회사인 페덱스(Fedex)는 핵심 경영철학으로 P-S-P를 내세운다. 즉, 직원(people)의 질이 서비스(service)를 결정하며, 서비스의 질은 결국 페덱스의 이윤(profit)으로 연결된다는 개념이다. 그만큼 직원의 근무 만족도는 중요하다. 이러한 예들은 조직에서 가장 중요한 것은 결국 사람이며, 이들을 어떻게 심리적으로 만족시키며, 동기부여를 통해 업무 생산성에 긍정적 영향을 미치고자 하는지 기업에서 고민하는 예들로 볼 수 있다.

종업원 관계 혹은 사원관계(employee relations)로 불리기도 하는 사내 커뮤니케이션은 PR의 중요한 기능적 유형이지만, 경영학에서 본다면 조직 구성원의 만족도와 생산성이라는 주제 안에서 논의되는 주제이며, 실제적으로 PR 차원에서는 사내 커뮤니케이션으로 좁혀서 논의되는 게 일반적이다. 경영학에서는 조직행동(organizational behavior)이라는 영역에서 사내 커뮤니케이션을 다룬다. 조직행동 영역에서는 구성원의 만족도, 이직의도, 조직 내 갈등, 리더십, 조직문화, 조직 분위기 등 다른 세부 주제를 다룬다. 사내 커뮤니케이션 영역도 조직행동의 세부 영역 가운데 하나로 논의될 수 있는 분야이다. 이 장에서는 혼용되어 쓰이는 사내 커뮤니케이션, 사원관계, 내부 커뮤니케이션을 같은 개념으로 보고, 여기에서는 사내 커뮤니케이션으로 통일하여 부르고자 한다.

내부 구성원 대상 사내 커뮤니케이션은 내부 조직원들을 대상으로 하는 언어적 · 비언어적 커뮤니케이션 활동을 지칭한다. 흔히 조직의 유형을 구분할 때, 영리를 추구하는 기업조직, 공공이익을 추구하는 공공조직, 영리 아닌 비영리 차원에서 공익을 추구하는 민간

비영리 조직으로 구분할 수 있는데, 어느 유형의 조직이든 조직은 조직이 내세우는 목표를 달성하기 위해 다수의 개인이 모여 만든 집합체이다. 조직이 가진 목표를 달성하기 위해 조직 구성원들을 대상으로 한 목표와 가치의 공유는 조직 목표를 달성하는 데 아주 중요한 과제이다.

흔히 조직 구성원이 이직을 하거나, 퇴사를 하는 경우에 가장 흔한 이유는 바로 위 직속 상사와의 인간관계 갈등으로 인해서이다(세계일보, 2020. 11. 5.). 구성원의 입장에서는 급여나 복리후생, 발전 가능성 못지않게 대인관계 스트레스가 만족도 저하의 주요 원인으로 꼽힌다. 물리적 조건 못지않게 심리적 요인의 중요함을 나타낸다. 낮은 수준의 사내 커뮤니케이션은 구성원들의 불만족을 만들어 내고, 이직이 증가하며, 조직이 지향하는 목표에 내해 구성원들은 공유하지 않게 되며, 생산성 저하, 매출 하락 등의 부정적 결과로 이어진다. 내부에 불만을 가진 종업원은 외부에 쉽게 조직의 부정적 정보를 전파시키며, 이러한 부정적 경험 정보는 긍정적 경험 정보보다 전파속도가 훨씬 빠르다.

역으로, 종업원들의 조직이나 업무 만족도는 조직이 지향하는 목표에 쉽게 공감하게 만들며, 조직의 일하는 분위기를 긍정적으로 만들고, 이러한 구성원들의 만족감은 생산성에 긍정적 영향을 미치며, 조직 성장을 더 가속화하며, 조직의 긍정적 평판에 큰 영향을 미친다. 이렇듯 우수한 사내 커뮤니케이션은 구성원의 동기부여를 더 강화시키고, 구성원들의 충성도를 만들며, 이직을 감소시키고, 조직이 지향하는 목표에 대해 공감하게 만들며, 구성원들이 더 열심히 일하게 만드는 효과를 만들어 낸다. 사내 커뮤니케이션 내용이 일방적이 아니고 균형적이라고 사원들이 인식한다면 직원들의 이직의도가 낮아진다는 실증연구가 이를 뒷받침한다(김효숙, 2015).

일반적으로 사내 커뮤니케이션은 경영진의 관점에서 조직이 지향하는 목표 달성을 위해 구성원들에게 정보를 공유하게 하고, 하나로 묶게 하는 조직적 차원의 커뮤니케이션 활동이 중심을 이룬다. 가장 대표적인 사내 커뮤니케이션의 유형은 매체를 활용한 커뮤니케이션(mediated communication) 활동으로 사내보, 뉴스레터, 웹진, 블로그, 사내방송, 인트라넷을 활용한 소통 게시판 등을 들 수 있다. 경영진은 기업의 가치관, 경영이념, 경영철학, 비전, 미션 등에 대해 직원들과 공유가 중요하며, 구성원들과 이러한 조직 가치에 대한 공유는 조직의 성과를 만들어 내는 기초적인 사회자본으로 간주한다(신호창, 2013).

사내 커뮤니케이션은 일차적으로는 미디어를 활용한 매개 커뮤니케이션과 대인간(interpersonal) 커뮤니케이션으로 구분이 가능하다. 매개 커뮤니케이션 활동은 매체를 통해 구성원들에게 정보전달, 소통을 하려는 노력이고, 대인간 커뮤니케이션은 면대면 직접 소통에 의해 질적으로 소통을 강화하려는 커뮤니케이션 활동이다. 매개 커뮤니케이션이 공식적 정보전달의 성격이 강하고, 쉽게 전달할 수 있고 공유가 가능한 특성이 있는 반면에 종업원 개개인이 가진 인간관계 고민이나, 개인의 업무 고충을 쉽게 전달하지 못하기에 대인간 커뮤니케이션은 이런 면에서 필요한 커뮤니케이션 유형이라 할 수 있다. 어느 조직이든지 매개 커뮤니케이션만 잘하고, 대인간 커뮤니케이션을 소홀히 한다면 질적인 차원에서 사원들의 마음을 잘 읽지 못할 것이며, 반대로 대인간 커뮤니케이션만 치중한다면 내부 소통의 시스템화가 이루어지지 않을 가능성이 크다. 이런 면에서 면대면 소통과 채널 활용의 균형적인 접근은 중요하다.

사내 커뮤니케이션에서 가장 중요한 요소는 무엇일까? 가장 중요한 요인을 든다면 경영진이 가진 태도의 진정성과, 말보다 행동과 실천을 통해 직원들의 인정, 공감을 얻는 일일 것이다. 수용자라 할 수 있는 구성원들은 대부분 매체를 통해 들려오는 사내 커뮤니케이션의 메시지에 크게 주목을 하지 않는다. 미국의 권위 있는 PR 연구재단인 아서 페이지 재단(Arthur Page Society)에서는 PR의 일곱 가지 원칙에서 공중의 대상에 대한 인식형성 공식으로 조직의 말(talking)이 10%, 행동(doing)이 90%를 차지한다고 주장한다(https://page.org/site/the-page-principles). 이 9:1의 원칙을 사내 커뮤니케이션에 적용한다면 조직 구성원들은 사보, 사내방송, 인트라넷, 이메일을 통해 경영진의 전달하려는 메시지를 말로 인식하는 반면에, 경영진의 솔선수범, 실천, 실행노력 등을 행동으로 인식하는 것을 의미한다. 구성원들은 말보다는 경영진이나 임원들의 행동을 통해 동기부여, 애사심을 형성해 간다는 의미이다. 예를 들어, 사장의 신년사, 창립기념일 메시지, 분기별 영상 메시지, 뉴스레터에 나오는 경영진 메시지들을 기억하는 직원은 별로 없을 것이다. 사원 입장에서 이러한 메시지들은 오히려 형식적·일방적으로 들리며 이를 통해 개인의 동기부여와 비전에 대해 공감을 얻을 확률은 적다. 직원들은 이러한 일방향적인 메시지보다는 행동으로 실천하고 솔선수범하는 경영진, 소탈하게 직원들과 호프데이나, 동호회 스포츠활동을 통해 스킨십을 쌓는 게 더 효과적일 수 있다. 따라서 사내 커뮤니케이션은 매체를 중심으로

한 매개 커뮤니케이션보다는 경영진이 가진 진정성에 기반하여 소통을 하려는 노력과 태도가 더 중요하며, 일방향보다는 쌍방향적인 접근이 더 중요하다.

미국의 심리학자 에이브러햄 매슬로(Abraham Maslow)는 그의 유명한 인간의 다섯 가지 욕구단계(5 levels of Maslow's hierarchy of needs) 모델을 주장하였다.

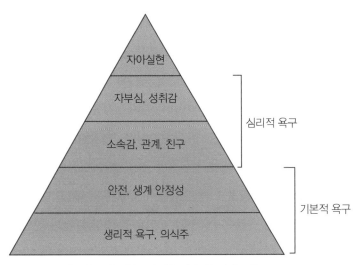

[그림 9-1] 매슬로의 다섯 가지 욕구단계 모델

매슬로의 위계적 욕구 피라미드를 살펴보면 인간의 가장 기본적 욕구라고 할 수 있는 생리적 욕구와 안전의 욕구 위에 소속 욕구와 성취, 인정 욕구가 자리 잡고 있음을 알 수 있다. 매슬로의 위계적 욕구 모델이 나타내는 인간이란 존재는 생물학적으로 안전 (safety)과 안정(security)을 필요로 하고, 경제적으로는 급여를 받아 생계를 영위하는 안정을 희구하지만 자신이 하는 일을 통해 존재감을 인정받고 싶어 하며, 사회적으로 타인의 승인을 받고 싶은 욕망이 있음을 나타낸다. 다른 말로 하면, 조직 구성원은 누구나 가장 기본적으로 해고의 두려움이 없는 직장을 원하고(안전의 욕구), 그 안에서 또한 타인의 인정과 업무를 통한 성취감(긍지, 자부심, 성취감 욕구)을 느끼고 싶어 하는 심리적 존재임을 나타낸다.

사내 커뮤니케이션은 바로 이러한 매슬로의 욕구단계에서 위에서 바로 아래 단계의 자부심, 성취감 욕구와 밀접한 관련을 맺는다. 종업원은 직장생활을 통해 보수를 받아 가장 기본적인 욕구를 해결할 수 있지만, 인간은 월급날만을 기다리며 한 달 내내 재미없게 일만 하려는 존재가 아니다. 조직 구성원으로서 조직 내에서의 성취감, 동료 혹은 상사의 인정 같은 사회적 혹은 심리적 차원의 만족이 동반되어야 하는 존재임을 나타낸다. 이러한 차원에서 사내 커뮤니케이션의 핵심은 조직의 구성원을 어떻게 존중하면서 그들의 동기부여를 강화하고, 근속을 지속하게 할지에 초점을 맞추는 커뮤니케이션 활동이다.

또한 사내 커뮤니케이션이 관심을 갖는 것으로 조직 구성원은 자신의 일을 통해 자신을 드러내며, 조직이 가진 목표 기여도에 대하여 상사의 평가를 받게 되는데, 이러한 과정에서 조직의 목표를 공유하며 함께 동행할 수 있는지가 사내 커뮤니케이션의 궁극적 목표라 할 수 있다.

이러한 배경에서 조직 구성원들은 원활한 사내 커뮤니케이션을 통해서 조직에서 상호 신뢰, 경영진에 대한 신뢰가 생기면 이는 곧 직무 만족도를 증가시키며, 업무성과에도 긍정적 영향을 미치는 것이다. 이러한 맥락에서 기존의 사내 커뮤니케이션이 매체 중심의 활동에서 이제는 패러다임을 전환하여, 구성원들과의 관계성을 어떻게 증진시킬지에 초점을 맞춰야 한다(Jo & Shim, 2005). 매체 활동 중심의 사내 커뮤니케이션은 지극히 제작물 관리유지 중심의 활동에 불과하기 때문이다.

〈표 9-1〉에 제시한 프로그램 유형에서 알 수 있듯이, 여러 매체를 활용한 커뮤니케이션 활동 못지않게 대인간 커뮤니케이션 프로그램은 중요한 부분이며, 일방향적인 것이 아닌 쌍방향적인 것을 더 중시한다면 대인간 커뮤니케이션 프로그램을 더 심화시킬 필요가 있다. 매체를 통한 매개 커뮤니케이션은 특성상 대부분 일방향적이며, 조직에서는 어떻게 하면 쌍방향적인 것을 증가시킬 수 있을지 전략적인 검토를 해야 한다. 아무리 편집 디자인이 뛰어난 사보를 발간하고, 디자인과 영상콘텐츠가 뛰어난 사내 블로그를 운영한다 해도, 직원들의 반응이 없거나, 공감하지 않는다면 그 콘텐츠는 효과성이 없기 때문이다. 이와 비슷한 맥락에서 구성원들은 사내 커뮤니케이션이 균형적이라고 인식할수록 이직의도가 낮고, 조직에 대해 만족하는 것으로 보여 준다(김효숙, 2015).

●표 9-1● **사내 커뮤니케이션 유형**

채널 구분	프로그램	내용	효과
매체 매개 커뮤니케이션 (mediated communication)	사내보, 웹진	• 월간 단위 발행 • 사내뉴스, 구성원 스토리 전달	• 감성적 • 디지털 매체 영향으로 감소 추세
	사내방송	• 영상 사내뉴스 • 경영진 메시지 전달 • 영상자료로 전달력 좋음	• 구성원 강제 시청으로 구성 원에게 정보전달 가능 • 일방적 전달
	사내 블로그	• 디지털 매체로 구성원들 에게 뉴스 업데이트 전달	• 댓글 등 상호작용 • 공유 가능
	기업형 SNS, 조직 전용 모바일 앱	• In-house 전용 SNS(예: Yammer)	• 사내 온라인 커뮤니티 기능 • 직원 목소리 표현
	인트라넷 정보공유시스템 (이메일 포함)	• 공식적인 사내 정보전달 • 업무협조	• 공식적이고 신속한 정보공 유 가능
	인트라넷 자유게시판	• 구성원의 자유의견 • 목소리 표현 가능	• 익명성은 아니기에 한계가 존재
대인간 커뮤니케이션 (interpersonal communication)	개인면담	• 개인고충, 고민 상담 시 스템	• 비밀보장 전제
	오프라인 미팅	• 조직분위기 활성화 프로 그램(그룹 팀 미팅, 해피 아워 등)	• 면대면 소통 활동으로 친밀 감 제고 가능
	사내 이벤트	• 체육대회, 등산, 오프라 인 이벤트 활동	• 스킨십 제고 기여 활동
	동호회 활동	• 다양한 사내 동호회 활동	• 취미활동 장려 • 구성원 간 친밀감 제고

1) 사내보, 웹진

전통적으로 가장 오래된 사내 커뮤니케이션 매체라 할 수 있다. 외부 공중에서 뉴스레터 형식으로 제작하여 발송되는 것을 사외보라고 부르는 것에 비해, 사내보(혹은 사보)는 직원들과 그 가족 대상으로 발행하는 뉴스레터라 할 수 있다. 사보는 보통 월간이나 격월간으로 발행되며, 어느 조직이든 사보의 구성은 월간 혹은 분기 단위의 사내뉴스, 임직원 동정, 해당 업종의 트렌드, 구성원 가족 스토리, 독자 수필, 생활 상식이나 정보 등을 포함한다. 사보의 발행목적은 구성원들에게 조직에 대한 최신 뉴스를 공유하며, 지향해야 할 경영목표, 혁신 등의 분위기를 공유하게 하고 조직에 대한 애사심을 높이는 데 목적이 있다. 최근에는 디지털 매체환경 영향으로 종이 사보 대신에 웹진으로 발행하는 형태가 일반적인데, 종이 사보가 물리적인 매체로 가독성이 좋은 반면에 웹진의 경우 종이 사보 발행비용이 절감되고 디지털로 접근성이 아주 편리하지만, 직원들이 시간을 내어 일부러 찾아보지 않을 가능성은 더 커지는 단점이 있다.

2) 사내방송

사내방송은 영상으로 구성원들에게 소통할 수 있는 매체이다. 기업에서는 일일 단위 혹은 주간 단위로 사내 소식을 영상으로 전하며, 업계 동향, 트렌드 정보 등을 공유할 수 있다. 방송 특성상 인쇄매체보다 더 시각적으로 실감 나게 전달할 수 있으며, 전 구성원들에게 실시간 전달, 특정한 시간의 강제 시청으로 전 구성원들에게 뉴스를 공유 가능하게 하는 장점이 있다. 또한 인트라넷 네트워크를 통해 다시 보기가 가능하다. 일부 대기업에서는 사내방송 전문인력을 두고 있으며, 취재 및 편집과정을 거쳐 방송을 내보내기도 한다. 그러나 사내방송의 특성상 일방적 강제 시청 형태는 일방향적인 특성을 가지며, 쌍방향적인 특성을 구현하기는 어렵다. 최근에는 영상매체의 통합으로 뉴스룸이라든지 블로그 등과 통합하여 운영하는 사례가 늘고 있다.

3) 사내 블로그

기업 블로그가 외부 고객을 대상으로 한 블로그도 있지만, 내부 직원을 대상으로 한 사내 블로그도 가능하다. 사내 블로그는 공식적인 채널이긴 하지만, 디지털 매체의 특성을 살려, 실시간 업데이트가 가능하며, 사내보나 사내방송의 확장판 역할을 할 수 있다. 사내 뉴스룸, 제품뉴스, 기획연재, 회사의 보도자료 등을 포함하여 구성이 가능하다. 일부 기업의 경우 사내 구성원을 블로그 기자로 활용하여 참여도를 높이고, 더 애사심을 갖게 하는 경우도 있다. 또한 사내보 웹진과 블로그를 합하여 사내 블로그를 운영하는 경우도 있다.

사내 블로그는 임직원의 지식과 경험을 유연하게 공유하게 해 주며, 링크 공유 등을 통해 최신 정보 등을 쉽게 전파 가능하게 해 준다. 사내 블로그는 조직 내 다른 부서와 개방적인 협력과 토론을 가능하게 해 줄 수도 있다(Chacos, 2012).

그러나 블로그 역시 쌍방향보다는 일방향적인 특성이 강하다고 할 수 있고, 구성원들 사이에 공유가 되는 공간이기에 개인적인 차원의 고충은 해결이 어렵다. 블로그에서 쌍방향성을 강화하기 위하여 자발적 댓글 달기, 콘텐츠에 대한 반응 유도를 적절하게 할 필요가 있다.

4) 이메일을 포함한 사내 인트라넷, 모바일 앱

디지털 환경에서 가장 일반적인 사내 커뮤니케이션 수단은 전화, 이메일, 인트라넷과 같은 네트워크 커뮤니케이션이다. 이메일을 통해서 공식적인 업무연락을 전달하게 되고, 사내 인트라넷을 통해 공지사항, 알림, 사내뉴스 등을 전달하게 된다. 어느 조직이든 공식적인 채널을 통한 이 같은 커뮤니케이션은 필수적이다. 다른 보조 커뮤니케이션 수단으로 휴대폰 문자, 카카오톡 메시지, 앱을 통한 메시지도 자주 활용된다. 그러나 매체 중심의 커뮤니케이션 활동은 적절한 횟수와 타이밍이 중요하며, 너무 빈번한 알림문자, 앱 알림 메시지는 구성원들에게 심리적 방해요소로 작용할 가능성도 있다. 그러나 비상시 알림문자 또는 긴급사안에 대한 구성원 공유 필요시의 앱이나 문자는 가장 유용한 수단이 된다.

최근에는 기업마다 조직 고유의 모바일 앱을 개발하여 전 직원들에게 알림을 공유하고 있다. 모바일의 특성상 가장 빠르게 메시지 전달이 가능하며, 피드백도 가능하다. 경영진은 조직의 목표를 전통적인 방식의 텍스트 형태로 전달하기보다는 유튜브나 블로그를 활용하여 동영상 메시지로 전달하는 것이 더 손쉽게 직원들에게 전달이 가능하게 하는 장점이 있다. 최근에 인기를 끌고 있는 트렌드는 TED 방식의 강연처럼 동영상 플랫폼을 활용하여 CEO 메시지를 영상으로 전달하는 것이 인기를 모으고 있다.

5) 인트라넷 자유게시판

사내 구성원들의 자유의견, 건의사항, 불만, 문제 제기, 개인적 의견을 표현할 수 있는 공간이다. 비록 자유게시판이지만, 글쓴이의 실명이 드러나기에 부정적인 의견표현은 아무래도 제약이 많은 공간이기도 하다. 그러나 전체 구성원들에게 조직 내 구성원이 공유해야할 적절한 주제에 대한 문제 제기, 경영에 대한 질문 등은 조직 내 구성원들에게 자극을 줄수 있으며, 경영진은 경영의 개방성과 투명성을 강화시키는 계기가 되기도 한다. 우리나라기업의 특성상 아직도 권위주의적 기업문화가 많이 남아 있고, 내부 문제 제기자에 대한 곱지 않은 시선 등으로 이러한 인트라넷 자유게시판은 활성화에 많은 장애요소가 있다. 최근에는 기업 외부의 같은 유형의 직장인들이 서로 문제나 고민을 공유하는 온라인 공간(예: 회사 대나무숲)이 있어 구성원들의 목소리를 표현하기도 한다. 이러한 공간에서는 같은 업계 구성원들이 익명으로 정보를 공유하기도 하며, 고충 해결책을 구하기도 한다. 사내 커뮤니케이션 담당자나 인사담당자는 이러한 구성원들의 내부 목소리를 표현하는 사내 게시판이나 혹은 외부 대나무숲과 같은 공간을 주기적으로 모니터링할 필요가 있으며, 문제 제기에 대해 적절한 타이밍에 바른 정보를 가지고 소통을 하는 것은 매우 중요하다.

6) 대인간 커뮤니케이션 매체

매체를 통하지 아니하고, 면대면을 통해 상호 소통하는 것은 매우 필요한 일이다. 면대면 커뮤니케이션은 언어적 커뮤니케이션 외에도 비언어적 커뮤니케이션(non verbal communication)을 포함하는 개념이다. 대화를 할 때 언어 외에도 표정, 몸짓도 의사를 전달하는 중요한 수단이기 때문이다. 상대방과 대화를 하면서 상대방의 표정이나 몸짓은 상대방을 알게 해 주는 또 다른 정보원이다.

구성원들의 조직에 대한 인식은 경영진의 공식적 메시지 외에도 비공식적 메시지를 통해 형성된다. 사내 구성원들은 조직의 구성원으로서 조직의 현재와 미래에 대하여 많은 관심을 가진다. 이러한 맥락에서 구성원들은 정보를 공유받길 원하며, 동기부여 차원에서 일한 만큼 보상을 받기 원한다. 따라서 경영진들이 구성원에게 접근성(accessibiliy), 정보의 투명성(transparancy)을 강화시키는 것은 구성원들에게 만족도를 높이는 원칙이 된다. 예를 들어, CEO가 직원들에게 CEO 방문이 항상 열려 있으며, 직접 소통이 가능하다는 점을 알리는 것은 접근성을 높이는 좋은 전략이 된다. 투명성은 기업이나 조직의 재무정보, 중요한 내부 정보를 솔직하게 공유하는 것이며, 신뢰도를 높이는 주요 전략이 된다.

접근성을 높이는 차원에서 CEO는 직원간담회, 현장 일일 근무, 현장 라인 방문, 사원들과의 식사, 호프데이 이벤트 등을 할 수 있다. 흔히 섬김 리더십(servant leadership)이라고 불리는 리더십은 여기에 해당하며, 지위 관계에서 밑에 있는 직원들 입장에서는 이러한 낮은 자세로 임하는 경영진에 대해 더 인간적 친근감을 느끼고, 더 애사심을 갖게 해 주는 효과가 있다. 과거에는 카리스마형 리더십이 각광을 받았으나 최근에는 대등한 위치에서의 의사소통, 상호존중을 기반으로 한 상호 관계성이 더 인정을 받는 추세로 변화하고 있다. 오프라인 소통을 통해 경영진은 사원들과의 친밀도를 높이게 되고, 그들의 입장을 더 잘 이해할 수 있게 된다.

사원들 입장에서 대인간 커뮤니케이션을 활성화하는 것은 면담이나 팀미팅 등을 통해 속내를 표현하는 것이 가능하며, 갈등 상황을 해소하는 데 도움을 줄 수 있다. 특히 매체를 활용한 커뮤니케이션 활동이 대부분 상의하달식 일방적인 방향인 데 비해, 오프라인 대인간 커뮤니케이션에는 하의상달식의 쌍방향 소통이 어느 정도 가능하다. 또한 온라인 공간에서 표현하기 어려웠던 개인의 고충이나 어려움도 오프라인 미팅을 통해 표현이 가능하다는 장점이 있다. 매체를 활용한 커뮤니케이션 활동이 주로 공식적인 커뮤니케이션 활동이라면, 이 같은 오프라인 소통은 유연하면서도 적절한 윤활유 역할을 수행한다.

그러나 경영진의 오프라인 대인간 소통 프로그램은 진정성에 기반해야 하며, 보여 주기식이거나 형식적인 것으로 진행한다면 오히려 하지 않음만 못하다는 것을 알아야 한다. 이러한 맥락에서 격의 없는 대화나 소통을 증진하는 요인으로 조직문화(organizational culture)가 중요함을 알 수 있다. 조직문화는 한 조직에서 오랫동안 구성원들 사이에 서로 공유되고 전승되어 온 행동규범과 습관들의 집합체이다. 한 조직의 조직문화는 그만큼 오랫동안 누적되어 쌓여 온 결과물이다. 조직 내 구성원 간 솔직한 커뮤니케이션이 어느 정도 가능한 문화는 하루아침에 만들어지는 것이 아니기에 경영진의 진정성 있는 태도는 가장 중요한 요소이다.

조직마다 이 같은 솔직한 소통이 이루어지는 조직문화를 만들기 위해 다양한 프로그램을 시도하기도 한다. 예를 들어, 직급호칭을 부르는 대신 '○○○ 프로' '○○○ 매니저' 등으로 불러 호칭파괴를 시도하기도 한다. 유교문화의 영향으로 권위와 서열문화가 강한 한국의 기업문화상 이 같은 시도는 긍정적으로 볼 수 있다. 수직적인 관계성에서 수평적인 관계성으로의 전환 시도는 어느 기업이든 필요한 전략이라고 할 수 있다. 일부 기업에는 직원들 간의 친목도모와 애사심 제고 차원에서 동호회 활동을 장려하기도 한다.

대인간 오프라인 면대면 커뮤니케이션은 온라인이나 매개 커뮤니케이션 못지않게 중요하며, 어느 조직이든 균형적인 실행 전략으로 활용할 필요가 있다. 그러나 어느 전략을 활용하든 경영진이나, 상위 직급자가 권위주의적 태도 대신에 인간적인 태도로 접근할 경우가 훨씬 더 효과적임은 자명한 일이다. 결국 사내 커뮤니케이션의 핵심은 매체의 문제가 아니라, 커뮤니케이션을 하고자 하는 이의 마음과 태도가 중요함을 나타낸다.

2. 사내 커뮤니케이션에 영향을 주는 요인들

사내 커뮤니케이션의 시스템과 효과성에 영향을 주는 변수는 다양하다. 이 장에서는 여러 요소 중에 조직문화, 경영진 철학과 가치관, 내부 커뮤니케이션 시스템에 대해 살펴보기로 한다.

1) 조직문화

조직문화는 해당 조직 구성원들 사이에 의식적 혹은 무의식적으로 공유하는 일종의 관행, 코드, 문법이라고 할 수 있다. 조직문화는 일처리 방식, 대인관계 양식, 회의양식, 경영진 스타일 등 다양한 요소의 집합적 규범들이다. 한 조직의 구성원들은 자기도 모르는 사이에 조직에 들어오게 되면 이 같은 조직문화를 내면화하게 되며, 행동으로 실행하게 된다. 사내 커뮤니케이션 관점에서 본다면, 보다 개방적인 조직문화를 가진 조직에서는 게시판이나 블로그 글을 통해 솔직한 구성원들의 목소리를 표현할 수 있지만, 폐쇄적인 조직문화를 가진 조직에서는 이 같은 자유로운 의견표현이 제한되며, 금기시된다. 개방적인 조직문화를 가진 조직에서는 경청, 유연함, 쌍방향성, 상호 변화 등의 단어가 익숙한 분위기인 반면에 폐쇄적인 조직문화는 형식주의, 경직성, 권위, 눈치 보기, 상의하달식의 일방향적이라는 분위기가 지배적이다. 폐쇄적인 조직문화를 가진 조직에서는 자유로운 의사소통이 제한되며, 사원들은 경영진의 눈치를 보게 되고, 토론보다는 지시와 순응, 관행과 전통 존중의 문화가 자리 잡게 된다.

개방적인 조직문화를 만들어 가기 위해서는 직급 간, 부서 간 경계의 벽을 낮추며, 자유로운 의사소통을 할 수 있는 내부 프로그램을 준비하는 것이 필요하다. 개방적인 조직문화를 갖추기 위해 가장 크게 영향을 미칠 수 있는 직급은 역시 경영진들이며, 이들의 겸손한 사세, 진술하고 개방적인 태도야말로 열린 조직문화를 만들어 가는 데 기초 토양이다. 개방적인 조직문화의 또 다른 필수조건은 어떠한 말을 해도 불이익을 받지 않을 것이란 암묵적인 내부 문화를 만들어 가는 일이다. 결국 개방적인 조직문화를 만드는 데 가장 영향력이 큰 집단은 경영진이며, 이들의 태도와 리더십이 조직문화에 큰 영향을 미친다.

우리나라는 아직 유교문화의 영향과 권위주의의 사회문화 영향으로 직급의 차이가 존재할 경우 의견 차이를 표현하는 것을 주저하는데, 다른 의견을 표현하는 것이 조직 내 상하 간 인간관계에 부정적 영향을 미친다고 생각하는 경향이 있기 때문이다. 예를 들어, 상사와 회의 시 다른 의견을 표현하는 것은 관계를 중시하는 한국문화 특성상 어려운데, 하위 직급자는 상사와 의견이 다를 경우 대부분 침묵하거나 공개적으로 반대의견 제시를 주저하는 경우가 많다. 눈치나 체면이 발달한 우리 사회에서는 일 중심보다는 관계 중심의 문화가 강하기에 자유로운 토론문화를 만들어 가기에 아직은 어려움이 많다고 할 수 있다. 이러한 조직문화의 특성은 우리나라가 서구의 개인주의 문화와 비교하여 집단주의 문화 특성이 강하고, 나보다는 우리, 나보다는 조직을 우선시하는 문화와도 관련이 있다.

한때 우리나라 기업에서 조직문화 활성화를 위해 '신바람 나는 일터 만들기' 캠페인이 활성화된 적이 있다. 어느 조직의 구성원이든 근로의 대가로 월급만을 받기 위해 일한다는 생각을 가진다면 그 직장은 신바람 나는 일터가 될 수 없다. 각 구성원들이 재미나게 일하고, 직장에서 보내는 시간이 즐겁고 신바람 나는 조직문화를 만들어 간다면 이 조직의 구성원들로 인해 해당 기업은 좋은 성과를 낼 수 있음은 자명한 일이다.

2) 경영진의 경영철학과 가치관

조직의 기업문화가 우수한 PR을 실행하는가 못하는가는 이미 그루닉(Grunig, 1992) 등의 우수연구이론에서 밝혀진 바와 같이, 경영진이 가진 세계관은 큰 영향을 미치는 변수가 된다. 즉, 경영진이 가진 가치관이나 경영철학은 대부분 사내 커뮤니케이션에 영향을 주는 변수이다. 예를 들어, 경영진은 고객을 어떻게 인식하는가? 경영진은 조직 내 사원들을 어떻게 인식하는가? 하나하나의 구성원들을 소중한 존재로 대하는 것인가 아니면 마치 기계 부품같이 여러 부품 중 하나로 대할 것인가는 경영진이 가진 철학과 가치관에 따라 달라진다. 최근의 언론보도에 나온 것과 같이 일부 대기업 오너의 비윤리적 갑질 행동은 이들의 세계관을 보여 주는 좋은 사례들이다.

경영진이 조직의 구성원들을 소중한 존재로 대하며, 이들의 수고로 조직의 성과가 만들어진다고 인식한다면 구성원들을 대하는 태도가 달라질 것이다. 그러나 만일 경영진이 종업원들에게 대해 단지 고용한 사람들로 보수를 받는 만큼 일을 안 한다고 생각하거나 사원들의 능력을 불신한다면, 사원들에 대한 신뢰는 사라질 것이며 존중하는 자세를 보여 주기 어려울 것이다. 이러한 세계관은 지시와 복종의 관계가 더 효율적이라 생각하며, 생산성 제고를 위해서는 과감한 해고와 구조조정이 더 필요하다고 인식할 수 있다. 결국 한 조직의 리더가 가진 가치관과 세계관은 구성원을 대하는 태도에 큰 영향을 주는 변수이다. 아울러 이들의 행동에 의해 동기부여와 조직의 목표를 공유하는 구성원들 입장에서 리더의 가치관은 영향을 주는 변수이다.

3) 내부 커뮤니케이션 시스템

비교적 자유로운 소통문화와 정보공유 시스템이 갖춰진 조직에서는 커뮤니케이션 채널들이 다양하게 구비될 수 있다. 내부 인트라넷과 같은 공식적인 채널 이외에도 경영진에게 종업원의 의견을 전달할 수 있는 별도 채널을 마련할 수 있다. 사내 자유게시판 외에도 직접 소통이 가능한 채널이 있음을 알리는 것은 구성원들에게 소통 접근성을 높여 주는 시스템이라 할 수 있다. 조직에서는 구성원들에게 제안함 활용을 장려하고, 개인별 건의사항 등을 주기적으로 수렴하고, 팀 단위로 의견을 취합하여 모니터링하는 시스템을 만들어 운영할 수 있다.

연구에 의하면 조직에서 구성원들이 상하 간 개방적 커뮤니케이션과 기능 간 협력적 커뮤니케이션이 잘 이루어진다고 생각할수록 공유되는 정보가 충분하고, 타이밍이 맞을수록 만족도가 높은 것으로 나타났다. 특히 구성원들이 가장 중요하다고 보는 것은 상하 간 개방적 커뮤니케이션의 영향력인 것으로 나타났다(유선욱, 신호창, 2011). 국내 스타트업 기업에 재직 중인 조직원을 대상으로 한 설문조사에서도, 사내 커뮤니케이션과 명확한 업무 커뮤니케이션은 상호 관계성에 긍정적 영향을 미치는 것으로 나타났고, 이러한 긍정적 관계성은 재무성과에도 긍정적 영향을 보여 주는 것으로 나타났다(이준영, 한미정, 2020).

흔히 어느 조직이든지 상의하달의 시스템을 쌍방향으로 바꿔 하의상달도 가능하도록 경청, 의견수렴, 간담회, 정기적 미팅을 활성화해야 한다. 중요한 것은 하드웨어인 사내 커뮤니케이션 시스템을 만드는 데 그치지 아니하고 경영진이 사원들로 하여금 이를 적극 활용토록 격려하고, 경쟁사나 타사의 좋은 사례를 벤치마킹 등을 통해 적극 실행하도록 해야 하는 일이다.

경영진의 입장에서 사내 커뮤니케이션을 통해 얻고 싶은 것은 구성원들과 운명공동체라는 주인의식을 갖게 하는 일일 것이다. 한배를 같이 탄 공동체라는 의식을 가진 사원과 그렇지 않은 구성원은 차이를 보인다. 주인의식을 가진 종업원은 자발적으로 업무처리를 하는 데 익숙하고, 능동적으로 움직이며, 조직의 발전과 경쟁력 강화를 위해 자기 수고를 아끼지 않을 것이다. 내부 커뮤니케이션이 탄탄한 조직은 위기 시에 힘을 발휘하지만, 사내 커뮤니케이션이 취약한 조직은 조직이 어려움을 만나면 쉽게 무너지는 경우가 많은 이유가 이 때문이다. 이러한 배경에서 경영진은 구성원들과의 목표 공유가 사내 커뮤니케이션의 목적이라면, 경영진은 조직의 경영 정보를 투명하게 공개하여 구성원들의 신뢰를 얻어야 한다. 투명한 정보 공개야말로 구성원들의 신뢰를 얻는 가장 기초가 되기 때문이다. 구성원들의 불신이 있다면 아무리 경영진이 조직 목표를 공유하고자 하여도, 종업원들과의 목표 공유는 불가능할 것이다. 이렇듯 경영진은 구성원들의 신뢰가 가장 중요하며, 신뢰의 출발은 경영 정보를 투명하게 공유함에서 출발한다.

3. 사내 커뮤니케이션 담당부서

흔히 PR 분야 내부 커뮤니케이션 업무영역을 두고 갈등관계에 있는 두 부서가 인사팀과 PR 커뮤니케이션 팀이다. 현재 대부분의 사내 커뮤니케이션 활동 중에 매체를 매개로 한 사내 커뮤니케이션 활동은 주로 PR 커뮤니케이션 팀에서 하는 반면에, 오프라인 면대면 커뮤니케이션, 사내 이벤트, 사내 인트라넷 관리 등은 인사팀에서 주로 담당하고 있다. 사내 커뮤니케이션 차원에서 본다면 직원들과의 소통 활동을 담당하는 주체는 PR팀에서 맡는 것이 맞을 수 있지만, 현실적으로 인사팀에서 직원의 채용과 관리업무를 담당하기에 이렇게 업무가 분리되어 있는 게 현실이다. 일반적으로 PR팀에서 맡는 분야가 대외 공중을 대상으로 한 언론홍보에 치중하는 현상이 오히려 인사팀에 사내 커뮤니케이션 업무를 내어 주는 결과를 만들어 내기도 한다.

그러나 커뮤케이션과 소통이 PR의 고유한 업무영역임을 인정한다면, 갈수록 중요해지는 오프라인 면대면 커뮤니케이션 영역도 더 중요하게 다뤄야 하는 영역으로 인지하여야 한다. 이렇듯 사내 커뮤니케이션 팀의 업무가 매체 중심 활동, 즉 사내보 혹은 웹진 발간, 뉴스레터 발간, 사내방송, 사내 블로그 관리 등으로 국한된다면 전략적인 사내 커뮤니케이션 역할보다는 일종의 제작업무만을 담당하는 형식이어서 부서의 위상이나 역할이 낮아질 위험이 있다. PR 부서가 전략적인 기획기능 대신에 제작성 업무만을 담당한다면 조직 내에서 핵심적 역할을 인정받기에 한계가 있을 수 있다. 이러한 제작성격의 업무는 외부 대행사나 외주에 의해 얼마든지 가능하기 때문이다. 그렇기에 PR 커뮤니케이션 고유한 가치나 역할의 침식(encroachment) 문제를 진지하게 받아들여야 하며, 전략적 기획기능을 포기하면 문제가 될 수 있다. 최근에 일부 기업에서 사내 기업문화 팀을 만들어 이 같은 업무와 기능을 수행하는데, 이는 매우 바람직한 현상이다. 사내 커뮤니케이션의 중요성을 인식하고, 전략적 기능과 제작, 채널관리 기능을 합친 사내 커뮤니케이션 부서라고 할 수 있다.

이 같은 맥락에서 사내 커뮤니케이션 담당자는 단순히 제작물을 만들고 업데이트 하는 제작기능뿐 아니라, 구성원에 대한 심리적 이해, 동기부여 요인 파악, 경제적 보상만을 바라는 존재가 아닌 다른 만족도에 미치는 요인 등을 파악하는 등 주변 지식과 전문능력을 갖출 필요가 있다. 결국 사내 커뮤니케이션 영역은 커뮤니케이션뿐 아니라 심리학, 경영학, 행정학 등의 인접 전공과 밀접한 관련을 가진다.

4. 사내 커뮤니케이션의 패러다임 전환

사내 커뮤니케이션의 핵심은 구성원들과 조직 가치관 및 목표 공유를 통해 동기부여, 근무 만족도 제고 등을 꾀하고, 이를 통해 조직의 긍정적 성과를 만드는 것이다. 다수의 연구 결과들은 인간이 일을 통해 급여라는 물질적 보상 외에도 동기부여, 타인의 존중, 업무성취감 등의 심리적 요인을 필요로 하는 존재임을 실증적으로 밝히고 있고, 사내 커뮤니케이션은 바로 이러한 심리적 요인을 중시하는 데서 출발을 해야 한다.

흔히 PR 분야에서 사내 커뮤니케이션 하면 매체를 활용한 제작 업무만을 떠올리기가 쉽다. 사보 발행, 사내방송, 사내 블로그 등 매체 중심의 콘텐츠를 올리고 운영하면 사내 커뮤니케이션을 잘하는 것이라고 오해하기 쉽다. 이러한 매체가 하드웨어라면, 콘텐츠는 소프트웨어이다. 하드웨어가 아무리 좋아도 소프트웨어가 형편없다면 소용이 없는 것처럼, 종업원의 동기부여, 만족도 증진이 한두 가지의 구성원 대상 프로그램으로 만들어지는 것은 아니다. 경영진의 경영철학, 진정성, 정보 공개의 투명성, 쌍방향적인 내부 커뮤니케이션 시스템, 창의적인 아이디어 제안과 적절한 피드백, 구성원의 자발적 참여, 프로그램에 대한 직원의 흥미유발, 경영진에 대한 접근성 강화, 명확한 업무전달, 상의하달보다는 하의상달의 조직문화와 사내 분위기 등 다양한 요인들이 상호 긍정적 영향을 미쳐야 사내 커뮤니케이션이 잘 이루어질 것이다.

한국의 기업문화는 아직도 유교주의 문화의 영향으로, 권위주의, 연공서열 문화가 강하며, 토론문화보다는 지시와 순응문화가 강하다. 이러한 문화적 요인들은 개방적인 토론보다는 암묵적인 관행에 따른 업무 처리 등으로 균형적 커뮤니케이션보다는 일방적 커뮤니케이션으로 흐를 가능성이 높다. 상사와 다른 의견을 가진 것에 대해 우리나라는 우호적인 관계성에 부정적인 영향을 미친다는 의식이 강하기에 창의적인 아이디어를 내는 일에 소극적이 된다. 관계 중심의 문화에 속하기 때문이다. 우리나라 속담에 '튀지 말자'라는 암묵적 처세술은 창의적인 조직문화를 만드는 데 큰 걸림돌이 된다. 직장에 다니는 일반 사원들은 회의시간에 창의적인 의견을 내고 싶어도 자칫 상사로부터 지지와 인정을 못 받을 것 같은 생각이 들면 바로 회피나 침묵하는 태도를 취하게 된다(정수복, 2007).

사내 커뮤니케이션의 활성화를 위해서는 우선 상위 직급자들의 구성원들에 대한 이해 노력이 필요하다. 또한 사내 커뮤니케이션의 활성화 평가지표도 조직에서 운영 중인 사내 커뮤니케이션 매체의 투입 노력(예: 사보 발행 횟수, 콘텐츠 업로드 수, 방송 횟수)보다는 직원들의 프로그램과 콘텐츠에 대한 평가를 우선해야 하며, 구성원의 인식과 동기부여, 조직 충성도에 어떠한 영향을 미쳤는지가 핵심이 되어야 한다.

매슬로가 정리한 인간의 위계적 욕구 피라미드에서 보여 주는 것처럼 어느 조직이든지, 구성원은 동료와의 관계, 상사와의 관계에서 존중받길 원하며, 인정, 더 나아가 일을 통해 긍지와 보람을 느끼고자 하는 존재이다. 달리 말하면, 사내 커뮤니케이션은 인간을 심리적 존재로 보고, 어떻게 하면 구성원 각자의 만족도와 동기부여를 높일 것인지에 대한 진지한 고민으로부터 출발해야 한다. 결론적으로, 사내 커뮤니케이션의 패러다임은 매체 중심의 커뮤니케이션보다는 구성원들과의 관계증진, 신뢰증진으로의 패러다임으로 바뀌어야 한다.

사례 **지멘스(Siemens)의 사내 커뮤니케이션**

독일 베를린과 뮌헨에 본사를 둔 세계적인 엔지니어링 기업 지멘스는 109개 국에 35만 명의 종업원을 가진 세계적인 기업이다. 지멘스는 내부 직원들과의 커뮤니케이션 활성화를 위해서 'Siemens World'라는 앱을 통해 전 세계 직원들과 소통을 하고 있다. 본사에서는 최근 퓨처 메이커(Future Makers) 개념을 도입하여 창의적이고 미래지향적인 직원을 고용하고, 각 지역별로 담당 업무를 3D 스토리 영상을 제작하여 이 영상을 지멘스 앱에서 가상현실 형태로 제공한다. 영상을 접한 직원의 97%는 이러한 영상 덕분에 회사를 더 잘 이해할 수 있게 되었고, 내 업무가 더 재미있고 더 의미 있게 느껴진다고 말한다. 직원들로 하여금 직접 영상을 제작하게 하고, 타 직원이 하는 일에 대하여 이해를 돕는 영상은 경영진의 일방적 비전이나 연간 매출목표 제시와 같은 진부한 방식을 탈피한 수용자에게 초점을 맞춘 커뮤니케이션이다.

특히 6만 5천 명의 직원이 일하고 있는 북미 지멘스는 회사에 초점을 맞추기보다는 수용자 관점의 종업원 입장에서 초점을 맞추어 커뮤니케이션을 진행하였다. 즉, 사원들과 목표 공유를 위해 전통적인 방식이라 할 수 있는 기업 내 영웅 메시지 제시, 기업 전략, 비전 제시를 하기보다는 각 직원을 지멘스를 대표하는 홍보대사로 인식하게 하고, 그들로 하여금 스스로 이야기하도록 하는 전략을 구사하였다. 즉, 북미 지멘스가 선택한 전략은 인간적인 방법(human way)으로, 회사의 경영목표를 이해하도록 직원들을 돕고자 하여 그들의 참여를 도와주는 전략이며 어떻게 하면 직원들이 이 목표와 맞출 수 있을지 참여를 유도하는 것이다. 지멘스는 직원들에게 "당신이 알든 알지 못하든 간에 당신은 지멘스를 대표하는 홍보대사입니다."라고 말한다.

지멘스는 인트라넷을 통하여 콘텐츠를 업데이트 하고 있으며, 직원들의 목소리를 내게 하기 위해 트위터와 유사한 성격의 기업 내부 소셜미디어 야머(Yammer)를 자주 활용하였다. 대화형 소셜미디어 야머는 모든 직원에게 사내 모든 이슈에 대하여 소통하는 플랫폼으로 자리 잡았다. 지멘스는 야머를 직원들의 목소리를 경청하는 플랫폼으로 활용하고 있다. 지멘스는 직원들에게 권리와 투명성을 보장하는 차원에서 모든 콘텐츠에 댓글을 달게 하였다. 지멘스에서 올린 모든 콘텐츠에 대해 좋아요와 안 좋아요로 구분하여 평가하게 하고, 직원들이 남긴 질문이나 코멘트에 대해 피드백을 제공함으로써 그들의 의견에 귀를 기울이고 있음을 보여 주었다. 직원들이 콘텐츠를 평가하는 소셜 투표 시스템도 개발하였다. 이러한 투표 시스템은 특정 이슈에 대하여 직원들이 직접 평가할 수 있어 효과적이었다.

지멘스는 또한 유튜브와 블로그를 활용하여 동영상이 가진 장점을 충분히 활용하고 있다. 고객사의 새로운 성취나 기술 트렌드 등을 포스팅함으로써 직원들에게 새로운 지식과 정보 제공의 기능을 충분히 활용하고 있다. 특히 북미 지멘스 CEO는 주간 단위로 기업소식을 동영상 메시지로 제작·전달하고 있으며, 경영진의 생각을 전달하고 있다.

지멘스의 특이한 점은 현재의 압도적인 미디어 중심인 디지털과 동영상 플랫폼 활용 외에도 전통적인 매체라 할 수 있는 월간 발행 사보 『Siemens World』를 지멘스 지사가 있는 전 세계 각국어로 번역하여 발행한다. 인쇄매체를 통해 직원들은 기업 프로그램, 기업가치, 법률적 준수, 전 세계 지멘스에서 현재 일어나는 뉴스들에 대해 알 수 있다. 이는 인쇄매체 특성상 손에 쥐고 쉽게 읽을 수 있는 장점이 있기 때문이다. 일부 5천 명의 지멘스 직원은 아직도 인터넷 접속이 불가하기 때문에 이러한 인쇄매체를 통해 지멘스에 대해 알 수 있게 한다.

출처: https://www.youtube.com/watch?v=86e3XYMawj4

토론주제

1. 기업의 글로벌화가 진행됨에 따라 기업이 사내 커뮤니케이션 메시지를 공유하고자 할 경우에 문화가 다른 권역에서 고려해야 할 점을 논의해 보자.
2. 사내 커뮤니케이션에서 디지털 매체의 적절한 활용에 대해 논의해 보자.
3. 기업의 CEO가 매일 SNS를 통해 직원들과 소통하는 것의 장점과 단점을 논의해 보자.
4. 기업의 인수 합병과정에서 인수 합병을 당하는 기업의 사내 커뮤니케이션과 인수 합병을 하는 기업의 사내 커뮤니케이션 차이를 논의해 보자.

 참고문헌

김효숙(2015). 균형적인 사내 커뮤니케이션과 이직의도의 관계에 관한 연구: 조직사회자본의 매개효과를 중심으로. 한국광고홍보학보, 17(1), 55-91.

세계일보(2020. 11. 5.). 직장인 퇴사 사유 1위는? 신입은 "상사 잔소리", 입사 25년차는 "사내정치" (https://www.segye.com/newsView/20201105513625).

신호창(2013). 사내 커뮤니케이션. 서울: 커뮤니케이션북스.

유선욱, 신호창(2011). 사내 커뮤니케이션 기풍적 요인과 조직 구성원간 신뢰와의 관계에 대한 연구. 한국언론학보, 55(3), 54-81.

이준영, 한미정(2020). 스타트업 기업의 사내 커뮤니케이션과 사회적 자본이 경영성과 인식에 미치는 영향력 고찰: 사회적 자본의 매개적 역할을 중심으로. 한국광고홍보학보, 22(2), 76-114.

정수복(2007). 한국인의 문화적 문법. 서울: 생각의 나무.

Chacos, B. (2012). 사내 블로그가 필요한 이유(https://www.ciokorea.com/news/13956).

Grung, J. E. (1992). *Excellence in public relations communication management*. Hillsdale, NJ: Lawrence Erlbaum Associates.

Jo, S., & Shim, S. (2005). Paradigm shift of employee communication: The effect of management communication on trusting relationship. *Public Relations Review 31*(2), 277-280.

Maslow, A. H. (2012). A dynamic theory of human motivation. In C. L. Stacey & M. DeMartino (Eds.), *Understanding human motivation* (pp. 26-47). London, UK: Howard Allen Publishers(https://psycnet.apa.org/doi/10.1037/11305-004).

How Siemens connects employees in 109 countries with an employee app. https://www.youtube.com/watch?v=86e3XYMawj4

The Page Principles. https://page.org/site/the-page-principles

제10장

마케팅PR(MPR), 마케팅의 시대적 요청인가?*

마케팅 커뮤니케이션 수단들의 단순 기계적 통합 수준으로 출발한 초기 IMC에서의 MPR의 역할은 주로 퍼블리시티(publicity)를 의미했으며, 언론의 공신력에 의존하여 제품이나 서비스를 알리는 데 초점을 맞추는 IMC 전술의 일부라는 관점으로 출발하였다. 하지만 정보 습득, 공유 채널의 다양화로 성숙하고 현명하며 비판 능력까지 갖춘 '똑똑한 소비자'의 등장 등 여러 환경 변화로 가치 중심 소통의 중요성이 높아지면서 기존 MPR의 역할과 범위가 크게 확대되었다.

MPR에서 채택할 수 있는 전술들은 다양하다. 광고가 기본적으로 예산과 한정된 매체에 국한되어 아이디어를 만들어 내는 것이라면, PR은 아무런 제한이 없다. 실제로 성공적인 MPR을 살펴보면 단 하나의 전술만을 사용하는 경우를 찾아보기가 힘들 정도이다. 작게는 2~3개에서 많게는 10개 이상까지 모든 상상력을 동원하여 전개하는 MPR. 그래서 매력도 효과도 그만큼 높아진다.

* 조재형(PROne 대표)

● 이 장을 통해 답을 찾을 질문들 ●

1. 왜 지금 마케팅에서 PR이 간절히 요구되는가?

2. 마케팅과 PR은 어떻게 다른가?

3. 디지털 시대 MPR은 어떻게 강화될 것인가?

4. IMC, MPR, BPR은 어떻게 다른가?

1. MPR의 정의와 개념

1) MPR의 개념

마케팅 실무자들에 의해 시작된 MPR(Marketing Public Relations)은 항상 새로운 시장주도 전략과 기법을 개발하려는 마케팅 전문가들이 PR의 위력에 눈을 돌리고 그 기능을 마케팅에 도입한 것으로 볼 수 있다. 실제 토머스 해리스(Thomas Harris)는 "MPR이란 마케팅 목표를 달성하기 위하여 PR의 전략과 전술을 이용하는 것이다. 기업이 신뢰받을 수 있는 커뮤니케이션 채널을 통해 회사와 제품을 소비자들의 필요, 관심, 욕구와 합치시킴으로써 그들의 만족과 구매를 유도해 내는 전략"이라고 MPR을 정의한 바 있다.

MPR은 IMC(Intergrated Marketing Communication)의 전술적 수단의 하나로서 통합의 '부분적 기능'으로 출발하였으며, 이 시기 MPR은 주로 퍼블리시티를 의미했다. 그러나 오늘날 디지털 환경에서의 MPR은 IMC에서 기존의 역할을 넘어 통합을 주도하는 가장 효과적인 마케팅 커뮤니케이션 전략으로 재조명되고 있다. MPR이 IMC를 주도하는, 즉 통합의 실질적 리더로서의 역할을 수행할 수 있는 구체적 지침이 될 수 있다. MPR은 상호호혜적 관계관리를 지향하는 PR 커뮤니케이션 방식에 적극적으로 반응하는 '똑똑한 소비자'와의 소통을 주도하는 가장 효과적인 커뮤니케이션 전략이다.

2) MPR의 목적

MPR의 목적은 인지도를 높이며, 구매를 자극하고, 커뮤니케이션을 촉진하며, 소비자와 기업과 상표 간에 관계를 만들어 가는 것이다. 고객 데이터베이스를 바탕으로 고객 한 사람, 한 사람과의 지속적인 관계 구축을 중요시한다.

- 상품이나 서비스를 인지하게 한다.
- 특정 상품이나 서비스의 이점과 장점을 알린다.

- 상품이나 서비스에 대한 호의적인 태도를 상기시키고 강화한다.
    - 종래의 직설적인 판촉이나 광고보다 뉴스거리나 화젯거리, 혹은 믿을 만한 관심거리를 만들 수 있다.
- 부정적 여론을 타개하고 신뢰를 제고한다.
    - 회사나 제품에 대한 정보와 주장을 광고가 아닌 뉴스로 만들어 미디어가 보도하도록 하여 신뢰를 높인다.

3) MPR의 역할

MPR은 신뢰성 있는 정보전달과 관련 이벤트의 후원을 통해 궁극적으로 사회에 이익을 환원하는 것이다. 따라서 광고와 다르게 예산에 상관없이 공중의 관심을 이끌어 낼 수 있는 이슈나 화젯거리를 적절히 제시해야 한다.

- 매체 광고가 시작되기 전에 시장의 흥미 유발
    - 예로, 신상품에 대한 소개는 퍼블리시티의 기회를 제공하고 그 상품의 부각을 통해 궁극적으로 광고 효과 증대에 기여
- 상품 자체에 뉴스성이 없는 경우, 상품을 대신하여 광고의 뉴스성을 창출하는 기능
    - 펩시콜라는 마이클잭슨, 마돈나 등을 활용하여 공짜 노출 효과 유발
- 광고 활동이 전무하거나 거의 없는 상태에서 특정 상품을 소개하는 기능을 수행
- 부가가치(value-added) 차원에서 고객 서비스를 제공함으로써 브랜드와 고객 간의 유대관계를 구축
- 오피니언 리더들에게 정보를 제공함으로써 직간접적인 영향
- 위기에 처해 있는 상품이나 서비스를 보호하고 소비자들에게 구매의 이유 제공

4) MPR이 특히 적합한 경우

MPR은 모든 경우에 가능하나 특별히 효과를 발휘하거나 꼭 요구되는 상황들이 있다.

PR 컨설턴트인 대니얼 에델만(Daniel Edelman)은 MPR이 좋은 마케팅의 무기로 사용될 경우들을 다음 아홉 가지로 요약했다.

- 제품에 확실히 뉴스거리가 될 만한 것이 있을 경우
- 회사가 너무 작아서 광고예산을 마련하기 힘들 경우
- 까다로운 규제 때문에 TV 광고하기가 불가능하거나 여의치 않을 경우
- 기업 경영환경이 부정적이라 빠른 반전이 어려울 경우
- 기존제품이지만 새로운 흥밋거리를 창출할 경우
- 제품의 매장 영업에 어려움을 겪을 경우
- 제품의 광고는 성공했으나 제품에 대한 인지도는 여전히 떨어져 있는 경우
- 제품에 대해 상세히 설명하기에 시간이 많이 걸릴 경우
- 회사나 제품을 어떤 좋은 명분과 연결시킬 수 있을 경우

또한 해리스는 특별히 MPR이 잘 적용되는 13가지의 제품 및 서비스를 소개했다.

- 책: 방송이나 신문에 쉽게 화제의 책이나 저자로 소개될 수 있다.
- 자동차: 새로운 모델은 항상 소비자 및 일반인의 관심거리로 언론도 주목한다.
- 패션/화장품: 연도별, 계절별 유행 자체가 뉴스거리이고, 유명 화장품 회사들은 내년도 유행 패턴을 연례적으로 발표하여 언론의 관심을 받고 있다.
- 식품과 요리재료: 새로운 요리법이나 음식은 쉽게 뉴스거리가 되고, 퓨전 음식이 그 예이다.
- 건강식품: 건강상식과 함께 성인들의 관심거리로서 쉽게 회자된다.
- 스포츠용품: 에어로빅이나 수영, 길거리 농구 등은 이와 관련한 제품들을 쉽게 퍼블리시티 할 수 있는 기회를 제공한다.
- 약: 새로운 약, 기존 약의 새로운 효용, 약의 사용법과 건강관리법 등은 관심 가진 사람들의 뉴스거리가 되기에 충분하다.
- 애호 제품(buff products)과 활동: 골프, 스키, 오디오 컴퓨터 게임 등은 전문잡지 등을

통해 MPR이 가장 적합한 제품들이다.

- 다용도 제품: 지퍼락(Ziploc bag)과 같이 기존 제품의 다양한 용도를 계속 알리고 개발하고 아이디어를 모을 만한 가치가 있는 다용도 제품들에 적합하다.
- 예술과 오락: 영화, 비디오, 음반, 미술공예전 등은 언론과 전문 미디어의 지속적인 관심거리이다. 연재 게재 코너(〈구해줘! 홈즈〉〈TV쇼 진품명품〉 등)를 운영할 수 있다.
- 여행과 레저: 새로운 여행지, 여행 패키지 등은 그 자체에 뉴스거리가 풍부하다.
- 유행제품(trendy products): 모바일 기기, 시계 등은 그 시대나 시기에 모두가 가지고 싶어 하는 제품으로서 새로운 제품 출시 등은 화제와 뉴스거리가 된다.
- 히트유행제품(fads): 레고, 훌라후프, 만보기 등 히트제품들은 확실한 뉴스거리가 된다.

2. IMC와 MPR, BPR

IMC의 일환으로 MPR이 본격화한 이래 점차 마케팅과 브랜딩, PR에 대한 구분은 모호해지고 있다. 전통적인 의미에서 PR의 핵심은 다양한 공중들과 호의적인 관계를 만들어 가는 공중관계 활동이다. 여기에 2004년 미국 마케팅협회에서 제안한 새로운 마케팅의 정의에서 가치와 관계로 함축한 부분은 의미론적으로 PR과 구분하기 힘든 상황이 되었다.

초기의 IMC가 마케팅 커뮤니케이션의 통합 차원이었다면, 기업의 모든 활동에 대한 커뮤니케이션 차원으로 통합의 범위를 확장하고 있는 것이다. 이처럼 IMC가 제반 공중과 만나는 모든 브랜드 접점에서 관계 형성 및 강화를 도모하고 있다는 것은 IMC가 PR의 대표적 이론 틀인 '관계성'을 채택하고 있음을 보여 준다.

IMC는 1991년에 돈 슐츠(Don Schultz)에 의해서 제안된 개념이다. 이 IMC의 핵심을 이루는 내용은 광고와 같은 커뮤니케이션 활동이 실리적인 책임성(accountability)을 가져야 한다는 것이다. 이는 그동안 광고업계에서 통용되었던 광고의 커뮤니케이션 효과설을 뒤집는 것이었다. 광고는 단지 손익 측면의 마케팅 효과가 아니라 소비자 머릿속의 인식과 관련된 커뮤니케이션 효과를 위해 존재하며 기능해야 한다는 것이 광고업계의 의견이었다. 그래서 광고는 단지 머릿속의 커뮤니케이션 효과와 관련된 인지도나 호의도를 올리면 되며, 시장

점유율이나 매출과 같은 것은 마케팅에서 하는 일이라고 보았던 것이다. 결국 광고는 마케팅 목표가 달성되지 않더라도 커뮤니케이션 목표만 달성되면 그만이라는 것이 그동안의 생각이었다. 이는 커뮤니케이션 활동의 실질적 성과를 완전히 배제하는 것이었다.

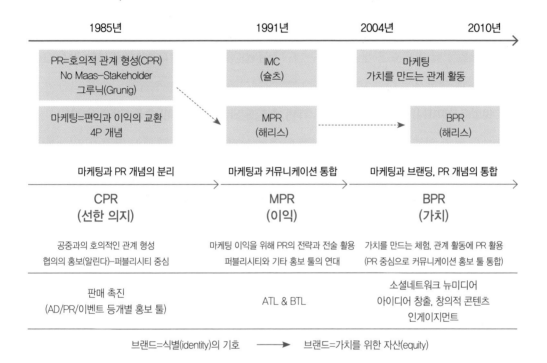

[그림 10-1] IMC, MPR, BPR의 개념 흐름도

출처: 조재형(2019).

이러한 생각에서 탈피하여 IMC는 마케팅과 커뮤니케이션 활동의 통합을 추구한다. 즉, 마케팅 목표와 커뮤니케이션 목표, 마케팅 타깃과 커뮤니케이션 타깃, 그리고 마케팅 활동과 커뮤니케이션 활동이 같아야 한다는 것이 IMC이다. 결국 1991년에 제안된 MPR은 똑같이 1991년에 슐츠의 IMC 관점에서 설계되었다. IMC가 마케팅에 대한 커뮤니케이션 활동의 실리적 책임성을 가지려고 하며, 그 활동의 결과도 실리적인 투자수익률(ROI)로 측정하려는 것이라고 볼 때(Schultz & Schultz, 2004), MPR 역시 그러한 실리적인 관점에서 PR활동의 실리적 목적을 추구하는 활동이라는 것이다.

MPR의 등장 배경 중 가장 큰 이유는 '마케팅 기능에 도움이 되는 PR의 위력'일 것이다.

1989년 코틀러(Phillip Kotler) 교수는 '다양한 공중들 사이에서 회사의 이미지를 촉진하고 방어하는 역할'을 통해서 PR이 어떻게 기업의 목적을 성취할 수 있는가를 그의 책 『Public Relations versus Marketing』에서 이렇게 설명한 적이 있다. "기업은 일을 수행하면서 수없이 많은 공중과 만나게 된다. 그리고 기업이 수행하는 일들은 각각 서로 다른 공중들에게 영향을 끼친다. 그래서 어떤 공중들은 기업에 대해서 압박감을 느끼기도 하고 요구 사항을 전달할 방도를 찾기도 하는데, 그런 공중들은 기업이 법인으로서의 인격과 책임을 갖는 데 영향을 준다. 기업 행동에 대한 그들의 관점은 또다시 기업을 향한 그들의 행동에 영향을 끼치게 되고, 나아가서는 기업의 성패에 영향을 끼친다. 그러므로 기업이 목표 달성을 하기 위해 갖는 역량이란 결국 기업의 질적인 마케팅 활동과 질적인 PR활동 무두에 의해서 영향을 받게 된다."

해리스는 1991년 『The Marketer's Guide to Public Relations』란 책에서 처음으로 MPR의 개념을 정리했고, 1999년 『Value-Added Public Relations』란 책에서는 보다 정교하게 개념을 재정리했다. "MPR이란 마케팅 목표를 달성하기 위하여 PR의 전략과 전술을 이용하는 것이다. MPR의 목적은 인지도를 높이며, 구매를 자극하고, 커뮤니케이션을 촉진하며, 소비자와 기업과 상표 간에 관계를 만들어 가는 것"이다.

MPR은 마케팅에서 시작된 것이라 PR 부문과의 괴리감이 있었다. 마케팅이 이익 추구에서 가치 중심으로 변화하면서 제품뿐 아니라 브랜드 전반을 아우르는 브랜딩 PR로 발전하기 시작하였다. 브랜딩 PR(Branding PR: BPR)이란 말 그대로 브랜딩에 대한 PR 커뮤니케이션 과정이다. 그렇다면 왜 브랜드 PR이 아닌 브랜딩 PR일까? 먼저 브랜드에 대해 살펴보면, 브랜드(brand)는 제품이나 서비스를 다른 경쟁자의 것과 구별하기 위해 붙인 이름(name)·심벌(symbol)·디자인(design) 혹은 이들의 조합이라고 정의할 수 있다(AMA, 2009). 이러한 브랜드의 개념은 이미 우리들의 현실 속에서 보편적으로 사용되고 있는 개념으로 학계에서도 많은 연구가 이루어져 왔으며 실무에서도 중요하게 다루어져 왔다.

실무 영역에서의 브랜드에 대한 활동은 초창기 식별을 위한 로고, 마크, 네이밍 등을 만들어 내는 활동이 주류를 이루었다. 그러나 아커(Aaker, 1991)에 의해 브랜드가 가지는 의미가 단지 구분에 머무는 것이 아니라 자산의 기능을 갖는다는 인식이 보편화되었고, 이에 따라 오늘날 브랜드에 대한 활동은 브랜드에 대한 소비자들의 인식을 관리하는 활동으로 발전하게 되었다(Keller, 2008).

하지만 소비자 지각에 대한 실질적인 브랜드 관리 활동은 만들어진 브랜드를 광고 및 퍼블리시티, 이벤트 등의 도구적 PR활동을 통해 전달하는 일방향적 커뮤니케이션의 형태로 이루어지는 것이 대부분이었으며, PR의 실무 영역은 제품 홍보에 국한되었다. BPR은 이러한 한계를 넘어서 MPR보다 더 PR 영역의 본질적인 발전을 위한 고민의 결과라고 할 수 있다. 이렇게 MPR은 BPR로 확대 발전하고 있다.

● 표 10-1 ● IMC, MPR, BPR 개념

구분	IMC	MPR	BMR
개념	마케팅 커뮤니케이션의 통합	PR의 전략과 전술을 통해 마케팅 목표 달성을 지원하는 활동	브랜드 전반에 걸친 PR 커뮤니케이션 활동
가치의 의미	브랜드 자산 강화와 ROI (투자수익률) 개선	더 많은 이익 창출	고객에게 주는 가치
목적	브랜드 자산의 증대	이익 확대	가치 창출

3. 전략으로서의 MPR

IMC와 MPR의 결합으로 언론의 관심을 끌어서 통합된 효과를 강화시킨 사례들은 많다. 대표적인 사례 중 하나가 크리넥스(Kleenex)이다. 킴벌리 클라크(Kimberly-Clark)는 소비자들이 편안함에 대하여 크리넥스가 어떤 연상을 주는가를 조사하였고 소비자들의 생활속에 중요했던 시점에 크리넥스 제품이 함께 있었다는 광고 캠페인을 만들었다. 그렇게해서 풋 콘·앤드 벨딩이 만든 광고의 주제가 'Kleenex Says Bless You'인데 광고 카피는 시적으로 만들어졌다.

PR 프로그램은 이 주제의 상을 만들어 시상하는 것이었다. 미국의 정신을 최고로 발현한 가슴이 따뜻한 사람들을 대상으로 하여 솔선하여 용기를 가지고 그들의 지역사회를 바꾼 사람들로 선정되었다. 수상자들은 치명적인 질병을 앓고 있는 어린이들을 위한 캠프를 설립한 배우 폴 뉴먼(Paul Newman)부터 에이즈 교육과 어린이 에이즈 환자를 돕는 자선

공연을 뉴욕에서 4일간 벌였던 가수 디온 워릭(Dionne Warwick), 어린 아들이 학교 갱들에게 살해당하자 '갱들에게 대항하는 어머니들'이란 단체를 설립한 시카고의 한 주부에 이르기까지 다양했다. 전국 각지의 신문 편집장들에게 후보자 추천을 받았는데 그들의 활동을 알 수 있는 사진과 이야기 등을 받았고 수상 후보자들 중 가장 뛰어나다고 판단되는 10명을 골라서 워싱턴으로 초청하여 시상하였던 것이다. 수상자들은 1인당 2천 달러의 상금을 받았는데 그들에게 직접 준 것이 아니라 그들이 선택하여 지정한 자선 단체에 기부하는 형식을 취했다는 면에서 또 한 번 뉴스가치를 높였다.

1) 해리스의 그리드 전략

뉴스에 대한 판단은 언론이 하지만 언론 또한 독자인 소비자들을 의식하여 뉴스가치를 판단한다. 그러므로 기자와 소비자를 동시에 고려한 전략적 사고가 필요하다. 케리 아체슨(Karry Archeson) 교수는 PR이 가장 잘 작용할 수 있는 환경을 기준으로 하여 격자(grid)를 만들어 활용할 수 있을 것이라고 하면서 '언론의 흥미를 끌 수 있는 뉴스가치'와 '소비자의 흥미'를 두 축으로 하는 PR 전략의 기준을 마련했다.

MPR을 처음으로 소개한 토머스 해리스는 MPR의 전략을 수립하는 데에 있어서도 그것을 두 축으로 하는 그리드를 활용할 수 있다고 보았고, 〈표 10-2〉와 같이 제시하였다. 이를 '해리스의 그리드(Harris grid)'라고 부르는데, MPR의 전략을 수립하는 방향이나 기준을 정하는 데 도움이 된다. 그리드 전략이라고 하는 것이다.

●표 10-2● 해리스의 그리드 전략

그리드 전략		미디어	
		뉴스가치 높은 경우	뉴스가치 낮은 경우
소비자	흥미가 높은 경우	a. 가시성을 높이는 전략(컴퓨터, 자동차, 오락물)	c. 뉴스가치를 제품에서 찾거나 외부에서 빌려 와 뉴스가치를 높이는 전략(맥주, 음료, 운동화)
	흥미가 낮은 경우	b. 제품에 대한 뉴스거리를 만들거나 '왜 이 제품을 구매해야 하는지?'에 초점을 맞추는 전략(수프, 시리얼, 아스피린)	d. 특별히 독창적이거나 깜짝 놀랄 만한 꺼리를 만들어 흥미와 뉴스가치를 만드는 전략(담배, 자동차, 쿠키)

- a의 영역은 언론의 흥미를 끌 수 있는 뉴스가치와 소비자의 흥미가 다 같이 높은 경우: 자주 언론에 보도되도록 가시성이 높은 캠페인을 전개해야 한다. 언론의 흥미를 끄는 뉴스성이 높기 때문에 자주 언급되기 마련이며, 소비자의 흥미도 높아서 효과도 높다. 최근 쌍용 뉴렉스톤 차는 가수 임영웅의 차로 론칭하여 큰 관심을 받은 바 있다.

- b의 영역은 언론의 흥미를 끌 수 있는 뉴스가치는 높으나 소비자의 흥미가 떨어지는 제품의 경우: 소비자의 흥미를 끌어올리는 전략이 중요하다. 제품에 대한 새로운 뉴스거리를 만드는 것이 대표적인데, 아스피린이 심장병에도 좋다, 빵을 만드는 베이킹소다가 냉장고 냄새 제거에 효과가 있다는 정보가 그런 예이다.

- c의 영역은 소비자의 흥미는 높아 보이나 언론이 보는 뉴스가치는 낮은 경우: 언론이 뉴스가치를 느끼도록 유도하는 전략이 중요하다. 유명하거나 뉴스거리가 풍부한 스폰서 등을 이용하는 것, 기네스북에 도전한다며 긴 샌드위치를 만드는 것 등이 그런 예이다. 또는 목표 소비자 층의 흥미를 끌 수 있는 이벤트나 프로그램을 개발해서 그것을 뉴스가치로 전환하는 방법도 있다. 코카콜라는 해피머신 캠페인으로 자판기 에피소드 스토리텔링으로 화제를 모은 바 있다.

- d의 영역에서는 미디어의 뉴스가치도 떨어지고 소비자의 흥미도도 떨어지는 경우: 특별한 전략이 필요하여 자기 회사나 브랜드 이름의 대회와 같은 이벤트를 창출해야 한다. 대학생에게 인기가 없던 일본 국철은 뉴 제너레이션 캠페인으로 입사 지원자가 평년 대비 50%나 증대한 사례가 있다.

2) MPR 전략을 선택하는 체크리스트

(1) 대안의 탐색을 위한 사고

- 일방향인가? 쌍방향인가? 상호작용적인가?
- 대상이 공중(public)인가? 개인(individual)인가?
- 수단이 대인적(personal)인가? 아니면 비대인적(non-personal)인가?
- 일관성 있게 지속할 수 있는 전략인가? 일회성 전략인가?
- 타 커뮤니케이션과 상호 보완할 수 있는가? 없는가?

(2) 대안의 결정을 위한 사고

- 커뮤니케이션 목적을 달성할 수 있는가?
- 협업(cross functionality)이 있는가?
- Pass, Pull, Push 어떤 전략에 적합할 것인가?
- 행동적 반응을 일으킬 수 있는 것인가?

4. 전술로서의 MPR

지금까지 MPR에서 가장 많이 언급된 개념이 신뢰, 뉴스가치, 흥미, 관계관리, 참여, 공감(sympathize), 확인(identify), 그리고 공유와 확산(share & spread) 등이다.

MPR의 기획에서 신뢰성, 참여성, 책임성, 흥미성 4개의 차원에서 사용할 수 있는 전술을 다음에 예시했다. 이는 여러 차원의 프로그램을 혼합하여 보다 강력한 캠페인을 구성하여 효과를 높일 수 있다.

1) 신뢰성

신뢰성(trust)이란 "신뢰의 주체자가 상대방의 약속을 믿을 수 있다고 지각하는 일반적 기대"를 의미한다. 기업 간 관계마케팅에서 신뢰이론을 발전시킨 모건과 헌트(Morgan & Hunt, 1994)는 경제적 관계에서 신뢰란 "상대방의 말이나 약속이 믿을 만하고 상대방이 교환 관계적 의무를 수행함으로서 협력관계로 진전되기를 기대하는 상태"로 보고 있다. 소비자 브랜드 관계가 거래적 관계에서 장기적 감성적 관계로 발전하고 브랜드가 의인화됨에 따라 브랜드 신뢰는 관계 파트너로서 문제해결력, 의존, 가능성 등 총체적 품질로 해석되고 있다.

(1) 인증

정부 단체로부터의 공식 인가, 권위 있는 기관으로부터의 인정, 상품 관련 유명 전문가 등의 제3자를 이용한 추천, 권유를 제품의 포지셔닝에 사용하는 것을 말한다. 예를 들어, 자일리톨에 치과협회의 추천이 따라 붙고, 모 화장품에 피부과 의사의 추천이 붙는 식이다. 같은 가공 농산물일지라도 농협에서 만드는 것들에는 농협 마크가 붙게 마련인데, 그 마크 자체만으로도 따로 광고나 판촉을 할 필요 없이 판촉의 효과를 볼 수 있음은 당연한 일이다. 한국식품안전관리인증원의 해썹(HACCP), ISO인증 그리고 Q마크와 같은 인증마 크들도 그러한 유형이라고 볼 수 있다.

(2) 뉴스룸

웹사이트를 만들어 두고 고객들과 직접 대화를 진행하려는 것을 말한다. 보도자료 및 각 종 홍보물을 발표하는 창구로 쓸 수 있다. 코카콜라의 저니(Journey) 사이트가 대표적이다. 경우에 따라서 웹마스터나 담당자가 고객들과 대화를 통해 기업의 이미지나 의견들을 개 진할 수 있다. 사회적인 이슈에 대해 기업의 의견을 개인적 차원에서 전개할 수도 있다.

회사가 회사의 입장이 아니라 소비자의 입장에 서서, 사회적으로 중요한 이슈들을 바라 보고 그에 대한 견해를 유지한다면 회사에 대한 이미지를 높이는 데 도움이 된다. 자사의 웹사이트에서 어떤 사회적 이슈에 대한 기업의 견해를 올리면 기존의 방법보다는 첨삭과 게재가 용이하고 많은 사람에게 확산 효과가 있으므로 소셜미디어에서 유용하다. 삼성 뉴 스룸(https://news.samsung.com/global)은 삼성전자의 공식 홍보·소통 채널로서 제품이나 서비스에 대한 정보를 전달하는 것을 넘어 삼성이 전달하고자 하는 메시지와 뉴스를 전 세 계 미디어와 독자들에게 신속하게 전달할 수 있는 플랫폼으로 진화하고 있다.

(3) 어워드

기업이 주최하거나 후원을 하여 관심을 끌 만한 상을 제정하여 수여하는 것으로 소비자 만족대상, 유망기업대상, BEST브랜드대상 등이 있다. 다양한 기관에서 개최하는 수많은 어워드를 잘 활용해 볼 수 있다. 또한 기업이 직접 어워드를 수여할 수도 있는데, 롤렉스는 40년이 넘는 시간 동안 롤렉스 어워드(Rolex Awards for Enterprise)를 통해 용기와 신념을 지닌 유능한 인재의 도전을 지원해 왔다. 이들이 진행하는 혁신적인 프로젝트와 선구적인 정신은 더 나은 세상을 만드는 데 도움을 줄 뿐더러 롤렉스의 브랜드 아이덴티티를 고취해 주고 있다.

(4) 자서전

선거철이 되면 국회의원 출마자들이 자서전을 출간하는 것도 같은 맥락이다. 자신의 인생관, 국가관, 민족관 등 많은 내용을 목적에 맞추어 실을 수 있기에 전단이나 소책자보다는 아무래도 효과적이라는 판단에서이다. 창업자나 주요 임직원의 자서전을 통해 기업 스토리를 전개하면 무게감도 있고 이미지 형성에도 도움이 된다.

2019년 유유제약 유승필 회장은 내실 있는 기업을 만들고자 노력했던 본인 삶·가족, 기업 경영 이야기 등 자전적 스토리를 담은 에세이 『아이 러브 유유』를 출간했다. 이 책에 세간에 알려지지 않은 유유제약 이야기뿐 아니라 개인사·가족사, 그리고 교수가 꿈이었지만 운명처럼 가업을 받아들인 기업가 이야기까지 솔직하고 담백하게 담았다. 꿈을 이루기 위해 최선을 다하고 때로는 현실의 벽 앞에 고뇌하는 유승필 회장의 휴먼 스토리를 통해 젊은 독자층까지 넓은 세대를 아울러 소통하는 효과가 있었다.

(5) 조사

흥미를 끌 만한 내용으로 설문조사 후 결과를 발표하는 것만으로도 눈길을 끌 수 있다. 가령 수도권 남녀 대학생 1천 명을 대상으로 존경하는 기업인에 대한 선호도를 조사하는 것이다. 그 외에도 패션에 대한 성향, 좋아하는 음식들에 대해서 간단하게 조사할 수도 있다. 이러한 설문조사는 가치 있는 소비자 정보를 찾기 위해서뿐만 아니라 MPR활동의 결과를 파악하기 위해서도 유용하다.

(6) 회의 주관

세미나, 심포지엄, 연석회의, 화상회의 같은 것들을 회사가 주선하는 것을 말한다. 이 회의에서는 주로 업계 추세, 조사 결과 발견된 사항들, 회사의 제품이나 소비자에 대해서 토의한다. 제약 회사가 신약에 대한 임상 실험 결과를 세미나나 심포지엄을 통하여 발표하는 것은 일반적인 일이다. 하지만 이런 것을 일반 기업에서도 확대 적용할 수 있다. 건강, 영양, 재정 관리, 주식 투자 요령 등 개발 가능한 주제는 무궁구진하다. 이런 세미나에 참석하는 사람들은 그렇지 않은 사람보다 관심이 많은 것이 분명한데, 그들의 주소나 이름 등을 가지고 데이터베이스를 만들어 더 다양하게 활용하고 발전시킬 수 있다.

2) 참여성

소비자 체험의 역할이 날로 중요해지면서 IMC의 전략적 도구로 참여성(participation) 요소가 활용되고 있다(오현정, 한은경, 2011). 기술의 급격한 발전으로 마케팅 분야에서는 전통적인 기능적 편익 중심의 마케팅 대신 총체적인 고객 체험을 강조하는 '체험마케팅'이 각광을 받고 있다. 지난 2019년 맥도날드는 CNBC에 "전 세계 여성들을 기념하기 위한 것"이라는 보도자료 배포와 함께 미국 캘리포니아주 린우드 지점의 로고 간판을 'W'로 뒤집었다. 맥도날드는 "미국 맥도날드 10곳 중 6곳의 매니저가 여성이다. 우리는 조직 내 다양성을 추구하는 데 자부심을 갖고 있다."고 덧붙였다. 하지만 맥도날드의 이런 마케팅은 곧바로 거센 비난에 직면했다. 『워싱턴 포스트』는 맥도날드가 최저임금 인상을 줄곧 반대해 온 사실을 근거로 이 회사의 이중성을 들춰냈다. 최저임금은 노동계층, 특히 여성에게 무척 민감한 이슈이다. 미국 노동부 통계를 보면, 최저임금을 받는 노동자의 64.3%가 여성이다. '최저임금을 올리면 여성과 남성의 임금 격차를 좁힐 수 있다'는 게 미국 노동계의 일관된 주장이다. 하여튼 여성과의 동질감을 만들기 위한 맥도날드의 로고 뒤집기 이벤트는 여러 시사점을 주고 있다.

(1) 콘테스트
제품과 직접적으로 연결되면서도 재미있는 콘테스트를 여는 것을 말한다. 프록터 앤 갬블(Procter & Gamble)의 '샤워하며 노래 부르기 전국 경연대회' 등이 대표적 사례이다. 우승자를 뽑는 기준은 독창성, 연기 또는 샤워 모습, 즐거운 모습 등 세 가지이다. 최종 본선은 뉴욕의 '라이도시티 뮤직홀'에서 열릴 정도로 큰 규모였다. 지역 예선은 지역 신문과 방송에서, 전국 본선은 전국 네트워크에서 다룰 만큼 화제를 불러일으켰고, 조사 결과 이 행사에 참여한 사람의 87%가 상표를 인식하고 있었으며, 76%는 행사를 통하여 제품을 구입했다고 한다. 다양한 대회가 가능하지만 아이디어 선택 기준에서 중요한 것은 당연히 상품

판매에 얼마나 도움이 되었느냐 하는 것이다.

(2) 오픈식

개점을 축하하는 리본 커팅에서부터 자동화 공장의 착공식이나 기공식, 상량식에 이르기까지 다양하다. 프랜차이즈 식당이나 백화점 개점 행사가 가장 흔한 형태로, 미디어의 관심을 끄는 기회가 된다.

(3) 시범/시연

소비자를 모아 놓고 실제로 제품을 사용해 보이는 방법이다. 방문판매에서 많이 쓰이는 방법으로 효과적이다. 장소는 일반 상점, 구매 대상자의 가정, 쇼핑몰 등 회사의 판촉 사원들이 움직일 수 있는 곳, 어디든지 가능하다. 요리 기구를 이용한 요리 시연, 백화점에서의 화장품 메이크업 시연 등이 잘 알려져 있다.

(4) 시찰/견학

대표적인 것으로 공장 견학을 들 수 있다. 깨끗하고 청결한 환경에서 생산한다는 것을 직접 보여 주고 견학이 끝나면 샘플을 제공하는 식이다. 상품의 사용을 유발하며 동시에 신상품 소개로 연결할 수도 있다. 연수회, 산업 시찰 등도 포함된다. 식품 회사의 공장 견학 프로그램은 일반적으로 잘 이용되는 방법이지만 미디어를 대상으로 개발할 수도 있다.

(5) 샘플링

유명하고 오래된 마케팅 전술 중 하나가 샘플을 나누어 주는 샘플링이다. 특정 지역에 사는 소비자들에게 우체국이나 택배 시스템을 이용하여 보낼 수도 있고 상점이나 길거리에서 나누어 줄 수도 있고 기존 제품에 덧붙여 포장할 수도 있다. 이것이 마케팅에서 사용하는 전형적인 샘플링인데 MPR의 샘플링은 이것과는 좀 다르다. 여론 선도층에 나누어 주고 영향력을 확대하려는 데에 있기 때문이다. 그래서 기자들에게 샘플링하는 것은 PR에서 전형적인 일이거니와 여론 선도층인 기업의 경영진들로부터 경제 전문가, 유명 인플루언서까지 다양하게 샘플링을 한다. 시기적절한 샘플링은 제품을 한번 구매하여 사용해 보도록 만들 수도 있고 입소문이 나게도 한다.

(6) 동영상

다양한 영상물을 활용할 수 있다. 여기서는 편집 완료하지 않은 비디오도 가능하다. 예를 들어, 새로운 광고를 만들었고 그 내용을 동영상으로 전파(release)한다고 하자. A-Roll은 그 내용을 편집한 것이 되지만 B-Roll은 연기자들이 실수하는 장면이나 촬영에 얽힌 비하인드 스토리를 별다른 편집이나 여과 없이 담은 것이다. B-Roll을 전파할 경우 뉴스 편집자들은 자신의 관점에서 나름대로 편집을 새롭게 할 수 있는 여유가 있기에 선호되기도 한다. 요즘 유튜브에는 광고 B-Roll을 가공한 것과 패러디한 것이 많이 활용되고 있다.

(7) 서명식

서명식, 인수식, 계약 체결식 등을 보다 확대시켜 이벤트로 만드는 것을 말한다. 가장 흔한 경우는 운동선수들의 입단식이나 계약 체결식 등이다. 문화 단체의 후원을 약속하는 행사나 후원금을 전달하는 행사도 가능하다. 기업이 어떤 것에 관심이 있는가를 보여 주는 좋은 방법이고 그 관심에 동조하는 목표 공중에게 호의를 얻는 방법이기도 하다.

(8) 상징 캐릭터

산타클로스 할아버지를 보면 크리스마스가 떠오른다. 산타클로스는 크리스마스의 상징이기 때문이다. 상업적으로도 많은 상징이 있다. 맥도널드 햄버거는 로날드(Ronald), 집에서 요리해 먹을 수 있는 빵 반죽을 파는 필스버리(Pillsbury)는 '빵 반죽 소년(DoughBoy)', 캠벨 수프(Campbell Soup) 회사는 '어니 앤드 케브러'라는 캐릭터를 가지고 있다. 이런 캐릭터는 회사를 형상화한 하나의 개인으로 나타내므로 개성을 가질 수 있고, 그 개성을 통해 소비자에게 친근하게 접근하기가 쉽다.

(9) 팬클럽

유명 연예인들만이 팬클럽을 가졌겠지만 지금은 독특하고 매력적인 제품들을 중심으로 팬클럽이 생긴다. 어린이들의 바비 인형 팬클럽, 어른들의 머스탱 자동차 팬클럽이 그런 것들이다. 미국에서는 폭스바겐을 좋아하는 사람들의 모임이 아직도 있다. 상품의 팬클럽일 경우 회사는 회원 카드 회원증 등을 발급해 주며, 뉴스레터나 소책자를 보내 주고, 팬클럽의 미팅을 주선하기도 한다. 최근에는 인터넷의 웹사이트를 만들어 정보를 공유하고 게시판을 통하여 의견을 나누는 활동 등도 가능하다.

(10) 주간/기념일

무슨 무슨 주간으로 선포하여 행사를 만드는 것을 말한다. 제품의 탄생 기념일을 맞아 상표가 개선되었다든가, 새로운 규격 용품이 나왔다든가, 새로운 향이 나왔다든가 하는 등의 내용으로 뉴스를 발표하는 것도 포함된다. 혹은 유기농 데이나 빼빼로 데이, 발렌타인 데이 등의 기념일을 임의로 제정해 상품 판매에 활용하기도 한다. 이렇게 함으로써 상품에 대한 관심과 재미를 더욱 이끌어 낼 수 있다.

(11) 신세대 대상 활동

젊은이들은 미래의 시장이다. 젊은이들은 관심도 다양하고 하고 싶은 것도 많다. 그래서 이들을 대상으로 하는 프로그램을 다양하게 만들어 낼 수 있다. 과학경진대회나 미술 경진대회, 글짓기 대회 같은 것들이 대표적인 사례이다. 미국 보이스카웃은 영화촬영 기법을 재미있게 소개해 주며 그것을 들은 아이들에게 배지를 달아 주는 행사를 하는데, 이는 파나소닉(Panasonic)과 스티븐 스필버그(Steven Spielberg)가 후원한다고 한다.

3) 사회적 책임성

사회적 책임성(social engagement)의 수행은 활동, 상호작용, 사회적 교환 등을 통해 기업이 사회적 의무를 다하는 것이다. 전 세계적으로 브랜드와 소비자 간의 유대감은 점점 둔화되는 추세이다. 매년 '브랜드 관계지표(brand relationship index)'를 발표하는 에델만(Edelman)의 데자이(Desai) 부회장은 "언드 브랜드(Earned Brand)를 주목할 필요가 있다."며 "브랜드가 가진 세계관과 가치, 신념 등을 포함함으로써 브랜드의 목표와 존재 이유를 설명해 줄 수 있어야 한다."고 했다. 그는 언드 브랜드를 구축할 수 있는 일곱 가지 행동 지표도 제시했다. 분명한 목표를 가지고 행동하라, 기억에 남을 스토리를 활용하라, 모든 소비자와의 접점에서 신뢰를 구축하라, 적극적으로 듣되 선별적으로 응답하라, 그들의 삶에 영향을 미쳐라, 공유를 유도하고, 파트너십을 도모하라, 독창적인 캐릭터를 가져라 등이다.

(1) 윤리헌장

현대자동차의 '일감 몰아주기' 논란으로 떠들썩했던 현대글로비스는 신뢰경영·현장경영·투명경영을 철저히 시행하고 기업윤리를 강화함으로써 국민에게 더욱 신뢰 받는 건강한 기업을 만들기 위해 윤리헌장을 새로이 제정하고 실천해 나가고 있다. 윤리헌장에서는, 첫 번째, 국가와 사회에의 기여, 두 번째, 고객 및 주주의 권익 증진, 세 번째, 인간존중 및 인재육성, 네 번째, 협력업체와의 동반자 관계 확립, 다섯 번째, 투명경영의 정착을 선언한 바 있다. 2020년 이케아는 새 브랜드 전략을 발표하며 지속가능을 실천해 집·지구·사회 변화 유도를 선언한 바 있다.

(2) 입장 발표

회사가 공중이 관심을 갖는 이슈나 주제에 대해서 자신의 입장을 확인시키는 데에 주로 사용되는 방법이다. 라디오나 텔레비전을 동시에 겨냥하는 경우가 많은데, 기업이 광고주이기에 사회적 이슈나 주제에 대한 공식 입장을 전달할 기회를 주기가 쉽기 때문이다. 이슈나 주제도 다양하다. 문학적 주제도 있고 국제적 관심사도 있고 입양아 문제도 있고 화재 조심에 대한 것도 있을 수 있다.

(3) 후원 행사

기업이 주요 예술활동이나 대중문화예술에 지원하는 경우나 ○○배 축구 대회 등이 다 여기에 속한다. 회사 이름으로 하는 경우보다는 상표를 앞세우는 경우가 더 MPR에 가깝다. 비상업적 환경의 리더들에게 영향을 끼칠 수 있다는 면에서 긍정적인 효과를 갖는다. 고객들에게 제품이나 브랜드 이미지를 확장시키는 힘이 크다. 과거에는 콘서트 등을 후원하는 것이 주종을 이루었지만 요즘은 단순한 후원뿐만 아니라 제작에 참여하는 경우도 있다.

(4) 기증 행사

기업이 학교 대상으로 교육 프로그램을 만들어 배포하거나 학생 생활 요령 등을 제공할수 있다. 예를 들어, 생리대 제조회사는 여학생들을 대상으로 교육용 책자를 배포할 수도있고, 치약 회사는 어린이들에게 이 닦는 요령을 알기 쉬운 포스터로 만들어 줄 수도 있다. 학생들의 보다 나은 교육 환경을 위한 것이라면 무엇이든 좋다. 모범 사례로, 3M사가 오버헤드 프로젝트를 생산·판매하면서 미국 전체 학교를 대상으로 '시청각 기자재로서 오버헤드 프로젝트 활용 계획'을 모집하고, 선정된 학교에 무료로 상품을 배포한 적이 있다. 이는 오버헤드 프로젝트가 시청각 기자재로서 자리매김하는 데 결정적 역할을 했다. 그리고이런 이미지를 바탕으로 학교뿐 아니라 모든 회의실에 비치해야 하는 필수 장비라는 이미지를 갖게 되있다.

(5) 지역 대상 활동

아주 세분화된 특정 지역에서 그 지역의 관심사, 그 지역 시장의 특성에 맞는 활동, 이벤트 등을 열어 프로모션하는 것을 말한다. 삼성전자는 '삼성전자와 함께하는 행복한 도시' 삼행시 캠페인을 지역사업장에서 진행하면서 지역 관심사를 공유하고 기여하는 지역 대표기업 이미지를 구축하고 있다.

4) 흥미성

전통적으로 광고 분야에서 흥미성(fun)은 메시지 전술로써 광범위하게 사용되어 왔다(천현숙, 2008; Toncar, 2001). 전통적 미디어의 힘이 감소하고 소셜미디어 활용이 증가하면서 정보의 폭증은 개인의 관심 자체를 하나의 희소한 자원으로 만들고 있다. 소셜미디어환경으로 기업은 고객과 직접 커뮤니케이션 할 수 있으며, 매개체 간의 상호 커뮤니케이션이 더욱 활발해지면서 효과적 정보전달을 위해 재미와 오락 위주 콘텐츠를 시도하는 경향이 생겼다. 즉, 커뮤니케이션에서 흥미성이 중요해졌다.

(1) 축제

각종 페스티벌은 많지만 적당한 것이 없을 경우, 기업이 스스로 페스티벌을 만들기도 한다. 기업이 만든 페스티벌로 유명한 것은 허쉬(Hershey) 초콜릿 회사의 'Great American Chocolate Festival'이다. 페스티벌은 지방 행정 당국이 관광객을 끌어 모아 지역의 경제 발전을 꾀하면서 중복되지 않게 다양하게 만들 수 있다. 그래서 공장이나 본사가 속한 지방의 자치 단체는 많은 지원을 하여 그 지역의 관광 상품으로 발전시키기도 한다. 또 경우에 따라서는 지역사회와의 우호적인 관계 활동을 위해서 활용될 수도 있다. 이천의 도자기 축제나 부천 영화 축제 등이 대표적인 사례이다.

(2) 행진

아마 가장 대표적인 퍼레이드는 뉴욕 매시 백화점의 크리스마스 퍼레이드일 것이다. 기업이 후원하는 꽃차, 대형풍선, 가지가지 볼거리들을 통해 기업이나 상표의 노출 효과를 기대하기도 한다. 미국에서 한국을 알리는 방법으로 로스앤젤레스에서는 '한인회 주최의 퍼레이드'가 있다. 한국 회사들도 참여하지만 한인 시장을 겨냥한 미국 회사들의 참여도 활발하다.

(3) 세계 최고

아무개가 세상에서 가장 큰 치즈 케이크를 만들어 기네스북에 도전했다면 이것은 뉴스거리가 된다. 기록에 도전하는 데는 여러 가지 방법이 있다. 월드컵에 진출한 축구팀의 선전을 위한 기원을 담은 대형 카드를 만들거나, 가장 큰 연을 만들어 올리거나, 가장 오랫동안 춤을 춘다거나…… 생각해 보면 한도 끝도 없다.

(4) 스턴트

영화 속의 스턴트처럼 흥미진진한 볼거리를 만들어 낼 수 있다. 63빌딩 오르기, 63빌딩에서 행글라이더 타기가 예전에 있었던 것들의 대표적인 예이다. 올라가는 것과 반대로 허쉬 초콜릿이 새로 나온 키세스(Kisses)를 대형으로 만들어 뉴욕 엠파이어 스테이트 빌딩에서 떨어뜨린 이벤트도 있었다.

(5) 기네스에 도전하기

장시간 계속적으로 어떤 활동을 하는 것을 말한다. 쉬지 않고 자전거 타기, 오래 걷기, 오래 키스하기 등 제품이나 상표와 자연스럽게 연결시키는 것이 관건이다. 미디어의 관심을 끌기도 쉽고 상표 충성도 또한 높일 수 있다.

(6) 움직이는 광고판

버스, 자동차, 열기구, 보트, 비행기, 기차 등 탈것을 이용하는 것을 말한다. 모험가나 탐험가의 수송 장비나 이동 장비에 상표를 부착시켜서 후원하는 것이 가장 흔한 형태이다. 이 전술로 대표적인 것은 버스나 지하철 외부에 붙어 있는 영화 포스터나 상품 광고일 것이다. 사람들은 버스나 지하철이 오기를 기다리면서, 혹은 신호 대기 중에 이 광고판을 자신도 모르게 꼼꼼히 읽게 된다.

5. MPR 효과 측정

근래 소셜미디어의 활성화에 따라 보다 계량화된 효과 측정 방법이 제시되고는 있다. 하지만 복잡성을 가진 소비자들과의 소통에서는 방문자 수, 조회 수 등 주로 단순 인지를 의미하는 수치의 제시보다는 태도 및 나아가 행동의 변화를 이끌어 주는 효과를 제시할 수 있어야 한다. 또한 조직은 MPR 실행 후 건수 중심의 사후 효과 제시보다는 마케팅 비용 투입 이전 단계에 MPR 효과를 예상해 주는 사전 효과 예측이 ROI 측면에서 더 중요해졌다.

효과 관련 MPR의 문제를 정리하면 언론보도나 방문자 수 등 건수 제시 수준인 효과 입증 방법의 문제, 실행 후에만 확인할 수 있는 효과 검증 시점의 문제, 그리고 인지 수준에 머물고 있는 커뮤니케이션 목적의 문제 등 세 가지 문제를 들 수 있다. ROI에 관심이 높은 조직의 속성상 이런 문제들은 조직의 MPR 활용을 낮추는 요인이 되고 있으며, PR을 퍼블리시티나 디지털 콘텐츠 생산자 수준으로 간주하게 하는 원인이 되고 있다. PR 효과에 대한 과학적인 측정과 평가 없이는 PR의 책임성을 객관적으로 입증할 수 없을 뿐 아니라 PR의 전문성을 확보하기 어려울 것이다(오미영, 백혜진, 2015).

최근 PR 효과를 측정하는 방법은 보다 더 진화되고 있다. 더 이상 인쇄 간행물이 언드 미디어(earned media)의 중심이 아닌 오늘날에는 오랫동안 PR 전문가들이 사용해 온 PR 지표의 대부분이 바뀌고 있다. 그렇다면 현재 PR 효과 측정 지표는 무엇으로 삼아야 할까? 바로 '고객 획득'과 '가시성'이다.

언드 미디어는 여전히 PR에 있어서 중요한 기준이지만 다음과 같은 인포그래픽은 PR 전문가들에게 '미디어 커버리지를 측정하는 것은 겨우 시작에 불과'하다는 중요한 통찰을 제시한다. PR인들이 정말로 알아야 하는 것은 커버리지가 가져온 금액적인 환산, 브랜드 인지도가 얼마나 증가했는지에 대한 정확한 계산, 그리고 이를 통해 얼마나 많은 새로운 리즈를 발굴했는지 이 세 가지이다.

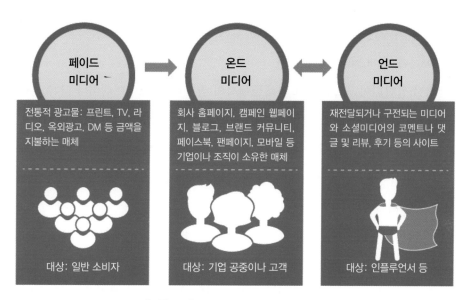

[그림10-2] paid, owned, earned media

출처: Ski Paradise.

언드 미디어는 전통적인 PR과 아주 밀접한 관계를 가진다. 대부분의 기업 정보에 대한 신뢰도 높은 소스들은 PR 담당자가 아니라 만족스런 경험을 겪은 고객에서 나온다. 그들의 경험에 대한 리뷰나 재추천, 평점, 그리고 이야기 등의 고객 콘텐츠가 이를 형성한다.

광고와 같은 전통적인 페이드 미디어(paid media)는 전환율에 있어서 1% 미만의 성과를 보여 준다. 반대로 언드 미디어의 경우에는 5% 이상의 전환율이 나온다. 글로벌적으로

92%의 소비자들은 다른 어떠한 형태의 광고보다 언드 미디어를 더욱 신뢰한다는 조사 결과가 있다.

효과적인 PR 측정을 위해 무엇을 해야 하는가?

성공적으로 측정했더라도 PR 담당자는 발송된 모든 이메일, 미디어 언급, 그리고 팬들의 인터렉션 등에서 무언가를 깨닫거나 배울 수 있어야 한다. 이는 트래픽 증가나 페이스북에서의 '좋아요' 증가와 같은 양적 지표를 측정하는 것 이상으로 중요하다.

- 1단계 피칭 자료의 인터렉션: 미디어 목록에 발송된 보도자료에 대한 인터렉션을 지속적으로 트래킹하는 것은 메시지가 해당 미디어들에게 얼마나 매력적인 콘텐츠였는지 알 수 있게 한다. 뿐만 아니라 갈수록 피칭 자료의 퀄리티를 보다 개선하게 한다. 사용 가능한 툴은 보도자료 발송 후 오픈률을 확인할 수 있는 툴로, 예를 들어 Yesware나 MailChimp 등이 있다.
- 2단계 소셜미디어, 웹, 그리고 인쇄물에서의 커버리지: 소셜미디어나 다른 온라인 채널에서의 멘션을 측정하는 것은 무척 손이 많이 가는 작업이기 때문에 계획했던 것보다는 조금 더 오래 걸릴 것이다. 고맙게도 이러한 멘션과 대화들을 트래킹할 수 있는 다양한 툴이 나와 있다. 사용 가능한 툴로는 기본적인 CRM 시스템과 기타 소셜 분석 서비스 등이 있다.
- 3단계 커버리지의 장기적 효과: 인터렉션과 커버리지가 캠페인에 있어서 단기적인 효과를 가져다주는 동안 장기적 관점에서의 효과 또한 측정해야 한다. 트래픽, 페이지 랭크, 웹 권위 등의 지표가 시간에 따라 어떻게 변하는지 측정하는 것은 장기적인 관점의 의사결정을 돕게 한다. 사용 가능한 툴에는 구글 애널리틱스가 있다.

같은 맥락으로 PR 회사인 '피알원'은 PR 성과 및 효과를 데이터로 수치화하여 평가하고, 전문가 및 이해관계자 등의 정성적인 판단을 통해 시사점을 도출하는 PPI(Prone Performance Index)를 개발하여 운영하고 있다.

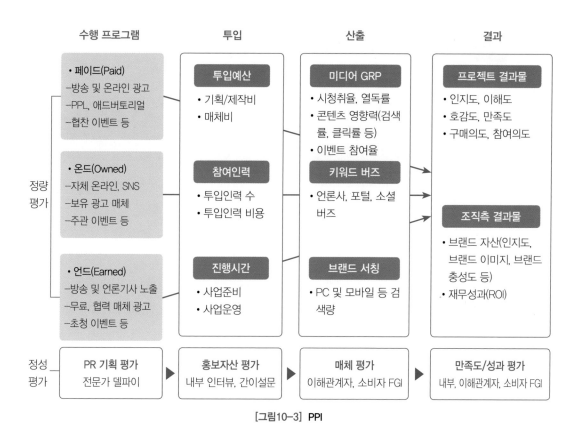

[그림10–3] PPI

● MPR 10계명 ●

1. 이미지는 생명이다. 딱 맞는 이미지를 찾아라.
2. 타이밍에 목숨을 걸어라.
3. 사회적인 이슈에 적극 동참하라.
4. 윈-윈은 약하다. 윈-윈-윈으로 마케팅하라.
5. 남들이 생각하지 못한 기발한 아이템으로 공략하라.
6. 1석 2조를 넘어 1석 4조까지 노려라.
7. 이슈가 없으면 스스로 만들어라.
8. 안에서 새는 바가지 바깥에서도 샌다. 직원들의 기부터 살려라.
9. 공익적인 활동을 통해서 좋은 이미지를 구축하라.
10. 다양한 홍보 채널을 찾아내고 모든 채널은 공평하게 대한다.

사례 1 안다르 '모두의 레깅스' 브랜드 캠페인

• 기획

2030세대를 중심으로 운동(athletic)과 여가(leisure) 요소를 결합한 '에슬레저' 시장이 전성기를 맞이하면서 운동에 적합하면서도 일상에서도 편안하게 입을 수 있는 에슬레저룩이 관심을 끌고 있다. 이 시장의 가장 핫한 아이콘은 28세에 창업해 매출 400억을 달성한 '안다르'(대표 신애련)가 있다. 안다르는 전반적으로 낮은 브랜드 인지도부터 고유의 헤리티지 부재, 브랜드 스토리에 대한 전달력 부족 등 과열되는 시장 속에서 확실한 우위를 선점할 수 있는 요소가 부족하다는 평가를 받았다.

• 전략

기존 패션 포워드 액티브웨어는 예뻐야 하고, 날씬해야 한다는 편견 속에 여성의 이미지를 한정적으로 정의하는 것에서 탈피해 '모두의 레깅스'라는 브랜드 캠페인을 전개했다. 안다르를 통해 일상 속 행복을 느낄 수 있다는 'Stretch your story'라는 브랜드 메시지와 함께 '바디 포지티브(body positive)' 철학을 담아 여성들의 임파워먼트가 느껴지는 스토리를 구성했다.

• 프로그램

브랜드 캠페인 영상에는 열정적인 춤을 추며 건강한 여성상을 보여 준 플러스 사이즈 모델부터 축구와 라이딩을 즐기는 여성, 나이 제한 없이 도전하는 시니어 모델 등 '모두의 레깅스'라는 캠페인 이름에 맞게 몸매, 나이 등에 구애받지 않으면서 자연스럽고도 당당한 여성들의 모습을 담아냈다. 또한 출연 배우 인터뷰를 통해 안다르의 철학 및 브랜드 방향성을 전달하며 제품의 멋이 아닌 도전을 강조하는 여성의 이미지를 부각시켰다.

• 효과

이러한 안다르의 '모두의 레깅스' 캠페인은 타깃층 연령을 '모두'로 하며 자신의 몸을 있는 그대로 사랑하자는 '바디 포지티브' 메시지를 효과적으로 전달, 브랜드에 대한 선호도 구축 및 친밀감을 형성하는 데 기여했다. 특히 일생생활 속에서 안다르와 함께 더욱 당당하게 행복을 느낄 수 있다는 스토리는 많은 여성의 공감을 이끌어 내며, 트렌드에 맞춰 발전하고 변화할 줄 아는 애슬레저 리딩 브랜드로서의 면모를 여실히 드러냈다.

[그림10-4] 안다르의 '모두의 레깅스' 캠페인

사례2 P&G '페브리즈(Febreze) 화장실용' 신제품 론칭

• 기획

지금까지 시장에 출시된 화장실 탈취제 제품은 화장실 냄새를 향으로 덮는 형태로, 근본 원인을 해결해 주지 못하는 상황이었다. 이에 페브리즈는 연구를 통해 화장실의 불쾌한 냄새 재발 원인이 바로 화장실 수건, 변기커버, 샤워커튼 등의 부드러운 표면에 스며든 냄새 분자들 때문이란 것을 밝혀냈다.

• 전략

단계별로 주요 타깃인 주부와 1인 가구들에게 영향력이 높은 파워블로거와 유튜브 크리에이터, 인플루언서, 전문가 등을 활용한 이슈 확산을 유도했다.

• 프로그램

MBC 〈오늘의 아침〉, SBS 〈스브스〉 같은 공중파 채널을 통해 화장실 냄새의 근본 원인과 해결방안에 대한 콘텐츠를 제작했다. 이렇게 제작된 콘텐츠의 추가 확산을 위해 주부, 1인 가구, 파워블로거를 활용한 리뷰 콘텐츠를 제작하며 신뢰도 높은 정보 제공과 확산을 유도했다.

또한 유튜브 크리에이터와의 협업을 통해 브랜디드 콘텐츠 제작, 생활정보 SNS 채널 플랫폼으로의 추가 확산을 광고를 집행하며 화장실 상쾌혁명에 대한 공감 및 확산을 유도했다. 이와 함께 욕실문화 공간인 '로얄라운지'에서 인플루언서를 초청한 신제품 출시 간담회를 개최했다. 간담회에서는 화장실 냄새 발생원인 제거 및 재발방지 실험을 통해 과학적인 입증을 함으로써 정보를 적용한 인플루언서가 실제 화장실에서의 리뷰 콘텐츠를 제작하도록 했다.

또한 1인 가구는 물론, 2030 젊은 주부들의 활용 빈도가 높은 새로운 리빙, 인테리어 정보, 커머스 플랫폼과의 콜라보레이션을 통해 전문가 리뷰 콘텐츠를 생성했다. 이를 통해 제품 기능성 및 효과에 대한 신뢰도를 제고하며 실질적인 구매로 이어지도록 했다.

• 효과

캠페인 활동 시점 이후 '페브리즈 화장실용' 키워드가 '페브리즈' 대 약 1.5배 이상의 높은 검색율과 클릭율을 기록, 진행 결과 초기 KPI(120만) 대비 13,113,235의 콘텐츠 인지도를 높였다.

[그림10–5] 페브리지의 '로얄라운지'에서 인플루언서를 초청한 신제품 출시 간담회 장면

토론주제

1. 역사가 짧은 신생 기업인 '안다르'가 큰 광고예산 없이 시장을 개척한 방법은 무엇인가?
2. '페브리즈' 사례에서 인플루언서 마케팅의 성공 요인은 무엇인가?

 **참고문헌**

김병희(2002). MPR의 기능적 특성에 관한 연구. 경영연구, 11(1), 373-390.

김병희, 서상열, 김동성, 김형석, 김민철, 김지윤, 신경아, 허정무, 최문석, 이진우, 조재형, 손영곤, 주대홍, 오창일, 석중건, 정해원, 유인하, 박인성, 김유나, 변혜민, 고재영, 이윤재, 김상준, 정차숙, 지원배, 유현중, 김운한, 김현정(2018). 광고와 PR의 이론과 실제. 서울: 학지사.

박기철(2006). PR의 전환적 관점: CPR, MPR, 그리고 BPR. 서울: 한국PR협회.

신호창(2000). 마케팅 PR(Marketing Public Relations) 전략들. 서울: 커뮤니케이션북스.

오미영, 백혜진(2015). 국내 PR효과 측정 및 평가 현황에 관한 연구: PR 대상 수상작에 대한 내용분석을 중심으로. 홍보학연구, 19(1), 327-354.

오현정, 한은경(2011). 이벤트 체험요인이 브랜드자산에 미치는 영향: 판촉 이벤트를 중심으로. 광고연구, 88(0), 183-222.

조재형(2017). 위험사회. 서울: 에이지21.

조재형(2019). 현장에서의 PR트렌드와 keyword. PR학회 '2019 Triangular Trend Spotting in PR' 세미나.

조재형(2020). 기업을 살리는 설득의 기술. 서울: 학지사.

천현숙(2008). 유머가 광고 기억에 미치는 영향 분석. 한국광고홍보학보, 10(4), 7-40.

한정호, 손진기(2014). 성공적인 마케팅 PR 전략. 서울: 한나래.

허종욱(2017). 마케팅PR 프로그램 평가 구성요인 개발 및 MPR 요인과 기업신뢰가 소비자행동에 미치는 영향. 서강대학교 대학원 신문방송학과(PR전공) 박사학위논문.

Aaker, D. A. (1991). *Managing brand equity*. New York, NY: Free Press.

Aaker, D. A. (2012). *Building strong brands*. New York, NY: Simon and Schuster.

American Marketing Association (AMA) (1948, 1963, 2009, 2017). http://www.marketingpower.com

Duncan, T. (2002). *IMC: Using advertising and promotion to build brands*. New York, NY: McGraw-Hill Education.

Gregory, A. (2000). *Planning and managing public relations campaigns*. London, UK: CIPR.

Grunig, J. E., & Hunt, T. (2004). 현대 PR의 이론과 실제(박기순, 박현순, 최윤희 역). 서울: 커뮤니케이션북스. (원저 1984년 출판).

Harris, T. L. (1991). *The marketer's guide to public relations*. Hoboken, NJ: John Wiley & Sons, Inc.

Harris, T. L. (1993). How MPR adds value to integrated marketing communications. *Public Relations Quarterly, 38*(2), 13.

Harris, T. L. (1999). *Value-added public relations: The secret weapon of integrated marketing.* Lincolnwood, IL: NTC Business Books.

Harris, T. L. (2006). *The marketer's guide to public relations in the 21st century.* Chicago, IL: Racom Communications.

Keller, K. L. (2008). *Strategic brand management: Building, measuring and managing brand equity.* Upper Saddle River, NJ: Prentice Hall.

Kotler, P. (1989). Public relations versus marketing: Dividing the conceptual domain and operational turf. *Position paper prepared for the public relations colloquium.* 1989, San Diego, January 24.

Morgan, R. M., & Hunt, S. D. (1994). The commitment-trust theory of relationship marketing. *Journal of Marketing, 58*, 20–38.

Newsom, D., Turk, J. V., & Kruckeberg, D. (2007). PR 공중합의 형성 과정과 전략(박현순 역). 서울: 커뮤니케이션북스. (원저 2003년 출판).

Schultz, D., & Schultz, H. (2004). *IMC, the next generation: Five steps for delivering value and measuring returns using marketing communication.* New York, NY: McGraw-Hill Education.

Ski Paradise. http://nieveyalgomas.blogspot.com/2016/07/looking-for-inspiration-excerpts

제11장

지역사회, 어떻게 조직의 선택된 이웃이 되는가?*

공동체관계 활동 혹은 지역사회관계 활동은 주로 기업이나 조직의 사회공헌활동을 통해 이루어진다. 재정적인 후원은 물론이고 학교 건물을 세워 주거나 종업원의 전문화된 기술력 등을 활용하여 지역의 물리적 발전이나 지역사회 개선을 위해 다양한 방식으로 공헌하는 것이다. 하지만 단순히 후원으로만 지역사회관계 활동이 완성되지는 않는다. 무엇보다 지역의 '선택된 이웃'으로서 지역민들에게 심리적·암묵적으로 인정받아야 한다. 지역민에게 선택된 이웃으로 인정받을 경우 기업이나 조직의 위기 시, 심지어는 기업이나 조직의 평판이 심하게 위협받는 경우에도 지역민의 굳건한 지지를 얻을 수 있으며 위기를 최소화하는 든든한 방패로 작용할 수 있다. 반대로 선택된 이웃이 되지 못한다면 지역공동체 사회는 조직이나 기업의 위기를 불러오는 또 다른 위협의 칼이 될 수 있다. 그렇다면 지역민의 '선택된 이웃'이 되기 위해서 기업이나 조직은 어떻게 해야 할까?

이 장에서는 조직 PR의 대표적인 영역으로서 CSR과 더불어 그 중요성이 높아지는 공동체관계관리 혹은 지역사회관계관리 활동에 대한 이해를 통해서 공중과의 상호호혜적인 관계를 구축하고 유지하고자 하는 PR의 궁극적 목적이 어떠한 형태로 달성될 수 있는지를 학습하게 될 것이다.

---

* 김현정(서원대학교 광고홍보학과 교수)

1. 지역사회관계관리(공동체관계관리) 활동의 정의와 개요

1) 공동체관계관리 주요 개념

공동체관계관리(community relations) 활동은 흔히 한 기업이 존재하는 해당 지역의 공동체들과 상호호혜적인 공중관계관리성을 세우고 상호 간의 성공과 효과적 경영을 위해 상호 간의 이익을 돕는 다양한 방법을 의미한다(Lattimore, Baskin, Heiman, & Toth, 2011). 즉, 조직과 지역사회 간의 호혜적인 환경을 조성, 유지하기 위해 계획된 조직의 지속적인 참여 활동으로 정의된다(Lattimore et al., 2011). 특히 공동체는 일정한 지리적 영역을 배경으로 나타나는 공동체를 지역공동체라 하고, 지리적 영역에 구애됨이 없이 정신적 관계를 통해 나타나는 개념을 정신적 공동체라고 하여 'the community'와 'community'로 구분하기도 한다(Poplin, 1979). 하지만 일반적으로 공동체는 일정한 지역을 공유하는 공동체와 모든 것을 의미하는 것으로 사용되고 있다. 더불어서 지역공동체라는 것은 지방자치단체와 같은 행정체제나 제도, 지역의 학교, 병원, 경찰서 등 기관 지역사회를 의미하기도 하며 지역 구성원들의 욕구를 충족시켜 주기 위해 상호작용할 수 있는 단체 혹은 모임으로 만들어진 공동체를 의미하기도 한다. 그러한 지역의 단체나 모임의 경우에는 지역의 각종 시민단체들이 중요한 지역공동체가 될 수도 있다. 결국 공동체관계관리 활동은 지역적 지역사회와 기관 지역사회를 통합적으로 운용하는 것이기도 하다. 따라서 공동체관계관리는 다른 말로 지역사회관계관리 활동으로 정의된다.

한마디로 공동체관계관리 활동은 조직과 지역사회 내의 다양한 환경 요소들과 조직을 사회적으로 연결하고 둘 사이의 관계를 발전시키는 것이라고 말할 수 있다. 따라서 조직의 공동체관계관리 혹은 지역사회관계관리는 지역 내의 다른 조직들의 활동에 의해서 영향을 받는 활동이다(Berkowitz & Turnmire, 1994). 또한 지역사회관계는 지역사회의 복잡한 개념을 반영하여 한 지역사회의 환경 내에서 지역사회의 여러 요소들 간의 사회적 연결을 확인하고 그 관계를 발전시키려고 노력하는 활동이다(Grunig & Hunt, 1984). PR 기능으로서 지역사회관계는 기업이 지역사회에게 조직정보, 제품, 서비스 등 기업 활동사항을 전하고, 지역사회의 구성원들과 소통하는 과정이다(이두원, 1997).

궁극적으로 공동체관계관리는 조직이나 기업이 사업을 운영하는 연고지의 지역공동체들과 상호적으로 이익이 되는 관계를 세우고 유지하기 위해 사용하는 다양한 방법과 관련된다. 조직이나 기업이 행하는 모든 조직 활동의 기반이 지역을 근거로 이루어지기 때문이다. 기업이나 조직이 사업 기반을 두고 있는 지역에서 사업 활동을 원활하기 수행하기 위해서는 해당 지역의 물적·인적 자원을 사용하는 것은 물론 교통, 물류, 유통과 같은 다양한 지역의 자원을 이용하며 지역민 혹은 지역공동체와 지속적인 소통과 긴밀한 관계를 유지해야 하는 것이다.

2) 공동체관계관리 활동의 기본 원칙

공동체관계관리 활동의 두드러진 원칙은 한 기업이나 조직이 시민사회적인 책임감을 수용하고 그 지역사회의 복지를 위한 활동적 관심을 기울일 때 시작된다. 그렇게 책임과 관심이 동반됨으로써 지역사회에 대한 기업이나 조직의 후원, 충성도, 선한 의지라는 관점에서 장기적이면서 깊은 상호 공감과 이해를 얻게 되는 것이다. 따라서 지역사회관계관리 PR활동은 조직이나 기업의 평판에 의미 있는 영향력을 끼친다. 즉, 한 기업이나 조직이 기업 활동을 영위하는 지역에서 해당 지역사회에 대한 다양한 후원과 기부를 포함하여 지역민들을 해당 조직원이나 종업원으로 채용하고, 지역의 다양한 환경문제에 책임을 지는 등의 활동을 펼침으로써, 지역사회와의 관계를 돈독하게 구축하는 것이다. 그럼으로써 지역사회 공중과 조직이 상생하는 PR의 목표를 달성한다. 궁극적으로는 무엇보다 조직의 명성과 평판을 쌓아 가는 것이다.

특히 지역사회관계 활동은 해당 지역의 시민들이 종업원이나 조직원으로서 채용되거나 조직 활동에 다양한 방식으로 참여함으로써 종업원관계 및 노사관계 활동을 포함하여 지역의 사회적 책임 활동으로 확대된다. 즉, CSR활동의 하나로서도 중요한 개념이 되고 있다. 공동체관계관리 활동은 가시적으로 드러나는 사업적인 활동이지만 이러한 활동을 통해 눈에 보이지 않는 지역민의 사기를 북돋우며 장기적으로는 조직과 지역민이 하나의 공동체라는 공동체 의식을 느끼도록 하는 데 목표를 두고 진행된다. 공동의 정서를 생성하게 하고, 길러 주며 공동체라는 인식과 정서를 지속적으로 유지하도록 하는 관계관리 PR 활동의 하나인 것이다. 따라서 지역사회에 대한 CSR활동을 통해 기업이나 조직의 이미지를 높이고 지역민과의 공중관계성을 강화하고자 하는 경우에는 지역에 대한 정체성과 지역 애착도를 강화하는 방향이 필요하며, 지역민과의 상호 공존적 요소를 중시하는 것이 필요하다(이수범, 신일기, 2015). 지역적 특성을 고려한 맞춤형의 전략적 사회공헌활동을 통해 공중관계성과 더불어 조직이나 기업의 이미지와 충성도를 높일 수 있다.

우리나라의 지역사회관계는 정치구조의 민주화와 지방자치 활성화로, 지역 단위에서 조직의 정책이나 발전 계획을 승인받아야 하는 경우가 많이 발생하는 등 국내의 정치·사회적인 변화와 더불어 더욱 중요하게 여겨지게 되었다. 또한 NIMBY(Not In My Back Yard) 현상이나 환경오염 문제에 대한 시민 인식 강화 등으로 지역사회관계의 역할이 더욱 중요해지고 있는 추세에 있다. 무엇보다 2019년 7월 25일부터 지역사회공헌 인정제도가 시행된 것도 이러한 반증이라고 할 수 있다(https://crckorea.kr/csrcommunity/).

지역기반의 공유가치 창출을 위해 보건복지부와 한국사회복지협의회가 공동으로 시행한 것이 '지역사회공헌 인정제도'이며 지역별로 사회공헌 지역 센터를 마련하고 매년 지역사회인증제도 우수기업을 선발하여 시상하고 있기도 하다. 이처럼 지역사회에 중요한 활동이 되고 있는 것은 지역공동체 발전을 위해서 행하는 조직이나 기업의 공동체관계관리 PR이 지역민의 참여를 포함하거나 지역민과 함께하는 활동이 되어야 한다는 전제 때문이다. 지역의 발전을 위한 지역공동체관계관리 활동의 과정은 지역사회의 문제들을 해결하는 데 있어서의 민주적 과정을 활용하는 것은 물론 문제해결을 위한 해법을 찾는 데 있어서 직접적으로 지역민을 포함시켜 왔다. 따라서 활동의 핵심은 지역민의 문제를 풀 수 있는, 지역민을 위한 지역공동체에 대한 다양한 정보의 전달 및 기술과 지식의 나눔에 초점을 두고 있다.

3) 공동체관계관리의 유형과 범위

일반적으로 지역사회관계(공동체관계) 활동은 한 조직 혹은 한 기업이 경영활동을 하는 지정학적 위치의 공동체 사회와의 관계에서 비롯한다. 하지만 지정학적인 오프라인의 위치만으로 지역공동체 사회를 한정하지 않는 것 또한 최근의 추세이기도 하다. 이러한 입장에 의해서 버크(Burke, 1999)는 공동체관계관리의 유형을 여섯 가지로 분류한 바 있다. ① 사원 지역사회(employee community), ② 관심 공중 지역사회(interest community), ③ 충격범위 지역사회(impact community), ④ 인근지역사회(fence line community), ⑤ 입지지역사회(site community), ⑥ 사이버 공간 지역사회(cyber community)가 그것이다.

이러한 개념의 분류를 따를 때, 지역사회관계는 단순히 지역이란 범위를 넘어서는 사회적인 관계로서, 보다 다양한 커뮤니케이션의 개념을 포함한다. 온라인에서 조직이나 기업과의 연대를 통한 새로운 공동체관계를 형성하면서 기업이나 조직에 대한 지지와 연대적 관계를 확장하는 이들도 공동체 대상에 포함하기 때문이다. 예를 들면, 삼성건설과 관련하여 삼성건설이 지은 아파트인 '래미안'에 사는 사람들의 모임이나 현대자동차와 관련하여 '현대모터클럽(https://cafe.naver.com/hmckorea)' 같은 온라인 카페에 가입하여 해당 제조사의 자동차를 이용하는 사람들끼리 친목을 다지는 경우가 대표적인 경우라고 할 수 있다. 일례로 '현대모터클럽' 카페를 자세히 살펴보면([그림 11-1] 참조), 일반적인 온라인 커뮤니티의 메뉴들과 다름없는 내용의 메뉴들도 있지만, '공동구매' '따끔한 한마디' '신차 시승이벤트'도 있다. 즉, 기업 경영이나 사업 활동에 대한 참여 메뉴가 포함되어 있는 것이다. 또한 '코로나 OUT' 차량용 캠페인 스티커 나누기, 생명의 숲 걷기 등 기업의 특성을 반영하는 '봉사활동신청'과 같은, 현대자동차 클럽만의 참여 메뉴들도 나타나고 있다. [그림 11-1]에서 확인되듯이 봉사활동 메뉴 안의 HCN봉사단이 올린 글들은 이 공동체가 단순한 친목을 넘어 보다 적극적인 사회참여 혹은 조직참여형의 온라인 공동체임을 알게 한다.

이러한 사례에서 알 수 있듯이 온라인 공동체관계관리 활동도 지정학적 위치의 공동체관계관리 활동과 마찬가지로 기업의 공동체 PR 혹은 지역사회관계 PR활동으로서 고려되어야 하는 중요 영역이 되고 있다. 따라서 오늘날 지정학적 위치의 공동체들을 대상으로 하는 지역사회 공동체관계관리 활동은 물론이고, 온라인에서의 또 다른 공동체들을 대상으로 하는 온라인 지역사회 공동체관계관리 활동도 적극적으로 펼쳐 나가야 한다.

[그림 11-1] 현대자동차의 온라인 지역사회 공동체라고 볼 수 있는
현대자동차 동호회 '현대모터클럽'의 홈페이지와 주요 메뉴

2. 지역사회관계관리(공동체관계관리) 활동의 핵심

1) 공동체관계관리 활동과 CSR

지정학적 지역공동체이든 사이버상의 온라인 공간 공동체이든 간에 이러한 지역사회 공동체관계관리 PR활동의 핵심은 해당 지역(혹은 조직이나 기업의 온라인을 포함한 연고 공간)의 공동체 구성원들을 위해서 해당 지역에서 CSR을 지속적으로 수행하는 것이다.

따라서 이해적이고 지속적인 공동체관계관리 프로그램은 실질적으로 어떠한 조직이 해당 지역사회에서 선한 시민의 일원으로 수용될 수 있도록 돕는다. 조직은 지역사회 범죄 및 재난의 예방, 종업원 관계 활동, 환경 프로그램, 교육이나 재활용, 재생 사업 등을 포함해서 공동체에서의 삶의 질을 개선하는 다양한 프로그램을 운영하거나 후원할 때 선한 공동체의 이웃 시민으로서 기록된다. 따라서 지속적인 지역사회 프로그램의 예로서 장학후원, 도시 재생 프로젝트, 문화예술후원, 사회 교육 프로그램, 어린이 방과 후 활동, 공동체 조직후원, 건축물 기부 프로젝트 등 매우 다양한 후원 활동이 가능하다.

국내의 사례들을 구체적으로 예로 들면, 포스코(Posco)가 본사가 위치한 포항에 '포항공과대학교'를 지어 전교생에게 전액 장학금으로 대학을 다닐 수 있도록 하고 있는 것이나 금호그룹이 문화예술 후원의 일환으로 연고지인 광주광역시에 지역 문화 진흥을 위해 '유스퀘어 문화관'을 건립해 클래식 공연뿐만 아니라 연극, 뮤지컬, 미술 전시회 등을 통해 지역민들에게 문화 갈증을 해소할 수 있는 장을 제공한 사례 등이 있다. 이 외에도 진천에 위치한 현대모비스는 2015년에 100억을 투자해 진천에 생명의 숲 '미르'를 조성하고 지역민을 위한 생태환경 프로그램을 운영하고 있다.

이러한 사회공헌활동을 통한 지역사회관계관리 활동은 보다 제한된 범위를 가진 작은 사업체들에서 오히려 더욱 분명하게 지역민과의 관계관리를 돈독히 할 수 있고 지역사회 관계관리의 목표를 쉽게 달성할 수도 있다. 특히 지역 스포츠 팀이나 지역축제 등 지역 고유의 이벤트 등을 후원함으로써 선한 의지를 일으키는 방법들이 쉽게 활용되고 있다. 사회공헌활동을 통한 후원의 가장 일반적인 형태는 재무적인 방식으로 재정적 지원을 하는

**[그림 11-2] 현대모비스가 충북 진천에 조성한 생명의 숲 미르에서 열린
'미르 숲 음악회'(좌)와 한반도 지형을 닮은 미르 숲 전경(우)**

출처: 현대저널(https://news.hmgjournal.com).

것과 종업원 참여(봉사활동 등) 형태이다. 예를 들면, 한국전력공사의 경우에 각 지역의 지사별로 독거노인, 소년소년 가장 등 사회 소외계층에게 무료로 전기 배선이나 전기 제품 등을 점검해 주는 직원 봉사활동을 행하고 있다. 이들의 전기설비 무료 점검 활동은 한국전력 종업원의 기술을 활용하는 전문적인 지역사회관계 활동이다. 또한 지방자치단체를 중심으로 거의 전국적으로 행해지는 지역적 특색을 담은 지역축제들은 해당 지역의 보다 적은 규모의 조직이나 기업에서 후원하는 경우가 흔하며, 지역사회 공동체관계 활동의 일반적인 형태라고 할 수 있다.

이러한 지역사회관계를 위한 활동의 가장 기본적인 원칙과 지침은 크게 두 가지로 구분된다. 첫째는 이러한 후원이 반드시 전략적인 기여여야 한다는 것이다. 이는 단순한 금전적 기여가 아닌, 조직의 장기적인 전략 차원에서의 지역사회관계관리 활동이 행해져야 한다는 것을 의미한다. 즉, 전략적 기부(Wilcox et al., 2014)를 통해 기업의 평판을 극대화하는 방향으로 지역사회관계관리 활동을 구축하고 정립하여 나가야 하는 것이다. 두 번째는 사회투자 개념을 포함하고 있어야 한다는 것이다. 지역사회관계 활동을 하는 이유는 결국 기업이나 조직의 지역사회에 대한 장기적 투자의 하나이며, 지역사회 발전과 더불어 조직이 동반적으로 발전한다는 개념의 접근이 필요하다는 것을 말한다. 즉, 지역의 발전에 기여하면서도 지역에서 사업을 영위하는 기업 스스로도 지역의 발전과 더불어 동반 성장한다는 것을 의미하는 것이다.

예를 들어, 현대중공업은 1972년 울산의 작은 어촌 마을인 미포만에서 처음 배를 만들기 시작했다. 당시 울산의 미포만은 이름 없는 항구였다. 하지만 오늘날에는 현대중공업이 592만㎡의 부지에 25,000여 명의 종업원이 근무하며 전 세계 선박 건조량의 15%를 생산하는 세계 제1의 조선회사로 성장하면서 울산 미포만 역시 세계 조선 산업의 중요 거점지가 되었다. 발전과 함께 울산 역시 2014년 기준 1인당 GRDP 6,110만 원으로 전국에서 GRDP가 가장 높으며(한겨레신문, 2015. 12. 24.),[1] 우리나라 총 수출의 17.7%를 차지할 정도로 국내 기간산업에서 중요한 위치를 차지하는 지역으로 성장했다. 이러한 사례는 울산이란 지역이 기업과 함께 성장해 온 경우라고 할 수 있으며 지역의 시민이 조직에 근무하는 종업원의 다수를 차지하는 것과도 무관하지 않다.

결국 성공적 지역사회 프로그램을 만들기 위한 단계로 다음의 세 가지 조건이 제시된다(Burke, 1999). 첫째는 상황 및 사회에 대한 거시적 분석이 필요하다는 것이다. 이는 철저하게 지역의 상황과 이슈를 분석하고, 지역사회관계 프로그램을 시행해야 한다는 것이다. 무엇보다 PR 기획의 가장 우선적 단계는 상황 및 사회에 대한 거시적 분석이다. 지역사회관계관리 프로그램도 PR 기획의 하나이다. 따라서 상황과 사회에 대한 거시적 분석이 반드시 필요하며 상황분석은 결국은 이슈 분석을 통해서 전략적으로 행해져야 한다.

둘째는 기업 전략에 부합하는 프로그램으로 시행해야 한다는 것이다. 지역사회관계관리 활동은 근본적으로 CSR의 형태를 지닌다. 따라서 CSR이 갖는 헌신과 기부 혹은 후원이 기업 전략에 부합하지 않을 경우 의미 없는 사회공헌활동의 하나에 그치고 말 수 있다. 더불어 기업이나 조직의 평판제고에도 도움이 될 수 없다. 따라서 반드시 기업가치나 이념 등 기업 전략에 부합되도록 해야 한다.

그러기 위해서는 버크(Burke, 1999)가 주장하는 세 번째 조건인 기업이 추구하는 가치를 반영하는 프로그램으로 만들어야 한다. 즉, 세 번째 조건은 기업이나 조직이 추구하는 경영 가치를 반영하는 지역사회관계관리 프로그램이 되어야 한다는 것이다. 다만, 이때는 기업의 가치가 지역사회 프로그램에서 지역민이 추구하는 지역적 가치와 일치할 필요가 있다.

---

1) http://www.hani.co.kr/arti/area/area_general/723344.html

2) 조직원의 참여와 지역민(시민)의 동일시

지역공동체는 일정한 지역사회 수준에서의 공동체 의미를 지니고 있다. 지리적 영역을 공유하는 그러한 공동체의 주체는 지역사회 주민이며, 주민 간의 관계를 통해서 형성된다(김남선, 김만희, 2000). 지역사회 개발 역시 일정한 지역사회 주민들의 협동적인 노력을 통해 지역사회의 문제를 발견, 해결해 나가는 과정으로 인식된다(김남선, 김만희, 2000). 그러한 측면에서 지역사회 개발은 조직이나 기업이 공동체관계관리 PR을 통해 지역사회 주민들과 함께 만들어 가면서 그 한 축을 이루어 갈 수 있다는 전제를 포함하는 활동이 될 수 있다. 결국 이러한 지역민과 조직 및 기업의 공동의 협력은 조직이나 기업이 주관하여 시행하는 공동체관계관리 PR 프로그램에 지역민들이 적극적으로 참여하거나 지지를 보내는 긍정적인 시민 행동을 통해 발현될 수 있다.

[이벤트] 본격 덕밍아웃! 당신의 배달의민족 사랑을 보여주세요!

2019. 2. 20. 💬 1

[배짱이] 2018 배짱이 송년회

2019. 1. 2. 💬 2

[배짱이 3기 환영회] 배민스쿨 입학식 현장스케치

2018. 4. 17. 💬 3

[배짱이] 웰컴투배짱이! 배짱이3기 웰컴패키지 최초 공개

2018. 4. 11. 💬 2

[배짱이] 책 잘 읽는 방법 출간기념회 현장

2018. 3. 27. 💬 0

To. 배짱이 3기 지원자 여러분 @배달의민족 팬클럽

2018. 2. 13. 💬 5

[배짱이 3기 모집] 배달의민족 팬클럽 문이 열린다

2018. 2. 6. 💬 10

[배짱이 3기 모집 D-1] 배짱이가 알려주는 배짱이 되는 법

2018. 2. 5. 💬 3

[그림 11-3] 배달의 민족 온라인 공동체였던 '배짱이'를 통한 다양한 관계관리 활동

출처: 배달의 민족 블로그(blog.naver.com/smartbaedal).

최근의 적극적 참여는 단순히 오프라인 행사나 이벤트에 참여하는 것을 넘어 SNS나 온라인을 통해 다양한 지지나 공유, 공감의 댓글, 리트윗 등을 통해 동참하는 것까지 확대되고 있다. 온라인에서의 적극적인 동참과 타인에 대한 구전적 공유 등의 지지 활동은 최근에는 기업 팬덤 혹은 덕후라는 형태로까지 나타나 기업의 온라인 공동체관계관리 PR활동의 필요성을 잘 보여 준 바 있다. 가장 유명한 기업 팬클럽은 '배달의 민족' 팬클럽인 '배짱이'이다. 배민 덕후인 '배짱이'로 스스로를 칭한 자발적인 모임으로 출발하여 기업이 관계를 관리하는 온라인 커뮤니티로서 매우 다양한 활동을 보여 주었다.

배짱이는 2019년까지 3기가 모집되었으며 배민스쿨이라는 특이한 모임과 '치믈리에'라는 새로운 용어를 만들어 내는 등 많은 이슈를 낳기도 하였다. 하지만 현재는 대표자가 변경되고 기업이 매각의 과정을 거치면서 배짱이 활동도 같이 감소하여 아쉬움을 남긴다. 하지만 배짱이는 페이스북과 같은 소셜미디어를 통해 참여자를 모집하고 자발적으로 온라인 공동체를 형성하면서 참여의 주체들인 공동체 구성원들이 스스로 기업이나 조직과 동일시할 수 있다는 것을 보여 준 대표적 사례였다. 또한 공동체관계관리 활동이 온라인 같은 또 다른 사이버 공간을 통해서 어떻게 발전할 수 있는지를 보여 주면서 온라인 공동체가 보다 적극적인 지지를 받는 새로운 지역공동체가 될 수 있음을 보여 준 사례였다고할 수 있다.

무엇보다 지역공동체관계관리를 위한 조직이나 기업이 행하는 공동체관계관리 활동에 지역주민의 참여를 유발하는 일은 공동체관계관리 활동에서 중요하다. 해당 지역의 조직이나 기업과 지역민 스스로가 동일시를 이루고 조직이나 기업의 경영활동을 마치 나의 일처럼 여기는 행동으로의 연결을 가능하게 한다. 실제로 지역축제에 참여했을 때 축제에 대한 동일시를 이루고 참가한 시민들은 축제에 대해 보다 적극적인 시민 행동 의도를 보였다는 연구 결과도 있다(류지호, 2017). 사회공헌 캠페인에 자발적으로 참여한 경우, 캠페인에 대한 태도가 긍정적으로 나타났으며 캠페인 후원 기업에 대한 이용 의도가 증가했다는 보고도 있다(전영화, 김지호, 2013). 이러한 기존 연구 결과들은 해당 조직이나 기업과 지역민의 동일시가 이루어진 가운데 기업이나 조직의 일을 스스로의 일로 인식하여 지역사회 관계 활동의 효과가 나타날 수 있다는 것을 입증한다.

동일시는 조직과 공중관계성 연구에서는 주로 대상과 개인의 공감 정도, 가치관의 공유, 더 나아가 대상과 자신의 일치에 대한 믿음 등을 의미하며(Mael & Ashforth, 1992), 동일 시가 형성되면 개인은 대상이 특별히 보상을 해 주지 않더라도 대상의 능률과 효과성을 향상시키기 위한 자발적인 행동, 즉 조직 시민 행동을 하게 된다(Organ, 1988). 결국 기업이나 조직이 공동체관계관리 활동을 통해서 지역민의 동일시를 성취한다면, 이는 버크(1999)가 주장하는 '선택된 이웃'으로서의 심리적 계약관계를 맺었다고 볼 수 있다. 버크(1999)의 '선택된 이웃'의 개념은 조직이 지역사회에 어떤 이미지를 의도적으로 강요하는 것이 아님을 강조한다. 조직과 지역사회 공중 양쪽의 기대가 계약을 맺는 심리적인 계약관계를 형성한다고 보는 것이다. 따라서 '선택된 이웃'의 개념에 따르면, 조직은 지역사회의 구성원으로서 지역사회에 기여할 의무를 암묵적으로 부여받는다. 현대에서는 조직 활동을 허가할 수 있는 권리가 지역사회에 있다고 평가하기 때문에 지역사회의 선택된 이웃이 되지 않고는 조직 활동을 계속할 수 없다는 뜻이기도 하다. 따라서 모든 지역사회관계관리 활동의 목적은 그 지역의 '선택된 이웃'이 되고자 하는 목표를 갖는다고도 할 수 있다.

[그림11-4] 지역사회관계 활동에 적합한 CSR 분야들

3. 지역사회관계관리(공동체관계관리)의 효과

이처럼 지역사회관계 활동은 CSR활동과 그 맥락을 같이하고 있다. 특히 지역과 지역민의 발전과 함께한다는 의미를 담아 주로 해당 조직이나 기업이 위치한 지정학적 위치에서 물질적 후원이나 물리적 형태의 유형적 기부로 이루어지나, 때로는 지역사회를 변화시키는 공익캠페인의 형태로, 때로는 무형의 자원봉사로도 나타난다. 이러한 지역사회관계 활동의 목표는 긍정적인 방향에서 지역민과 조직 혹은 기업의 상생과 조화, 혹은 이익의 균형적 배분과 기업 평판의 제고라고 할 수 있을 것이다. 더불어, 지역민과 조직이 서로에게 신뢰를 높이는 시너지 효과를 일으킬 수 있고자 하며, 적극적인 지역민의 신뢰와 지지를 기반으로 더욱 성장하고 발전하는 영속적인 조직이나 기업이 되고자 하는 것이 궁극적인 목표라고 할 수 있다. 이러한 목표들은 결국 지역사회관계 활동을 통해 얻을 수 있는 긍정적 효과이다.

훌륭한 공동체관계 프로그램은 작은 조직이나 기업들에게는 더욱더 폭넓은 이익을 제공한다. 예를 들면, 종업원들이 기업에 대한 자긍심이나 충성도를 높일 수도 있으며, 노동력과 생산의 비용을 절감하는 효과까지도 가능하다. 일부 국내의 조직이나 기업들의 경우 직원의 자원봉사활동을 종업원의 평가 점수에 포함하여 인사고가에 반영하는 등의 활동을 통해 종업원의 사회공헌활동 참여나 자원봉사활동을 독려하고 있다. 특히 조직이나 기업이 지역에 자매결연 등을 맺고 후원하는 사회복지시설 등에서의 자원봉사를 장려하는 경우가 흔하다. 이러한 지역에서의 종업원들의 자원봉사는 조직과 기업의 지역공동체와의 관계 활동의 일환으로서 가장 의미 있는 참여활동이 될 수 있다. 지속적인 봉사활동을 통해 지역민과 종업원 개인 간의 인간적 관계가 강화되면서 궁극적으로 기업에 대한 신뢰도와 호의도가 높아질 수 있는 것은 물론이고, 종업원 자체의 선한 의지를 통한 소속 종업원으로서의 자긍심과 개인적 성취감이나 보람을 높이는 데도 기여하는 다중적 효과를 유발할 수 있다.

종업원들이 직접 자원봉사를 통해 지역사회공헌에 참여하는 활동은 더 나아가서 해당 조직이나 기업에서 새로운 인재를 채용할 때에도 영향을 미친다. 기업의 높은 명성을 얻는 효과를 유발함으로써 좋은 인재를 선발하는 데 기여할 수 있다는 것이다. 무엇보다 꾸준히 지역사회관계 활동을 지속해 온 지역에서 얻는 기업의 명성은 해당 지역에서 새로운 사업을 시작하기 위한 기회를 창출하는 데도 기여한다. 암묵적인 지역의 동조와 지지가 기업과 조직에게는 지역의 자원 활용을 통한 무한한 성장의 기회를 제공하는 발판이 될 수 있는 것이다.

하지만 언제나 지역사회관계 활동이 성공하여 긍정적인 가치와 효과만을 유발하는 것은 아니다. 지역에서 경영활동을 하기 위해서는 해당 지역의 물적·인적 자원을 비롯하여 교통, 물류, 유통과 같은 다양한 자원들을 사용할 수밖에 없기에 부정적인 인식도 존재한다. 특히 자원은 항상 한정적이기에 지역 환경을 오염시키거나 지나친 지역 자원 소비의 주범으로 인식되기도 하며 지역의 전통적 가치를 훼손한다는 비난을 받는 경우도 흔하다. 때로는 반기업 정서로 인해 지역에서 고전하는 기업의 사례들도 흔히 보고된다. 오늘날은 특히 지역의 시민사회 단체들이 기업이나 조직에 대해 철저한 기준을 제시하면서 기업 활동을 감시하고 있어 작은 실수로도 부정적 인상을 주거나 지역 혐오시설로 분류되는 일이 쉽게 일어난다.

1) 공동체관계관리 PR 프로그램 유형과 기획

공동체관계관리는 PR의 한 분야로서 매우 중요하다. 공중이라고 정의할 때, 한 지역공동체 안에 거주하는 모든 이가 공중이기 때문이다. 그래서 모든 조직이나 기업은 어떠한 형태로든 공동체관계관리에 종속되어 있다고도 볼 수 있다. 공동체관계관리 PR 프로그램 역시 지역민을 대상으로 하는 것이 기본을 이룬다. 따라서 공동체관계관리 PR로서 시행할 수 있는 것이 많지만 무엇보다 우선적으로 지역민과 조직 혹은 기업이 하나의 공동체라는 공동체 의식을 갖게 하는 활동을 우선시해야 할 것이다.

(1) 지역공동체라는 인식을 확산하기 위한 프로그램

소더버그(Soderberg, 1986)는 수많은 세부적인 공동체관계 프로그램들을 논의하면서 작은 기업들조차도 하나의 지역공동체 안에서 특권을 얻고 기업의 지역성을 두드러지도록 기획할 수 있다고 주장한다. 그 대표적인 방법 중 하나는 지역의 공공 프로그램을 개발하는 데 있어서 기업이 주요한 자원이 될 수 있다는 것이다. 또한 보다 작은 회사의 경우는 지역의 통상의회나 경제인 연합회 등을 통해 지역의 경제에 대한 자문이나 경제 활동을 돕는 역할을 할 수도 있다고 한다.

결국 무엇보다 공동체관계 활동은 아무리 작은 지역의 기업일지라도 지역민과 함께하는 활동을 통해서 조직의 이미지를 만들고 지역에서 이익이 되는 일을 하는 기업으로서 선한 이웃으로 각인될 필요가 있다는 것이다. 이러한 사실은 지역민이 하나라는 공동체 의식을 바탕으로 조직도 그들 지역민과 하나라는 공동체 의식을 확장하는 심리적 동질성을 획득하는 것이 관건이라는 것이다. 따라서 공동체 의식과 동질성을 강화하기 위한 방식으로 대표적인 것이 조직의 공동체관계관리 PR활동에 주민을 참여하도록 하는 것이라고 할 수 있을 것이다.

① 주민 참여 활동의 기획

주민 참여는 일반 주민들을 정책 선택이나 결정 과정에서 적극적인 참여자로 만드는 다양한 절차(Webler & Tuler, 2001)와 행위(Pateman, 1970) 등을 의미한다. 피클러(Pichler, 2006)는 유럽에서 비정치적 조직 및 비경제적 조직의 참여가 전반적인 삶의 만족도를 증가시킨다는 점을 보고하면서 주민의 참여가 조직적인 측면의 효과만이 아니라, 개인적인 삶의 만족도와도 연결되는 것임을 입증한다. 이는 공동체관계 활동에의 주민 참여는 궁극적으로 공동체 의식을 강화하고, 나아가서 개인들이 느끼는 삶에서의 행복에도 유의미한 영향을 미치는 효과를 갖게 하는 보다 거시적 효과를 얻게 한다는 것이다(최예나, 김이수, 2015).

공동체 의식(sense of community)이란 개인과 공동체 간 상호의존성(Sarason, 1974)으로 정의된다. 구성원들과의 상호작용을 수반하는 공동체에 대한 소속감 등을 의미하기도 하며(김이수, 2015), 구성원의 욕구가 공동체를 통해 충족될 것이라는 믿음과 함께 자신이 공동체에 중요한 변화를 가져올 수 있다는 의식을 바탕으로 하는 것이라고도 한다(김효숙, 2014).

공동체 의식에 기반하여 사회적 네트워크가 형성되면 사회 내의 개인의 지위가 높아진다(Pichler, 2006). 더불어서 공동체 의식은 공동체로서 무엇인가를 하고자 할 때에도 간과할 수 없는 개념이다(김효숙, 2014). 퍼트넘(Putnam, 2000)은 미국에서 공동체 활동이 공동체 의식을 양산하여 교육과 소득을 증가시키고 궁극적으로 행복을 증대시킨다고 주장한다. 무엇보다 최근의 지역주민들은 지역사회에서 하나의 '사회참여집단'으로 등장하고 있다. 이에 대해서 이두원(1997)은 지역사회와 밀접히 관련된 쟁점들(issues)에 대한 비판과 해결을 요구하는 지역사회에의 참여 과정을 통해 지역주민들이 지역공동체의 개념에 보다 적합한 활동 집단이 된다고 주장한다. 아울러 기업과 지역사회, 지역주민 사이에 새롭게 등장하는 복잡한 이해관계와 쟁점들의 해결을 위해서는, 기업이 장기적이고 우호적인 지역사회관계를 통해 지역 쟁점을 관리해야 한다고 주장한다. 결국 그러한 쟁점의 합의 과정이나 지역사회관계관리 활동에 있어서 지역주민들을 어떻게 참여시키고 지역사회관계관리의 동반자로 함께할 것인가가 중요한 요인으로 작용한다. 가장 일반적인 지역주민의 참여를 통한 공동체 의식 확립은 지역주민들이 조직이나 기업의 종업원으로 참여하는 방식이다. 공동체 의식 형성은 다른 구성원들과의 상호작용을 통해 제고되는 공동체 소속감(feelings of belong), 상호작용(interaction), 사회적 연대(social bonding) 등으로 설명된다(McMilan & Chavis, 1986).

무엇보다 구체적으로 지역사회 주민의 참여를 높이는 방식은 지역 내의 시민단체, 종교단체, 부녀회 등 다양한 공동체와의 역할분담 체계 및 자원 공유체계를 구축하는 일이 우선되어야 한다. 즉, 지역사회 공동체들과의 사회적 연결망 네트워크를 구축하는 것이다. 이러한 구축을 위해서는 지방자치단체 등과의 협조가 필요하며 다양한 지역사회협의체를 파악하는 일도 필요하다. 기존의 지역사회 시민단체들과의 적극적인 관계 구축과 더불어 기존에 시민단체들이 하고 있는 다양한 사회공헌활동에 동참하는 방식도 있다. 또 다른 방식은 조직이나 기업의 경영에 관련된 새로운 지역사회 관련 시민단체 혹은 지방자치단체가 속한 시민연합회 등과 함께하는 조직체를 발족하거나 구성하는 것이다. 예를 들어, 해당 지역이 제주라고 가정하면 '○○기업과 함께하는 제주사랑시민모임'을 발족하는 것이다. 시민모임을 자율적으로 모집하는 방법, 기존 시민단체와 연계하는 방법, 혹은 지방자치단체에 속한 다양한 시민연합회를 통하는 방법 등이 있을 수 있다.

네트워크 구축과 유지에 있어서 가장 중요한 것은 자원의 공유에 대한 사항이다(이성록, 1999). 만약 해당 기업의 제주 공장이 있다면, 제주의 자원을 지키는 환경 프로젝트를 함께하는 목표를 선정하는 것도 가능하다. 현지의 자원을 이용하는 기업 혹은 조직과 그곳에 사는 지역민들이 함께 지역의 자원을 공유하고 사용하는 것에 관련된 사항을 다루기 때문이라고 할 수 있다. 자원은 매우 중요하다. 기업이 어떤 전략을 추진하느냐는 기업이 직면한 기회와 사용할 수 있는 자원에 의해 결정되기 때문이다(박노윤, 김종배, 2018). 바니(Barney, 1991)는 자원은 기업이 통제할 수 있는 다양한 형태의 자산, 역량, 절차, 조직특성, 정보, 지식 등을 포괄하는 개념이며, 경쟁우위의 원천이 될 수 있다고 한다.

어쨌든 시민단체와의 네트워킹을 통한 시민의 참여 활동 기획의 경우에는 조직 혹은 기업과 시민단체 공동체와의 역할분담을 명확히 하는 일이 가장 중요하다(이성록, 1999). 이러한 방식의 프로젝트를 가장 잘 실천하는 국내 기업은 유한킴벌리라고 할 수 있다. 과거 유한킴벌리사가 진행한 학교 숲 가꾸기는 환경시민단체들과 기획한 대표적인 숲 가꾸기 프로그램이었으며, 최근에 유한킴벌리는 서울시와 함께 시니어의 인식전환을 위한 여러 가지 활동을 전개했다. 즉, 지방자치단체 및 지방자치단체에 속한 관련 시민단체들과 함께 캠페인을 전개한 것이다(박노윤, 김종배, 2018). 시민의 참여를 위해 네트워킹을 구성한 협력체의 대표적 단체는 서울시에서 운영하는 시니어 산업 생태계 육성을 위한 '시니어 비즈니스 협의체'였으며 시니어용품 유통 채널을 만들기 위해 한국노인인력개발원, 50플러스코리안과도 함께 협력하여 시니어 허브를 설립하고 시니어 복합몰을 열어 시니어 일자리와 산업생태 육성에 참여하는 방식으로 지역사회관계관리 활동을 진행하였다(박노윤, 김종배, 2018). 결국 유한킴벌리의 사례에서 볼 수 있듯이 시민이 참여하는 공동체관계 활동 구현의 대부분은 지역사회의 사회공헌활동과 연계되어 나타나는 양상을 갖고 있다. 지역공동체관계관리 활동은 지역과 해당 지역의 기업이나 조직의 상생을 목표로 하기 때문에 결국은 사회공헌활동과 맥락을 같이하게 된다. 울산광역시 태화강을 살리는 프로젝트에서는 지역의 기업들이 자발적으로 태화강 복원사업의 일부인 방사보, 십리대밭교, 태화강전망대, 태화루 등의 복원에 참여했다(울산광역시, 2020). 참여한 기업들은 현대자동차, 삼성정밀화학, 경남은행, 한국수자원공사, 현대자동차, S-OIL, SK울산CLX 등이며 이 기업들은 2007년부터 진행한 1사 1하천 살리기 운동에 시민들과 참여하여 태화강을 살리는 데 적극 참여하였다. 1사 1하천 살리기 운동은 울산광역시가 총괄 관리했지만, 2019년 기준 156개 단체(단체 62, 기업 104)가 울산의 49개 하천을 129개 구간으로 나누어 자율적으로 하천 살리기를 진행했다(울산광역시, 2020). 태화강 살리기 공익캠페인은 지역주민, 지방자치단체, 지역 기업이 함께한 매우 이상적인 지역사회 공동체관계관리 활동이라고 할 수 있다.

[그림 11-5] **지역공동체와 지역 기업들이 참여한 1사 1하천 살리기 캠페인의 자원봉사 장면**

출처: 울산광역시(2020), p. 171.

●표 11-1● **울산광역시의 태화강을 살리는 데 기부한 지역사회 기업들의 기부 내용**

복원사업명	공헌기업명	공사기간	내용
방사보	현대자동차	1987~2006	방사보 설치 및 철거
십리대숲 보전	삼성정밀화학	2005. 4.~계속	2억 원 지원
십리대밭교	경남은행	2008. 2.~2009. 2.	51억여 원 지원 (총 공사비 62억여 원)
태화강전망대	한국수자원공사	2008. 4.~2009. 1.	13억여 원 지원 (총 공사비 15억여 원)
나비생태원	현대자동차	2010. 7.~2011. 10.	2억 원 지원
태화루	S-OIL	2011. 9.~2014. 3.	100억 원 지원 (총 공사비 100억 원)
백리대숲	SK울산CLX	2019. 10.	대나무숲 일부 구간에 1억 원 지원

출처: 울산광역시(2020), p. 174.

(2) 매체를 활용한 공동체관계관리 PR 프로그램 기획

인지도는 조직이미지의 핵심이다. 인지도를 창조하고 통합하는 것은 이미지 구축 과정의 첫 단계라고도 한다(David & Chiciudean, 2014). 그러므로 한 조직이 어떠한 지역에서 그 사업을 지속적으로 유지하기 위해서는 우선적으로 공중의 마음속에 지역 기업이나 조직으로 자리 잡아야 한다. 지역에서의 다양한 경제 활동을 원활히 하는 데 있어서 조직이나 기업의 인지도는 한 조직이나 기업이 공중에게 긍정적인 이미지를 구축하게 하고, 긍정적 이미지는 긍정적 평판으로 이어진다. 한번 구축된 좋은 이미지는 쉽게 바뀌지 않으며 고정성을 유지하기에 계속적으로 좋은 이미지에 맞는 행동을 할 것으로 기대되는 속성을 갖는다.

평판은 특별히 공중의 마음속에 각인된 그 회사에 대한 이미지에 더해진 신뢰와 판단을 근거로 구축, 유지된다. 신뢰와 판단을 위한 근거는 조직의 경영관리 그리고 본질적으로는 재정상태나 혁신, 마케팅, 제품, 서비스, 사회공헌활동 캠페인 등에 대한 기업이나 조직 자체로부터 생산하는 정보에 근거하여 생성된다(Coman, 2009). 집단적인 기억이나 정서, 신뢰는 인간공동체의 기본 특성이며, 머릿속에 떠오르는 이미지 산출물은 커뮤니케이션을 통한 상호작용의 역동적 시스템의 결과물이라고 할 수 있다(Vlasceanu, Enz, & Coman, 2018). 그러한 측면에서 한 집단의 심상에 떠오르는 조직 이미지 역시 지역공동체로부터의 인지, 이미지, 그리고 좋은 평판의 획득과 같은 일련의 과정을 통해 구축되며, 기업이나 조직이 행하는 역동적인 지역사회관계 PR활동을 통해 완성된다고 할 수 있을 것이다. 그것은 다양한 기업의 정보를 배포하고 그 정보에 대하여 지역공중들이 신뢰할 만한 것으로 판단함으로써 완성될 수 있다. 따라서 매체를 통해 기업이나 조직에게 지역공중에 대한 새로운 정보를 배포하는 것은 매우 중요한 지역사회관계 활동이 된다. 지역사회관계관리 활동을 거창하게 사회공헌활동만으로 이해하려고 하기보다 PR의 기본인 다양하고 신뢰할 만한 조직의 정보를 지역에 특화된 매체에 배포하고 관리하는 일 등으로 쉽게 접근하는 것도 중요하다는 뜻이다.

매체를 통한 지역사회관계 활동은 크게 네 가지로 구분하여 볼 수 있다. ① 그 기업이나 공장이 위치한 곳에 있는 지역언론 활용(지역신문과 지역방송사에서의 광고, 기사 퍼블리시티, 지역 방송 출연, 지역의 옥외광고 등), ② 기업이 소유한 온 · 오프라인 온드 미디어(기업 온라인 뉴스룸, 블로그, SNS, 사내외보, 브로셔, 관련 책자, 지역의 매장, 편집숍, 공장견학 행사 등)의 자체 뉴스나 피처스토리 게재, ③ 지역민들의 언드 미디어에 글이나 정보 배포, ④ 시민집단들과 회사 대표자에 의한 자원봉사이다.

① 지역언론을 통한 정보 배포 및 지역공중에게 이야깃거리 제공

지역언론으로 지역의 방송사, 지역신문, 지역의 잡지 등을 주로 거론할 수 있지만 이외에 지역의 다양한 공동체에서 정기적으로 발행하는 협회보나 지방자치단체에서 발행하는 신문이나 팸플릿, 방송 등도 해당될 수 있다. 즉, 공식적으로 드러나는 모든 정보 퍼플리시티들을 고려하는 것이 필요하다. 무엇보다 지역언론은 한 지역의 사회 발전과 지역민 혹은 지역의 커뮤니티를 위한 공공의 대변자 혹은 공공의 이익에 책임을 져야 할 암묵적 의무를 지닐 뿐만 아니라, 스스로 지역사회 기업과의 다양한 대변인으로서 활동할 때, 지역언론의 경영 및 지역과 지역산업의 발전적 미래를 이끄는 주체가 될 수 있다(김현정, 2016). 따라서 지역언론을 통한 정보 가공 및 배포의 목적은 분명하다. 회사가 언론을 활용하는 시기는 주로 정성껏 가꾼 벼를 베어야 하는 시기와 같다. 즉, 숙성된 정보들을 배포해야 한다는 뜻이다. 지역 쟁점과 관련된 입장의 정보를 배포하는 경우에도 해당 조직이나 기업이 쟁점 정보의 방향성을 어느 정도 통제하고 결정할 수 있을 때가 바람직한 시기가 된다. 배포 정보의 주요 내용들은 현재 해당 조직이나 기업이 어떻게 그 지역에서 사업을 운영하고 있는지, 어떠한 사업을 주로 하고 있는지, 경영자의 특성은 무엇인지, 노동자들의 생산적 성취와 기술은 어느 정도인지, 회사의 재정 상태와 새로운 개발 및 발전방향은 무엇인지, 그리고 미래의 확장 전망 및 기업의 자선적 활동과 지역사회 공익캠페인 등은 무엇인지 등을 모두 망라한다. 또한 지역민들에게 우선적으로 알릴 수 있는 정보가 있다면 전국적인 배포 이전에 지역민에게 먼저 알리는 것도 바람직하다. 더불어, 이러한 정보의 배포 시에 기업이나 조직이 산업과 종업원 등을 위하여 하는 일들이 어떠한 것인지 등의 세부적인 사례들을 묘사하여 배포하는 일도 필요하다.

대부분의 종업원이 지역민으로 이루어져 있다면 종업원들에게 해당 조직이나 기업이 얼마나 많은 이익과 복지 프로그램을 시행하고 있는지, 법적인 도움, 건강과 안전의 계획 등을 어떻게 해야 하는지 등에 대해서 주기적으로 자세히 알리는 것도 중요하다. 특히 종업원에 대한 조직의 공정함, 지역에서의 종업원의 자선활동, 지역공동체에 대한 종업원들의 후원 활동 등을 언급하는 것은 평판 관리와 이미지 구축에 효과적이다. 지역민들이 해당 조직의 종업원으로 종사하는 경우에 이러한 이야기는 지역민에게 회자되는 이야깃거리를 제공할 수 있다. 바로 자신들의 자녀, 남편이나 아내, 혹은 친인척의 이야기가 되기 때문이다. 지역 조직의 일에 대해서, 그리고 자신들의 이웃에 대해서 이웃끼리 이야기를 나누듯 이야기하도록 만든다면 지역에서의 정보 배포는 성공적인 결과를 가져온다. 심지어는 기업이나 조직이 범한 실수로 인한 위기에서도 지역민들의 긍정적인 평가를 받을 수 있게 된다. 결국 이러한 정보들의 다양한 배포는 지역민들에게 해당 조직이나 기업에 대해 이야기할 거리를 더해 주면서 친근하고 신뢰할 수 있는 관계를 강화하는 가장 기본적인 방식이 된다.

② 기업이 소유한 온·오프라인 온드 미디어에서의 정보 배포

기업이 소유할 수 있는 온·오프라인 온드 미디어(기업이 소유한 미디어)에서의 정보 배포는 지역민에 대한 또 다른 방식의 뉴스 배포가 된다. 일반적으로 기업의 온·오프라인 온드 미디어는 기업 온라인 뉴스룸, 블로그, SNS, 사내외보, 브로셔, 관련 책자, 지역의 매장, 편집숍, 공장견학 행사 등으로 다양하게 존재한다. 심지어 해당 지역에 거주하는 기업의 종업원들은 대표적인 오프라인 온드 미디어가 될 수 있다. 공식적이거나 형식적인 정보 제공 매체로 볼 수 있는 언론과 달리 비공식적으로 느껴지는 이러한 온드 미디어에서의 정보 배포는 뉴스의 형태보다는 피처스토리의 방식으로 조직화하는 것이 필요하다. 특히 피처스토리의 아이템은 해당 기업이 종업원들을 위해 지불하는 특별한 보험, 예를 들면 학자금 보험, 단체연금보험 등을 통해 대학합격자가 수혜를 받거나 은퇴자가 수혜를 받는 이야기 등으로 매우 세부적인 피처스토리의 양상을 보여 줄 수 있다. 그것이 매우 새롭고 일반적인 것이 아니라 해도 종업원들이 벌이는 다양한 지역에서의 활동상에 대해서 쓰인 글은 지역민들에게 이야깃거리를 제공하고 흥미를 유발할 수 있다. 예를 들면, 지역의 노인정이나 마을회관 등을 방문하여 주기적으로 각 가정의 전자제품 등을 무료로 고쳐 주는 전자회사의 종업원 모임들에 대한 이야기를 사보나 회사 블로그, 뉴스룸에 게시하는 방식이다. 해당 조직이나 기업이 작은 기업이고, 특별히 그 기업이 위치하는 지역의 마을이 너무 크지 않을 경우에는 그 공동체 안에 있는 모든 가가호호를 기업 종업원들이 연말연시에 방문하여, 기업이 생산하는 상품을 대표이사의 편지와 함께 전달하는 방법도 가능하다. 거창한 방식이 아니지만 작은 지역사회에서 지역민들의 마음을 얻고 진정한 이웃이 되기 위해 할 수 있는 좋은 방법이 기업의 온·오프라인 온드 미디어를 활용하는 방법이다. 그중에서 기업의 종업원들을 활용하는 방법은 더욱 효과적일 수 있다. 예를 들면, 삼성 중공업의 경우 자녀들의 학력 증진을 위해 밤이 되면 퇴근으로 비어 있는 기업의 강당이나 연수실을 지역의 아이들이 공부하는 독서실, 공부방으로 활용하도록 개방한 바 있다. 거대 조선소의 1천 명에 달하는 직원들이 퇴근할 때 타고 나간 통근 버스를 밤이 되면 지역의 중·고등학생들이 공부하기 위해 타고 다시 조선소로 들어오는 이색풍경을 연출하면서 지역민들의 많은 지지와 평판을 얻기도 했다.

[그림 11-6] 지역사회관계 활동에서에서 가능한 커뮤니케이션 방법들

이 밖에도 해당 기업이나 조직의 창업일에 지역에 위치한 점포들에서만 할인 행사를 벌이는 방법들도 자주 활용되는 방법이다. 이러한 경우는 오프라인 온드 미디어인 점포를 활용하면서 그 회사의 역사를 지역의 역사에 편입시키는 방법이 될 수도 있다. 많은 지방자치단체들의 홈페이지에 지역의 유명 기업의 역사가 등장하는 것도 기업의 지역에서의 성장 역사가 해당 지역이 성장해 온 역사와 다르지 않다고 인식하고 있기 때문이다. 더불어서 기업이 조직의 창업일이나 지역의 유명 축제일에 기업의 오픈 하우스 개방행사, 공장 방문 이벤트를 열거나 지역의 사업주들을 초청하는 초청행사를 개최하는 것도 오프라인 온드미디어를 활용하는 방법이 될 수 있다. 무엇보다 지역사회관계관리 PR활동을 개발하는 데 있어서는 지역민만의 독창적인 성향과 지역적 특색을 반영하면서도 기업이나 조직의 경영 가치에 일치하는 전략적인 방법의 활동을 개발하는 것이 중요하며 그러한 개발의 몫은 결국 PR 실무자의 역량이라고 할 수 있다.

오늘날의 PR 전략은 정책 이슈에 대한 대응적(reactive) PR 전략도 필요하지만, 사회변화와 환경변화에 따라 부상할 수 있는 쟁점을 미리 예측하고 적극적으로 대비하는 예방적(proactive) PR 전략이야말로 디지털 매체 환경에서 가장 필요한 전략이 된다(김병희, 조삼섭, 김현정, 2019). 특히 지역사회관계 PR활동이야말로 디지털 매체 환경에서 사회변화와 환경변화에 따라 부상할 수 있는 쟁점들에 대해 지역민을 참여시켜 대응하는 예방적 PR 전략이 될 수 있다. 따라서 지역사회관계 PR활동은 디지털시대에 가장 요구되는 PR활동의 하나가 되고 있다.

사례 **삼성반도체와 화성 지역주민과의 지역사회관계 활동**

• 발단: 2013년 삼성전자 화성사업장의 불산 누출 사고

2012년 10월 구미 LG전자 하청공장인 휴브글로벌에서 불산이 누출되어 당시 노동자 5명이 숨지고 소방관 18명이 다치는 사고가 발생했다. 이 사고로 근처 주민 3천 명 이상이 병원 진료를 받았으며 212헥타르의 농작물과 4천여 마리의 동물이 희생되고 주민보상액만 380억 원에 달했다(매일노동뉴스, http://www.labortoday.co.kr). 구미 불산 누출사고는 이례적으로 국가에서 재난지역으로 선포하면서 관련 공무원을 현장에 파견하는 등 사고 이후 장기간 후속 조치를 하였으며 이전까지 한 번도 경험하지 못했던 기체 화학물질 누출의 위험성에 대해 사회 내에 경종을 울린 사건이었다(김현정, 한미정, 2014). 이 사건을 계기로 불산의 위험이 전국적으로 알려졌으며 이후에도 크고 작은 불산 관련 누출사고들이 전국 여러 곳에서 산발적으로 나타났다. 이러한 상황에서 삼성전자의 반도체 공장이 있는 경기도 화성 사업장에서 2013년 1월, 불산 희석액이 유출되는 사고가 발생한다. 이 사고로 협력사 직원 4명이 부상하고 1명이 8시간 만에 사망하였다. 이후 삼성그룹은 삼성전자 불산 누출사고를 계기로 안전대책을 강화하겠다고 밝혔으며, 고용노동부는 삼성전자 화성작업장에 대한 특별감독을 벌여 1934건의 법 위반 사항을 확인했다고 밝혔다. 당시 삼성전자는 권오현 대표이사(부회장) 명의로 사과문을 내고 "고용부가 지적한 위법 사항 가운데 80%는 즉시 개선했다."며 "앞으로 가장 안전하고 쾌적한 사업장이 되도록 최선을 다할 것"이라고 밝혔다. 또 주민설명회를 열어 재발 방지책에 대한 의견을 수렴하고 삼성그룹 전체적으로 첫 환경안전 분야 전문가를 뽑기 위해 경력 공채를 시행하는 등 환경안전 시스템을 개선하겠다고 전한다.

•전개: 삼성전자와 화성지역 소통위원회 결성 및 지역소통 활동 전개

이와 같은 과정 속에서 불산의 위험성을 깨닫게 된 화성 주민들은 결국 삼성전자에 강력한 항의를 하게 된다. 공장과 화성지역 아파트는 매우 근접하여 불산이 퍼질 경우 최대 사망피해까지 일어날 수 있는 인접지역이었기 때문이다. 결국 이 사건을 계기로 삼성반도체 화성공장은 지역사회와의 관계를 본격적으로 시작한다.

−2013년 3월 25일: 소통을 위한 첫 회의 시작

지역민과의 소통을 위한 첫 회의가 '불산 사고 재발방지 대책 주민설명회'라는 이름으로 시작된다. 주민 설명회를 열고 지역사회 소통협의체 상시운영, 기흥·화성단지 총괄 조직 신설 안을 발표하였다. 또한 협력사의 전문성을 강화하고, 가스와 케미컬(화학물질)의 모니터링 체계를 24시간 유지하며, 배관관리 전문가 등으로 구성된 전문조직을 꾸리기로 했다고 밝혔다(아시아경제, 2013. 3. 25.).[2]

−2013년 4월 26일: 삼성전자·화성 소통협의회 구성 및 출범식 개최

지역주민과의 쌍방향 소통을 위한 '삼성전자·화성 소통협의회'(이하 소통협의회)를 구성하고 삼성전자 화성캠퍼스에서 출범식을 가졌다. 소통협의회는 삼성전자 화성사업장 주변 6개 동을 대표하는 주민 12명의 위원과 삼성전자 위원 등 20여 명으로 구성됐다. 소통위원은 동장(洞長)의 추천을 통해 지역주민 대표로 선발되었으며, 임기는 2013년 4월~2014년 3월까지로 하고 1년 연임을 가능하도록 하였다. 소통위원의 임무는 쾌적한 삶을 위한 환경 조성, 주민의 안전, 사회공헌 등 지역발전을 위한 다양한 분야를 함께 논의하고 제안하는 활동을 주로 하는 것으로 규정하였다.

[그림 11-7] 삼성전자·화성 소통협의회 출범식

출처: 삼성반도체이야기(https://samsungsemiconstory.tistory.com/2365?category=910393).

---

2) https://cm.asiae.co.kr/article/2013032514504249759

−2013년 7월 10일: 삼성전자 · 화성 소통협의회 블로그(www.sotongsamsung.com) 개설

화성 등의 지역소통을 위하여 블로그는 소통협의회 소식, 삼성이야기, 우리동네이야기, 환경이야기 등으로 구성했으며 삼성전자에서 개최하는 문화공연, 지역축제, 주민초청 행사 등 각종 이벤트와 생활정보를 제공하게 된다. 아울러 다양한 명사초청 강연회를 무료로 개최하는 한편 블로그를 알리고 선물을 주는 등 다양한 블로그 오픈 기념 이벤트 PR활동을 진행하며 언론 퍼블리시티도 하는 등 적극적으로 지역소통 활동을 전개했다.

[그림 11-8] 삼성전자 소통협의회 블로그에 소개된 불산 사고 재발방지 월별 대책 진행현황 및 소통협의회 블로그 개설 이벤트를 알리는 공고문

출처: 삼성반도체이야기;3) 경인매일신문(2013. 7. 10.).4)

−2013년 7월 31일: 사내 체육시설 '나노스타디움' 오픈식 개최 및 지역주민에 개방

삼성전자는 화성사업장 주차장 옥상에 면적 3만 6,613㎡의 '나노스타디움'을 건설하고 7월 31일에 오픈식을 열었다. 오픈식에 지역주민을 초청하였으며, 삼성전자 화성 · 기흥사업장의 3개 사내 체육시설('나노스타디움' '스포렉스' '나노파크') 모두를 8월 중순부터 지역사회에 개방할 것을 발표하였다.

---

3) https://samsungsemiconstory.tistory.com/category/%EC%A7%80%EC%97%AD%EC%86%8C%ED%86%B5/%ED%99%94%EC%84%B1%EC%9D%B4%EC%95%BC%EA%B8%B0?page=12

4) http://www.kmaeil.com/news/articleView.html?idxno=78477

[그림 11-9] 나노스타디움 오픈식 장면

출처: 삼성반도체이야기(https://www.samsungsemiconstory.com/438).

–2013년 8월 22일: 소통협의회 정기 개최를 통한 안건 채택

삼성 나노시티 기흥캠퍼스에서 소통협의회 '8월 정기협의회'를 실시하고 소통협의회 주민위원이 제안한 7개의 주요 안건인 화학물질 공급절차 및 관리 방법, 그린설비(폐수정화) 운영 현황, 환경정보 공개 전광판 설치, 안전강화를 위한 작업 매뉴얼 개선 사례, 비상연락망 구축, 지역주민 대상 페스티벌 개최 등의 안건을 채택하고, 화성캠퍼스 주요 생산시설 시찰을 시행하였다.

이후 소통블로그는 소통기자단을 매년 모집하고 대학생들을 통해 용인·화성 지역에서 삼성전자의 사회공헌활동 등을 적극 알리는 역할을 담당하여 왔으며 이후 평택지역으로까지 소통블로그 대상 지역을 확대하여, 용인지역 소통기자단, 화성지역 소통기자단, 평택지역 소통기자단으로 구분하여 지역을 중심으로 활동하도록 함으로써 상세한 사회공헌활동들을 기록하는 역할을 담당했다.

[그림 11-10] 삼성전자 소통블로그 소통기자단 모집 공고

–2016년 11월 4일: 삼성전자 · 용인 · 화성 소통블로그, 누적 방문자 100만 명 돌파 축하

소통블로그의 누적 방문자가 100만 명을 돌파하여 이를 기념하는 이벤트와 보도자료 배포 등 소통블로그를 통한 지역사회와의 소통이 원활히 이루어지고 있음을 보여 주었다. 특히 2016년 11월 4일자 중부일보는 "삼성전자가 사업장 인근 지역주민들과 소통하기 위해 구축한 '삼성전자 · 용인 화성 소통블로그'의 누적 방문자가 10월 말 기준으로 100만 명을 돌파했다. 소통블로그는 2013년 7월 개설, 삼성전자 DS부문 사업장과 용인 · 화성 지역주민들을 상대로 다양한 봉사활동을 펼쳐 왔으며 주민들의 개별적인 궁금증을 해소시켜 주는 맞춤형 소통창구 역할을 담당해 왔다. 특히 삼성전자 기흥 · 화성캠퍼스(반도체 사업장) 인근 용인 · 화성 지역주민대표들과 삼성전자 임직원으로 구성된 소통협의회 활동 내역을 실시간으로 게재해 지역사회와 공존하는 기업 이미지상을 구현하고 있다"[5]라고 적고 있다. 이 기사에서 주목할 만한 부분은 인근 지역주민들과 소통하기 위해 구축했다는 부분과 소통블로그가 맞춤형 소통창구 역할을 했으며 지역사회와 공존하는 기업 이미지상을 구현했다고 하는 부분이다.

–2019년 6월 20일: 2013년 7월 개설부터 누적방문자 333만 명 돌파 기념이벤트 시행

소통블로그 개설 이후 방문자가 333만 명이 되었음을 알리고, 용인/화성/평택의 아름다운 우리동네를 촬영하고 SNS에 게시하면 총 333명에게 상품을 지급하는 이벤트를 실시하였다. 아울러, 최종 33인에게는 삼성전자(반도체) 국가핵심기술 사업장 견학 기회를 제공하는 이벤트도 함께 실시하는 등 성공적인 지역사회관계를 위한 디지털 소통의 양상으로 비추어졌다.

• 경과: 현재의 상황 및 소통블로그의 폐쇄와 소통위원회의 지속

2020년 3월 8일 삼성전자 화성 공장에서 화재가 발생하여 이에 대한 자세한 설명을 요구하는 지역 시민단체들이 소통블로그에 문제를 제기하면서 소통블로그 게시판이 막혀 버렸으며, 2021년 현재는 7년간 이어져 온 소통블로그가 온라인에서 사라진 상태이다. 다만, 2020년 10월 블로그 '삼성반도체이야기'의 지역이야기를 통해 확인되듯이([그림 11-8] 참조), 최근까지 소통위원은 2년 임기로 5기에 이르는 등 매우 오랜 기간 지역과의 소통 창구 역할을 해 오고 있으며 삼성전자가 화성 · 용인 지역 등에서 지역사회관계 활동을 이어오고 있었음을 확인하게 한다.

---

5) https://news.joins.com/article/20821152

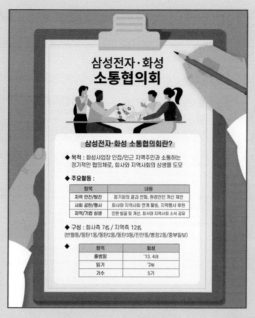

[그림 11-11] 삼성전자 · 화성 소통협의회의 목적, 주요활동, 구성

출처: 삼성반도체이야기-지역소통, 화성이야기(https://samsungsemiconstory.tistory.com/2486?category=
910393).

• **지역사회관계 PR의 시사점**

　당시 소통협의회를 통한 협상이나 논의는 매우 자세하고 적극적으로 이루어졌음을 당시 지역소통회의의 진행사항을 전하는 삼성전자 소통블로그의 글을 통해 확인할 수 있다([그림 11-12] 참조). 더욱이 지역민과의 소통을 위한 전담 회의를 만들고 위기를 오히려 기회로 만들어 가면서 다양한 기업의 문제점들을 개선하는 사례들을 잘 보여 주었다. 특히 7년간이나 소통블로그를 만들어 지역사회와의 디지털 소통을 계속하면서 소통블로그 기자단 등을 모집하고 대상 지역을 확대하여 용인, 평택에까지 지역과의 공동체관계 활동을 확대하는 창구로 삼았던 점은 지역사회관계 활동의 모범사례라고 할 만하다. 무엇보다 지역사회민들을 참여시킨 네트워크를 구성하고 블로그와 같은 디지털 매체를 활용하여 다양한 소통 활동을 진행하면서 지역과의 상생을 통해 기업의 문제점을 해결하여 나가고자 노력하였다는 점이 돋보인다. 지역사회관계에서 지역의 통 · 반장 등과 업무 협조가 활발한 네트워트가 구축될 경우 지역의 사회사업을 하기가 용이하며(김정현, 2017), 높은 주민 참여를 이끌어 낼 수 있는 것으로 알려져 있기에(박서연, 전희정, 2019), 이 점은 더욱 효과적인 지역사회관계 활동을 이끌어 갈 수 있는 동력이 되었다고 하겠다. 아울러, 2020년 10월 블로그 '삼성반도체이야기'의 지역이야기에서 확인되듯이 소통협의회는 여전히 열리고 있다는 것을 확인할 수 있으며 헌혈증 기부와 같은 또 다른 방향의 사회공헌활동을 소

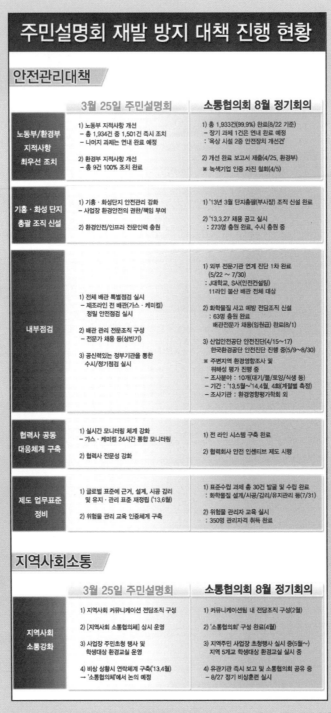

[그림 11-12] 삼성전자·화성 소통협의회와의 안전관리 재발 방지 대책 진행 현황

출처: 삼성반도체이야기–지역소통, 화성이야기(https://samsungsemiconstory.tistory.com).

통협의회와 진행하고 있는 것도 지역사회 공동체관계 활동의 방향성을 제시하는 사례라고 보인다. 특히 쟁점, 위기 사례와도 연계되는 사례로서 PR 프로그램에서의 쟁점관리나 위기관리를 위한 지역사회관계 활동의 중요성과 의미를 삼성전자의 지역 소통협의회 사례는 잘 보여 준다. 다만 2020년 화재 이후 소통블로그의 폐쇄와 다른 시민단체들의 소통 요구를 무시한 점이 보도되면서 지역사회와의 소통 부재라는 측면으로 문제가 제기되고 언론의 이슈가 된 점은 아쉬운 측면이다. 목소리를 내는 공중들과 다른 방향의 소통을 하지 않으려고 했다는 인식으로 인해 그동안의 지역사회에서의 소통 활동의 의미가 퇴색된 측면이 있기 때문이다. 하지만 이러한 결과를 통해 지역사회관계 활동이 긍정적으로 이루어질 경우에는 많은 시너지를 발휘할 수 있지만 부정적인 측면으로 부각되거나 지역사회관계 활동에 대해 방심할 때 기업이나 조직의 평판에 큰 피해를 불러올 수 있음을 알게 되는 사례로서도 학습적 시사점을 찾을 수 있을 것이다.

토론주제

1. 불산으로 인한 피해 보상 차원에서 종업원 체육시설을 공유, 개방하는 방식을 활용하였다고도 볼 수 있다. 이러한 방식의 보상이 지역사회관계관리 PR활동의 모범이 될 수 있을지 토론해 보자.

2. 앞의 사례에서 삼성전자 화성 공장의 화재 이후 그동안 지속된 지역사회와의 소통 창이었던 소통블로그가 폐쇄되었다. 블로그 폐쇄와 같은 방법은 옳은 선택이었을지, 폐쇄가 아닌 어떤 다른 대안이 있을지 토론해 보자.

3. 만약 기업의 환경오염 문제와 관련하여 지역사회관계관리 PR활동으로 공익캠페인을 진행한다면 어떠한 캠페인이 가능할지 아이디어를 내고 그 방식에 대해서도 토론해 보자.

4. 지역사회관계 활동이 쟁점관리나 위기관리와 연관되는 이유에 대해서 토론해 보자.

참고문헌

경인매일신문(2013. 7. 10.). 삼성전자-화성시민, 소통 강화(http://www.kmaeil.com/news/articleView.html?idxno=78477).

김남선, 김만희(2000). 지역공동체와 사회자본과의 관계에 관한 연구. 지역사회개발학술지, 10(2),

31-44.

김병희, 조삼섭, 김현정(2019). 소통연구교육 전문기관 필요성에 대한 정책소통 PR 공무원의 인식에 관한 연구. 한국소통학보, 18(2), 173-221.

김이수(2015). 정보화마을정책에서 주민참여의 효과성 연구: 전라북도 정보화마을을 중심으로. 한국 자치행정학보, 28(3), 85-107.

김정현(2017). 립스키(M. Lipsky)의 일선관료제 이론에 근거한 동 단위 공공복지 기능의 영향요인: 서울특별시 찾아가는 동주민센터 사례를 중심으로. 보건사회연구, 37(4), 443-475.

김현정(2016). 지역 특화산업 발전의 관점에서 뉴스 콘텐츠 생산과 배포 공간으로서의 지역 언론의 역할에 대한 연구. 영상문화콘텐츠연구, 11, 167-213.

김현정, 한미정(2014). 위기 커뮤니케이션 측면에서의 사회-기술적 재난에 대한 신문의 보도행태 분석: 구미 불산 누출 사례. Crisisonomy, 10(11), 21-53.

김효숙(2014). 미디어 이용, 사회자본, 사회정치적 참여의도의 관계: 공동체 의식의 매개효과를 중심으로. 홍보학연구, 18(4), 61-83.

류지호(2017). 지역주민이 지각한 축제 체험 가치가 차별성 지각, 동일시 및 시민행동에 미치는 영향. 관광연구, 32(5), 97-116.

매일노동뉴스(2020. 9. 28.). 구미 불산 누출사고 8년 '노동자ㆍ주민 안전 위협하는 노후설비'(http://nodongsamok.catholic.or.kr)

박노윤, 김종배(2018). 조직관리관점에서 살펴본 유한킴벌리의 CSV활동 특성. 윤리경영연구, 18(2), 34-90.

박서연, 전희정(2019). 사회자본과 정책인지도가 주민참여 의사에 미치는 영향: 서울시 '찾아가는 동주민센터' 사업을 중심으로. 한국정책학회보, 28(1), 195-221.

아시아경제(2018. 8. 16.). '불산누출' 삼성 안전사고ㆍ지역소통 '두마리토끼' 잡는다(https://cm.asiae.co.kr/article/2013032514504249759).

울산광역시(2020). 태화강 국가정원 백서 2020. 울산: 울산광역시.

이두원(1997). 기업의 대(對) 지역사회 관계와 쟁점관리에 관한 연구. 홍보학연구, 1, 69-98.

이성록(1999). 지역주민과 지역사회복지와의 관계. 한국지역사회복지학, 7, 135-143.

이수범, 신일기(2015). 지역 연고기업에 대한 공중관계성 연구: 지역인식과 지역 애착성을 중심으로. 홍보학연구, 19(1), 30-60.

전영화, 김지호(2013). 기업 사회공헌활동 참여가 기업태도 변화에 미치는 영향: '신생아살리기 모자뜨기' 캠페인을 중심으로. 사회과학 담론과 정책, 6(1), 107-140.

중앙일보(2016. 11. 4.). 삼성전자 용인화성 소통블로그, 누적 방문자 100만명 돌파(https://news.joins.com/article/20821152).

최예나, 김이수(2015). 사회적 자본과 주민행복간 관계에 관한 연구. 한국지방자치학회보, 27(4), 53-78.

한겨레신문(2015. 12. 14.). 울산 서울의 소득과 소비, 다른 지역과 '달라도 너무 다르네~'(http://www.hani.co.kr/arti/area/area_general/723344.html).

Barney, J. (1991). Firm resources and sustained competitive advantage. *Journal of Management, 17*, 99-120.

Berkowitz, D., & Turnmire, K. (1994). Community relations and issues management: An issue orientation approach to segmenting publics. *Journal of Public Relations Research, 6*(2), 105-123.

Burke, E. M. (1999). *Corporate community relations: The principle of the neighbor of choice.* Westport, CT: Greenwood Publishing Group. Inc.

Coman, I. (2009). Public policies and public relations strategies: Implementing private pensions system in Romania. *Romanian Journal of Journalism & Communication, 4*(3), 23-28.

David, G., & Chiciudean, I. (2014). Golden reputation wanted for a gold producer: The case of the Rosia Montana Gold Corporation. *Romanian Journal of Communication and Public Relations, 16*(3), 89-104(https://doi.org/10.21018/rjcpr.2014.3.178).

Grunig, J. E., & Hunt, T. (1984). *Managing public relations.* New York, NY: Holt, Rinehart & Winston.

Kruckereberg, D., & Starck, K. (1998). *Public relations and comnunity: A reconstructed theory.* New York, NY: Praeger.

Lattimore, D., Baskin, O., Heiman, S., & Toth, E. (2011). *Public relations: The profession and the practice* (4th ed.). Boston, MA: McGraw-Hill Education.

Mael, F., & Ashforth, B. (1992). Alumni and their alma mater: A partial test of the reformulated model of organizational identification. *Journal of Organizational Behavior, 13*(2), 103-123.

McMillan, D. W., & Chavis, D. M. (1986). Sense of community: A definition and theory. *Journal of Community Psychology, 14*(1), 6-23(https://doi.org/10.1002/1520-6629(198601)14:1⟨6::AID-JCOP2290140103⟩3.0.CO;2-I)

Organ, D. W. (1988). *Issues in organization and management series. Organizational citizenship behavior: The good soldier syndrome.* Lexington, MA: D. C. Heath and Company.

Pateman, C. (1970). *Participation and democratic theory.* Cambridge, UK: Cambridge University Press

Pichler, F. (2006). Subjective quality of life of young europeans. Feeling happy but who knows why? *Social Indicators Research, 75*, 419-44.

Poplin, D. E. (1979). *Communities: A survey of theories and methods of research* (2nd ed.). New York, NY: The Macmillan Company.

Putnam, R. (2000). *Bowling alone: The colapse and revival of american community.* New York, NY: Simon & Schuster

Sarason, S. B. (1974). *The psychological sense of community: Prospects for a community psychology.* Brookline, MA: Brookline Books.

Soderberg, N. R. (1986). *Public relations for the entrepreneur and the growing business: How to use public relations to increase visibility and create opportunities for you.* Chicago IL: Probus Publishing Company.

Tiwari, S., & DeVos, K. (2009). Getting the best relations from community. *Canadian Mining Journal, 130*(5), 22-23.

Vlasceanu, M., Enz, K., & Coman, A. (2018). Cognition in a social context: A social-interactionist approach to emergent phenomena. *Current Directions in Psychological Science, 27*(5), 369-377.

Walter, G. (1946). A program for community relations, public information center, National Electrical Manufacturers Associations, New York, NY. *The Management Review, 35*(7). Periodical Archive online pg. 258t.

Webler, T., & Tuler, S. (2001). Public participation in watershed management planing: Views on process from people in the field. *Human Ecology Review, 8*, 29-39.

Wilcox, D. L., Cameron, G. T., & Reber, B. H. (2014). *Public relations: Strategies and tactics* (11th ed.). New York, NY: Pearson.

Young, D. (1996). *Building your company's good name.* New York, NY: AMACOM.

배달의 민족 블로그. https://blog.naver.com/smartbaedal

삼성반도체이야기. https://samsungsemiconstory.tistory.com

지역사회공헌 인정제. https://crckorea.kr/csrcommunity

현대모터클럽. https://cafe.naver.com/hmckorea

현대저널. https://news.hmgjournal.com

제12장

공공PR의 주체는 누구이고, 무엇을 하는가?*

앞의 장들에서 언론, 내부 조직원, 소비자, 지역사회 등을 대상으로 한 PR을 다루었다면 이 장에서는 PR의 기본이자 가장 포괄적이고 공적인 대상으로서의 사회, 국민, 그리고 정부 등과 관련한 공공PR에 대해서 살펴보고자 한다.

쌍방향 균형의 교류적 커뮤니케이션을 지향하는 오늘날과 같은 수평적 구조의 사회에서는 공공PR에 대한 필요성은 더욱 높아지고 그 영역은 더욱 넓어지고 있다. 하지만 아직도 공공PR에 대한 용어 및 개념의 혼란에서부터 사회의 부정적 인식, 전문 교육의 부재, 실무 역량의 부족, 그리고 관련 산업의 성장 노력 등 해결해야 할 문제들이 적지 않은 상황이다. 이를 위한 기본적인 노력으로 이 장에서는 공공PR과 관련 영역들에 대해서 명확하게 정리하고 우수한 공공PR을 위한 가이드를 제시하고자 한다. 특히 PR 주체로서 기업과 정부를 두 축으로 하여 종합적인 차원에서 접근하고자 한다.

---

* 김동성(프렌즈 대표, 한양대학교 광고홍보학과 겸임교수)

● 이 장을 통해 답을 찾을 질문들 ●

1. 공공PR이란 과연 무엇인가? 관련 유사 개념들과는 어떤 차이가 있는가?

2. 정부와 기업의 공공PR은 무엇이 다른가?

3. 우수한 공공PR을 위한 과제는 무엇인가?

1. 공공PR의 개념

1) 공공PR의 기본 개념

공공PR을 가장 간단하게 정의하자면 '공공을 위한 PR'이라고 할 수 있지만, 이런 정의는 사람들의 환경과 입장에 따라서 동상이몽의 오해가 있을 수 있다. 실제로 지금까지도 공공PR에 대한 용어, 개념 및 정의, 그리고 영역에 대해서 학계나 업계에서 확실하게 일치된 합의 없이 혼재되어 그리고 혼란하게 사용되고 있는 실정이다. 공익PR, 공공 커뮤니케이션, 정부PR, 정책PR, 정부관계관리(Government Relations: GR), 퍼블릭 어페어즈(Public Affairs: PA), 공보, PI(President Identity), 공익 캠페인, CSR(Corporate Social Responsibility) 등 다양한 용어를 공공PR로 생각·사용하고 있으며, PR의 주체도 정부, 기업, NGO(Non-Governmental Organization) 또는 NPO(Non-Profit Organization) 등 각자 다른 해석을 한다. 한국어로의 번역 문제와 산업의 미성숙이 주원인일 수 있지만 학자나 실무자의 책임도 적지 않다. 어려운 작업이고 많은 전문가들의 합의가 필요하겠지만 촉구의 마음으로 이 장에서 공공PR과 관련한 다양한 용어 및 개념들의 정리를 시도하고자 한다.

우선, 공공PR의 개념을 이해하기 위해서는 '공공(公共, public)'의 의미를 규정해야 한다. 일반적으로 '개인적인 것'이 아니라 '국가나 사회의 구성원에게 두루 관계되는 것'을 뜻하는데, 물론 범위 규정의 모호성을 지니지만 PR의 대상이 국가나 사회 구성원 모두를 포함하고 있다는 것을 의미한다고 할 수 있다. 그렇기에 그 목적은 공공문제(public problems 또는 subjects of public interest)의 해결이나 공공 가치(public value) 및 공익 추구라고 할 수 있다. 그리고 여러 관련 용어들과 실무 영역을 고려하자면 NGO나 NPO도 포함될 수 있지만 정부와 기업이 양대 주체임을 알 수 있다. 이처럼 공공PR 개념은 포괄적이지만 내부적으로 명확하게 구분할 수 있는 부분도 있어서 〈표 12-1〉에 주요 공공PR 영역을 주체와 대상별로 분류해서 제시하였다. 참고로 공공PR은 공공성(公共性, publcness), 즉 공개성(open to anyone), 공익성(beneficial for the majority), 권위성(empowered by society)의 세 가지 기본 특징을 모두 강하게 지니기에 다른 PR 영역들과는 구별이 되지만, 그 대상(receiver)의 범위도 명확하게 해야 세부적으로 잘 분류할 수 있다.

●표 12-1● **주요 주체와 대상별 공공PR**

구분		공공PR의 대상(Receiver)	
		정부	국민/사회
공공PR의 주체 (Sender)	정부	정부내부PR	정부PR 또는 대국민PR
	기업	대정부PR 또는 PA	CSR

2) 정부와 기업의 공공PR 차이

핵심 주체인 정부와 기업의 공공PR의 차이는 기본적으로 정부의 행정과 기업의 경영이라는 근본적인 철학과 원리의 다름에 기인할 수 있다. 하지만 공공PR의 경우에서 기업은 효율성과 이윤극대화만을 목적으로 하지 않고 사회 공공가치의 실현이라는 정부의 목적과도 부합하기에 둘을 이분법적으로 칼같이 분리할 수는 없다. 그보다는 공공PR의 대상을 세분화하여 특정할 때 서로 중복되는 경우도 있지만, 차별화된 고유의 이해관계자들과 활동 영역으로 구분하는 것이 더 나은 방법이라고 할 수 있다. [그림 12-1]에서 두 주체의 주변에 있는 주요 이해관계자들, 즉 공공PR 대상들을 정리하여 제시하였다. 물론 기업과 정부는 서로를 공공PR의 대상으로 활동하기도 한다.

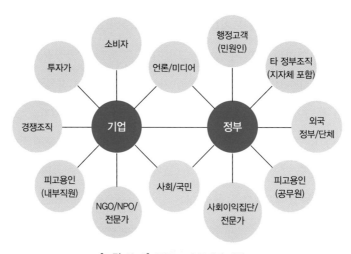

[그림 12-1] **공공PR의 주체와 대상**

그리고 기업에 비해서 정부의 공공PR은 공법적 강제권과 경쟁이 없는 독점성의 장점을 갖지만, 더 많고 강한 규제 조건과 정권 및 기관장의 교체로 인한 일관성 및 계속성의 문제라는 한계를 지니고 있다.

3) 공공PR의 변화

짧은 역사를 지닌 공공PR이지만 20세기에서 21세기로 넘어오면서 그리고 4차 산업혁명 시대로 접어들면서 큰 변화를 겪으며 더욱 그 중요성은 높아지고 확장성은 넓어지고 있는데, 그 배경을 사회, 사람 그리고 기술이라는 세 차원에서 이야기할 수 있다. 우선, 사회 및 권력의 구조가 수직에서 수평으로 변화하면서 조직과 공중이 쌍방향 균형 관계를 갖게 되고 이로 인하여 사회를 구성하는 정부 및 공공기관, 기업, 그리고 일반 대중·공중 등의 권력체계와 역할이 평등과 상호호혜라는 가치를 지향하게 되었다. 이러한 사회 속에서 네트워크화된 사람들은 커뮤니케이션 패러다임 변화를 학습하고 일상생활화하면서 지적 수준이 향상되고 비경제적인 가치 요인에 의한 감성 및 공감의 중요성을 인식하게 되고, 온라인을 주활동무대로 하여 적극적·자발적·능동적·합리적 공중으로 성숙하게 되었다. 게다가 ICT(Information and Communication Technologies) 및 CPND(Contents, Platform, Network, Device) 관련 기술의 발전과 생태계의 성장이 이러한 변화를 더욱 가속화시키고 있다. 특히 최근 빅데이터와 인공지능을 중심으로 하는 스마트 의사결정 및 집행 도구들에 의해서 공공을 위한 커뮤니케이션 그 이상의 솔루션으로서의 기능 및 기회도 갖게 되었다.

공공성을 최우선으로 하고 가장 넓은 범위의 공중들에게 영향을 미치는 우리 정부의 경우도 정부 중심의 오프라인 일방향 행정의 정부1.0을 넘어서, 2009년 국민 중심의 인터넷 기반 양방향 행정 서비스인 정부2.0을 거치고, 2013년 모바일과 스마트를 키워드로 하는 국민 개개인 중심의 양방향 맞춤형 행정인 정부3.0을 비전으로 선포하고 그에 맞는 행정 서비스와 PR에 노력하고 있다. 정부3.0의 가치는 4차 산업혁명을 거치면서 대부분 구현 가능해졌으며 이에 맞춰서 더욱 진보된 정부4.0으로의 전환을 준비하고 있다.

●표 12-2● **정부 버전별 공공정보 운영계획**

구분	정부1.0	정부2.0	정부3.0
운영 방향	정부 중심	국민 중심	국민 개개인 중심
핵심 가치	효율성	민주성	확장된 민주성
참여 방식	관 주도 · 동원방식	제한된 공개 · 참여	능동적 공개 · 참여 개방 · 공유 · 소통 · 협력
행정서비스	일방향 제공	양방향 제공	양향향 · 맞춤형 제공
수단(채널)	직접 방문	인터넷	무선 인터넷, 스마트 모바일

출처: 정부 관계부처 합동(2013).

2. 정부의 공공PR

1) 기본 개념

정부란 특정 시기에 국가를 운영하는 통치권(sovereignty)을 가진 사람과 기관들을 의미하는데, 이를 운영하기 위해 특별한 목적을 실현하거나 해결하기 위해 채택된 행위(조치)의 구체적인 프로그램인 정책(policy)를 결정하고 집행하는 기능을 수행한다(신정현, 김현, 조현철, 2011). 이러한 정부가 주체가 되는 PR 커뮤니케이션 활동이 정부PR이다. 이는 좁게는 행정부PR을, 넓게는 지역자치단체, 공공기관 및 공기업의 PR활동까지도 포함한다. 보통 우리나라에서는 공보(公報)라고 표현하기도 한다. 기본은 대국민 PR이지만 타기관, 내부직원, 외국 등 다양한 대상과 활동이 있다. 이처럼 주체 또는 영역의 크기에 따라서 PR의 구체성 강화를 위해 도입한 개념인 정책PR(정주용, 2015), 정부 또는 지방자치단체 등 행정기관들이 국민 혹은 주민을 고객으로 보고 최상의 행정서비스를 통한 고객만족도를 높이려는 노력인 행정PR(조계현, 2005), 그리고 보다 광의의 정부PR로 구분할 수 있지만 여기서는 포괄적인 차원에서의 정부PR로 설명한다. 물론 공공을 위한 이익이 아니라 개인과 정치단체의 이익을 위한 정치인과 정당 등의 정치PR과는 구분된다.

(1) 공보

대언론관리, 사보제작, 연설문 작성, 보도자료 배표 등 행정기관이 알리고 싶은 정보를 일방적으로 국민에게 전달하는 것(신호창, 이두원, 2002)을 일반적으로 공보라고 한다. 하지만 이는 단지 '널리 알린다'라는 일방향적 정보확산 중심의 개념으로서 정부PR 전체를 설명하기에는 부족하다. 이는 PR 4모델의 언론대행술 또는 공공정보(public information) 모형과 유사성을 갖는다고 할 수 있지만 지금의 쌍방향 균형 시대에는 적합하지 않은 개념이다. 그래서 PR에 대한 첫 번째 오해가 PR을 '홍보'라는 용어로 번역·사용하고 있다는 것이라면, 공공PR에서는 정부PR을 '공보'라고 하는 것이 첫 번째 오해라고 할 수 있다.

참고로 공보라고 하는 데에는 역사적인 배경이 있다. 1945년 해방 직후 11월에 미군정 아래에 공보과가 신설되었는데, 국민들에게 미군이 대한민국 국민을 위해 하는 일을 알리고 미군을 위해 대한민국 국민에 대한 각종 정보 및 여론을 수집하여 전달하는 것이 그 주요 기능이었다(유재웅, 2010). 1948년 정부 출범 이후 공보부, 공보실, 공보처 등으로 주로 일방향적인 공보 중심의 역할을 수행하다가 김대중 정부 때(1999년) 차관급 조직인 국정홍

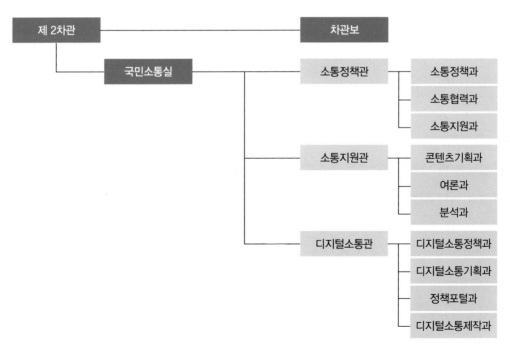

[그림 12-2] **문화체육관광부의 국민소통실 조직도**

출처: 문화체육관광부 홈페이지(2021).

보처가 신설되고, 참여정부를 내세운 노무현 정부 시기로 이어지면서 참여와 쌍방향 커뮤니케이션을 지향했으나 언론과의 갈등 이후 이명박 정부 때(2008년) 폐지되고 현재는 문화체육관광부 국민소통실이 그 기능을 수행하고 있다. [그림 12-2]에서 일방향 공보가 아니라 양방향 소통을 지향하고자 하는 현 정부의 공공PR 커뮤니케이션을 담당하는 국민소통실의 구성을 확인할 수 있는데, 디지털의 비중이 크다는 것도 알 수 있다.

(2) 정책PR

행정이라는 포괄적이고 모호한 개념보다는 더 구체적이고 실제적으로 접근하기 위해서 도입한 개념이 정책이라는 용어이고, 이것은 특정 목적을 실현 또는 해결하기 위한 구체적인 프로그램이라고 할 수 있다. 공공성, 사회성, 그리고 갈등관리의 특징을 지닌 정책PR(배지양, 2015)은 구체적인 정책대상 집단에게 실제적으로 관련된 정보를 제공하고 의견을 수렴하는 정부의 커뮤니케이션 관리 활동이라고 할 수 있다. 이는 과거 일방향적이고 정부의 입장만을 대변했던 개념에서 공식적 정책 결정권자(입법부, 사법부, 행정기관, 그리고 대통령 등)와 비공식적 정책 결정권자들(정당, 이익집단, 비정부기구나 시민단체, 언론매체, 정책전문가, 일반 시민 등) 사이에 쌍방향적이고 균형적인 관계를 기반으로 진실에 바탕한 윤리적인 전략적 커뮤니케이션으로 변화하고 있다(배지양, 2015). 정책PR은 행정PR의 하위 개념이며 행정PR은 또 정부PR의 하위 개념이라고 보면 된다.

(3) 행정PR

행정은 법·규제 아래에서 국가의 목적 또는 공익을 실현하기 위해서 행하는 국가작용활동을 의미하는데, 이는 협의의 정부인 행정부가 수행하며 이와 관련한 모든 PR활동을 행정PR이라고 한다. 행정PR은 실제적으로는 곧 정부PR이라고 할 정도로 정부PR의 가장큰 영역을 차지한다고 볼 수 있는데, 그 기능과 문제점(조계현, 2005)을 정리하면 다음과 같다. 행정PR은 여론 감수성 제고, 공중 의견의 정책 반영, 조직 운영 목표에 국민 이익 및 복지의 추가, PR대상들의 정보 욕구 충족, 위험에 대한 조기 경보, 조직 활성화 및 조직의 자주재원 확보 지원, 대내외 커뮤니케이션 관리역량 제고 등의 긍정적인 기능을 한다. 반면에 부정적인 기능으로는 매체를 통한 정책 및 기관장의 과잉 홍보, 조직의 약점 은폐나 미화, 선거운동의 우회적 지원 및 수단화, 여론 호도, 불필요한 프로그램으로 인한 예산 낭비 등이 있다. 지금까지 우리 정부의 행정PR은 공중과의 관계보다는 대언론관계에 대한 집중, 기관장 중심의 성과적·관료적 일방향 홍보, TV나 소셜미디어 등 일부 인기 매체에의 편향성 등을 주요 문제로 지적할 수 있다.

2) 정부의 공공PR 영역

정부가 하는 공공PR은 그 대상과 목적에 따라 너무나 다양한데, 조계현(2005)이 정리한 주요 행정PR을 통해서 기본적인 정부PR활동들을 알 수 있다.

- 정책홍보: 정부와 정부의 활동에 대해 국민들의 관심을 유도하고 이해를 높이는 광범위한 활동이며, 개방화와 무한경쟁시대에 정부의 경쟁력을 높이는 수단으로서 의제를 설정하는 것뿐만 아니라 키워 나가는 것까지(agenda setting and building) 포함한다.
- CI(Community Identity): 지역 이미지 정체성은 각 지역마다 자신의 정체성 확보와 주민들의 정신적 단합을 위해 도입한 것으로 기업변혁을 위한 수법으로 활용되었으나 이를 지역사회에서도 적용한 것이다(조계현, 2005).
- PI(President Identity): PI는 원래 기업 최고경영자의 이미지 관리 및 커뮤니케이션 활동을 의미하지만, 대통령을 비롯한 정부조직의 공적 기관장들 또한 PI의 주체로서 공공PR의 영역에 포함될 수 있다. 최근 소셜미디어 등을 통한 노출의 기회가 많아지면서 더욱 활성화되고 있는 영역이기도 하다. 그렇지만 사적인 개인 브랜딩이 아니라 공익을 위한 활동이라는 조건을 충족해야만 한다.
- 국가이미지 제고: 대내외적으로 국가 이미지를 제고하는 국가홍보활동들로서 최근에는 국가브랜드 차원에서 그 중요성이 더 커지고 있다. 평창올림픽이나 한류를 위한 국제적 PR활동이 이에 해당한다.

조달청의 나라장터 용역을 참고하여 우리 정부의 공공PR 영역 및 활동과 그 규모의 실제적인 모습을 파악해 볼 수 있다. 2017년 에스코토스와 더피알의 공공PR전수조사(2015년

6월부터 2년간 조달청—나라장터에서 홍보, 홍보컨설팅 키워드로 검색한 313건의 유효 데이터) 결과, 2년간 예산규모는 약 1,124억 원이고 용역 1건당 평균 3억 6천만 원이었으며 적게는 5천만 원 미만, 많게는 5억 원 이상도 있었다. 업무 영역별로는 언론 및 방송홍보, 콘텐츠 발굴 · 제작, 이벤트 프로모션을 총망라하는 종합홍보가 63.2%, 온라인 홍보채널 운영 및 콘텐츠 제작, SNS 운영, 블로그 및 청년기자단 관리 등 온라인에 집중한 뉴미디어 22%, 정책 홍보전략 수립과 맞춤형 홍보 연구가 주를 이루는 컨설팅 10.2%, 언론홍보 1.9%, 기획 홍보 1.5%, 광고홍보 0.6%, 전략홍보 0.3%로 나타났다. 그리고 사업기간은 1개월부터 1년 까지 다양했지만 대부분이 6개월 이상이었다. 정부조직(17부 5처 16청 2원 5실 6위원회, 공기 업 및 지방자치단체)별로 보면, 17부가 전체의 약 55건 193억 원(57.4%)으로 쏠림이 뚜렷했고, 그중에서도 보건복지부(332억 원)가 가장 큰 예산을 사용했으며 고용노동부(102억 원), 문화체육관광부(33억 원), 여성가족부(28억 원), 국토교통부(25억 원) 순으로 나타났는데, 사업 단위로는 보건복지부의 금연홍보 및 캠페인이 200억 원으로 가장 많은 예산을 적용 하였다. 공단은 51건 193억 원(17.2%)을, 지방자치단체는 55건 99억 원(8.7%)을 사용하였 다. 더피알은 2015년 조사 결과와 비교분석하며 온라인 홍보 선호가 강화되고 제안요청서 (Request For Proposal: RFP) 요구사항은 증가했으며 유사 홍보가 대부분이라는 결과를 제시 하였다. 〈표 12-3〉을 통해서 주로 어느 정부기관에서 어떤 공공PR활동을 어느 정도 규모 로 수행하는지에 대해서 참고할 수 있다.

조사 키워드와 용역 범위의 차이가 있지만 황성욱, 최창식, 이은순과 이종혁(2018)도 2017년 조사 결과를 학술대회에서 발표했다. 전체 1,366건(평균 2억 원)의 사업을 수행했는 데, 입찰공고는 주로 1/4분기에 집중되어 있고, 입찰공고 건수는 공기업이 가장 많은 것으로 파악되었다. 실행용역(78%)의 비중이 가장 컸는데, 그중에서 영상 · 인쇄 제작용역(498건) 이 가장 많았고, 이벤트 및 행사, 온라인 홍보, 혼합실행 용역 순으로 나타났다. 또한 실행용 역에서 중앙부처 언론대행 발주 빈도가 많았고, 지방자치단체는 혼합실행용역 및 온라인 홍 보, 공기업은 이벤트 및 행사용역 빈도가 매우 두드러졌다. 실행용역 배정예산 평균이 가장 높은 것은 온라인 홍보(약 2억 8천만 원), 이벤트 · 행사(2억 6천만 원), 언론대행(2억 원), 혼합 실행(1억 9천만 원) 순이었다. 그 외 용역 목적으로 컨설팅과 종합홍보가 있는데, 종합홍보의 경우는 중앙부처와 공기업이 지방자치단체의 2배 이상을 차지하고 있었다.

● 표 12-3 ●   2015년 6월~2017년 5월 기준 정부 공공PR 사업예산 상위15

순위	공고명	발주처	사업예산	사업기간
1	2017년 금연홍보 및 캠페인	보건복지부	20,000,000,000	11개월
2	2015 경제총조사 홍보사업 용역	통계청	3,760,000,000	7개월
3	2017년도 저출산 고령사회 대비 국민인식개선 홍보	보건복지부	2,400,000,000	10개월
4	고용노동부 종합기획홍보 용역	고용노동부	1,700,000,000	11개월
5	2017년도 1시장 1특색 등 전통시장 통합홍보 용역	소상공인시장진흥공단	1,476,130,000	6개월
6	2017년도 고용노동부 일가정양립 홍보	고용노동부	1,363,636,364	11개월
7	2015 세대간상생 고용지원 사업 홍보	고용노동부	1,300,000,000	2개월
7	전기자동차 보급 활성화 대국민 홍보	한국환경공단	1,300,000,000	6개월
8	2016년 소상공인, 전통시장 지원사업 통합홍보	소상공인시장진흥공단	1,217,376,000	7개월
9	2017년 능력중심사회 구현을 위한 종합홍보 용역	한국산업인력공단	1,000,000,000	11개월
9	2017년 고용노동부 고용복지연계 종합홍보 위탁 용역	고용노동부	1,000,000,000	11개월
9	2016년 장애인정책 통합홍보	보건복지부	1,000,000,000	10개월
9	2016년 국토교통 정책홍보컨설팅 및 뉴미디어운영 용역	국토교통부	1,000,000,000	12개월
9	2016년도 여성가족부 정책홍보 위탁	여성가족부	1,000,000,000	12개월
9	2016년 결핵예방 홍보사업	보건복지부 질병관리본부	1,000,000,000	12개월

출처: 더피알뉴스(2017. 10. 16.).

좀 더 영역을 확장해서 업계 전문가인 우종무(2020)의 발표에 따르면, 김대중 대통령 재임 시 정부 부처청 홈페이지 개설에 이어 노무현 대통령 재임 시기 정책고객서비스(Public Customer Relationship Management: PCRM) 시스템화에 더해 기업의 사회적 책임(CSR) 등 민간 공익 광고홍보 전문가의 정부 홍보 전문관 공개임용 제도화로 활성화 계기를 마련한 공공PR은 이명박 대통령과 박근혜 대통령 재임기간 동안 정부 공공홍보 전문대행사 증대, 정부업무평가 정책홍보부문 성과 평가 강화, 부처청 대변인실 온라인·SNS팀 신설 등 고도화를 거쳐, 현 문재인 정부 조달청 나라장터 발주 기준 약 8천억 원을 포함하여 대략 3조 원에 이르는 전문 서비스 대행, 컨설팅, 학술연구용역의 공개경쟁시장으로 발전을 거듭하고 있다고 한다.

3. 기업의 공공PR

1) 기본 개념

이 시대에 이윤만 추구하는 기업은 생존할 수 없지만, 이윤을 포기할 때 최종적으로 다시 이윤으로 돌아오기도 한다. 이는 오늘날의 기업이 시장 밖의 환경 변화도 매우 적극적으로 관리해야 함을 시사한다. 시장을 움직이는 힘인 '보이지 않는 손'과 비교해 비시장(非市場, nonmarket)에서 움직이는 다양한 정책과 이해관계자들의 주장은 '보이는 손'으로 기업이 관심과 주의를 기울이면 관리할 수 있다(이보형, 2020). 따라서 이러한 상황에서 기업이 주체가 되는 공공PR은 크게 두 가지로 분류할 수 있다. 하나는 사회 또는 일반 공중을 대상으로 하는 기업의 사회적 책임인 CSR 중심이고 다른 하나는 주로 정부를 대상으로 하는 PA 중심이다.

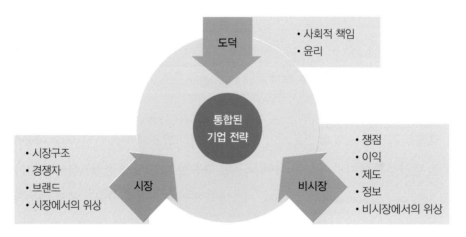

[그림 12-3] **통합된 기업 전략 모델**

자료: David Baron의 『Business and It's Environment』
출처: https://www.mk.co.kr/news/culture/view/2020/05/465767

2) CSR

기업의 사회적 책임은 기업의 비시장 외부 환경으로서 함께 살아가는 사회의 이상적 목표나 가치에 대한 기업의 보다 능동적인 의무 또는 책임을 의미한다. 즉, 사회의 구성원으로서 이윤추구 외에 기업의 자원을 활용하여 사회의 여러 문제를 해결하고 보다 나은 사회를 만들기 위한 활동이다. 이것이 CSR을 공공성을 내세우는 공공PR에 포함시킬 수 있는 기본적인 근거이다. 좁은 의미로는 공익활동, 기부협찬 활동, 환경보호 활동 등을 지칭하지만, 넓은 의미로는 이윤의 극대화를 위한 경제적 책임, 윤리경영을 위한 법적·윤리적 책임, 그리고 사회공헌을 위한 자선적 책임을 포함한다(이명천, 김요한, 2011).

캐럴(Carroll, 1991)은 CSR을 이익의 극대화(economic responsibility), 법·규제 준수(legal responsibility), 윤리적 기준 준수(ethical responsibility), 그리고 사회공헌이나 자선(philanthropic responsibility)의 4단계로 정의하였다. 기본적으로는 3단계와 4단계가 공공영역으로 인식되지만 1단계와 2단계로 공공PR의 영역이 확대되고 있다고 할 수 있는데, 공정·적정 이윤 및 제품 생산과 노동법이나 환경법의 준수 등이 이에 해당한다.

[그림 12-4] 캐럴(1991)의 CSR 피라미드

주요 CSR활동 유형으로는 사회공헌활동, 지역사회 자원봉사, 공익연계 마케팅(cause-related marketing), 그리고 일반적인 공익 캠페인 등이 있다(이명천, 김요한, 2011). 사회공헌

활동은 특정 사회 문제나 공익사업에 대한 활동으로 대부분 현금 기부, 물품이나 설비 등의 현물 기증, 기업의 특정 기술이나 노하우를 제공하는 형식을 취하는 가장 전통적 CSR 활동이다. 지역사회 자원봉사는 지역사회의 문제를 직접 해결하거나 직원들에게 자원봉사를 권장하는 것으로, 특히 지역에 기반한 생산 활동을 하는 기업에서 주로 이용한다. 공익연계 마케팅은 제품 판매의 일정비율을 사회 문제 개선에 할당하는 것으로서 다른 CSR 활동과 달리 제품 판매와 연결되며 소비자도 간접 참여할 수 있다. 이는 CSR 피라미드에서 이윤극대화의 공적 영역에 해당한다고 볼 수 있을 것 같다. 그리고 기간 한정의 목적적 설득 행위인 공익 캠페인은 특정 사회 문제를 위한 기금 모금, 현물 기증, 기타 기업 자산을 제공하는 활동으로서, 정보를 알리고 설득하고 행동을 변화시키기 위한 동기화를 만들며, 해당 정보를 원하거나 필요로 하는 많은 공중에게 시행하고 사회의 쟁점들을 해결한다(김현정, 2019). 참고로 PR 캠페인은 조직과 공중과의 호의적 관계수립과 유지를 목적으로 한 다매체 활용의 특징을 지니지만, 공공 커뮤니케이션 캠페인(public communication campaign)은 금연운동, 산불예방, 환경 운동과 같은 즉각적인 목표에 주로 초점을 두고 대중매체를 이용한다(정인태, 2004).

선제적/적극적 조직-공중관계성 제고활동인 이러한 CSR활동들은 장기적으로 기업의 긍정적 이미지 및 평판의 구축과 방어, 대내외적 이해관계자와의 우호적 관계 구축 및 갈등 완화 또는 해결 등의 비경제적 효과와 비경제적 구매요인 영향력이 증가하고 있기에 최종적으로는 매출 증가라는 경제적 효과도 얻게 한다.

3) PA

'보이는 손'과의 소통을 통해 효과적으로 기업이 당면한 이슈나 어젠다를 사회와 정부, 정치권에 전달하는 과정을 PA 또는 공공문제관리라 한다. PA는 정부의 정책 결정 과정을 도울 수 있는 다양한 주제의 논의를 활성화시킬 뿐만 아니라 기업의 경영활동에 영향을 주는 의회, 시민사회, 전문가 집단, 언론 등 다양한 이해관계자와 대중의 공감과 동의를 얻기 위한 전략의 핵심이다(이보형, 2020).

기업의 PA에서 그 대상을 정부로 한정했을 때, 이를 정부관계관리(Government Relations:

GR)라고 할 수 있다. 실무에서 대관(對官, Government Affairs: GA)이라고도 칭하는 GR은 기업이 경영활동에 중요한 영향을 미치는 정부와 상호호혜적 관계를 구축하기 위한 PR활동을 의미한다(이명천, 김요한, 2011). 기업은 행정(업무) 및 세제 지원, 정부 보조금(공적자금)이나 채무보증 등의 재정지원, 호의적 시장 환경 조성, 기업제품 매출 등의 이익을 얻고, 정부는 일자리 창출, 투자 증대, 국책사업 참여, 사회문제해결과 국민들 삶의 질 향상, 정부정책의 지지, 그리고 전관예우의 부작용도 갖고 있는 전직 고위관리의 고용문제해결 등의 혜택을 얻는다. 정부는 기업이 통제할 수 없는 공중이지만 기업의 활동에 직간접적으로 큰 영향을 미치고, 자본주의 시장경제이지만 부정적인 정경유착이 아니라 민주복지 선진화를 위한 긍정적인 차원에서의 정부의 개입이 증가하고 있는 상황이다. 따라서 정부와의 관계는 기업의 사업 환경 조성을 위해서 그 중요성이 더욱 커지고 있다. 이는 기업의 거시환경분석인 PEST 분석(Political, Economic, Social and Technological analysis)의 첫 번째인 정책 분야를 분석이 아닌 조성의 대상으로 적극 관여해야 함을 시사한다고 할 수 있다.

GR의 대표적인 활동은 GR과 동의어로도 사용되는 로비(lobby)이다. 주로 입법과 규제에 영향을 미칠 목적으로 정부와 관계를 구축하고 유지하기 위한 특화된 PR활동인데, 주요 대상은 국회의원과 실무 행정관료이다. 이는 직접 로비와 간접 로비로 나누어지는데, 우선 직접 로비에는 저명한 전직관료, 정치인, 변호사 및 PR 대행사를 이용하여 의회 지도자나 정부 정책 결정 핵심인사에게 영향력을 행사하는 권력형 로비(power lobby)와 전문 변호사나 카운셀러를 고용하여 기존 법안이나 정책상의 법률적 미비점과 허점을 기술적으로 파악하여 각종 규제조치를 합법적으로 피해 나가는 방안을 모색하는 기술형 로비(technocractic lobby)가 있다. 간접 로비에는 많은 이익단체들이 어떤 문제에 대하여 이해를 같이할 경우 그 단체끼리 공동으로 문제해결에 대처하는 기능 연계형 로비(functional-networking lobby)와 주로 주민들을 동원하여 지방자치단체 단체장이나 지역 국회의원들에게 영향력을 행사하는 대중동원형 로비(gross-root lobby)가 있다. 또한 정부관계관리에는 로비 외에도 중앙 정부와 지방 정부가 직면하고 있는 사회 문제를 해결함으로써 정부와 호의적 관계를 형성·유지시키는 사회문제해결, 기업 내 임직원들의 인맥, 특히 학연을 통해 주요 정부인사들과 인적 네트워크를 구성하여 영향력을 행사하는 지인 관리, 그리고 정부 부처에서 근무했던 고위관리들을 기업이 채용하여 그들이 전방위에서 활동하게 함으로써 기업에 유리한 환경을 조성하게 하는 전직 고위관리 채용 등이 있다(이명천, 김요한, 2011).

PA는 GR보다는 더 큰 범위의 개념이라고 할 수 있다. 사전적 의미는 일반 대중에게 영향을 주는 사회 문제인 PA를 공공문제관리라고도 하고 공보, 공공행정, 공공업무라고도 하며, 미국처럼 정부의 홍보 기능을 의미하기도 하지만, 굳이 우리말로 번역하면 공공문제 활동이라고 칭할 것을 권장한다. PA는 조직의 정치·사회적인 환경을 관리하는 PR활동을 의미하는데, 주체에는 일반 기업뿐만 아니라 이익집단, 시민단체들도 포함이 되며, 그 목표 공중은 회사의 정책 및 의사결정과 관련된 이해관계자들인 중앙정부, 지방정부, 각종 시민단체 및 협회, 비영리단체 등을 모두 포함한다(김영욱, 2003). 이는 조직의 비상업적인 환경을 해석하고 이에 대한 조직의 반응을 관리해 나가기 위한 정부, 언론·미디어, 그리고 압력단체 등과 관련한 기업의 PR활동이다. 아직은 은밀하게 진행되는 로비라는 인식도 강하지만, 대(對)정부 활동뿐 아니라 이미지 광고, 사회적 기여 등을 포괄하는 종합 활동으로 범위와 역할이 확대되어 왔다. 공감과 동의를 얻기 위해 세상을 설득하는, 시장 밖에서 펼치는 비시장 전략이라 할 수 있다. 시장 경쟁 못지않게 치열할 뿐 아니라 기업의 성과와도 직결되는 요소이며 기업 활동뿐 아니라 국가 이익을 추구하는 활동에서도 중요한 역할을 한다(조승민, 2015). PA와 일반적인 PR과의 차이는 공공의 이익이냐 아니면 회사의 이익이냐 하는 충성의 대상과 목적의 차이라고 간단하게 설명 가능하다.

훌륭한 조직(기업)은 운명을 맡기는 것이 아니라 스스로 적극적으로 원하는 정치·사회적 환경을 만들어야 한다. 이는 정부를 비롯한 규제기관의 역할이 중대하면서 조직의 기업 활동에 대한 영향력이 커지고 있고 다양한 사회적 이슈에 대한 공중들의 관심과 영향력이 커지면서 그들의 공적 니즈에 대한 적극적 대응이 필요해졌기 때문이다. 김찬석(2012)의 PA에 대한 실무자 인식 연구에서도 PA활동이 최고 경영진이 주의해야 할 쟁점 및 우선순위 결정, 새로운 정치/규제/사회적 쟁점의 민감도에 대비한 컨설팅, 재출현하는 정치/규제/사회적 경향 준비 등 실제로 기업의 경영에 긍정적인 기여를 한다고 인식하는 것으로 나타났다. 결국 기업이 보다 적극적으로 공적 이슈 전개 과정에 개입하여 우호적인 비즈니스 환경 조성을 위한 핵심 툴(tool)이 PA인 것이다.

미국이나 유럽에서는 PA활동이 오랜 역사를 가지고 이론 및 실무 차원에서 사회 전반에 걸쳐 꾸준히 발전되어 왔는데, 특히 미국 기업의 경우는 1970년대부터 급성장하였다. 하지만 국내 PA는 개념에 대한 혼재뿐만 아니라, 실무 차원에서도 전문적인 서비스 제공과 관련한 다양한 논의가 부족한 실정이다. 특히 PA 업무에 대해서 정부 및 의회와의 관계 형성인 GR이나 언론관계 업무로 한정지어 인식하는 경우가 많다. 미국의 경우 PA에 특화된 컨설팅 펌들이 다수 존재하며, 커뮤니케이션 기반 서비스와 법률적 자문 혹은 직·간접 로비 기반 서비스로 분류되어 발전해 오고 있지만, 국내에는 특화된 에이전시가 거의 없다 (김동성, 박건희, 2018). 다행히도 최근 PA 관련 관심과 예산의 증가로 점차 활성화되고 있는 상황이다.

　　PA 영역은 로비, 정치 후원, 선거 참여, 이미지·이슈 광고(홍보), 연합활동, 공공 정책 관련 모니터링과 대응, 온라인 활동, 사회적 기여, 사법적 활동 등 매우 다양하다(조승민, 2015). PA에 특화된 주요 글로벌 에이전시의 PA 서비스들을 정리한 [그림 12-5]에서는 정부 관계부터 이슈 관리, 위기관리, 브랜딩까지 매우 체계적이고 다양함을 확인할 수 있다.

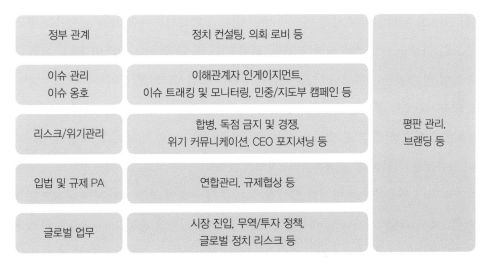

[그림 12-5] **PA의 세부 서비스 영역**

출처: 김동성, 박건희(2018).

　　PA에 대한 관심은 직업 차원에서도 높아지고 있다. PA 전문가는 기업과 같은 조직 활동에 영향을 주는 정치·경제·사회·문화적 환경 요인을 분석해 정부의 공공 정책 결정 과정에 참여하는 사람이다. 부정적 이미지의 로비스트라고도 하지만 이들은 기본적으로 사회의 이익을 지향한다. 그리고 기술적이고 논리적인 커뮤니케이션, 창의적 아이디어, 다양한 이해관계자와의 네트워킹, 관련 법규·규제의 이해 등의 역량이 필요하다(김찬석, 이완수, 정나영, 2014).

4. 공공PR의 과제

우수한 공공PR을 위해서는 먼저 기술적 발전에 대한 활용성을 높여야 한다. 김현정(2019)은 스마트 지능정보화 사회에서 스마트 미디어를 통한 다양한 계층의 여론 참여와 정책 반영 그리고 쟁점 해결 대안으로 복지기술의 활용 등을 제안하였다. 특히 정부 중심의 공공PR은 연구의 주장처럼 스마트 지식정보화 사회에서는 단순히 스마트 미디어로 인한 쌍방향적 정책 참여나 공중관계성 강화 등을 위한 모색을 넘어서 국민·시민의 문제들을 직접 해결하거나 해결을 지원하는 기술까지도 적용하기를 희망한다. 행정 및 복지기술이 제도적으로 뒷받침되고 사회 전반에 뿌리 내리기 위해서는 정부PR을 포함하는 공공PR이 중요한 역할을 담당해야 하며, 기술적 혜택은 인간, 즉 공중을 향해야 한다. 이는 기업이 중심이 되는 공공PR에서도 마찬가지이다. 특히 빅데이터와 인공지능 기술을 기반으로 한 맞춤형·핀셋형 공공문제해결 방법이나 시스템의 개발·발전이 필요하다.

다음으로 필요한 것은 공공PR을 위한 보다 창의적인 전술 노력이다. 예산과 규제에서 좀 더 자유로운 기업의 공공PR은 이미 창의적인 도전을 해 오고 있지만, 정부의 공공PR은 아직 창의성이 부족하다는 평가가 일반적이다. 특히 온라인 공중 중에서 수동적으로 정보를 처리(information processing)하려는 성향이 강한 사람들의 관심(attention)을 얻기 위한 창의적인 공공PR 기법의 적용이 필요할 것이다(이상연, 이유나, 2020). 다양한 서비스 및 콘텐츠 중심 시대에서 공공문제에 대한 인지-태도-행동에 긍정적인 효과를 발휘할 수 있는 새로운 도전과 차별화만이 경쟁력이 될 수 있다.

그리고 실무에서 절실하게 요구하는 것이 바로 공공PR에 대한 고도화된 교육과 전문인력의 양성이다. 대학 광고홍보학 관련 학과는 기존 이론·조사분석·실습 강좌에 더해 직업의식, PR 철학, PR 윤리 교육 등을 강화해야 하며(우종무, 2020), 실무자들은 공공문제와 관련한 법·제도를 포함한 전문 지식과 경험을 충분히 축적해야 할 것이다. 물론 공공문제의 정당성과 투명성을 위한 사회적 감시와 규제 시스템의 작동도 필요하다.

사례1   국비사업을 유치한 '충북에 바다를 주세요'

• SNS를 활용한 지방자치정부의 공공PR 사례

　　–PR의 주체: 충청북도청

　　–PR의 대상: 충북도민과 전 국민

[그림 12–6] '충북에 바다를 주세요' PT 표지

• 문제 및 상황

　　–1,150억 원 국비사업인 미래해양과학관의 충북 유치를 위한 15년간 네 번의 도전

　　–PEST와 SWOT 분석을 통해서 바다와 해양과학시설의 소외와 결핍을 필요와 기회로 반전시켜야 하는 상황

　　–다양한 소셜미디어(블로그, 페이스북, 인스타그램, 유튜브, 카카오스토리, 트위터)를 담당 공무원이 직접 기획/운영

• 목적/목표

　　–충북은 물론 서울/수도권을 포함한 전 국민 대상

　　–충북에 미래해양과학관 건립(2019년 12월 발표 예정)을 위한 국민적 인식 및 여론 형성(11개 시·

도 중 바다가 없는 유일한 지역에 미래해양과학관의 건립 필요성)

–SNS 서비스 중심의 적극적이고 파급력 있는 감성 홍보

• PR활동: 2019년 3~7월(5~6월 집중 홍보)

1. 직관적 메시지 도출: '충북에 바다를 주세요'

2. 인지–태도–행동 단계별 세부 실행내용

    1) 브랜드 인지: 감각적인 콘텐츠 기획을 통한 SNS 채널 릴레이 홍보(충북, 미래해양과학관, 바다

        없는 충북 등)

        –SNS 전 매체

        –스토리텔링, 이미지, 카드뉴스, 영상 등 다양한 콘텐츠 및 기법을 활용한 홍보물 기획 발굴 및 게시

    2) 브랜드 실행 1: 브랜드의 지속적 노출, 포털사이트와 SNS 연계한 모바일 타깃팅 광고

        –대표 검색포털, SNS 등

        –감성과 흥미를 가미한 브랜드 노출, 바이럴 홍보 등

    3) 브랜드 실행 2: 각종 SNS를 통한 이벤트

        –SNS 매체들

        –미래해양과학관 충북 유치 홍보, 서명운동 전개 등

    4) 브랜드 체감: 온 · 오프라인 투트랙 100만인 온라인 서명운동

        –온라인: SNS를 중심으로 한 온라인 서명운동

        –오프라인: 행정기관 민원, 각종 행사 시 서명부 비치

[그림 12-7] '충북에 바다를 주세요' 온 · 오프라인 서명운동

- **성과**

  −모바일 광고에 대한 노출 1억 3천 번, 클릭 수 376,778번

  −SNS 이벤트에 13만 명 네티즌 참여

  −20만 명 서명

  −2019년 12월 미래해양과학관 유치 확정

  −2020년 5월 한국광고홍보학회의 '2019 대한민국 공공PR 대상'에서 종합대상 수상

- **시사점**

  −기존의 일방향적이고 딱딱한 정부 및 공공기관의 공보를 넘어서 브랜드 인지−실행−체감이라는 단계별 전략적 커뮤니케이션을 기획하고 쉽게 같이 참여할 수 있는 온라인 SNS 중심의 방법들로 적용한 것이 주효했다.

  −소외와 결핍을 오히려 필요와 기회로 역전시키고 '바다가 없는 충북에 바다를'이라는 직관적 단일 메시지로 일관성 있게 제시한 메시지 전략도 우수했다.

  −하지만 단지 SNS 활동만으로 유치 확정이라는 성과를 얻었는지에 대한 평가 개연성에는 보다 객관적인 근거가 필요하다.

출처: 한국광고홍보학회 유튜브 채널(2020). https://www.youtube.com/watch?v=WOv5lRp4xgo

---

사례2 PA를 통해서 위기를 기회로 만든 퓨얼셀 에너지(FuelCell Energy)

- **기업의 공공PR 중 PA 사례**

  −PR의 주체: 퓨얼셀 에너지(미국을 대표하는 글로벌 연료전지 기업)

  −PR의 대상: 코네티컷주 에너지환경보호국(DEEP)

- **문제 및 상황**

  −에너지환경보호국에서 3년간 두 번이나 에너지 조달 경쟁 입찰에 탈락

  −주가 폭락(2015년 11월 135.3달러에서 2016년 1월 59달러)

  −대표 수익사업인 연료전지 사업의 위기

• **목적/목표**

　－중앙 및 지방 정부 관계자와 일반인 대상

　－연료전지사업이 풍력, 태양광 등과 같은 재생 가능 에너지로의 인식

　－안정적인 사업 기회 확보

• **PA활동**

　1. 대관업무(GR)

　　－5년간 중단된 대관활동을 2017년 재개(2년간 35만 달러)

　　－상하원 의원을 대상으로 연료전지 기업에 대한 세금감면과 연료전지 R&D에 정부자금 지원의 필
　　　요성 전달

　　－공화당과 민주당 대통령 후보 및 상하원 의원들에 대한 정치후원 확대(2012년 2.5만, 2014년
　　　1.28만, 2016년 5만, 2018년 4.4만 달러)

　2. 커뮤니케이션 캠페인

　　－오피니언 리더를 대상으로 기존 에너지 조달 정책의 문제점을 지적하고 재생 가능 에너지로서의
　　　연료전지의 이점을 강조하는 다양한 커뮤니케이션 진행

　　－미국 3대 싱크탱크 중 하나인 전략국제연구센터(CSIS)에서 CEO가 '탄소 배출 및 저장에 있어서
　　　탄소연료전지의 역할'이라는 주제로 프레젠테이션

　　－에너지 분야 전문지에 인터뷰 기사 및 기획 기사 게재

[그림 12-8] **CSIS에서의 프레젠테이션**

　3. 미디어 툴킷 개발

　　－복잡한 화학기술 중심의 어려운 설명자료를 정부 및 의회, 일반인의 이해 제고를 위해서 사업성과

　와 기업이 제공하는 서비스 중심으로 변경하여 제작/배포

4. 지역 미디어 캠페인

　－코네티컷주 주민들을 대상으로 유력 지역지(『Hartford Cournat』와 『The Day of New London』)에 사업적 측면과 지역 경제 활성화 등에 큰 성과를 이룬 퓨얼셀과 연료전지 사업을 소개하고 인지도를 높이기 위한 칼럼을 신속하게 게재

• 성과

　－2018년 6월 주지사가 비즈니스 섹터에서 재생에너지의 사용을 확대하는 새로운 재생에너지 관련법에 서명(2030년까지 주의 모든 생산 및 유통기업들이 사용 전기의 40%를 재생 가능 에너지원에서 구매해야 한다는 내용)

　－2018년 하반기 주에서 두 번째로 큰 관련 프로젝트 2건 수주(1억 달러 이상의 사업규모, 100명 이상의 정규직 추가고용)

• 시사점

　－우호적 사업환경을 만들기 위해서는 정부 대상의 GR과 정부도 움직일 수 있는 일반 공중 대상의 PR이 병행되어야 한다.

　－공공PR도 단기간에 즉각적인 효과를 얻기는 어렵다. 행동하는 진정성이 누적되어야 한다.

　－재생에너지라는 친사회적 비즈니스 모델과 이슈가 잘 부합된 비교적 유리한 조건에서의 기회를 잡은 사례이다.

출처: 브랜딩랩(2019. 7. 11.). https://prbranding.tistory.com/63?category=801778

토론주제

1. 정부 및 공공기관에 적용할 만한 디지털 기반의 창의적인 전술 방법을 제시해 보자.
2. 정치후원과 로비가 합법적이고 사회적 인정을 받는 미국과는 다른 상황인 한국에서는 어떻게 PA를 하는 것이 효과적인지에 대해서 논의해 보자.

참고문헌

김동성, 박건희(2018). Public Affairs 발전 현황과 국내외 서비스 사례분석 및 실무적 고찰. 한국광고
　　PR실학회 하반기학술대회 자료집(pp. 33-40).

김영욱(2003). PR 커뮤니케이션: 체계, 수사, 비판 이론의 통합. 서울: 이화여자대학교 출판부.

김찬석(2012). 퍼블릭어페어즈에 대한 PR 실무자의 인식. 한국광고홍보학보, 14(2), 5-32.

김찬석, 이완수, 정나영(2014). PR직업. 서울: 커뮤니케이션북스.

김현정(2019). 스마트 지능정보 사회에서 공공PR의 현안 과제는 무엇인가?: 공공PR적 측면에서의
　　지능정보 사회의 쟁점 및 해결방안을 중심으로. 문화기술의융합, 5(4), 51-60.

더피알뉴스(2017. 10. 16.). 데이터로 본 정부의 공공PR 현황(http://www.the-pr.co.kr/news/
　　articleView.html?idxno=25134).

배지양(2015). 정책PR의 개념과 변화. 박종민, 배지양, 임종섭, 박경희, 최준혁, 정주용 공저. 정책PR
　　론(pp. 20-29). 서울: 커뮤니케이션북스.

브랜딩랩(2019. 7. 11.). PA로 만든 새로운 기회, 연료전지 강자 퓨얼셀 에너지(https://prbranding.
　　tistory.com/63?category=801778).

신정현, 김현, 조영철(2011). 정치학: 과학과 사유의 전개. 경기: 법문사.

신호창, 이두원(2002). 행정PR원론: 이론과 전략. 서울: 이화여자대학교 출판부.

우종무(2020). 공공PR 기업의 전문성 강화 전략과 방안. 한국PR학회 후기학술대회 자료집(p. 45).

유재웅(2010). 정부PR. 서울: 커뮤니케이션북스.

이명천, 김요한(2011). PR 입문. 서울: 커뮤니케이션북스.

이보형(2020). 퍼블릭 어페어즈(PA) 역량 강화로 규제환경 정책 리스크 대응해야. 매경LUXMEN,
　　116호, 2020년 5월. Retrieved from https://luxmen.mk.co.kr/view.php?sc=51100004&cm=Co
　　lumn&year=2020&no=465767&relatedcode=&searchEconomyHosu=116

이상연, 이유나(2020). 문제해결 상황이론의 적용을 통한 온라인 공중의 사회적 쟁점인식과 커뮤니
　　케이션 행위 분석: 한일 관계악화에 따른 일본 불매운동 이슈를 중심으로. 한국콘텐츠학회논문지,
　　20(6), 326-341.

정부 관계부처 합동(2013). 정부 3.0 추진 기본계획.

정인태(2004). PR 캠페인 기획과 실무. 서울: 커뮤니케이션북스.

정주용(2015). 정책추진과정과 정책PR의 진행. 박종민, 배지양, 임종섭, 박경희, 최준혁, 정주용 공
　　저. 정책PR론(pp. 103-119). 서울: 커뮤니케이션북스.

조계현(2005). PR실전론. 서울: 커뮤니케이션북스.

조승민(2015). 정리보이지 않는 힘, 퍼블릭 어페어즈. 서울: 삼성경제연구소.

황성욱, 최창식, 이은순, 이종혁(2018). PR 이론 발전의 토대인 PR 산업의 동향은 어떠한가?" 한국PR
학회 가을철 정기학술대회 자료집(pp. 4-5).

Carroll, A. B. (1991). The pyramid of corporate social responsibility: Toward the moral
management of organizational stakeholders. *Business Horizons, 34*, 39-48.

2020 공공PR 대상 사례발표_충청북도. https://www.youtube.com/watch?v=WOv5lRp4xgo
문화체육관광부 조직도. https://www.mcst.go.kr/kor/s_about/organ/main/mainOrgan.jsp

제13장

SNS는 왜 PR활동의
필수가 되어 가나?*

SNS(Social Network Service)는 이미 많은 사람으로부터 친숙하고 중요한 커뮤니케이션 미디어로 자리매김하고 있다. SNS의 사회적 영향력이 증가하면서 PR활동에서 SNS가 차지하는 위상 또한 중요해지고 있다. SNS를 통해 정보를 얻고, 다른 사람들과 공유하며, 의견을 표출하고, 필요에 따라 다수의 공중을 조직화하는 사람들의 수가 늘어남과 함께 SNS는 효과적인 PR 커뮤니케이션의 기획과 실행에 있어서 필수불가결한 요소이자 도구로 인식되고 있다.

최근 SNS를 중심으로 재편되고 변화되고 있는 PR의 미디어 환경을 고려하여 이 장에서는 커뮤니케이션 미디어로서 SNS의 특징을 개괄적으로 살펴보고, 왜 SNS가 PR활동의 필수적인 요소가 될 수밖에 없는지 살펴보고자 한다. 특히 PR의 고유한 영역이라고 할 수 있는 조직-공중관계성 관리, 위험 커뮤니케이션, 위기 커뮤니케이션과 연결하여 SNS의 가능성과 잠재력을 다각도로 논의하고자 한다.

* 이형민(성신여자대학교 미디어커뮤니케이션학과 교수)

● 이 장을 통해 답을 찾을 질문들 ●

1. 커뮤니케이션 미디어로서 SNS의 특징은 무엇인가?

2. SNS의 어떠한 특성과 기능이 PR활동에서 주요한 역할을 수행하는가?

3. 왜 SNS는 PR활동에서 중요해지고 있는가?

4. 왜 SNS는 PR의 결과물을 효과적으로 도출하도록 하는가?

5. 앞으로 PR 분야에서 SNS의 활용 양상은 어떻게 변화할 것인가?

1. 서론

　　"美 SNS, 정치광고 규제 강화, 페북 '대선 前 일주일은 차단'"

　　"Z세대 '트위터 친구랑 현실 친구랑 뭐가 다르죠?'"

　　"연예인 'SNS 생방송', 소통 창구? 논란 자초?"

　　"화장품 기업 'SNS 마케팅' 부상, 채널 맞춤 전략 수립해야"

　　이는 최근 기사화된 뉴스 헤드라인 몇 가지를 발췌한 것들이다. SNS를 둘러싼 사회적 현상들과 SNS를 통해 유통되는 정보들이 뉴스가 되기 시작한 것은 벌써 꽤 오랜 일이다(유연, 금희조, 조재호, 2020). 이미 SNS는 많은 사람에게 매우 익숙하고, 중요하고, 영향력이 큰 커뮤니케이션 도구이자 정보원천, 그리고 엔터테인먼트 창구로 자리매김하였다. 보다 범용적인 의미에서 '소셜미디어'라고도 불리는 SNS는 사용자들에게 온라인상에서 공개적으로 사용할 수 있는 프로필을 만들 수 있도록 하여 다른 사용자들과 관계를 형성하고 소통할 수 있도록 기능하는 미디어 시스템이자 플랫폼을 총칭한다(Boyd & Ellison, 2007). 초창기에는 기술적인 한계로 인해 SNS의 사용이 단순히 텍스트 중심의 개인적 의견을 표출하고 관심사가 비슷한 소규모 단위의 커뮤니티를 조직하는 데 국한되었다. 그러나 이제 SNS는 텍스트뿐만 아니라 사진, 음악, 동영상 등 다양한 형태의 콘텐츠를 사용자가 직접 제작, 공유, 확산시킬 수 있는 멀티미디어 플랫폼으로 거듭나고 있다. 또한 SNS를 통해 유통되는 콘텐츠의 양이 기하급수적으로 늘어나고 콘텐츠의 질 또한 점차 향상되면서 더욱 많은 사용자의 관심과 시간을 점유하는 미디어로 대두되고 있다.

　　최근 통계자료에 따르면, 약 39억 6천만 명, 즉 전 세계 인구의 약 51%가 SNS 활성 계정을 보유하고 있는 것으로 파악되고 있다(Datareportal, 2020). 이 수치는 1년 전인 2019년보다 10.5%(약 3억 7천 6백만 명) 증가한 것이며, SNS 이용자들 가운데 99%는 모바일 기기를 이용하여 SNS에 접속하는 것으로 확인되고 있다. 또한 일반적으로 SNS 이용자들은 하루 2시간 24분가량을 SNS에 할애하고 있으며, 평균적으로 8개 정도의 계정을 보유하고 있는 것으로 파악되고 있다(Chaffey, 2020). [그림 13-1]에서 확인할 수 있듯이 가장 많은 이용자들을 보유하고 있는 SNS 플랫폼은 페이스북(Facebook)이며, 유튜브(YouTube), 인스타그램 (Instagram), 위챗(Wechat), 틱톡(Tik Tok) 등이 최근 가파른 상승세를 보이고 있다.

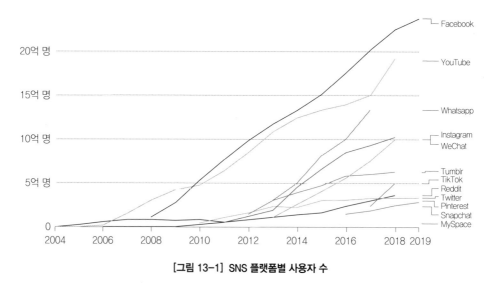

[그림 13-1] SNS 플랫폼별 사용자 수

출처: Statista and TNW (2019).

통계 수치를 통해서도 확인할 수 있지만 미디어 플랫폼으로서 SNS의 존재감은 전 세계 적으로 확산되고 있고, 그 영향력과 파급효과 또한 기하급수적으로 증가하고 있다. 이러 한 상황을 고려할 때, 효과적인 정보 유통과 전략적 커뮤니케이션을 통해 조직과 공중 사 이의 상호호혜적인 관계 형성, 유지, 발전을 도모해야 하는 PR활동에 있어서 SNS가 중요 한 요소이자 도구로 고민되어야 함은 너무도 당연하다.

이 장에서는 PR활동에서 SNS를 필수적으로 고려해야 하는 이유에 대해서 알아보고자 한다. 이러한 목적을 위해 우선 커뮤니케이션 미디어이자 플랫폼으로서 SNS의 특징을 개 괄적으로 살펴볼 것이다. 그리고 SNS의 미디어 특성을 조직-공중관계성(organization- public relationship) 관리, 위험 커뮤니케이션(risk communication), 위기 커뮤니케이션(crisis communication) 등 PR의 핵심적 영역이자 고유한 개념에 적용하여 '왜' PR활동에 있어서 SNS가 중요하고 필수적인 요소이자 도구가 되어야 하는지에 대한 이론적 논의를 전개할 것이다. 이 장을 통해 PR활동 속에서 SNS의 전략적 가치와 중요성을 보다 깊이 있게 이해 할 수 있는 계기가 마련되기를 기대한다.

2. 커뮤니케이션 미디어로서 SNS의 특징

1) SNS의 개념적 정의

'사회적(social)' '연결망(network)' 등의 단어가 SNS라는 명칭 자체에 포함되어 있는 점에서 쉽게 유추할 수 있듯이 SNS는 사용자들 간 정보교환, 상호작용, 참여, 연결, 연대 등에 기능적 초점이 맞추어진 커뮤니케이션 미디어라고 할 수 있다. 보다 구체적으로 SNS는 사용자들이 각자의 계정을 생성하고 관리할 수 있는 인터넷 서비스에 기반하여 서로 관계를 형성하고 가상의 공동체를 만들어 감으로써 그 속에서 다양한 정보와 의견이 공유되고 유통될 수 있도록 돕는 미디어 시스템이자 플랫폼이다(Zhang & Leung, 2015). 사용자의 관점에서 봤을 때, SNS는 누구든지(이미 알고 있는 사람들 또는 전혀 알지 못하는 사람들) 온라인상에서 관계를 형성하고, 관심사를 공유하고, 서로에 대한 친밀감과 유대감을 발전시킬 수 있는 연결고리와 공동체를 제공한다(이경렬, 2014; Ku, Chu, & Tseng, 2013). 종합하자면, SNS는 사용자 간 교류, 정보의 생성 및 공유, 그리고 의견의 형성 및 교환에 초점이 맞춰진 인터넷 기반 서비스이고, 이러한 기능적 특성들을 바탕으로 사회적 공론장을 만들어 내는 강력한 플랫폼이라고 할 수 있다.

여타 커뮤니케이션 미디어(예: 신문, 잡지, TV, 라디오 등)와 비교했을 때 SNS의 역사는 매우 짧다. 그러나 SNS는 현존하는 그 어떤 미디어 기술보다 빠르게 사회적으로 큰 영향력을 행사하는 미디어로 진화해 왔다. 무엇보다 인터넷 기술의 발전과 웹 2.0 개념의 대두가 SNS의 빠른 확산을 견인했다고 할 수 있다. 유무선 인터넷 통신기술의 개발 및 보급을 통해 개인용 컴퓨터(PC)와 모바일 디바이스 등에서 SNS의 접속과 이용이 가능하게 된 기술적 배경은 SNS로 개인 이용자들이 급속하게 유입되도록 하였다. 뿐만 아니라 웹 2.0이라고 하는 새로운 패러다임의 등장으로 인해 인터넷 미디어에 대한 인식 전환이 일어남으로써 SNS의 보급과 확산이 더욱 가속화되었다. 웹 2.0은 인터넷 접속을 가능하게 하는 월드와이드웹(World Wide Web)이라는 정보 시스템이 제2세대로 진화, 발전하게 됨을 지칭하는 개념으로 참여, 개방, 공유, 연결 등의 화두를 커뮤니케이션 플랫폼으로서 구현하는

SNS의 철학적·기능적 근간을 이루고 있다(Allen, 2013; John, 2013).

이용자들이 자발적으로 다른 이용자들과 관계를 구축하고, 가상의 공동체를 구성하며, 각자가 생산하고 공유하는 콘텐츠들을 기반으로 상호작용하는 SNS는 디지털 정보의 유통과 인터넷 커뮤니케이션의 양상을 혁신적으로 바꾸고 있다(Zhang & Leung, 2015). 특히 개별 이용자들이 촘촘한 관계망을 통해 연결되어 있고, 그러한 공동체적 연결망 속에서 다양한 정보와 의견이 유통되는 SNS의 구조적 특성은 조직과 공중 간 소통 및 관계관리에 초점을 두고 있는 PR 영역에서 그 효용 가치가 높게 평가되고 있다(김진태, 황성욱, 2015; 박가빈, 이형민, 2018). SNS는 다수의 이용자들 간 형성되어 있는 국지적·전체적 연결망을 기반으로 정보 유통 및 확산이 용이할 뿐만 아니라 신속하고 상호작용적인 커뮤니케이션을 통해 참여자들 간 관계를 형성, 유지, 발전시키는 데 효과적으로 활용될 수 있기 때문에 많은 PR학자와 실무자들에게 전략적 도구이자 수단으로 주목받고 있다(김효숙, 2014; Eyrich, Padman, & Sweetser, 2008).

2) 사람들은 왜 SNS를 사용하는가?: SNS의 사용 동인

그럼 사람들은 왜 SNS를 사용하는가? 앞서 언급한 대로 인터넷 기술의 발전과 웹 2.0 개념의 대두 등이 커뮤니케이션 미디어로서 SNS의 보급과 확산을 촉진시킨 것이 사실이지만, 여전히 개별 이용자 차원에서 SNS를 '왜' 그리고 '어떠한' 목적으로 사용하는지는 많은 학자의 분석적인 관심사라고 할 수 있다.

이용과 충족 이론(uses and gratifications theory)에 따르면 개별 이용자는 각자의 목적과 욕구 충족의 동기에 근거하여 능동적으로 미디어 또는 채널을 선택하고 결정한다(Katz, Blumler, & Gurevitch, 1974; Rubin, 1994). 이용과 충족 이론은 SNS의 사용 동인을 규명하기 위한 연구들에도 이론적인 근거와 분석 체계를 제공해 왔다. 초기 연구들을 통해 밝혀진 SNS 사용 동인은 크게 사회적 동기와 정보적 동기로 구분된다(Boyd & Ellison, 2007). 사회적 동기는 SNS 플랫폼을 통해 알게 되는 다양한 사람과의 소통, 교류, 관계 형성 등에 대한 욕구 충족과 연결되는 동인이다. 반면, 정보적 동기는 SNS상에서 획득할 수 있는 다양한 정보에 대한 욕구 충족과 연결되는 동인이라고 할 수 있다. 시간이 지남에 따라 SNS의 인터페이스가 더욱 진화되고, SNS를 통해서 할 수 있는 여러 가지 기능이 추가됨에 따라 SNS 사용 동인 또한 더욱 구체화되고 세분화되는 경향을 보이고 있다.

예를 들어, SNS를 카카오톡, 라인 등의 인스턴트 메시징(instant messaging) 서비스 그리고 이메일과 비교하면서 사용 동인을 규명한 한 연구에 따르면, SNS의 주요 사용 동인은 관계관리, 정보추구, 즐거움, 스타일 관리, 사교의 다섯 가지로 나타났다(Ku, Chu, & Tseng, 2013). 멘과 차이(Men & Tsai, 2013)는 선행 연구들을 종합하여 오락, 사회적 통합, 개인적 정체성 관리, 정보추구, 경제적 이득, 권한 획득의 여섯 가지 이유를 SNS의 주요한 사용 동인으로 제시하였다. 이러한 일련의 연구들은 SNS의 사용 동인이 단순히 사회적·정보적 동기를 넘어 온라인상에서의 개인적 현존감 발생 및 정체성 표출, 오락 및 즐거움 추구, SNS에서 활동하면서 얻을 수 있는 할인 쿠폰, 경품 행사 참가 등의 경제적 이익 추구, 온라인상에서 자유로운 의견 표출 및 다른 사람들과의 연대 활동 등을 통해 느낄 수 있는 권한 획득 등 다양한 요인들로 확장되고 있음을 보여 준다.

조직과 공중 간 상호호혜적인 관계관리 활동이라고 정의할 수 있는 PR의 영역에서 SNS의 다양한 사용 동인은 매우 중요한 전략적 고려사항일 수 있다. 조직이 전략적으로 SNS를 이용하여 각계각층의 공중들과 소통하고 상호호혜적인 관계를 구축하기 위해서는 SNS를 이용하는 공중들의 목적과 욕구를 적절하게 이해하고 활용할 필요가 있기 때문이다. 예를 들어, 정보의 추구 및 획득이 SNS 이용자들의 주요한 사용 동인들 가운데 하나라는 점을 감안한다면, 조직은 SNS를 통해 공중들에게 시의성 있고 중요하고 흥미로운 정보를 제공해야만 지속적으로 소통하고 관계를 유지할 수 있다. 마찬가지로 SNS 이용자들의 사회적 동기를 충족시키기 위해 조직은 질문 및 제안에 대한 신속한 응답, 쌍방향 커뮤니케이션, 대화적 소통 등을 활성화시켜야 하고, 다른 이용자들과의 정보 교류 및 관계 형성 또한 용이하도록 온라인 환경을 구축해야 한다. 뿐만 아니라 재미있고 오락적인 콘텐츠를 통해 SNS 사용자들의 지속적인 재방문을 유도해야 하며, 다양한 경제적 보상 제공 등을 통해 조직-공중관계성을 제고하고, 나아가 해당 내용이 온라인 구전을 통해 확산될 수 있는 방법을 고민해야 한다.

3) SNS의 미디어 특성

그렇다면 SNS는 커뮤니케이션 미디어로서 어떠한 특성을 가지고 있기에 많은 사람이 정보적·사회적·오락적·경제적·개인적 목적을 가지고 사용하게 되는 것일까? 여타 미디어들과 비교했을 때 SNS가 갖는 특성들을 보다 구체적으로 논의해 보도록 하자.

앞서 살펴보았듯이, 대표적인 SNS라고 할 수 있는 페이스북, 유튜브, 위챗, 인스타그램, 트위터, 텀블러, 틱톡 등은 전 세계적으로 수 억에서 수십 억에 달하는 사용자들을 확보하고 있다. 때문에 한때 개인화되고 소규모로 내로캐스팅(narrowcasting)되는 특성으로 인해 마이크로미디어(micro media)라고 불렸던 SNS는 이제 매스미디어(mass media)로서의 위상과 존재감을 동시에 갖게 되었다. 다시 말해, 현재 SNS는 TV, 라디오, 신문, 잡지 등 그 어떤 전통적인 미디어보다도 더 전달력 있고, 영향력 있고, 파급효과가 강한 커뮤니케이션 미디어로 거듭나게 되었다는 것이다. 또한 SNS가 점차 위력적인 커뮤니케이션 미디어이자 플랫폼이 되어 감에 따라 더욱 많은 사람이 SNS를 활용하고 더욱 많은 정보와 콘텐츠들이 SNS상에서 유통되는 선순환 구조가 형성되고 있다. 이제는 SNS상에서 화제가 되는 사건, 사고, 인물, 장소 등이 전통적인 미디어를 통해 뉴스의 소재가 되는 현상이 전혀 새롭거나 놀랍지 않다. 우리는 가히 SNS가 지배하는 시대에 살고 있다(정은화, 하진홍, 2019).

뿐만 아니라 SNS는 국가 간, 문화 간 경계를 초월하는 진정한 의미의 글로벌 미디어라고 할 수 있다. 지금 이 순간에도 페이스북, 유튜브 등의 SNS에는 세계 각국의 이용자들이 제작하고 공유하는 다양한 콘텐츠가 끊임없이 업데이트되고 있다. 또한 SNS 사용자들은 지리적·공간적·물리적 제약 없이 서로 소통하고 관계를 구축하고 있다. 최근에는 인공지능(artificial intelligence)을 기반으로 실시간 번역 및 통역 서비스가 SNS에 추가되면서 언어적인 장벽 또한 점차 무너지고 있다. 이러한 양상은 과거 국가적·문화적 경계의 제약 속에서 기능했던 전통적인 미디어들과는 차별화되는 부분이다(Barnett, 2011).

일반 PC, 모바일폰, 태블릿 PC 등 다양한 디바이스를 통해 SNS에 접속하고 이용할 수 있는 편재성 또한 특이할 만한 점이라고 할 수 있다. 인터넷에 접속할 수 있다면 언제 어디서라도 SNS를 활용할 수 있다는 점은 커뮤니케이션의 속보성, 동시성, 현장성을 향상시킬 수 있었고, 미디어로서 SNS의 가치를 향상시키는 데 크게 기여했다(강태중, 2014). 이러한 특성 때문에 최근 그 어떤 미디어보다 SNS를 통해 여러 가지 사건과 사고가 빠르게 뉴스화, 이슈화되고 확산되는 양상을 보이고 있다. 뒤에서 더욱 자세히 언급하겠지만 SNS의 이러한 특성은 PR의 주요한 영역이라고 할 수 있는 위험 커뮤니케이션, 위기 커뮤니케이션 등에서 SNS가 더욱 효과적으로 활용될 수 있는 이유이기도 하다.

기본적으로 웹 2.0의 사상적 토양 속에서 등장한 SNS는 수평적 참여, 민주적 접근성, 대화적 소통 등의 미디어 특성을 가지고 있다(김여진, 2019). 이러한 SNS의 특징이 〈표 13-1〉에 정리되어 있다. SNS에서 모든 사용자는 동등한 권리와 책임을 지니며, 정보의 소비자인 동시에 생산자라는 특성을 갖는다. SNS를 통해 개별 이용자가 생산하고 유통하는 정보는 대부분 공개적으로 누구에게나 개방되어 있다. SNS 사용자들은 각자의 관심, 취미, 취향, 생활방식 등에 따라 자유롭게 '커뮤니티'를 형성하고 교류를 심화할 수 있다(Baek, 2015). 또한 사용자 간 촘촘하게 연결된 관계의 망을 통해 정보와 의견은 다양한 방향으로 흐를 수 있으며, 광범위한 규모로 확산될 수 있다(김진태, 황성욱, 2015). 한편, SNS는 텍스트, 사진, 음악, 영상 등 다양한 형태의 콘텐츠가 유통될 수 있는 멀티미디어 환경을 제공하기 때문에 풍부한 정보의 창고이자 의견의 공론장으로서 기능할 수 있다. SNS를 통해 정보를 유통하고 소통하는 데 거의 비용이 들지 않는다는 점도 매우 매력적인 요소라고 할 수 있다(Choi & Kwon, 2019).

●표 13-1● SNS의 미디어 특성

특징	내용
참여	SNS에서 모든 사람은 정보의 생산자와 소비자로서 동등한 권리와 책임을 갖고 참여함
개방성	SNS를 통해서 유통되는 대부분의 정보에 대해 사용자들은 동등한 접근권을 가지며, 이에 대한 의견과 추가적인 정보도 투명하게 공개됨
대화	SNS에서 발생하는 커뮤니케이션은 대부분 쌍방향성을 띤 대화적인 성격을 가짐
공동체	SNS에서 참여자들은 다양한 목적과 의도를 가지고 공동체를 형성할 수 있으며, 온·오프라인상에서의 연대와 실제 행동을 촉진할 수 있음
연결성	SNS는 참여자들 간 사회적인 연결망을 기반으로 형성되며, 하이퍼링크 등을 통해 다른 사이트 또는 미디어와의 연결 또한 가능함

출처: 심성욱, 김운한(2011)의 내용을 재구성.

학자들은 웹 2.0과 멀티미디어 기능으로 무장한 SNS의 미디어적 특성들이 송신자와 수
신자 간 소통에 있어서 현존감(presence)과 풍부함(richness)을 제고함으로써 보다 효과적
인 커뮤니케이션을 가능하게 해 준다고 주장한다(Choi, 2019; Han, Min, & Lee, 2016). 쌍방
향 커뮤니케이션과 정보 교환의 신속성은 SNS 사용자들이 마치 얼굴을 마주 보고 대화하
는 듯 서로의 현존감을 지각하는 데 기여한다(서미라, 이유나, 2019). 다양한 멀티미디어 기
능으로 더욱 풍부한 표현이 가능한 환경 또한 SNS를 통해 보다 효과적이고 정교한 의사소
통을 일어날 수 있게 한다. 특히 SNS의 이러한 특성들은 조직과 공중이 온라인상에서 의
미 있는 관계를 형성하고 발전시키는 데 매우 중요한 역할을 담당하고 있다.

3. SNS와 조직-공중관계성 관리

조직-공중관계성(organization-public relationship)은 PR활동을 광고, 마케팅 커뮤니케이
션 등 여타 전략적 커뮤니케이션과 구분 짓는 핵심적이고 고유한 개념이라고 할 수 있다.
조직과 공중 간 상호호혜적이고 지속가능한 관계 구축은 효과적인 PR 커뮤니케이션의 과
정이자 궁극적인 목표라고 할 수 있다(Bruning & Ledingham, 1999). 이에 많은 PR학자는 조
직-공중관계성을 개념적으로 보다 명확히 정의함과 동시에 측정 가능한 형태로 구체화하
기 위한 연구를 진행해 왔다(김효숙, 양성운, 2014).

조직-공중관계성은 어떠한 조직과 조직의 성패에 영향을 줄 수 있는 다양한 이해 공중
간 서로 도움을 주고받을 수 있는 관계를 형성, 유지, 발전시키는 일련의 과정 또는 그러한
과정을 통해 도출될 수 있는 결과라고 정의할 수 있다(김형석, 이현우, 2008; Broom, Casey,
& Ritchey, 2000; Ledingham & Bruning, 1998). 조직-공중관계성의 하위 차원을 규명하고 이
를 측정 가능한 형태로 정의하기 위한 여러 연구들을 통해 조직-공중관계성은 PR 분야
의 중요한 분석 대상이자 효과적인 PR활동을 통해 도출할 수 있는 결과물로 인식되기 시
작하였다. 초기 조직-공중관계성의 개념 정립과 이론화에 크게 기여한 레딩햄과 브루닝
(Ledingham & Bruning, 1998)은 조직-공중관계성을 구성하는 세부 요인들로 개방성, 신
뢰, 관여, 헌신, 투자 등을 제시하고 이를 측정할 수 있는 방법을 개발하였다. 혼과 그루닉

(Hon & Grunig, 1999)은 상호통제, 신뢰, 만족, 헌신, 교환적 관계성, 공존적 관계성의 여섯 가지 차원으로 조직–공중관계성을 세분화하고, 각 세부 차원의 요소들을 조작적으로 정의하였다.

무엇보다 조직–공중관계성의 의의는 '관계'를 PR활동의 핵심적이고 차별적인 개념으로 부각시켰다는 점에 있다. 즉, 조직–공중관계성에 대한 논의를 통해 PR은 조직과 조직을 둘러싼 다양한 이해 공중 집단 사이에서 전략적이고 의도적인 커뮤니케이션 활동을 계획하고 집행함으로써 지속가능하고 상호호혜적인 '관계'를 형성, 유지, 발전시켜 나가기 위함이라는 점이 학문적 · 실무적으로 명확하게 인식되기 시작했다는 것이다. 이러한 상황 속에서 참여, 개방성, 대화, 공동체, 연결 등의 특성을 지닌 SNS의 등장과 확산은 PR 학계와 업계에서 공히 환영하고 높은 관심을 가질 만한 일이었다. PR학자들과 실무자들은 그 어떤 미디어보다 수평적이고 개방적이며 능동적인 참여를 유도하는 SNS의 활용을 통해 보다 효과적이고 이상적인 조직과 공중 간 소통 및 관계관리가 가능할 것으로 기대하고 있다.

실제로 일부 학자들은 SNS의 등장 및 확산과 맞물려 PR 실무 전반에 대대적인 변화가 발생하고 있다고 주장한다(Solis & Breakenridge, 2009; Waters, Tindall, & Morton, 2010). 본격적으로 SNS를 PR 업무에 활용하기 시작하면서 종래에 조직의 일방적인 주장(advocacy)과 정보 확산에 초점을 맞추었던 PR 커뮤니케이션 전략이 보다 공중 중심적인 수용(accommodation)과 공감대 형성으로 변화하고 있다(Paek, Hove, Jung, & Cole, 2013; Wright & Hinson, 2013). 또한 SNS를 통한 커뮤니케이션이 조직–공중관계성 관리에 효과적이라는 여러 실증적 연구 결과들이 소개되면서 SNS는 이제 PR활동에서 중추적인 역할을 담당하는 미디어로 자리매김하고 있다(기원선, 차희원, 2012; 김현정, 손영곤, 2013).

특히 많은 학자와 실무자들이 공통적으로 지적하는 SNS의 장점은 대화적 특성이 강화된 커뮤니케이션과 개인적 차원에서의 연결 및 소통을 통해 얻을 수 있는 인간적 접근(human touch) 그리고 조직의 의인화(personification/humanization)이다(Men & Tsai, 2012, 2015). 과거 전통적인 미디어들이 갖고 있던 치명적인 약점이라고 할 수 있는 기계적이고 일방적인 정보전달을 극복하고 참여, 개방성, 대화, 공동체, 연결성 등 SNS의 미디어 기술적 특성이 십분 활용된다면, 일반 공중들은 관계의 대상인 조직에 대해 더욱 인간적인 느낌과 매력을 갖게 되고, 나아가서는 그 조직을 하나의 인격체로 인식하게 되기도 한다는 것이다(Kent & Taylor, 1998; Smith, 2010). 비슷한 맥락에서 조직을 대표하는 사람(예: 기관장, CEO 등)이 SNS를 통해 다양한 공중들과 활발하게 소통하고 관계를 형성하는 것 또한 조직–공중관계성에 긍정적인 영향을 준다(정지연, 박노일, 2014). 이렇게 SNS를 통해 경험할 수 있는 인간적인 느낌의 대화는 상호통제, 신뢰, 만족, 헌신 등 조직–공중관계성의 세부 차원에 긍정적인 영향력을 행사하는 것으로 확인되고 있다(Kelleher, 2009). 또한 SNS 사용자들에게 인식되는 조직의 긍정적인 인상은 호의적인 평판과 깊이 있는 관계 형성을 도모하는 데 유용하다(Men & Tsai, 2015; Vercic & Vercic, 2007). 이러한 이유 때문에 기업, 정부기관, 공공기관, 지방자치단체, 정당, 유명인 등 다양한 형태와 목적의 조직들은 온라인에서의 존재감을 갖고 효과적인 관계 형성을 위해 적극적이고 공격적으로 SNS를 활용하고 있다(Rybalko & Seltzer, 2010; Waters, Burnett, Lamm, & Lucas, 2009).

한편, 조직–공중 커뮤니케이션의 대화적 특성과 그로 인해 발생할 수 있는 인간적인 느낌은 조직의 SNS, 나아가 해당 조직과의 관계 형성에 있어서 일반 공중들이 더욱 적극적으로 참여하고 관여(engagement)하게 되는 결과로 이어진다. 조직이 SNS를 통해 공중들에게 긍정적이고 인간적인 인상을 주고 이를 효과적으로 관리한다면, 공중들은 해당 조직의 SNS 사이트에 더욱 적극적으로 관여하게 되고, 나아가 해당 조직과 더욱 깊은 관계를 형성, 유지하게 된다(Chun & Davies, 2006; Men & Tsai, 2015). 서미라와 이유나(2019)도 대화적 특성이 강조된 SNS 커뮤니케이션이 기업의 사회적 현존감(social presence)에 대한 소비자들의 인식을 고양시킴으로써 기업–자아 동일시, 조직–공중관계성에 긍정적인 영향을 끼침을 실증적으로 규명하였다.

SNS를 통해 강화할 수 있는 대화적 커뮤니케이션과 인간적인 느낌은 수용자들이 메시지에 대한 진정성을 느낄 때 효과가 극대화된다. 일련의 실증적 연구들은 소비자들이 기업과의 SNS 커뮤니케이션을 통해 느끼는 진정성이 기업 이미지와 브랜드 자산 인식에 긍정적인 영향력을 행사한다는 사실을 규명하였다(이경렬, 정선호, 2013; 최윤슬, 이경렬, 2013). 나아가 소비자들이 기업의 SNS 커뮤니케이션 활동과 메시지에 대해서 느끼는 진정성은 보다 긍정적이고 호의적인 조직–공중관계성 인식을 불러일으키는 것으로 확인되었다(이경렬, 2014). 정치인이나 연예인들의 SNS 활용에서도 진정성은 중요한 역할을 한다.

SNS를 통한 소통은 일반적인 매스미디어를 통한 메시지 전달 또는 이미지 메이킹보다 더욱 직접적이고, 친근하고, 가까운 느낌을 준다. 이러한 SNS 커뮤니케이션에 진정성까지 확보될 수 있다면 지지자들 또는 팬들과의 관계는 비교할 수 없을 정도로 끈끈하게 형성, 유지, 발전될 수 있다(Lee & Jang, 2013). 전 미국 대통령이었던 버락 오바마(Barack Obama)의 캠페인 사례나 방탄소년단(BTS)의 글로벌 팬덤 형성 사례 등에서 이러한 진정성의 효과를 찾아볼 수 있다.

종합하자면, SNS는 높은 도달률, 비용 효율성 등의 장점 외에도 참여, 대화, 개방성, 연결성 등의 미디어 특성 때문에 특히 조직-공중 간 상호호혜적인 관계 형성, 유지, 발전에 초점을 두고 있는 PR활동에 있어서 필수적인 커뮤니케이션 도구로 활용될 수 있다. SNS의 대화적 특성과 인간적 느낌은 다양한 공중 집단이 특정 조직에 대해서 형성하는 관계 인식 증진에 매우 효과적으로 적용될 수 있다. 다수의 실증적 연구를 통해 검증되었듯이 사람들은 SNS 커뮤니케이션을 통해 특정 조직을 마치 인격화된 존재로 인식하고 감정적인 연결 고리를 형성하기도 한다. 이러한 심리적 기제는 온라인상에서 형성, 유지, 발전되는 조직-공중관계성에 여러 가치 차원에서 긍정적인 영향을 미친다. 마지막으로, SNS를 통한 조직의 커뮤니케이션 메시지와 행동에 대해 공중들이 진정성을 인식할 때 조직-공중관계성은 더욱 긍정적이고 지속가능하게 형성될 수 있다.

4. SNS와 위험 커뮤니케이션

위험 커뮤니케이션은 말 그대로 다수의 공중을 위협하는 위험이 발생하거나 사회적 재난 상황 속에서 진행되는 정보의 생성, 유통, 교환, 확산 등 제반 의사소통 행위를 의미한다. 보다 구체적으로, 위험 커뮤니케이션은 이해 관련 집단들 사이에서 위험의 수준, 내용, 대응책 등에 대한 정보를 주고받는 행위, 위험에 대해 알리고 이를 경고함으로써 피해를 최소화하기 위한 커뮤니케이션, 위험을 평가하고 관련된 정보를 사회 구성원들에게 전달하는 커뮤니케이션 과정 등으로 이해할 수 있다(송해룡, 김원제, 조항민, 2005; 송해룡, 조항민, 이윤경, 김원제, 2012).

과학 기술의 발전과 환경 변화 등으로 인해 우리는 신체적·정신적 위해를 받을 수 있는 위험의 가능성이 상존하고, 그 규모를 쉽게 예측하기 어려운 '위험 사회'에 살고 있다(김영욱, 2006; 이승훈, 2009). 이에 더하여 정보통신기술의 발전은 여러 가지 위험 요소들에 관련된 정보 유통을 증가시키고, 개인의 정보 접근성을 향상시킴으로써 과거 전문가의 영역에 머물렀던 '위험'에 대한 논의와 담론을 일반 공중의 영역으로 확장시키고 있다(김영욱, 이현승, 2014). 따라서 위험 커뮤니케이션은 이제 더 이상 전문가들의 지식과 조언이 일반 공중들에게 원활하게 전달되는 과정을 의미하는 것만이 아니라 일반 사람들 사이에서 위험 또는 위험 가능성에 대한 정보가 수평적으로 공유되고 해석되는 모든 커뮤니케이션 과정을 포괄하는 개념으로 변화하였다. 또한 전문적인 지식을 기반으로 판단되는 객관적인 위험의 실체뿐만 아니라 주관적이고 인식적인 차원에서 특정 위험 요소가 개별 수용자들에게 어떻게 받아들여지는지가 위험 커뮤니케이션에 있어서 중요한 측면으로 부각되었다(김영욱, 2008). 이러한 맥락 속에서 조직과 공중 간 원활한 소통과 건강한 관계 증진을 목표로 하는 PR이 위험 커뮤니케이션 관련 학문적 논의와 실무적 적용의 핵심으로 대두된 것은 당연한 귀결이라고 할 수 있다. 사회적 위험과 재난 상황에서 다수의 공중은 책임과 권한을 지니고 있는 기관이나 조직이 투명하고 상세하게 관련 내용을 공유하고, 적절한 대응책을 강구하여 알려 주기를 희망하기 때문이다.

SNS에서는 모든 참여자가 동등한 권한으로 콘텐츠를 제작하고, 올리고, 공유할 수 있기 때문에 위험 관련 정보가 신속하게 유통될 수 있다. 또한 SNS상에서 참여자들 간 형성되어 있는 연결망을 통해 광범위하게 관련 정보와 의견이 확산될 수 있고, 그러한 연결망을 기반으로 위험 극복과 대응을 위한 사회적 연대와 실천을 현실화할 수 있다(서미혜, 2016). 특히 위험 상황에서는 공중 심리를 관찰하고 적절하게 통제하는 것이 중요한데, SNS는 이러한 정서적 측면에서 효과적인 커뮤니케이션 미디어로 평가받고 있다(강귀영, 윤영민, 2019).

실제 위험 상황이 발생했을 때 또는 잠재적 위험에 대한 가능성을 논할 때 사람들은 불안감을 느끼게 된다. 이러한 상황 속에서 사람들은 더욱 많은 정보를 추구하고 다른 사람들의 의견을 청취함으로써 불확실성을 최소화하고 불안감을 억제하며 적절한 대응책을 찾으려는 경향을 보인다(박진우, 이형민, 한동섭, 2015). SNS는 위험 발생 시 사람들의 정보추구와 공유 욕구를 효과적으로 충족시켜 줄 수 있는 미디어라고 할 수 있다. SNS 특유의 개방성, 연결성, 참여성, 상호작용성 등의 요소가 위험에 대한 정보 공유, 위험에 대한 해석 및 논의, 그리고 감정적 공감대 형성에 효과적으로 활용될 수 있기 때문이다(백혜진, 2018). 최근의 코로나19 등 공중보건 이슈부터 원자력 발전 및 방사능 이슈, 환경오염 이슈, 식의약품 위해 이슈 등 많은 위험 상황과 요소들에 대한 정보와 의견이 SNS를 통해 발생, 유통되고 있다. 특히 SNS에서는 객관적인 사실 중심의 정보 외에도 정서적이고 감성적인 의견 또한 같이 공유되면서 위험 상황 발생 시 더욱 많은 공중의 관심을 유도하고 환기시킨다(강귀영, 윤영민, 2019).

하지만 다른 한편으로 SNS를 통해 유통되는 위험 관련 정보 가운데 상당수가 의도적으로 또는 비의도적으로 잘못되거나 왜곡된 내용을 포함하고 있어서 사회적 문제를 발생시키기도 한다. 소위 '가짜 뉴스(fake news)'라고 불리며 SNS를 중심으로 생산, 유통되는 이러한 정보들은 특히 사회적 위험과 재난 상황에서 지나친 공포심을 조장하거나, 개인적인 차원에서 잘못된 인식 및 행동을 유도함으로써 심각한 부작용을 양산하기도 한다. 일례로, 2015년 우리나라에서 메르스(중동호흡기증후군, MERS) 감염이 확산되었을 때, 국민들의 SNS를 통한 정보 추구 및 획득이 급증하는 와중에 수많은 루머와 미확인 정보가 생성되고 확산됨으로써 불필요한 국민 불안을 조장하고 효과적인 방역 관리에 어려움이 초래되기도 하였다(김귀옥, 차희원, 2016; 이준영, 허우철, 한미정, 2019). SNS를 중심으로 생성, 확산되는 가짜 뉴스에 관한 문제는 성숙한 시민의식 함양과 국민들의 일반적인 미디어 리터러시 능력 향상 등을 통해 중장기적으로 개선해 나가야 할 문제임과 동시에 위험 커뮤니케이션 상황에서 SNS를 활용할 때 고민해야 할 문제라고 할 수 있다.

5. SNS와 위기 커뮤니케이션

어떠한 조직이 실책, 실수 또는 의도적인 범법 행위로 인해 조직의 명성과 이미지에 심각한 손상을 받게 되는 경우, 그러한 상황은 조직의 성공과 실패, 나아가 존립여부까지 위협하는 위기가 될 수 있다. 위기 상황은 조직과 공중 간 형성되는 조직-공중관계성에 치명적인 타격을 준다.

위기 상황을 타파하기 위해서는 전략적으로 잘 계획되고 체계적으로 집행 가능한 조직과 공중 간 커뮤니케이션이 필요하다. 개념적으로 볼 때 위기 커뮤니케이션은 조직의 위기 상황에서 조직의 명성, 평판, 이미지를 보호하고, 조직-공중관계성을 회복하기 위한 전략적 커뮤니케이션을 의미한다. 즉, 위기 커뮤니케이션은 조직의 위기 상황에서 관련 정보를 수집하고, 분석하고, 효과적인 커뮤니케이션을 위한 메시지를 제작하여 대상자들에게 전달하는 모든 과정을 뜻한다(Coombs, 2010). 따라서 위기 커뮤니케이션은 PR의 중요한 기능이자 핵심적인 분야로 인식되어 왔다(이현우, 최윤형, 2014).

많은 PR학자와 실무자들은 SNS의 등장 이후 위기 발생과 위기 커뮤니케이션의 양상에 있어서 큰 변화를 목도하고 있다. SNS라는 미디어가 가지고 있는 여러 가지 특성 때문에 조직과 공중 간 위기관리와 위기를 해결하기 위한 커뮤니케이션 실행은 과거와 전혀 다른 전략적 접근 방법을 요구하고 있다. 김장열(2019)은 SNS 시대 위기의 특징을 크게 네 가지로 구분하였다. 첫째, SNS가 지니고 있는 개방성, 연결성, 편재성 등의 특성으로 말미암아 위기에 대한 정보가 급속도로 확산되고, 위기의 진행 상황이 거의 실시간으로 공유되며, 국경과 문화의 장벽도 초월한다. 둘째, SNS는 기본적으로 수많은 참여자의 연결망으로 구성된 미디어이기 때문에 개별 공중이 위기 확산 과정에서 중추적인 역할을 수행한다. 많은 사람이 일종의 신조어라고 할 수 있는 '네티즌 수사대'라는 단어가 의미하는 개념을 잘 알고 있을 것이다. 과거에는 산발적으로 존재하여 힘없고 나약하다고 인식되었던 개인들이 SNS상에서는 특정 조직의 위기를 거침없이 고발하고, 관련 내용을 널리 확산시키며, 나아가 실질적인 사과와 보상을 위한 연대와 단체 행동을 주도한다. 셋째, SNS가 위기 정보에 대한 진원지이자 확산지로 대두되면서 소위 전통적인 미디어의 의제설정 기능과 공론장 역할이 상대적으로 줄어들었다. 이제는 전통적인 언론을 통해 먼저 보도된 내용이 SNS를 통해 유통되고 확산되는 것이 아니라 SNS를 통해 먼저 화제가 된 내용이 언론을 통해 보도되는 사례들이 늘어나고 있다. 마지막으로, SNS를 통해 발생한 위기는 영속성을 갖는다. SNS상에 업로드되고 공유된 디지털 정보는 온라인상에서 무한 복제되고 저장되고 언제든지 검색될 수 있기 때문이다. 필연적으로 조직의 입장에서는 과거의 위기 역사가 지워지지 않는 주홍글씨처럼 남게 되는 부담을 갖게 되었다.

최근 조직-공중관계성에 치명적인 타격을 줄 수 있는 위기 상황이 주로 SNS를 통해 많이 발생함에 따라 PR 실무자들의 주요 활동 영역도 SNS로 옮겨 가고 있는 상황이다. 효과적으로 위기를 관리하고 적절한 커뮤니케이션을 실행하기 위해서는 SNS상에서 위기를 초래할 수 있는 정보를 지속적으로 관찰하고, 공중들과 적극적으로 소통하고, 다양한 차원에서 대응할 필요가 있기 때문이다(김정렴, 박현, 김하나, 2014). 조직의 입장에서는 다양한 SNS 채널을 통해 공중들의 요구사항과 의견을 경청하고, 그들과 실시간으로 소통하고, 상호작용하는 것이 가장 효과적인 위기관리와 커뮤니케이션 방법이라고 할 수 있다(김진태, 황성욱, 2015). 특히 SNS상에서는 부정적인 내용의 정보가 공중들의 주목을 더욱 많이 끌고 확산력이 높다는 점을 감안할 때, 위기 발생 가능성이 있는 요소들에 대한 지속적인 모니터링과 선제적인 대응이 최근 위기 커뮤니케이션에서 중요한 부분으로 대두되고 있다(이정현, 김수연, 2019). 가짜 뉴스에 대한 모니터링과 대응도 필요하다. 요즘에는 누군가가 악의적인 의도를 가지고 조작한 내용을 SNS상에서 확산시킴으로써 조직의 입장에서는 억울한 누명을 쓰고 이미지와 평판에 씻을 수 없는 피해를 입게 되는 경우도 많다. 위기 커뮤니케이션에 있어서 SNS에 대한 전략적이고 체계적인 관리가 더욱 중요해지고 있는 이유들 가운데 하나라고 할 수 있다(김대원, 윤영민, 2015).

6. 결론

이상 SNS의 미디어 특성, SNS를 둘러싼 최근 사회 변화, PR의 고유한 역할과 기능 등에 대한 종합적인 고찰을 통해 '왜' PR활동에서 SNS는 필수적인 장소이자 수단이 되어 가고 있는지, 그리고 PR활동에서 SNS는 '어떻게' 활용될 수 있는지에 대한 개괄적인 이해를 할 수 있길 희망한다. 개방성, 연결성, 상호작용성, 편재성 등 SNS가 미디어로서 갖고 있는 특성들은 조직과 공중 간 투명하고 상호작용적인 정보 공개와 소통을 통해 지속가능한 관계를 형성하고자 하는 PR의 기본적인 속성과 일맥상통한다. 또한 위험 커뮤니케이션, 위기 커뮤니케이션 등 PR이 수행하는 고유한 역할과 기능을 감안할 때, SNS는 이제 PR 실무자들이 필수적으로 고려하고 관리해야 할 미디어로 자리매김하고 있다.

최근 PR 분야에서 성공적으로 SNS를 활용했다고 평가되는 여러 사례를 살펴보면 공통적인 요소들이 발견된다(Allagui & Breslow, 2016). 첫 번째로, 효과적인 SNS PR 캠페인들은 논리적으로 탄탄하고, 일반 공중들의 흥미를 유도할 수 있으며, 쉽게 공감할 수 있는 디지털 스토리텔링 기법을 적극적으로 차용한다. 이러한 스토리텔링 기반 SNS 캠페인은 공중들의 감정적인 몰입과 자발적인 참여를 유도하는 데 적합하고, SNS상에서 캠페인 메시지가 더욱 널리 확산되도록 이끈다. 두 번째로, 효과적인 SNS PR 캠페인은 온라인 캠페인을 오프라인 캠페인과 연결시켜 목표 공중들의 실질적인 참여와 행동을 유발한다. PR 캠페인이 물리적 장소로서 온라인과 오프라인을 적절히 사용한다면 가시성을 증대할 수 있고, 파급효과를 극대화시킬 수 있다. 세 번째로, 다양한 미디어를 통해 전달될 수 있고 구현될 수 있는 콘텐츠의 개발이 중요하다. PC뿐만 아니라 모바일 환경에서도 문제없이 호환될 수 있는 콘텐츠가 제작되고 유통되어야 정보의 실시간 소통과 공유가 더욱 원활하게 이루어질 수 있다. 마지막으로, 시의적절하고 진정성 있는 메시지와 콘텐츠가 중요하다. 시대의 흐름과 가치관의 변화에 조응할 수 있는 내용의 PR 캠페인이 더욱 많은 공중의 공감대를 불러일으킬 수 있다는 점은 너무도 당연하다. 진정성을 기반으로 신뢰할 수 있는 메시지여야 실제 공중들의 마음을 사로잡고 행동적 반응을 유도할 수 있다는 점 또한 분명하다. 결국 아무리 가짜 뉴스가 횡행하는 SNS 환경 속에서도 진정성 있는 커뮤니케이션은 승리할 것이다.

사례 **방탄소년단(BTS)는 어떻게 글로벌 아이돌 그룹이 되었나**

2020년은 대한민국 음악 역사상 매우 특별한 해로 기억될 것이다. 미국 빌보드 차트(Billboard The Hot 100)에서 최초로 한국인 아티스트가 1위를 차지했기 때문이다. 그 주인공은 아이돌 그룹 BTS이다. BTS는 2020년 한 해에만 'Dynamite' 'Life goes on' 2곡을 1위에 올렸으며, 그중 'Life goes on'은 한국어 노래임에도 불구하고 빌보드 차트 1위에 오르는 기염을 토했다.

BTS가 2013년에 데뷔했을 때 이 정도의 세계적인 성공을 기대했던 사람들은 거의 없었다. 상대적으로 중소 규모의 기획사 소속이었고, 국내에서도 별로 특별하다고 할 수 없는 대중적인 인지도를 가진 아이돌 그룹이었기 때문이다. 하지만 2016년 하반기부터 BTS에 대한 해외 팬들의 높은 인기와 폭발적인 반응이 국내에서 화제가 되기 시작했고, 그 이후 국내외를 막론하고 소위 BTS 신드롬이 불기 시작했다.

전문가들이 일관되게 주목하는 BTS의 성공요인 가운데 하나는 SNS의 적극적인 활용이다. BTS는 유튜브 채널을 개설하여 꾸준히 콘텐츠를 업로드하고, 팬들과 소통했다. 세계 각국의 이용자들이 접속할 수 있는 유튜브의 특징 때문에 해외 팬들이 먼저 반응하고 관심을 갖기 시작했다. 해외 각지의 팬들은 콘서트 직캠, 반응 동영상, 커버댄스 동영상 등으로 화답했다. BTS는 SNS 채널을 브이로그(V-log), 인스타그램, 트위터 등으로 확장하며 팬들과의 접촉면을 늘려 갔다. 이렇게 탄생한 BTS의 팬덤은 '아미(ARMY)'라는 글로벌 팬클럽의 출범으로 이어져 전 세계 BTS 팬들 사이에도 공고한 결속이 이루어질 수 있도록 했다. BTS의 글로벌 마케팅 전략은 SNS를 활용하여 성공적인 아티스트–팬 관계성을 확립한 좋은 사례라고 할 수 있다.

[그림 13-2] BTS 유튜브 채널(BANGTANTV)

토론주제

1. SNS가 아니었다면 BTS의 지금과 같은 성공이 가능했을까?
2. BTS의 사례가 향후 음악 산업에 시사하는 바는 무엇인가?

참고문헌

강귀영, 윤영민(2019). SNS를 통한 공중의 위험 커뮤니케이션 행동 의도에 미치는 위험 감정의 역할. 한국광고홍보학보, 21(1), 103-146.

강태중(2014). 모바일 서비스에 대한 이용자의 지각된 편재성 하위차원들이 만족도 및 지속적 이용 의도에 미치는 영향. 지역과 커뮤니케이션, 18(4), 5-34.

기원선, 차희원(2012). 소셜미디어의 커뮤니케이션 특성, 미디어몰입 그리고 조직-공중관계성 간 관련성: 기업의 페이스북과 트위터를 중심으로. 한국언론학보, 56(6), 162-195.

김귀옥, 차희원(2016). 지자체 소셜미디어의 대화커뮤니케이션 특성과 공중 커뮤니케이션 행동이 조 직-공중관계성에 미치는 영향: 페이스북과 트위터를 중심으로. 홍보학연구, 20(1), 138-174.

김대원, 윤영민(2015). SNS에서 형성된 신뢰가 위기 시 빙어막이 될 수 있는가? 부정적 감정과 SNS상 부정적 행동 의도 간 관계에서 신뢰의 조절효과 탐색. 한국언론학보, 59(2), 196-225.

김여진(2019). 디지털 PR 미디어/플랫폼. 김석, 김수진, 김여진, 김장열, 김장현, 박노일, 이선영, 정 은화, 정지연, 최준혁, 하진홍, 황성욱 공저. 디지털 PR 이론과 실제(pp. 151-178). 경기: 한울엠 플러스.

김영욱(2006). 위험사회와 위험 커뮤니케이션: 위험에 대한 성찰과 커뮤니케이션의 필요성. 커뮤니케 이션 이론, 2(2), 192-232.

김영욱(2008). 위험, 위기 그리고 커뮤니케이션: 현대 사회의 위험, 위기, 갈등에 대한 해석과 대응. 서울: 이 화여자대학교 출판부.

김영욱, 이현승(2014). 미디어 레퍼토리, 위험특성과 위험커뮤니케이션 인식이 원자력 수용에 미치 는 영향: 신뢰의 조절 효과를 중심으로. 한국위기관리논집, 10(4), 1-25.

김장열(2019). 디지털 위기PR. 김석, 김수진, 김여진, 김장열, 김장현, 박노일, 이선영, 정은화, 정지 연, 최준혁, 하진홍, 황성욱 공저. 디지털 PR 이론과 실제(pp. 247-280). 경기: 한울엠플러스.

김정렴, 박현, 김하나(2014). 위기관리 영역에서 국내 PR 실무자의 소셜미디어 사용 인식과 수용에 관한 연구: UTAUT 모델 적용을 중심으로. 광고학연구, 25(5), 181-206.

김진태, 황성욱(2015). SNS 상호작용성, 위기책임성, 메시지전략이 PR공중의 위기에 대한 인식과 기 업에 대한 태도에 미치는 영향. 한국언론학보, 59(1), 149-180.

김현정, 손영곤(2013). 소셜미디어를 통한 조직-공중 간 공중관계성 강화를 위한 모색: 삼성의료원 소셜미디어를 통한 공중관계성 영향력 분석을 중심으로. 홍보학연구, 17(3), 278-339.

김형석, 이현우(2008). 한국의 문화적 특성을 반영한 공중관계성 측정 도구에 관한 연구. 한국광고홍 보학보, 10(1), 99-139.

김효숙(2014). 소셜미디어 시대의 위기 관리: 소셜미디어 활용 적극성과 위기 책임성, 위기 커뮤니케이션 전략 유형을 중심으로. 광고연구, 103, 5-37.

김효숙, 양성운(2014). 조직-공중관계성 이론의 발전 과정과 미래 연구 방향에 대한 고찰. 홍보학연구, 18(1), 476-515.

박가빈, 이형민(2018). 프로야구 팀 페이스북(Facebook) 페이지 이용을 통한 팀-팬 관계성 충족과 그 효과에 대한 연구. 홍보학연구, 22(2), 64-100.

박진우, 이형민, 한동섭(2015). 위기 상황에 관한 뉴스 노출과 위험인식, 건강 염려 인식이 위험에 대한 정보 추구 및 구전 의도에 미치는 영향: 후쿠시마 원자력 발전 사고를 중심으로. 스피치와 커뮤니케이션, 27, 165-201.

백혜진(2018). 뉴미디어 유형이 위험 특성, 위험 인식, 예방 행동 의도에 관계에 미치는 영향: 조건적 과정 모형의 검증. 한국언론학보, 62(3), 215-245.

서미라, 이유나(2019). 기업 SNS 커뮤니케이션이 조직-공중관계성에 끼치는 영향: 소셜 프레즌스, 기업 정체성, 기업-자아 동일시를 중심으로. 홍보학연구, 23(3), 31-59.

서미혜(2016). 메르스 관련 위험정보 탐색과 처리가 메르스 예방행동에 미치는 영향: 위험정보 탐색처리 모형의 확장과 SNS 이용 정도에 따른 조절효과를 중심으로. 한국언론정보학보, 78, 116-140.

송해룡, 김원제, 조항민(2005). 과학기술 위험보도에 관한 수용자 인식 연구: GMO(유전자변형식품) 사례를 중심으로. 한국언론학보, 49(3), 105-128.

송해룡, 조항민, 이윤경, 김원제(2012). 위험커뮤니케이션의 개념화, 구조 분석 및 영역 설정에 관한 연구. 분쟁해결연구, 10(1), 65-100.

심성욱, 김운한(2011). 대학생들의 소셜미디어 이용 동기가 소셜미디어 광고 이용 의향에 미치는 영향. 한국광고홍보학보, 13(2), 342-376.

유연, 금희조, 조재호(2020). 이용자의 정보 환경 맞춤화가 시사 지식과 SNS상의 의견 표현에 미치는 영향: 정치 성향에 따른 선택적 노출과 우연적 이견 노출의 역할을 중심으로. 한국언론학보, 64(4), 289-324.

이경렬(2014). SNS에 대한 이용자의 진정성 지각이 기업의 공중관계성에 미치는 영향에 관한 연구. 커뮤니케이션학 연구, 22(1), 5-33.

이경렬, 정선호(2013). 페이스북 팬페이지에 대한 이용자의 진정성 지각이 브랜드 자산에 미치는 영향: 브랜드동일시와 소비자-브랜드 관계 매개변인의 역할을 중심으로. 커뮤니케이션학 연구, 21(3), 29-57.

이승훈(2009). 현대 사회의 위험과 위험 관리: '위험의 사회적 구성'에 대한 이론적 논의를 중심으로. 현대사회와 문화, 29, 61-88.

이정현, 김수연(2019). 기업 위기상황에서 선제공개전략(Stealing thunder)이 공중의 진정성인식과 위기커뮤니케이션 반응행동에 미치는 영향. 한국언론학보, 63(2), 145-176.

이준영, 허우철, 한미정(2019). 메르스 루머의 수용과 확산에 미치는 영향 요인 탐색: 트라이앤디스 (Triandis) 모델의 적용. 광고연구, 122, 104-133.

이현우, 최윤형(2014). 위기관리에서 상황적 위기 커뮤니케이션 이론의 전개과정과 향후연구를 위한 제언. 홍보학연구, 18(1), 444-475.

정은화, 하진홍(2019). 디지털 기술과 PR. 김석, 김수진, 김여진, 김장열, 김장현, 박노일, 이선영, 정은화, 정지연, 최준혁, 하진홍, 황성욱 공저. 디지털 PR 이론과 실제(pp. 103-128). 경기: 한울엠플러스. .

정지연, 박노일(2014). 소셜미디어를 통한 공중의 최고경영자에 대한 사회적 실재감 인식이 공중관계성과 조직체 평판에 미치는 영향. 한국언론학보, 58(6), 393-418.

최윤슬, 이경렬(2013). SNS 진정성의 속성과 척도 개발에 관한 연구: 트위터와 페이스북 이용자의 진성성 지각을 중심으로. 광고학연구, 24(5), 157-179.

Allagui, I., & Breslow, H. (2016). Social media for public relations: Lessons from four effective cases. *Public Relations Review*, *42*, 20-30.

Allen, M. (2013). What was Web 2.0? Versions as the dominant mode of internet history. *New Media & Society*, *15*(2), 260-275.

Baek, Y. M. (2015). Political mobilization through social network sites: The mobilizing power of political messages received from SNS friends. *Computers in Human Behavior*, *44*, 12-19.

Barnett, G. A. (2011). Communication and the evolution of SNS: Cultural convergence perspective. *Journal of Contemporary Eastern Asia*, *10*(1), 43-54.

Boyd, D. M., & Ellison, N. B. (2007). Social network sites: Definition, history, and scholarship. *Journal of Computer-Mediated Communication*, *13*(1), 210-230.

Broom, G. M., Casey, S., & Ritchey, J. (2000). Concept and theory of organization-public relationships. In J. A. Ledingham & S. D. Bruning (Eds.), *Public relations as relationship management: A relational approach to the study and practice of public relations* (pp. 3-22). Mahwah, NJ: Lawrence Erlbaum Associates.

Bruning, S. D., & Ledingham, J. A. (1999). Relationships between organizations and publics: Development of relationships and evaluations of satisfaction. *Public Relations Review*, *26*(1), 157-190.

Chaffey, D. (2020). Global social media research summary August 2020(https://www. smartinsights.com/social-media-marketing/social-media-strategy/new-global-social-media-research/).

Choi, S. (2019). The roles of media capabilities of smartphone-based SNS in developing social capital. *Behaviour & Information Technology*, *38*(6), 609-620.

Choi, Y., & Kwon, G. (2019). New forms of citizen participation using SNS: An empirical approach. *Quality & Quantity*, *53*, 1-17.

Chun, R., & Davies, G. (2006). The influence of corporate character on customers and employees: Exploring similarities and differences. *Journal of Academy of Marketing Science*, *34*(2), 138-146.

Coombs, W. T. (2010). Parameters for crisis communication. In W. T. Coombs & S. J. Holladay (Eds.), *The handbook of crisis communication* (pp. 17-53). Malden, MA: Wiley-Blackwell.

Datareportal (2020). Digital 2020: July global snapshot(https://datareportal.com/reports/digital-2020-july-global-snapshot).

Eyrich, N., Padman, M. L., & Sweetser, K. D. (2008). PR practitioners' use of social media tools and communication technology. *Public Relations Review*, *34*(4), 412-414.

Han, S., Min, J., & Lee, H. (2016). Building relationships within corporate SNS accounts through social presence formation. *International Journal of Information Management*, *36*(6), 945-962.

Hon, L. C., & Grunig, J. E. (1999). *Measuring relationships in public relations*. Gainesville, FL: Institute for Public Relations.

John, N. A. (2013). Sharing and Web 2.0: The emergence of a keyword. *New Media & Society*, *15*(2), 167-182.

Katz, E., Blumler, J. G., & Gurevitch, M. (1974). *The uses and gratification approach to mass communication*. Beverly Hills, CA: Sage Publications.

Kelleher, T. (2009). Conversaional voice, communicated commitment, and public relations outcomes in interactive online communication. *Journal of Communication*, *59*, 172-188.

Kent, M. L., & Taylor, M. (1998). Building dialogic relationships through the World Wide Web. *Public Relations Review*, *24*(3), 321-334.

Ku, Y., Chu, T., & Tseng, C. (2013). Gratifications for using CMC technologies: A comparison among SNS, IM, and e-mail. *Computers in Human Behaviors*, *29*, 226-234.

Ledingham, J. A., & Bruning, S. D. (1998). Relationship management in public relations: Dimensions of an organization-public relationship. *Public Relations Review*, *24*(1), 55-65.

Lee, E., & Jang, J. (2013). Not so imaginary interpersonal contact with public figures on social network sites: How affiliative tendency moderates its effects. *Communication Research*,

40(1), 27-51.

Men, L. R., & Tsai, W. S. (2012). How companies cultivate relationships with publics on social network sites: Evidence from China and the United States. *Public Relations Review, 38*, 723-730.

Men, L. R., & Tsai, W. S. (2013). Beyond liking or following: Understanding public engagement on social networking sites in China. *Public Relations Review, 39*, 13-22.

Men, L. R., & Tsai, W. S. (2015). Infusing social media with humanity: Corporate character, public engagement, and relational outcomes. *Public Relations Review, 41,* 395-403.

Paek, H., Hove, T., Jung, Y., & Cole, R. T. (2013). Engagement through three social media platforms: An exploratory study of a cause-related PR campaign. *Public Relations Review, 39*, 526-533.

Rubin, A. M. (1994). Media uses and effects: A uses-and-gratifications perspective. In J. Bryant & D. Zillman (Eds.), *Media effect: Advances in theory and research* (pp. 417-436). Hillsdale, NJ: Lawrence Erlbaum Associates.

Rybalko, S., & Seltzer, T. (2010). Dialogic communication in 140 characters or less: How fortune 500 companies engage stakeholders using Twitter. *Public Relations Review, 36*(4), 336-341.

Smith, B. G. (2010). Socially distributing public relations: Twitter, Haiti, and interactivity in social media. *Public Relations Review, 36*(4), 329-335.

Solis, B., & Breakenridge, D. (2009). *Putting the public back in public relations: How social media is reinventing the aging business of PR*. Upper Saddle River, NJ: Person Education.

Statista and TNW (2019). Number of people using social media platforms 2004 to 2019(https://ourworldindata.org/grapher/users-by-social-media-platform).

Vercic, A. T., & Vercic, D. (2007). Reputation as matching identities and images: Extending Davies and Chun's (2002) research on gaps between the internal and external perceptions of the corporate brand. *Journal of Marketing Communications, 13*(4), 277-290.

Waters, R. D., Burnett, E., Lamm, A., & Lucas, J. (2009). Engaging stakeholders through social networking: How nonprofit organizations are using Facebook. *Public Relations Review, 35*(2), 102-106.

Waters, R. D., Tindall, N. T. J., & Morton, T. S. (2010). Media catching and the journalist-public relations practitioner relationship: How social media are changing the practice of media relations. *Journal of Public Relations Research, 22*(3), 241-264.

Wright, D. K., & Hinson, M. D. (2013). An updated examination of social and emerging media use in public relations practice: A longitudinal analysis between 2006 and 2013. *Public Relations Journal, 7*(3), 1-39.

Zhang, Y., & Leung, L. (2015). A review of social networking service (SNS) research in communication journals from 2006 to 2011. *New Media & Society, 17*(7), 1007-1024.

제14장

문화콘텐츠는 어떻게 PR을 완성시키는가?*

이 장은 문화콘텐츠와 홍보대사, 스폰서십(후원) 분야에서 PR 커뮤니케이션이 어떻게 운영되고 있는지 그리고 디지털 소통 시대에서 이들 분야의 PR 커뮤니케이션 미래에 대한 전망을 다룬다. 문화콘텐츠는 다양한 문화산업 분야의 콘텐츠를 포함하는데 엔터테인먼트 콘텐츠가 문화콘텐츠의 대표적인 분야라고 할 수 있다. 이는 사람들의 기본을 즐겁게 해 주는 콘텐츠로 사람들이 살아가는 데 있어 필수적인 기본 욕구로서 즐거움에 소구하기 때문이다. 이 장에서는 기본적으로 문화콘텐츠를 엔터테인먼트 콘텐츠로 이해하고, 공연콘텐츠와 영화콘텐츠를 중심으로 PR 커뮤니케이션이 어떻게 활용되는지 살펴보도록 한다. 최근 경험과 후원을 통한 이벤트 PR 커뮤니케이션이 활성화되고 있다. 이 장에서는 대표적인 경험과 후원을 통한 이벤트 PR이 활용되고 있는 홍보대사와 스폰서십 분야의 PR 커뮤니케이션에 대하여 학습한다. 홍보대사는 공공기관과 공익단체 그리고 대학교의 사례를 통해서 살펴보고, 스폰서십은 스포츠 스폰서십과 문화예술 스폰서십(메세나)의 사례를 통해 알아본다.

* 김활빈(강원대학교 신문방송학과 교수)

● 이 장을 통해 답을 찾을 질문들 ●

1. 문화콘텐츠와 PR은 어디로 가는가?

2. 기업은 문화콘텐츠를 어떻게 PR 커뮤니케이션으로 활용할 수 있는가?

3. 디지털 소통 시대에도 PR 기제로서 홍보대사는 적극적으로 활용할 수 있는가?

4. 스포츠 스폰서십과 문화예술 스폰서십의 PR 커뮤니케이션은 어떻게 이루어지는가?

1. 문화콘텐츠와 PR

1) 문화콘텐츠의 의의

문화의 영역이 산업과 만나서 경제적 가치가 있는 콘텐츠로 만들어지고 있다. 이를 문화콘텐츠라 하는데 "문화적 요소가 체화된 창의적 가치가 있는 문화상품(cultural commodity)"으로 정의할 수 있다(손상희, 2016, p. 34). 문화콘텐츠는 기본적으로 상품의 속성을 지니는 것으로 소비자 혹은 이용자가 일정한 대가를 지불하고 이용하는 경우가 많다. 따라서 일반 상품과 서비스의 마케팅에서 사용되는 광고와 PR과 같은 전략적 커뮤니케이션이 필요하다. 예를 들어, 문화콘텐츠로서 싸이의 '강남스타일'이 세계적인 인기를 끄는 데는 행운적인 요소도 있었지만, 비주얼 언어의 활용, 디지털 기술의 적절한 활용, 선진 시스템을 통한 방송 활동 등 미디어와 유명 스타들과의 연계 PR 커뮤니케이션도 도움을 주었다(김주호, 2019). 국가 브랜드 이미지를 고양하는 데 한류와 같은 문화콘텐츠가 큰 역할을 할 수 있다.

문화콘텐츠는 그 자체로 산업적으로 활용될 뿐만 아니라 디지털 미디어 시대에는 산업의 연관효과가 확대되는 창구효과(window effect)를 기대할 수 있다. 예를 들어, 네이버에서 연재한 〈신과 함께〉라는 웹툰이 영화로 제작되어 1편과 2편 모두 천만 명이 넘는 관객을 동원한 흥행작이 되었다. 디즈니의 많은 애니메이션은 처음에는 극장 개봉을 하고, 이후 DVD 출시와 캐릭터 상품 판매, 그리고 OTT서비스와 유료방송채널을 통해 소비자를 만난다. 이렇듯 문화콘텐츠는 산업의 연관효과가 다른 분야에 비하여 높은 편인데, 이는 초기 투자 비용이 많지만 그 이후 재가공과 유통 과정에서 비교적 적은 비용이 드는 특징을 갖고 있기 때문이다. 다양한 창구효과와 산업에 미치는 영향 등을 고려할 때 문화콘텐츠 산업은 지속해서 성장할 것으로 예상되므로 전략적 투자가 요구된다(이형민, 2016).

[그림 14-1] 웹툰 원작 〈신과 함께〉와 영화 포스터

2018년 기준으로 한국의 문화콘텐츠 산업을 숫자로 요약하면, 사업체 수는 10만 5,310개이고 종사자 수는 66만 7,437명, 매출액은 119조 6,066억 원이며 부가가치액은 47조 4,507억 원이었다(문화체육관광부, 2019a). 〈표 14-1〉은 2918년 기준 콘텐츠 산업 전체 요약 자료인데, 한국콘텐츠진흥원을 비롯한 정부에서는 콘텐츠 산업을 출판, 만화, 음악, 게임, 영화, 애니메이션, 방송, 광고, 캐릭터, 지식정보, 콘텐츠솔루션으로 구분하고 있다. 매출액 기준으로 출판이 가장 많고 방송, 광고, 지식정보 순이었으나, 부가가치율을 기준으로 보면 지식정보, 영화, 콘텐츠솔루션, 게임 순이었다. 한편, 수출액 기준으로 보면 게임 콘텐츠가 약 64억 달러로 단연 앞서고 있다. 산업적 측면에서 보았을 때, 한국의 영화와 게임산업은 그 비중이 적지 않음을 알 수 있다.

● 표 14-1 ● 콘텐츠 산업 전체 요약(2018년 기준)

구분	사업체 수 (개)	종사자 수 (명)	매출액 (백만 원)	부가가치액 (백만 원)	부가가치율 (%)	수출액 (천 달러)
출판	24,995	184,554	20,953,772	8,879,278	42.4	248,991
만화	6,628	10,761	1,178,613	427,238	36.2	40,501
음악	35,670	76,954	6,097,913	2,102,219	34.5	564,236
게임	13,357	85,492	14,290,224	6,179,093	43.2	6,411,491
영화	1,369	30,878	5,889,832	2,676,595	45.4	41,607

애니메이션	509	5,380	629,257	223,004	35.4	174,517
방송	1,148	50,286	19,762,210	6,505,207	33.2	478,447
광고	7,256	70,827	17,211,863	5,347,726	31.1	61,293
캐릭터	2,534	36,306	12,207,043	4,967,732	40.7	745,142
지식정보	9,724	86,490	16,290,992	7,859,527	48.2	633,878
콘텐츠솔루션	2,120	29,509	5,094,916	2,283,056	44.8	214,933
합계	105,310	667,437	119,606,635	47,450,675	39.7	9,615,036

주: 애니메이션에서 극장매출액과 방송사수출액에 대한 부가가치액은 제외하였고, 방송에서 중계유선방송 및 IPTV 부가가치액은 제외하였다.

출처: 문화체육관광부(2019a).

문화콘텐츠는 다양한 분야가 있다. 크게 분류하면 공연이나 스포츠와 같이 사람들을 직접 대면할 수 있는 대면 콘텐츠와 방송, 영화, 게임 등과 같이 미디어를 통해 즐길 수 있는 비대면 콘텐츠가 있다(전종우 외, 2016). 디지털 소통 시대로 전환되는 시기에, 특히 코로나19 사태와 같이 대면 활동이 어려워진 상황 등에서는 비대면 문화콘텐츠를 통한 마케팅과 PR 커뮤니케이션이 기업과 조직에게 매우 효과적인 전략적 기제로 작용할 수 있다. 하지만 공연, 테마파크, 스포츠와 같은 대면 문화콘텐츠는 심각한 타격을 받을 수 있는데, 이는 관객이 직접 현장에 가서 경험을 하면서 문화콘텐츠를 소비하는 특성이 있기 때문이다. 현장성을 특징으로 하는 대면 콘텐츠는 소비자와 직접 접촉한다는 점이 중요한 소비경험을 제공하고 만족감을 높여 준다(전종우 외, 2016).

문화콘텐츠의 특징 가운데 하나는 직접적이든 간접적이든 소비자의 경험이 마케팅 전략에서 매우 중요하다는 점이다. 영화의 경우 개봉 초기에 입소문이 나면 흥행을 할 가능성이 높은 편이다. 문화콘텐츠는 소비에서 돈보다 시간이 중요한 역할을 하기 때문에(전종우 외, 2016), 먼저 경험한 소비자의 의견이 매우 중요한 정보원으로 작용한다. 즉, 문화콘텐츠는 일반적으로 경험재(experience goods)로서 성격을 가지는데 바이럴 마케팅의 대상이 될 수 있다. 게임의 경우에 체험판을 무료로 먼저 출시하여 이용자들이 미리 게임을 경험할 수 있도록 하는 이유도 여기에 있다. 결국 문화콘텐츠는 가격이 의사결정의 가장 중요한 고려 요소라기보다는 소비자의 경험과 인식과 같은 다양한 측면이 복합적으로 고려된다(전종우 외, 2016). 문화콘텐츠의 현장성 그리고 경험재적 특성을 고려하여 기업이 문화콘텐츠를 활용하여 PR 커뮤니케이션을 하는 경우와 문화콘텐츠 산업계가 직접 나서서 PR 커뮤니케이션을 하는 경우가 있다. 이하에서는 대표적인 대면 문화콘텐츠와 미디어 문화콘텐츠 분야로서 공연콘텐츠와 영화콘텐츠를 살펴보겠다.

2) 공연콘텐츠와 PR

공연은 관객들을 대상으로 직접 무대에 공연자가 행하는 문화 장르로 연극, 뮤지컬, 대중음악 콘서트, 소극장 공연, 클래식 공연, 오페라 등이 있다. 예전에는 주로 클래식 공연이나 오페라와 같이 왕이나 귀족들이 즐기는 공연이 주를 이루었으나, 근대화 이후 일반 대중들도 다양한 공연을 즐기면서 공연콘텐츠 역시 마케팅과 PR 커뮤니케이션의 대상이 되고 있다(전종우 외, 2016). 공연콘텐츠 PR 커뮤니케이션은 공연콘텐츠 자체를 대상으로 하는 경우와 기업이 자사의 브랜드나 제품 및 서비스를 공연콘텐츠로 활용하는 경우로 나눌 수 있다. 최근 기업 브랜드를 알리거나 기업 이미지를 제고하기 위하여 클래식 공연이나 대중음악 공연 같은 공연콘텐츠를 활용하는 사례가 늘고 있다.

한편, 국내 공연시장은 계속 확대되는 것으로 나타났다. 문화체육관광부와 예술경영지원센터가 발표한 '2019 공연예술실태조사'에 따르면 2018년 기준으로 국내 공연시장 매출액은 2017년에 비해 1.2%가 증가한 8,232억 원으로 2년 연속 8천억 원 대를 기록했다(임동근, 2019. 12. 30.). 장르별 티켓판매 매출액을 살펴보면 뮤지컬이 55.7%(2,180억 원)를 차지해 그 비율이 가장 높았고, 연극 19%(743억 원), 클래식 7.1%(277억 원), 복합 3.1%(120억 원) 등의 순으로 나타났다. 공연시설의 경우 총 관객 수는 2,982만 7,526명이며 공연단체의 경우 총 관객 수는 2,850만 6,688명으로 모두 전년도에 비해 증가했다. 하지만 2020년에는 코로나19 사태로 대면 공연콘텐츠 분야가 매우 큰 타격을 받기도 하였다.

공연콘텐츠는 보통 공연장과 같은 현장에서 즐기는 것이 일반적이지만 동영상 스트리밍을 통해서도 이용할 수 있다. 주로 현장공연의 티켓 구매를 유도하기 위한 홍보 효과를 노리고 라이브 스트리밍 공연을 서비스했는데 실제 홍보 효과가 있는 것으로 예측되기도 하였다(예술경영지원센터, 2018). 즉, 라이브 스트리밍의 플랫폼 경쟁이 본격화되면서 새로운 홍보채널로 부상하고 있으며 모바일로 공연을 생중계하는 일도 홍보 효과를 기대하고 있는 것이다. 클래식 라이브 스트리밍 공연과 현장공연 사이의 관계를 살펴본 연구에서 라이브 스트리밍 공연의 영상콘텐츠성과 편의성, 기술성이 시청만족을 높여 주었고, 시청에 만족할수록 실제 공연티켓을 구매할 의도가 높은 것으로 밝혀졌다(김성경, 임성준, 2020). 이러한 연구 결과는 라이브 스트리밍 서비스가 공연콘텐츠 분야에서도 홍보채널로 충분히 활용될 수 있음을 의미한다. 코로나19로 비대면 사회적 거리두기가 일상화된 이후에는 온라인으로 공연콘텐츠를 개발하고 서비스하는 것이 중요하다는 점이 부각되기도 하였다. 디지털 미디어 기술은 더욱 발전되어 가고 있기에, 온라인 공연콘텐츠는 계속해서 개발해 나갈 필요가 있을 것이다.

공연콘텐츠의 창구효과도 작지 않다. 예를 들어, 미국의 테마파크인 디즈니월드에서 공연하는 공연물인 〈라이온 킹〉이나 〈미녀의 야수〉〈니모〉 등이 성공하여 브로드웨이 뮤지컬로 진출해 역시 큰 성공을 거두었다(전종우 외, 2016). 성공한 뮤지컬이나 연극이 영화로 제작되는 경우도 많다. 〈오페라의 유령〉〈레미제라블〉 같은 외국 사례뿐만 아니라 한국에서도 〈김종욱 찾기〉〈라이어〉 등이 영화로 제작되었다.

기업에서 문화콘텐츠를 활용하여 성공을 거둔 PR 커뮤니케이션의 대표적인 사례는 현대카드의 '슈퍼콘서트'이다.[1] 현대카드는 2007년 팝페라 가수 일 디보(Il Divo)를 시작으로 2020년 락 그룹 퀸(Queen)에 이르기까지 모두 24차례의 슈퍼콘서트를 진행했다. 이 가운데 한국을 최초로 방문해 공연한 팀은 모두 13팀으로, 비욘세(Beyonce), 빌리 조엘(Billy Joel), 어셔(Usher), 에미넴(Eminem), 폴 매카트니(Paul McCartney), 콜드플레이(Coldplay) 등 수십 년 동안 팝 음악계를 이끈 거장들을 포함한다. 문화콘텐츠와 직접적인 관계가 없는 카드 회사인 현대카드가 오랫동안 외국의 대형 가수들을 초청해 슈퍼콘서트를 진행한 일은 매우 이례적이다. 다른 카드 회사에 비해 출발이 늦었던 현대카드는 문화콘텐츠를 적극 활용한 마케팅을 통해 브랜드 인지도를 높였다. 일반적으로 카드 회사에서 주유, 쇼핑, 금융 서비스 등을 통해 마케팅을 하고 있으나 현대카드는 문화콘텐츠의 활용이라는 차별화된 서비스로 성공을 거둔 것이다. 슈퍼콘서트는 현대카드를 통해서 예매할 경우 한정된 할인 혜택을 제공하여 공연문화를 선호하는 소비자 층에게 어필할 수 있었고, 새로운 생활

---

1) 이하의 내용은 현대카드 · 현대캐피탈 뉴스룸 페이지(https://newsroom.hcs.com)를 참고하라.

방식을 제공하는 기업이라는 좋은 이미지도 얻었다. 결국 현대카드는 슈퍼콘서트라는 공연콘텐츠를 통해 새로운 PR 커뮤니케이션을 개발하고 지속시켜 카드 가입을 고려하는 새로운 소비자 층에게 자사의 카드서비스를 적극적으로 어필하는 데 성공을 거둔 것이다.

[그림 14-2] 현대카드 첫 번째 슈퍼콘서트 포스터와 숫자로 보는 현대카드 슈퍼콘서트

출처: 현대카드 · 현대캐피탈 뉴스룸.

3) 영화콘텐츠와 PR

영화는 예술적 속성이 강조되고 독립예술영화도 많이 제작되지만, 일반적으로 대중을 대상으로 하는 상업적 문화콘텐츠라고 할 수 있다(전종우 외, 2016). 문화체육관광부(2019a)의 분류에 따르면 영화산업의 업종은 영화 기획 및 제작, 영화제작 지원, 영화 수입, 영화 배급, 극장 상영, 영화 홍보 및 마케팅 등으로 구분할 수 있다. 여기에 디지털온라인 유통업도 포함하는데 DVD/블루레이 제작 및 유통, 온라인 배급, 온라인 상영으로 구분할 수 있다. 영화 제작, 지원 및 유통업 매출액은 2016년 4조 7,586억 원에서 2018년 5조 2,084억 원으로, 그리고 디지털온라인 유통업도 2016년 4,974억 원에서 2018년 6,813억 원으로 증가하고 있다(문화체육관광부, 2019a). 영화산업이 꾸준히 성장함에 따라 영화콘텐츠도 전략적인 마케팅과 PR 커뮤니케이션이 필요하다.

영화콘텐츠는 두 가지 특성을 가지고 있는데, 소비의 비경합성과 경험재적 특성이다(전종우 외, 2016). 소비의 비경합성이란 1명의 소비자가 해당 제품이나 서비스를 소비해도 다른 사람이 함께 소비하는 데 지장이 없다는 것이다. 경험재란 실제 경험을 통해서만 가치를 알 수 있는 제품이다. 이러한 특징은 문화콘텐츠가 일반적으로 가지고 있는 특성이기도 하다. 마케팅과 PR 커뮤니케이션 역시 이를 고려해야만 한다. 예를 들어, 영화 마케팅에서 예고편 제작에 심혈을 기울이거나 개봉 영화를 소개해 주는 방송 프로그램을 활용하는 것은 모두 영화콘텐츠가 경험재적 특성을 갖고 있기 때문이다. 최근에는 방송 프로그램이 아닌 다양한 플랫폼에 개봉 예정 영화를 소개해 주거나 이미 상영이 끝난 영화에 대한 리뷰 동영상도 많이 업데이트되고 있다. 이는 영화콘텐츠가 개봉관에서 소비될 뿐만 아니라 OTT서비스나 DVD 판매 등과 같은 다양한 소비채널이 활성화되고 있기 때문이다. 특히 2020년에는 코로나19 사태로 개봉관에서 영화 소비가 급격히 줄어들었지만 영화 소비는 오히려 증가했다(한국콘텐츠진흥원, 2020). 이러한 소비 증가는 일시적일 수 있다. 하지만 디지털 미디어 기술의 발달은 영화콘텐츠를 비롯한 문화콘텐츠를 보다 편리하고 저렴하게 이용할 수 있도록 해 주기 때문에 영화콘텐츠의 온라인 유통 분야에 대한 전략적 마케팅과 PR 커뮤니케이션이 요구된다.

영화콘텐츠는 경험재로서 성격을 갖고 있기 때문에 소비자들은 자신이 보고 싶은 영화에 대한 정보를 적극적으로 찾는 편이다. 예고편을 찾아보거나 온라인 영화 커뮤니티 혹은 포털 사이트 영화 페이지에 있는 다른 사람들의 영화평을 찾아본다. 따라서 영화콘텐츠의 프로모션은 소비자들에게 설득력 있는 메시지를 효율적으로 제공하는 것을 목표로 한다(전종우 외, 2016). 먼저, 미디어를 상대로 퍼블리시티를 적극적으로 활용해야 한다. 퍼블리시티는 광고에 비해 정보원의 신뢰도가 높기 때문에 더 효과적일 수 있다(김요한, 이명천, 송병원, 2018). 영화를 소개하는 기사뿐만 아니라 시사회 기사, 영화 감독과 주연 배우 인터뷰 기사 등도 필요하다. 특히 시사회는 기자와 전문 평론가를 대상으로 하는 전문가 시사회와 일반인을 대상으로 하는 일반인 시사회로 나눌 수 있는데, 소셜미디어의 파급효과를 고려할 때 두 시사회 모두 중요하다. 개봉 초기 입소문이 영화 흥행의 성패를 좌우하는 요즘에는 호의적인 시사회 후기가 많고 적음이 결정적이기 때문이다. 영화를 직접 본 사람들의 감상평과 후기가 광고와 같은 상업적 목적이 없다고 인식할 경우 효과는 클 것이다.

2020년에는 코로나19 사태로 많은 영화가 개봉관에서 영화를 출시하지 못하고 넷플릭스와 같은 OTT서비스를 통해 개봉을 결정했다. 하지만 2020년 6월 24일 개봉을 한 영화

〈#살아있다〉는 코로나19 환경에서도 전략적인 마케팅과 PR 커뮤니케이션으로 어느 정도 흥행에 성공을 거두었고, 개봉 이후 넷플릭스에서는 더 큰 성공을 했다. 영화는 소셜미디어에 익숙한 젊은 세대를 겨냥해 제목에 해시태그를 붙여 호기심을 자극했다. 영화 속 남자 주인공인 준우는 직업이 1인 크리에이터로 유튜브와 인스타그램과 같은 SNS를 잘 다루었고 드론을 사용하는 등 젊은 세대에 적극적으로 어필할 수 있는 캐릭터로 등장했다. 개봉 전 인스타그램 아이디 '@allive_junwoo'를 만들어 캐릭터의 실제 SNS 아이디를 활용한 홍보를 실시하여 관심을 불러일으켰다. 5월 18일부터 모두 24개의 게시글을 개봉 전에 올렸는데 영화 내용에 대한 궁금증을 유발시키는 내용으로 구성되었다. 또한 남자 주인공으로 등장한 유아인은 개봉 직전에 MBC 〈나 혼자 산다〉라는 예능 프로그램에 등장하였고, EBS의 인기 있는 유튜브 콘텐츠인 〈자이언트 펭TV〉에도 출연하는 등 미디어를 통한 홍보도 활발히 진행했다. 개봉 직후 영화에 대한 기사 내용을 살펴보면 코로나19 사태에도 초반에 입소문을 타면서 흥행에 성공을 하고 있다는 점을 적극적으로 알려서 더 많은 사람의 흥미를 이끌어 내는 데 도움이 되었다. 개봉 이후 넷플릭스에 출시한 지 이틀 만에 〈#살아있다〉는 세계 영화 순위 1위에 올랐다(이혜리, 2020. 9. 11.). 이는 한국 영화 최초로 넷플릭스 영화 차트 1위에 오른 것으로 많은 미디어가 이를 기사화했고, 사람들의 관심을 다시 받게 되어 OTT서비스에서도 흥행 성공을 거두게 되었다. 결국 코로나19 시대에 잘 맞는 그리고 주타깃층을 잘 겨냥한 차별화된 마케팅과 PR 커뮤니케이션 전략이 성공을 거둔 것이다.

[그림 14-3] 영화 〈#살아있다〉 남자 주인공 인스타그램 계정과 첫 번째 게시물

출처: 인스타그램(@allive_junwoo).

2. 홍보대사와 PR

1) 홍보대사의 의의

정부기관이나 지방자치단체, 교육기관, 공익단체, 비영리단체 등에서 자신의 조직이나 단체 및 그 사업이나 운영을 알리기 위하여 홍보대사가 널리 활용되고 있다. 주로 유명인, 연예인, 운동선수 등이 이러한 조직의 홍보대사로 위촉되어 활동하고 있는데 영리적 목적으로 참여하는 경우는 드물다. 대표적으로 국세청은 매년 모범납세자를 선정하여 표창하는데 이들을 국세청 홍보대사로 위촉하여 성실납세를 유도하기 위한 각종 홍보에 활용한다. 코로나19가 한창임에도 불구하고 2020년 3월에는 납세자의 날에 이서진과 아이유가 모범납세자로 선정되어 대통령 표창을 받았고 홍보대사로 위촉되어 국세청의 포스터 및 공익광고의 모델로 홍보활동에 참여했다. 규모가 큰 지방자치단체인 서울시의 경우 2020년 12월 기준 홍보대사가 모두 38명이 위촉되어 있다.[2] 배우는 최불암, 권해효, 이일화 등 9명, 방송인은 김미화, 박수홍, 사유리, 알베르토 몬디 등 10명, 음악인은 조수미, 스윗소로우, 지코, (여자)아이들로 4명(팀), 전문가는 장윤주(모델), 유현준(건축가), 송지오(패션디자이너), 조세현(사진작가) 등 15명이 있다. 그리고 핑크퐁과 아기상어 같은 캐릭터도 서울시 홍보대사이다.

홍보대사에 대하여 이미 많은 사람이 그 용어의 의미를 이해하고 사용하고 있지만 학문적으로 정의를 내놓은 경우는 많지 않다. 일찍이 홍보대사에 대하여 개념적 고찰을 시도했던 이명천(2009)은 홍보대사를 특정 조직의 대외 커뮤니케이션 과정에서 PR 효과를 증가시키기 위한 목적으로 사용하는 PR 기제로서 커뮤니케이션 주체를 대신하는 정보원으로 정의했다. 홍보대사를 조직의 커뮤니케이션 주체의 대리인적 성격을 지닌 정보원으로 파악하고 그 기능은 PR 기제로서 PR 효과를 높이기 위함으로 이해할 수 있다.

홍보대사가 실제 많이 활용되고 있지만 학문적으로 홍보대사에 대한 연구는 아직 많지

---

2) https://news.seoul.go.kr/gov/seoul_honorary_ambassador

않은 편이다(김요한, 이명천, 송병원, 2018). 일부 연구들이 진행되었는데 홍보대사에 대한 사람들의 생각을 알아보는 것이 많았다. 예를 들어, 사람들이 홍보대사가 영리가 아닌 사회공헌을 이유로 활동하는지 여부에 대하여 어떻게 인식하는지에 대한 연구(이명천, 2019)나 정부기관의 홍보대사 활동에 대하여 사람들의 인식 및 홍보대사를 활용한 광고에 대한 태도에 대한 연구(김진석, 유현재, 2016) 등이 진행되었다.

한편, 홍보대사라는 용어는 비교적 최근에 정립되었는데 그 이전에는 홍보모델이나 홍보도우미라는 용어도 사용되었다. 다만 홍보모델은 모델비와 같은 돈을 지불하는 계약을 맺고 활동 횟수나 기간 등을 명시하는 경우가 많기 때문에 홍보대사와 구별된다(김요한, 이명천, 송병원, 2018). 홍보대사는 일반적으로 일정한 보수를 받는 유료 계약을 통하여 활동히는 것이 아니고 사회공헌적 의미에서 무보수 명예 봉사자로 활동하는 경우가 대다수이다. 하지만 홍보대사 활동을 하기 위하여 시간을 내어 특정 장소에 이동해야 하기 때문에 교통비와 같은 실비 보상 성격의 사례금이 지불되는 경우가 있다. 유명 연예인이 홍보대사로 활동할 때에는 기회비용이 발생하고 그 연예인을 관리하는 매니저, 코디네이터 등이 팀으로 함께 움직이기 때문에 부대 비용을 보조해 주는 경우가 많은 것이다.

하지만 최근 홍보대사라고 위촉되었으나 계약금을 지급하는 경우가 늘고 있다. 일부 지방자치단체들이 홍보대사를 맡은 연예인들에게 수천만 원의 계약금을 지급했는데 이는 기획재정부의 예산 및 기금운용계획 집행지침 위반에 해당한다(이종선, 2019. 8. 12.). 홍보대사를 무보수 명예봉사직으로 생각했던 사람들이 이러한 뉴스를 접할 경우 해당 지방자치단체뿐만 아니라 홍보대사로 위촉된 유명인에게도 부정적인 인식을 갖게 되기 때문에 오히려 PR 커뮤니케이션이 실패할 수 있다. 이러한 점은 많은 사람이 홍보대사는 돈을 받는 광고 모델과 다른 차원으로 구별하는 생각과 기대를 갖고 있다는 점에서(이명천, 2019), 홍보대사를 활용하는 조직이나 단체의 PR 책임자는 주의를 해야 한다.

2) 홍보대사의 효과와 역효과

홍보대사에 대한 학술적 연구는 많지 않은 편이기 때문에 홍보대사의 효과를 살펴보기 위하여 광고 모델에 대한 연구를 통해 알아볼 수 있다(김요한, 이명천, 송병원, 2018). 광고

모델은 일반인 모델도 있지만 사람들에게 호감을 주며 널리 알려진 유명인이나 전문가의 설득 효과가 높은 편이다. 예를 들어, 치약 제품의 광고에서 치과의사가 등장하여 제품의 효과를 보증해 주거나 스포츠 의상이나 운동화 광고에서 유명한 운동선수[예: 김연아, 손흥민, 마이클 조던(Michael Jordan), 타이거 우즈(Tiger Woods) 등]가 등장했을 때 광고 효과가 더 클 것이다. 홍보대사의 경우에도 마찬가지로 해당 분야의 유명한 전문가가 등장했을 때 더 효과적일 수 있다. 홍보대사의 경우 무보수 명예직으로 봉사하는 인식이 강하고 사회 공헌활동으로 받아들여지기 때문에 호감도가 높은 유명인 혹은 연예인이 더 효과적이다.

이러한 유명인이나 전문가를 홍보대사로 위촉할 경우 더 효과적일 것이라는 근거는 크게 세 가지로 나누어 볼 수 있는데, 정보원의 공신력, 매력성, 준사회적 상호작용이 그것이다(김요한, 이명천, 송병원, 2018). 먼저, 정보원의 공신력은 수용자(혹은 피설득자)의 입장에서 판단되는 개념이며, 다차원적이고 상황 및 맥락적 현상으로 역동성을 가진다(김영석, 2019). 홍보대사의 공신력으로 적용해 보면 다음과 같다. 홍보대사를 접하는 사람들마다 그 홍보대사를 신뢰하는 정도가 다를 수 있고, 그 홍보대사가 공신력이 있다고 평가한다면 그의 전문성, 신뢰할 만한 외모, 능력 등 여러 차원으로 공신력을 고려한다는 것이다. 하지만 상황과 맥락에 따라 공신력이 높은 사람이 낮은 평가를 받을 수도 있고, 시간의 흐름에 따라 공신력은 변할 수도 있다. 이렇게 정보원의 공신력을 종합적으로 고려하면 사람들은 홍보대사로서 일반인들보다 유명인이나 전문가를 더 신뢰하게 되는 것이다.

매력적인 유명인은 광고에서 설득 효과가 큰 편이다(김영석, 2019). 매력적인 유명인 모델이 착용한 의상을 입으면서 자신을 유명인과 동일시하는 경우가 많다. 홍보대사도 매력적인 유명인, 특히 연예인들이 홍보활동을 하는 경우 일반인의 경우보다 더 신뢰하게 된다. 여기서 유명인의 매력에는 외향적 매력만을 의미하는 것은 아니며, 심리적 매력 역시 중요하게 작용할 수 있다(김요한, 이명천, 송병원, 2018). 한편, 준사회적 상호작용이란 미디어에 등장하는 인물들을 실제로는 만나지 못하지만 미디어를 통해 자주 접하게 되어 친숙하고 자신과 아는 사람들이라고 느끼는 것을 의미한다. 미디어에 자주 노출되는 유명인이나 전문가들이 홍보대사에 위촉될 경우 친숙하게 느끼고 그들에게 더 많은 신뢰감을 가질 것이다. 예를 들어, 오랜 기간 동안 드라마에서 아버지 혹은 어머니 역할을 해 왔던 배우들이 광고 모델로 오랫동안 활동한 사례를 들 수 있다. 이러한 배우 중에 김혜자가 있는데 1991년부터 국제 NGO인 '월드비전(World Vision)'의 홍보대사로 오랫동안 활동하고 있다.

유명인과 전문가들을 홍보대사로 위촉하는 데는 이러한 이유가 있고, 실제로 많은 홍보대사가 미디어를 통해 노출이 많은 유명인, 연예인, 전문가 등으로 구성되고 있다. 하지만 이렇게 유명인을 홍보대사로 위촉할 때 기대하는 효과를 얻지 못하거나 오히려 역효과가 발생하는 경우도 있다. 먼저, 유명인이 특정 홍보대사뿐만 아니라 다른 홍보대사나 광고 모델로 반복해서 등장하는 경우에는 그 효과가 반감될 수 있다. 예를 들어, 김연아 선수의 경우 세계대회에서 좋은 성적을 낸 이후부터 많은 홍보대사를 맡아 왔는데, 군포시, 경기도, 사랑의 열매, 다이내믹 코리아, 한국방문의 해, 인천국제공항, 디지털방송전환, 평창동계올림픽 등 여러 조직과 행사에서 홍보대사로 위촉되었다(김요한, 이명천, 송병원, 2018). 평창동계올림픽 홍보대사와 같이 김연아의 전문성을 고려해 잘 어울리는 경우에는 홍보대사의 효과가 클 수 있으나, 그렇지 않은 경우에는 홍보대사로서 어떤 메시지를 전달했는지에 대한 의문이 생길 수 있을 것이다.

홍보대사로 활동하는 동안 스캔들에 휘말리거나 부정적 사건·사고가 발생하면 역효과가 나타난다. 유명인 혹은 연예인들은 미디어의 관심을 받고 있기 때문에 부정적 정보는 쉽게 기사화될 수 있다. 최근 디지털 미디어 환경 변화로 소셜미디어 등을 통해서 부정적 정보는 빠르게 그리고 널리 퍼지게 된다. 또한 앞서 언급했듯이 홍보대사 계약금이나 출연료 등을 놓고 부정적 기사가 실리면 홍보대사 위촉 자체가 역효과가 날 수 있다. 따라서 홍보대사 선정에 신중을 기해야 하고 운영 중에도 지속적인 관리를 할 필요가 있다.

홍보대사의 선정과 운영을 그 당시의 지명도에만 의존할 것이 아니라 전략적으로 행해야 한다. 정보기관 홍보대사에 대한 인식 조사를 실시한 김진석과 유현재(2016)에 따르면 홍보대사를 통해 정부 정책을 홍보할 경우 다음과 같은 전략적 요소들이 필요함을 제시했다. 홍보 대상자의 인구통계학적 특성을 이해하여 정책별 홍보대사를 선정해야 하며, 홍보 대상자와 얼마나 관련되어 있는지, 어떠한 미디어를 선호하는지, 그리고 캠페인의 특성을 고려하여 홍보대사를 선정하고 활용해야 한다. 이명천(2019) 또한 홍보대사 활용에서 두 가지 고려사항을 제시했다. 첫째, 홍보대사의 위촉이 곧바로 긍정적 효과를 높이는 데 한계가 있기 때문에 지명도뿐만 아니라 조직의 업무 성격과 정책 내용과의 관련성을 반영해야 한다. 둘째, 홍보대사로 유명한 연예인을 선호하기 때문에 보수가 고액화되는데 이는 홍보대사의 사회공헌활동적 성격과 충돌하기 때문에 주의를 요한다. 만일 보수 지급을 할 필요가 있다면, 그 기준을 미리 정하여 명문화시키는 것이 이후에 벌어질 시비를 줄일 수 있을 것이다.

3) 홍보대사 사례

(1) 공공기관 및 공익단체 홍보대사

정부를 비롯한 공공기관과 공익단체는 자신의 정책이나 이벤트, 행사 등을 홍보하기 위하여 홍보대사를 위촉하고 있다. 예를 들어, 동해안 산불 피해가 많았던 강원도는 2019년 'Again, Go East'라는 캠페인을 통해 동해안 산불 피해로 인하여 도움이 필요함을 알리고자 했다. 동해안 산불 피해 지역의 관광상품 및 숙박이 취소되자 침체된 분위기를 반전시키기 위하여 진행된 동해안 관광 활성화 오프라인 및 온라인 캠페인이었다. 이에 강원관광홍보대사로 위촉된 배우 이동욱이 서울역에서 강원 관광 홍보행사를 갖고 대국민 캠페인을 벌였다. 서울역 행사는 신문 및 방송 기사로도 많이 소개되어 퍼블리시티 효과도 적지 않았다. 강원관광홍보대사였지만 당시 군복무 중이었던 배우 장근석도 전국재해구호협회를 통해 강원도 산불피해지역을 위해 사용해 달라며 성금 1억 원을 기탁했고, 공식 팬클럽도 산불피해지역에 9,300만 원의 성금과 구호용품을 전달했다(박지은, 2019. 4. 19.). 이러한 미담 또한 기사화되어 알려졌고, 홍보대사로 활동하는 데 진정성을 느낄 수 있게 해 주었다. 한편, 방송인 김희철도 유튜브 홍보 영상에 무료로 출연하여(재능기부라고 명시) 온라인 캠페인에 도움을 주었다. 디지털 소통 시대의 행사홍보가 오프라인과 온라인으로 함께 진행되어야 더 많은 사람에게 알려질 수 있고, 해당 영상 콘텐츠를 공유하여 널리 퍼뜨리는 데 도움이 될 것이다.

[그림 14-4] 여행, 또 다른 기부, 나는 강원도로 갑니다

출처: 강원도청 홈페이지 강원뉴스.

자별 없는 구호의 정신으로 모든 어린이가 살기 좋은 세상을 만들기 위해 노력하는 국제 연합 아동기금, 즉 유니세프(United Nation's Children's Fund: UNICEF)는 그 활동 못지않게 유 니세프 홍보대사도 유명하다. 유니세프 한국위원회의 홍보대사는 친선대사와 특별대표로 구분된다.[3] 2020년 12월 현재 친선대사는 안성기(배우), 장사익(소리꾼), 김혜수(배우)로 유 니세프를 홍보하고 지원하는 역할을 하며, 유니세프의 현지시찰이나 자선행사와 같은 행 사에 참여한다. 특히 안성기는 1992년 유니세프한국사무소 특별대표로 그리고 1993년에 는 친선대사에 임명되어 오랫동안 유니세프 홍보활동을 이어 오고 있다. 한편, 특별대표 는 원빈(배우), 김래원(배우), 이보영(배우), 공유(배우), 최시원(가수), 지성(배우), 리처드 용 재 오닐(비올리스트)이며 주로 연예인들로 구성되어 있다. 특별대표 역시 유니세프에서 후 원하는 자선행사 참여, 공익 광고 촬영, 홍보 영상 촬영, 빈민가정의 어린이를 위한 봉사활 동 등 다양한 봉사 및 홍보활동을 하고 있다.

유니세프는 공식 홈페이지 이외에 페이스북, 인스타그램, 트위터, 유튜브, 카카오스토 리, 블로그 등 소셜미디어 공식 계정을 가지고 있다. 소셜미디어에는 다양한 홍보 영상과 정보를 전달하고 있는데 친선대사와 특별대표뿐만 아니라 재능기부를 통해 많은 연예인 과 전문가들이 참여하고 있다. 예를 들어, 2020년 8월과 9월에는 친선대사인 안성기가 참

---

3) 이하의 내용은 유니세프 한국위원회 홈페이지에 있는 유니세프와 사람들 페이지(https://www.unicef.or.kr/active/ goodwill-ambassadors/)를 참고했다.

여한 '안성기, 유니세프를 말한다' 시리즈 홍보영상이 업데이트되어 있다. 세계적으로 인기가 있는 방탄소년단도 2017년부터 유니세프와 'Love Myself' 캠페인을 함께 하고 있는데 캠페인 축하 메시지 영상이 유튜브에 매년 업데이트되고 있다. 코로나19로 오프라인 행사가 어려운 상황에서 유니세프 한국위원회도 소셜미디어를 적극적으로 활용하고 있다.

(2) 대학교 학생홍보대사

국내외 많은 대학이 홍보대사 제도를 운영하고 있다. 대학교는 수험생이라는 관련 공중을 대상으로 많은 홍보활동을 펼치고 있다. 입시설명회에 오는 수험생과 학부모들 그리고 대학 캠퍼스를 직접 보고 싶어 하는 수험생들을 대상으로 학생홍보대사들이 현장에서 홍보활동을 펼치는 모습은 어렵지 않게 볼 수 있다. 최근에는 코로나19로 인한 비대면으로 홍보대사 활동이 이어지고 있는데, 미국의 많은 대학은 유비지트(youvisit.com)라는 가상현실(Virtual Reality: VR) 기술 전문기업이 개발한 캠퍼스 투어 플랫폼을 이용하고 있다(김활빈, 2021). VR 캠퍼스 투어에 학생홍보대사가 등장하여 캠퍼스 투어를 함께 할 수 있다. 이 장에서는 국내 대학교에서 가장 먼저 홍보대사 제도를 실시한 고려대학교의 사례를 통해 학생홍보대사에 대하여 살펴보도록 하겠다.[4]

고려대학교의 학생홍보대사 여울은 대외협력처 산하 커뮤니케이션 팀 소속의 학교 단체로서 1998년 9월 시작되었는데 처음에는 홍보도우미라는 이름을 사용했다. 2003년 10월에 이름을 '여울'로 변경했는데 그 의미는 '고려대학교를 울려라'에서 나왔다. 처음에는 1998년 대학교육협의회에서 주최하는 대학입시박람회에서 입학관리팀과 홍보팀을 보조할 대학생들을 뽑기 위하여 시작되었다. 하지만 입시홍보뿐 아니라 단체견학과 정기견학, 대내외 행사 보조, 멘토링 등의 활동을 하며 그 운용범위가 확대되어 왔다. 2019년 9월에 여울 22기 32명을 선발했는데 현재까지 약 600여 명이 여울을 거쳐 갔거나 활동 중에 있다.

---

4) 이하의 내용은 필자의 홍보대사 경험(홍보도우미 2기로 1999부터 2001년까지 활동)과 공식 웹페이지(https://tour.korea.ac.kr/tour/index.do)를 참고했다.

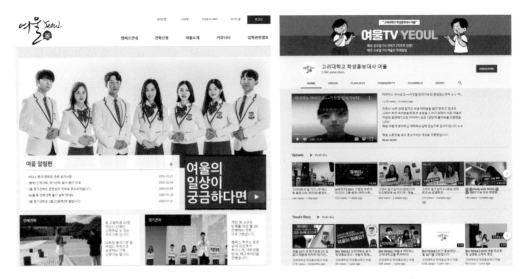

[그림 14-5] 고려대학교 학생홍보대사 여울 홈페이지와 유튜브 공식 계정

주요 활동 가운데 핵심은 견학으로 1999년부터 캠퍼스 투어 형식의 견학이 운영되었다. 견학은 단체견학과 정기견학으로 나뉘는데, 단체견학은 20명 이상이 홈페이지를 통해 원하는 날짜와 시간을 정하여 신청하게 되며 60분 동안 하는 코스와 90분 동안 하는 도보견학 코스가 있다. 정기견학은 한 달에 한 번 정해진 날짜에 개인이나 20명 이하 단체의 신청을 받아 실시하는 정기투어로 단체견학보다 다양한 프로그램으로 구성되어 약 4시간 정도 소요된다. 고등학교 3학년 수험생뿐만 아니라 중·고등학생들이 견학 프로그램에 참여하고 있는데, 재학생들이 직접 대학교의 역사와 문화 그리고 캠퍼스를 소개하고 설명해 준다는 점이 가장 큰 장점이다. 왜냐하면 재학생 홍보대사를 보면서 자신도 미래의 대학생이 되고 싶은 동기를 강력하게 부여해 줄 수 있고, 실제 견학에 참여한 학생들은 해당 학교에 대한 호감도가 매우 상승하는 것으로 나타났기 때문이다. 특히 견학 후기 게시판을 살펴보면 견학에 참가했던 많은 학생이 홍보대사를 롤모델로 삼거나 감사함을 표시하고 학교에 꼭 오고 싶다는 의견이 많음을 확인할 수 있다. 학생들을 대상으로 입시홍보, 더 나아가서 학교에 대한 홍보 효과를 톡톡히 누리고 있는 것이다. 이는 PR 커뮤니케이션이 궁극적으로 관련 공중과 쌍방향 커뮤니케이션을 통해 호혜적인 관계를 전략적으로 관리하는 일이라고 정의할 때 재학생 홍보대사를 통한 직접 체험 활동으로서 견학은 매우 성공적인 PR 커뮤니케이션 수단이 되는 것으로 평가할 수 있다.

최근에는 디지털 미디어 시대에 맞추어 2019년 1월에 유튜브 공식 계정(여울TV)도 개설하여 운영하고 있다. 대학교에 대한 소개 및 안내 영상부터 대학생들의 일상생활을 담은 브이로그, 여울 활동을 보여 주는 영상에 이르기까지 수험생과 그 가족들이 관심을 가질 만한 동영상을 꾸준히 업데이트하고 있다. 한편 코로나19로 현재 단체견학과 정기견학 모두 운영하고 있지 않고 있는데, 기존의 투어와 멘토링을 합하여 온라인 투어와 멘토링 정규 프로그램을 담은 랜선 멘토링을 운영하고 있다.

3. 스폰서십과 PR

1) 스폰서십의 의의

연말연시 기간 혹은 태풍이나 홍수, 산불 피해 등과 같은 재해가 닥쳤을 때 기업들이 각종 후원 활동을 하는 것을 미디어를 통해 어렵지 않게 볼 수 있다. 그리고 스포츠 경기를 중계하는 화면에서 선수의 유니폼이나 장비 등에서도 기업 로고를 찾아볼 수 있다. 예를 들어, 타이거 우즈는 나이키에서 제공하는 의상과 골프채를 사용하는데 중계화면에 나이키 로고가 클로즈업되어 노출될 때가 많다. 기업의 후원이 미디어를 통해 노출되는 다양한 방법이 있는 것이다. 이러한 후원 활동을 스폰서십이라고 한다.

스폰서십(sponsorship)은 후원자를 뜻하는 스폰서(sponsor)에서 나온 말로 주로 기업이 자신의 이익을 위하여 행하는 후원 활동으로 재정적 지원을 하거나 특정 주체를 도와주는 모든 행위를 의미한다(김병희, 2014). 스폰서십은 "특정 행사나 활동과 직접 제휴하는 대가로 기업이 그 행사나 활동에 재정적·인적·물질적 지원을 제공한 다음, 자사의 경영 활동과 마케팅 및 매체의 목적을 달성하기 위해 그 행사나 활동을 이용하는 것"으로 정의할 수 있다(김병희, 2014, p. 256). 즉, 기업이 행하는 다양한 종류의 후원 활동을 포함하는데 크게 사회공헌활동 스폰서십, 스포츠 스폰서십, 문화예술 스폰서십으로 구분할 수 있다.

이러한 스폰서십은 역사적으로 보면 고대 로마 시대까지 거슬러 올라갈 수 있는데, 당시 검투사 경기에서 귀족 정치인들이 검투사 개인이나 경기를 후원하였다고 한다(김요한,

이명천, 송병원, 2018). 최근에도 프로스포츠 경기, 국제적 스포츠 이벤트(월드컵, 올림픽 등), 문화예술 공연, 각종 공익사업 등에 기업의 후원 활동이 활발하게 이루어지고 있다. 기업이 스폰서십을 자주 활용하는 이유는 스폰서십이 기업의 이미지와 인지도를 높여 주고, 기업 구성원들에게는 동기를 부여해 줄 수 있으며, 기업의 신뢰를 높여 주어 기업의 PR 커뮤니케이션에 큰 도움을 준다고 판단하기 때문이다(김병희, 2014). 특히 스폰서십이 기업의 이미지를 높여 주는 데 효과가 있다는 메타분석 결과도 있다(김대욱, 손영곤, 서동명, 최명일, 2017).

스폰서십의 효과를 더 살펴보면 다음과 같은 세 가지로 나누어 볼 수 있다(김요한, 이명천, 송병원, 2018). 첫째, 스폰서십은 광고보다 기업의 이미지나 브랜드 등을 자연스럽게 노출할 수 있다. 이에 대한 거부감도 덜 하고 소비자의 회상을 촉진하는 데 더 효과적이다. 스포츠 중계화면에 특정 기업의 로고와 브랜드가 계속 노출되는 경우가 대표적이다. 또한 기업이 경기대회를 후원하는 경우 아나운서는 반복해서 스폰서 기업명을 중계에서 언급한다. 2020년에는 코로나19로 프로야구를 비롯한 프로스포츠 경기의 관중이 제한적으로 허용되거나 허용되지 않았기 때문에 텔레비전 중계를 통해 시청하는 경우가 많았다. 2018년부터 신한은행이 KBO 리그 타이틀 스폰서를 맡았는데 중계에서 신한은행 기업명이 반복해서 언급되었다. 둘째, 스폰서십을 통해 기업에 대한 평가를 호의적 혹은 긍정적으로 변화시킬 수 있다. 스폰서 기업이 사회공헌 차원에서 혹은 행사나 이벤트가 성공적으로 진행될 수 있도록 도움을 준다는 인식을 소비자에게 심어 줄 수 있기 때문이다. 셋째, 스폰서십을 통해 기업 브랜드의 구매 의도와 실제 구매를 높여 줄 수 있다. 특별한 사회적 재난이나 자연 재해를 겪는 시기 등에는 기업이 사회공헌활동 스폰서십을 통해 사회적 책임을 다하는 모습을 본 소비자들은 제품 구매나 서비스 이용에 해당 기업의 브랜드를 고려할 가능성이 높다. 또한 스포츠 행사나 개별 운동선수 후원 기업에 대하여 더 호의적인 태도를 갖게 되어 구매 의도가 높아질 수 있는 것이다.

사회공헌활동 스폰서십은 기업이 사회로부터 많은 혜택을 받았기 때문에 이익 일부를 사회에 환원하고 사회적 책임을 다해야 한다는 기업의 사회적 책임성(corporate social responsibility: CSR)이 강조되면서 증가했다. 사회공헌활동은 기업의 사회 참여 방식 가운데 가장 전통적인 방법으로 사회 문제가 발생했거나 공익사업 등에 직접 기부를 하는 방식(현금 기부, 물품이나 설비 등의 현물 기증, 기업의 특정 기술이나 노하우 제공 등)을 취한다(김요한, 이명천, 송병원, 2018). 이러한 사회공헌활동은 CSR의 일환으로 이해하고 있기 때문에 이하에서는 스포츠 스폰서십과 문화예술 스폰서십을 중심으로 살펴보도록 한다.

2) 스포츠 스폰서십

스포츠 스폰서십은 기업이 자사의 이미지나 브랜드 인지도를 높이고 궁극적으로 구매를 유도하기 위하여 스포츠 선수 또는 스포츠 이벤트나 팀을 후원하는 활동이다. 이제 스포츠는 순수한 아마추어 정신을 넘어 비즈니스 영역이 되었고 따라서 스포츠 스폰서십이 기업 브랜드에 대한 인지도, 선호도 및 구매 의도에 영향을 미치게 되었다(김병희, 2014). 기업의 입장에서 스포츠 스폰서십은 인기 있는 스포츠 경기 및 관련 콘텐츠에 자사의 PR/마케팅 커뮤니케이션을 활용하여 인지도와 호감도를 높일 수 있어서 효과적이다(전종우 외, 2016).

기업의 스포츠 스폰서십이 계속해서 증가하고 있다. 스포츠 산업이 크게 성장하고 인기를 얻으면서 올림픽이나 월드컵과 같은 스포츠 이벤트를 통한 마케팅을 고려하는 기업들이 늘고 있기 때문이다(전종우 외, 2016). 스포츠 스폰서십의 증가 이유를 크게 네 가지로 나누어 볼 수 있다(김요한, 이명천, 송병원, 2018). 첫째, 사람들의 여가 활동에 대한 관심과 참여가 증가했기 때문이다. 소비자들이 접하는 모든 접점이 기업의 PR 커뮤니케이션 대상이 될 수 있는데, 여가 활동의 증가는 그만큼 기업의 PR 커뮤니케이션 수단을 활용할 기회가 증가하게 되는 것이다. 최근 국민여가활동조사(문화체육관광부, 2019b)에 따르면, 지난 1년 동안 가장 많이 참여한 여가 활동(1~5순위) 가운데 스포츠 참여활동(2019년 25.4%, 2018년 35.3%, 2017년 36.4%)과 스포츠 관람활동(2019년 16.6%, 2018년 15.4%, 2017년 14.3%)이 포함되었다. 스포츠 참여활동의 비중이 더 높지만 감소하는 추세를 보였고, 관람활동은 증가하는 추세를 보여 주고 있다. 둘째, 스포츠 경기의 높은 시청률 때문이다. OTT와 소셜미디어의 등장으로 지상파 방송사들의 시청률이 하락하는 가운데, 월드컵이나 올림픽과 같은 국제 스포츠 행사는 여전히 높은 시청률을 보이고 있다. 예를 들어, 2018 러시아 월드컵에서 한국-독일전 경기는 지상파 3사의 실시간 시청률 총합이 60.96%를 기록했다(김진선, 2018. 6. 28.). 미국에서는 미식축구 결승전인 슈퍼볼이 가장 높은 시청자 수를 기록하는데, 2020년 슈퍼볼 시청자 수는 약 1억 2백만 명으로 집계되었다(황민규, 2020. 2. 4.). 이러한 스포츠 중계 영상은 재방송과 유튜브와 같은 플랫폼을 통해 더 많은 시청자에게 노출된다. 따라서 국제적 스포츠 이벤트나 사람들의 관심이 높은 스포츠 경기는 스폰서십이 증가할 수밖에 없다. 셋째, 뉴미디어의 등장이다. 전통적인 지상파 방송사 이외에 유료방송채널과 최근에는 다양한 디지털 방송영상 플랫폼이 등장하고 있고, 스포츠를 전문적으로 중계해 주는 프로그램과 콘텐츠가 늘고 있다. 지금은 국내의 프로스포츠 경기의 대부분이 스포츠 전문 채널을 통해서 중계되고 있다. 또한 앞서 언급했듯이 새로운 영상 플랫폼을 통해 중계 영상이 널리 퍼지고 있다. 넷째, 정보기술의 발달이다. 디지털 방송통신 기술의 발달로 거의 모든 국제 스포츠 경기의 중계가 가능해지고 있다. 월드컵과 올림픽뿐만 아니라 외국의 프로스포츠 경기(예: 유럽 축구리그, 미국 야구리그/농구리그 등)도 쉽게 시청이 가능해졌다. 따라서 글로벌 기업들은 스포츠 스폰서십에 더 관심을 가지게 되었다.

스포츠 스폰서십은 크게 네 가지 유형으로 나누어 볼 수 있다(김요한, 이명천, 송병원, 2018). 첫째, 개별 선수를 후원하는 경우이다. 선수 개인별로 재정적으로 그리고 스포츠용품의 제공으로 후원을 하는 경우이다. 가장 유명한 사례는 나이키의 후원을 받은 농구 선수 마이클 조던과 골프 선수 타이거 우즈일 것이다. 영국의 프리미어 리그에서 뛰고 있는 손흥민 선수도 아디다스(Adidas)와 2023년 6월까지 스폰서십 연장 계약을 맺었다(김영구, 2018. 5. 15.). 이렇게 스포츠 선수 개인에게 후원을 할 경우 선수는 경기에서 해당 스포츠 브랜드 용품을 항상 사용하게 되어 지속적인 브랜드 노출이 이루어진다. 수준급의 선수들이 후원을 받기 때문에 성적이 좋은 편이고 그 성적이 해당 브랜드 제품의 우수한 품질 덕이라는 인식도 심어 줄 수 있을 것이다. 또한 골프선수 박세리 선수나 피겨스케이팅의 김연아 선수도 개별 후원을 많이 받았는데, 좋은 성적을 내면 후원사의 후원 활동 덕분에 연습에 전념할 수 있을 거란 생각을 할 수 있다.

둘째, 스포츠팀을 후원하는 경우이다. 개인 종목이 아닌 구기 종목과 같이 팀스포츠로 이루어진 경우에 자주 사용되는 후원 방법이다. 해당 팀을 재정적으로 후원하고 유니폼이나 스포츠 용품에 기업 로고나 브랜드를 사용할 수 있는 권리를 갖는다. 유럽 축구리그가 우리나라를 비롯한 전 세계적으로 많은 팬을 보유하고 있는데, 1990년대에는 일본 기업들 [예: 맨체스터 유나이티드의 샤프(Sharp), 아스널의 JVC, AS로마의 마쯔다(Mazda), 유벤투스의 소니(Sony), 발렌시아의 토요타(Toyota) 등]의 스폰서십이 많았다. 하지만 2000년대 이후 한국의 기업들도 스폰서십에 나서게 되었는데 이는 한국 기업들도 유럽시장에 진출하여 스포츠 마케팅이 필요했기 때문이다(예: 첼시의 삼성과 현대차, AS로마의 현대차, 풀럼의 LG전자 등). 특히 유럽 축구 스폰서십은 약 1조 원 규모로 1위인 바르셀로나는 나이키와 2028년까지 연간 2,050억 원의 후원계약을 그리고 2위인 레알 마드리드는 아디다스와 2028년까지 연간 1,580억 원의 후원계약을 맺었다(김지한, 2019. 7. 10.). 한편, 한국의 국가대표 축구팀은 나이키와 1996년 애틀랜타 올림픽부터 24년간 유니폼 후원을 해 오고 있다.

[그림 14-6] 현대자동차의 영국 프리미어 리그 첼시 후원

출처: 현대자동차.

셋째, 스포츠 단체에 대한 후원이다. 스포츠 협회나 연맹에 기업이 재정적 지원을 하거나 스포츠 용품을 제공하는 경우이다. 대한축구협회는 최근 후원사 KT와 4년 연장계약을 맺었는데 이는 2001년부터 시작되어 온 후원이 20년을 넘게 된 것이다(노주환, 2019. 6. 11.). 축구협회는 KT 이외에 공식 후원사가 11개 업체로 2019년 기준으로 후원 수입이 대략 400억 원에 달하게 되었다. 오랫동안 국제대회에서 좋은 성적을 거두고 있는 양궁의 경우 현대자동차가 대한양궁협회를 1985년부터 후원해 왔는데, 현대차는 세계양궁협회가 개최하는 양궁 월드컵과 세계선수권 대회 타이틀 스폰서까지 하고 있다.

넷째, 스포츠 이벤트에 대한 후원이다. 주로 국제적인 스포츠 이벤트에 스폰서십이 많은데, 올림픽과 월드컵이 대표적이다. 조직위원회로부터 공식 후원사가 되면 경기장 내에 있는 광고판과 입장권 등에 후원 기업의 로고를 사용할 수 있다. 현대자동차는 1999년부터 국제축구연맹(Federation Internationale de Football Association: FIFA)과 유럽축구연맹 (Union of European Football Associations: UEFA)와 인연을 맺고 2002년과 2006년 월드컵에 공식 후원을 그리고 2010년 월드컵부터는 기아자동차와 공동으로 공식 후원을 하고 있다. 재계 라이벌인 삼성은 올림픽에 오랫동안 후원을 하고 있다. 삼성전자는 1988년 지역 후원사로 올림픽과 인연을 맺은 이후, 1997년 국제올림픽위원회(International Olympic Committee: IOC)와 글로벌 후원사 계약을 체결하였고, 2028년까지 후원 연장 계약을 했다 (최지영, 2018. 12. 4.).

[그림 14-7] 삼성의 올림픽 후원 계약 연장과 2020 로잔 동계 유스 올림픽 기간 동안
삼성 올림픽 체험관에서 최신 모바일 기기를 사용하는 방문객

출처: 삼성전자 뉴스룸 홈페이지.

3) 문화예술 스폰서십: 메세나

많은 기업이 문화예술 행사를 지원하고 후원함으로써 기업의 인지도와 호감도를 높이는 PR 커뮤니케이션을 하고 있다(김병희, 2014). 한국에서 체계적으로 문화예술 분야의 후원이 이루어진 것은 1994년 한국기업메세나협의회가 설립된 이후이다. 문화예술 분야의 후원은 메세나(mecenat)라고도 부르는데, 한국메세나협회에 따르면 메세나란 고대 로마 제국의 정치가로서 예술가를 후원했던 마에케나스(Maecenas)의 이름에서 유래한 프랑스 어이며, 오늘날 메세나는 기업이 문화예술 지원을 통해 사회에 공헌하고 국가 경쟁력에 기여하는 활동을 의미한다. [5] 한국메세나협회는 메세나를 ① 기업과 예술의 동반 발전을 위

해 상호 협력하고 지원하는 공익적인 활동, ② 기업의 사회적 책임경영에 필요한 전략적인 활동, ③ 기업이 문화 CSR을 통해 국가 문화예술 발전에 기여하는 중추적 역할을 하는 활동, ④ 경영 자원으로써 기업문화를 구축하기 위한 문화예술협력 활동을 위한 후원 활동으로 보고 있다.

기업이 문화예술 분야의 후원을 하는 이유는 그에 따른 효과가 있기 때문이다. 문화예술을 파트너십으로 생각하고 적극적으로 활용하여 기업, 소비자, 문화예술계가 함께 상생할 수 있는 PR 커뮤니케이션 전략으로서 메세나 활동이 인정받고 있다(김요한, 이명천, 송병원, 2018). 문화예술 분야를 향유하고 싶은 사람들은 기업의 후원 활동 덕분에 다양한 공연과 이벤트를 즐길 수 있다. 기업 입장에서도 수익을 크게 기대할 수 없는 문화예술 분야에 대한 지원은 기업의 사회적 책임을 다하는 일이며, 문화예술계의 발전에 이바지하는 착한 기업이라는 인식을 심어 줄 수도 있다(김병희, 2014). 호의적인 기업 이미지가 증가하면 결국 기업의 수익에도 영향을 미칠 수 있고, 내부 구성원들도 자긍심을 가질 수 있다. 연구결과에 따르면 기업의 메세나 활동이 기업의 이미지와 평판 그리고 구매의도에 효과가 있는 것으로 확인되었다(권혁인, 김현수, 최용석, 2015). 다른 연구에서도 메세나 활동의 효과가 확인되었는데, 기업미술관 메세나 활동을 자선적으로 생각할수록 그리고 진정성을 인정할수록 기업미술관에 대한 호감도 그리고 기업 이미지가 증가하는 것으로 나타났다(이준영, 한미정, 2018).

한국메세나협회는 문화예술 후원을 체계적으로 할 수 있도록 도움을 준다.[6] 기업이 예술단체와 1:1로 결연하여 장기적인 파트너십을 이어 갈 수 있도록 하는 결연 프로그램이 있고, 기업이 예술단체에 지원하는 금액에 비례하여 문예진흥기금을 추가로 지원하는 예술지원 매칭펀드도 운영한다. 또한 문화공헌사업으로 문화 소외계층과 지역사회와의 문화 나눔을 위해 출연기업들과 협력하여 '찾아가는 메세나'와 'Arts for children' 사업을 기획 및 운영하고 있다. 그 밖에 기업 메세나 활동을 수치로 확인할 수 있는 각종 조사 및 연구사업을 진행한다. 예를 들어, 찾아가는 메세나 가운데 종근당은 2014년부터 전국의 병

---

5) 한국메세나협회 홈페이지(https://www.mecenat.or.kr/ko/).

6) 이하의 내용은 한국메세나협회 홈페이지(https://www.mecenat.or.kr/ko/) 및 2019년도 연차보고서(https://www.mecenat.or.kr/ko/community/report.php)를 참고하라.

원을 직접 찾아가 환우와 가족, 병원 관계자들을 위한 오페라 음악을 선사하고 있다. 현대자동차그룹은 2012년부터 군인의 품격이란 군 사회공헌사업을 하고 있는데, 군 장병에게 뮤지컬, 연극 공연과 유명 강사의 강연 등을 제공하고 있다. 한편, 협회는 메세나 활동의 중요성과 효과에 대하여 알리고 기업의 적극적인 참여를 유도하기 위해 협회 및 메세나 활동 소식을 언론사에 제공(퍼블리시티)하고, 온라인 뉴스레터 발행과 SNS를 통한 홍보, 계간 『메세나』의 발간, 연차보고서 발행 등 다양한 PR 커뮤니케이션을 하고 있다.

[그림 14-8] 종근당의 '오페라 희망이야기'와 현대자동차 그룹의 '군인의 품격'

출처: 한국메세나협회.

2019년 기업의 문화예술지원 현황조사 결과에 따르면,[7] 기업의 지원 금액은 2015년 1,805억 원, 2016년 2,025억 원, 2017년 1,943억 원, 2018년 2,039억 원, 그리고 2019년 2,081억 원으로 2017년에 다소 감소했지만 다시 증가하고 있다. 이 가운데 인프라 지원 금액이 1,139억 원 정도로 가장 많았으며, 다음은 미술·전시(238억 원), 클래식(177억 원), 문화예술교육(171억 원), 국악·전통예술(63억 원) 등의 순이었다. 기업의 문화예술 지원 방식은 응답한 기업의 74.8%가 금전 지원을 했고, 장소(8.5%), 인력(7.7%), 기술(5.4%), 현물(3.7%) 순으로 나타나 주로 금전 지원을 하는 것으로 나타났다. 한편, 기업의 문화예술 지원 목적은 사회공헌 전략이라는 응답이 76.4%로 그 비율이 가장 높았고, 마케팅 전

---

7) https://www.mecenat.or.kr/ko/research/

략(15.7%)과 경영 전략(7.9%)은 상대적으로 낮았다. 사회공헌 전략이라고 응답한 내역을 살펴보면, 문화예술단체 순수 지원이 53.3%로 가장 높은 비율을 보여 주었고, 지역사회의 문화예술 활동 지원 또는 지역문화 활성화를 위한 사업 지원도 28.4%로 적지 않았다. 궁극적으로 문화예술을 지원하게 된 동기가 무엇인지 묻는 질문에는 문화예술계 발전이 31.7%, 지역사회공헌이 28.7%, 기업 이미지 제고가 22.8%로 높게 나타났고, 그 밖에 문화예술 관련 활동의 사업화 도모(5.4%), 실질적 마케팅·홍보 효과(3.6%), 기업(조직)문화 고양(3.0%), 직원 창의력·만족도 제고(1.8%) 등의 목적이 있었다.

최근에는 코로나19 장기화로 문화예술계도 큰 타격을 받기도 하였다. 문화예술 분야 가운데 관중이 입장하여 즐기는 공연의 진행이 어렵기 때문이다. 일례로 2020년 10월 21일, 세종문화회관에서 문화체육관광부가 주최하고 한국메세나협회와 세종문화회관이 주관하는 온라인 세미나 '코로나 시대의 메세나'가 열렸으며(김준익, 2020. 10. 21.), 현실적 어려움을 해소하는 방안에 대한 토의가 이루어지기도 했다. 디지털을 접목한 기업들의 문화공헌 사례 발표가 있었으며 디지털 전환 시대에 맞는 문화공헌활동을 해야 한다는 주장이 논의되기도 했다(세종문화회관웹진, 2020). 디지털 소통 시대에서 비대면 온라인 공연이 늘고 있지만 현장성이 중요한 문화예술 분야의 특성을 잘 살리지 못한다면 침체가 계속될 수 있다. 즉, 오프라인 공연이 중심이 되어야 하는 문화예술 분야의 경우 지나친 디지털 전환은 메세나 활성화에 오히려 해가 될 수 있다. 코로나 시대에 온라인 공연에도 명암이 있음을 인식하고 주목받지 못하는 많은 순수예술 분야의 예술가들이 있기 때문에 문화예술 분야에 대한 기업의 스폰서십은 더 확대될 필요가 있다.

사례1 연예인 홍보대사

연예인 홍보대사의 전성시대이다. 많은 공공기관과 지방자치단체는 조직 인지도를 위해 혹은 정책이나 행사, 이벤트를 홍보하기 위해 연예인을 홍보대사로 임명하고 있다. 뛰어난 인지도와 호감도를 바탕으로 홍보대사를 위촉하면 관련 기사들이 쏟아진다. 유명 연예인일수록 퍼블리시티 효과는 더 크다. 하지만 연예인 홍보대사 임명이 항상 좋은 결과만을 낳는 것은 아니다. 미스트롯으로 유명해진 송가인은 행사뿐만 아니라 홍보대사 섭외에서도 1순위로 꼽혔다. 전라남도는 2019년 송가인을 관광홍보대사로 임명했다. 진도가 고향인 송가인은 진도군 홍보대사로도 위촉되었다. 두 지방자치단체로부터 위촉된 홍보대사는 무보수 명예직이었다. 하지만 나주 국제농업박람회 홍보대사로 위촉된 송가인이 출연료 3,500만 원을 받았다는 소식이 전해지면서 구설수에 올랐다. 농업박람회 측은 대행사를 통해 섭외한 홍보 계약이라고 해명했다. 전라남도 관계자는 지방자치단체 홍보대사와 행사 홍보대사가 명칭은 같지만 성격이 다르다고 설명했다(여운창, 2019. 8. 12.). 국제농업박람회에 참여하여 인사를 하고 노래를 부르는 등 일반적인 행사에 초청된 가수와 차이가 없어 보였다. 하지만 이러한 뉴스를 접한 일반인들의 입장에서는 이를 구분하기 어렵고 따라서 해당 지방자치단체와 송가인을 비난할 가능성이 높다. 일반적으로 홍보대사라고 하면 봉사의 차원에서 대가를 받지 않고 일하는 것으로 생각하기 때문이다.

기관이나 지방자치단체에서 대가 지불로 구설에 오르기도 하지만, 홍보대사가 사회적으로 물의를 일으키거나 자격 논란이 일기도 한다(구가인, 2014. 8. 21.). 모 배우의 경우 세금 탈루 사실이 밝혀졌는데, 그전까지 국세청 모범납세자로 표창을 받아 세무조사를 유예받았다는 점에서 비난가능성이 더 컸다. 마약류를 밀반입해서 논란이 있던 가수와 대마초를 피운 혐의를 받았던 다른 가수는 법무부 홍보대사였고, 부실복무 논란을 일으켰던 또 다른 가수는 병무청 홍보대사였다. 이들은 자신이 저지른 사회적 물의가 홍보대사를 임명한 기관의 업무와 관련되었다는 점에서 사람들에게 더 많은 비난을 받았다.

[그림 14-9] 전남 국제농업박람회 홍보대사 참석과 진도군 홍보대사 위촉
출처: 국제농업박람회, 진도군.

홍보대사의 원래의 목적에 맞게 기관이나 정책, 행사 등을 홍보하면서 무보수 명예직으로 봉사하는 유명인들이 대다수이다. 하지만 일부 홍보대사가 물의를 일으키고 있고, 이것이 기사화되었을 때 홍보를 기대한 기관은 오히려 역효과에 따른 피해를 입게 된다. 따라서 명성만 쫓아 충분한 고려 없이 홍보대사를 위촉하는 일은 지양해야 할 것이다.

사례2 **스포츠 스폰서십에서 매복 마케팅**

2002년에 개최된 한일월드컵은 한국 대표팀이 4강에 진출하는 쾌거를 기록한 대회로 많은 사람이 기억한다. 여기에 또 기억할 만한 점은 국민들이 광장과 큰 길거리에 모여 응원을 하는 거리 응원이 본격화되었다는 점이다. 이러한 거리 응원은 국가대표 축구팀의 공식응원단인 '붉은악마'가 주도했는데, 여기에 'SK텔레콤'이 '붉은악마'를 지원하여 'Be the Reds'라는 응원 티셔츠를 제작하여 배포하였다. 많은 사람이 공식 라이센스를 받은 티셔츠 대신 '붉은악마' 티셔츠를 입고 거리 응원에 참여했다. 한일월드컵의 공식 스폰서는 통신 라이벌인 'KT'였다. [그림 14-10]에서 보는 바와 같이, 공식 후원사인 'KT'는 신문 지면 광고에 월드컵 공식 로고가 들어가 있지만 'SK텔레콤'의 광고에는 월드컵 공식 로고가 없다. 하지만 'SK텔레콤'이 더 큰 효과를 거둔 것으로 평가한다. '붉은악마' 주도의 거리 응원이 전국적으로 호응을 얻었고, 미디어에서도 'SK텔레콤'의 '붉은악마'와 함께 하는 '오~필승코리아!' 응원가가 주로 노출되었기 때문에 많은 사람은 'SK텔레콤'을 공식 스폰서로 생각했다.

[그림 14-10] 2002년 한일월드컵 당시 'SK텔레콤'과 'KT'의 신문 지면 광고

한일월드컵의 'SK텔레콤' 마케팅 사례와 같이 스포츠 이벤트의 공식 스폰서십을 획득하지 않고 스폰서십과 유사한 효과를 얻는 경우가 종종 발생한다. 이를 매복 마케팅 혹은 앰부시 마케팅(ambush marketing)이라고 부르는데 "실제 스포츠 이벤트의 공식 스폰서가 아니면서 마치 공식 스폰서인 것처럼 이미지를 제공하여 일반인들이 오해하게 만드는 활동"으로 정의할 수 있다(김요한, 이명천, 송병원, 2018, p. 225). 기업들이 매복 마케팅을 하는 이유는 공식 스폰서가 되면 많은 비용을 지불해야 하는데 그러한 비용 지불 없이 공식 스폰서의 이미지를 심어 줄 수 있는 이점이 있기 때문이다(구윤희, 심재철,

2007). 하지만 FIFA과 IOC는 이러한 매복 마케팅을 억제하고 원칙적으로 인정하지 않고 있다. PR 커뮤니케이션 측면에서도 문제가 있다. 소비자가 속았다고 느끼면 상호호혜적 관계가 깨지는 것을 넘어서 해당 브랜드에 대한 비호의적 태도가 생길 수 있기 때문이다.

한편, 2002년에 공식 스폰서로 참여하고도 경쟁업체의 매복 마케팅에 밀린 'KT'는 2006년 독일월드컵에서는 공식 스폰서로 참여하지 않은 대신 매복 마케팅을 이용했다(구윤희, 심재철, 2007). '붉은악마'가 'SK텔레콤'과 결별한 사이에 후원 계약을 맺고 지원을 한 것이다. 하지만 이러한 매복 마케팅은 2018년 평창동계올림픽에서 제동이 걸린다. 김연아가 오랫동안 광고모델을 한 'SK텔레콤'은 김연아가 동계 올림픽 종목들을 배우는 컨셉으로 광고 캠페인을 진행했다. 하지만 평창동계올림픽 조직위원회의 요청을 받은 특허청이 'SK텔레콤'의 올림픽 홍보 캠페인이 「부정경쟁방지법」 위반에 해당한다고 결정했고 해당 마케팅은 중단되었다(김요한, 이명천, 송병원, 2018). 스포츠 스폰서십과 관련하여 매복 마케팅은 여전히 비용 대비 효과가 큰 측면 때문에 많이 활용되고 있는 실정이다. 또한 어느 정도까지가 공식 스폰서의 권리를 침해하는가에 대한 평가가 명확하지 않은 점도 매복 마케팅이 사라지지 않는 이유이다.

토론주제

1. 성공적인 홍보대사 위촉 사례와 실패한 홍보대사 위촉 사례를 찾아보고, 그 이유를 PR 커뮤니케이션 측면에서 평가해 보자.
2. 스포츠 스폰서십에서 활용되었던 다른 매복 마케팅 사례를 찾아서 어떻게 전개되었는지 알아보고 그 결과를 평가해 보자.

참고문헌

구가인(2014. 8. 21.). '자격미달' 연예인 홍보대사들(https://www.donga.com/news/Society/article/all/20140821/65881310/1).

구윤희, 심재철(2007). 월드컵 스폰서십과 매복마케팅: KTF의 2002 월드컵과 2006 월드컵 기업PR 사례연구. 홍보학연구, 11(1), 141-184.

권혁인, 김현수, 최용석(2015). 기업의 메세나 활동이 기업 이미지 및 평판, 구매의도에 미치는 영향에 관한 연구: 네이밍 조절효과를 중심으로. 경영교육연구, 30(1), 265-294.

김대욱, 손영곤, 서동명, 최명일(2016). 기업의 PR 프로그램은 얼마나 효과적인가? 국내 기업 PR 프로그램 효과에 대한 메타분석. 한국광고홍보학보, 19(2), 220-265.

김병희(2014). 이벤트와 스폰서십. 김병희, 한정호, 김장열, 김찬아, 박노일, 박동진, 박종민, 배지양, 오창우, 유선욱, 이유나, 이제영, 전형준, 정지연, 조삼섭, 최준혁, 탁재택, 황성욱 공저. PR학 원론(pp. 251-260). 서울: 커뮤니케이션북스.

김성경, 임성준(2020). 클래식 라이브 스트리밍 공연의 서비스 품질이 시청만족과 현장공연 구매의도에 미치는 영향. 한국콘텐츠학회논문지, 20(1), 60-72.

김영구(2018. 5. 15.). 손흥민 '아디다스와 2023년 6월까지 후원계약 연장'(https://www.mk.co.kr/news/sports/view/2018/05/308609/).

김영석(2019). 설득 커뮤니케이션(개정 2판). 경기: 나남출판.

김요한, 이명천, 송병원(2018). PR입문(2018년 개정판). 서울: 커뮤니케이션북스.

김주호(2019). PR의 힘: 세상을 움직이는 아이디어의 중심(2019년 개정판). 서울: 커뮤니케이션북스.

김준억(2020. 10. 21.). '코로나 시대' 기업의 예술후원 전략은… 온라인토론회 개최(https://www.yna.co.kr/view/AKR20201021047000005).

김지한(2019. 7. 10.). 1조원 시장을 잡아라, 유럽 축구 '옷의 전쟁'(https://news.joins.com/article/23520534).

김진석, 유현재(2016). 정부기관 홍보대사에 대한 국민들의 인식과 관련 광고에 대한 수용자의 태도에 대한 연구. 한국광고홍보학보, 18(2), 37-78.

김진선(2018. 6. 28.). 한국, 독일에 2대0 승리, 시청률만 60% '새 역사' 함께 썼다(https://www.sedaily.com/NewsVIew/1S0ZEL6L9M).

김활빈(2021). 융합현실과 홀로그램을 활용한 광고PR 사례. 김병희, 김신엽, 김용환, 김운한, 최민욱, 오현정, 김상현, 차영란, 차원상, 김활빈 공저. 디지털 변화 속 광고PR 산업: 현재와 미래(pp. 277-303). 서울: 학지사.

노주환(2019. 6. 11.). kt와 4년 연장계약 KFA, 11개 후원사 1년 스폰서십 400억 돌파한다(https://www.chosun.com/site/data/html_dir/2019/06/11/2019061102347.html).

문화체육관광부(2019a). 2019 콘텐츠산업 통계조사 보고서(https://www.kocca.kr/cop/bbs/list/B0158948.do?menuNo=203778).

문화체육관광부(2019b). 2019 국민여가활동조사(https://mcst.go.kr/kor/s_policy/dept/deptView.jsp?pSeq=1770&pDataCD=0406000000&pType=02).

박지은(2019. 4. 19.). 강원관광홍보대사 이동욱・장근석, 산불 피해복구 지원 앞장(http://www.kado.net/news/articleView.html?idxno=963652).

세종문화회관웹진(2020). With 코로나 With 메세나. 문화공간 175(http://story175.sejongpac.

or.kr/2020/11/with-코로나-with-메세나/).

손상희(2016). 지역 문화콘텐츠의 물리적 홍보 파급효과 분석: 특화거리를 중심으로. **한국콘텐츠학회 논문지, 16**(3), 33-42.

여운창(2019. 8. 12.). 미스트롯 송가인, 전남도 홍보대사 출연료 놓고 왈가왈부(https://www.yna.co.kr/view/AKR20190812113900054).

예술경영지원센터(2018). 2018 공연예술 트렌드 조사 보고서.

이명천(2009). PR 기제로써 홍보대사에 관한 개념적 고찰. **한국광고홍보학보, 11**(1), 124-152.

이명천(2019). 홍보대사의 진정성에 관한 수용자 인식 연구: 보수 유무별 차이를 중심으로. **광고연구, 123**, 148-169.

이종선(2019. 8. 12.). 아직도 연예인 홍보대사에게 '혈세' 수천만원 쓰는 지자체들(http://news.kmib.co.kr/article/view.asp?arcid=0013592888&code-61141111&cp=nv).

이준영, 한미정(2018). 기업미술관 메세나활동이 미술관 호감도 및 기업이미지에 미치는 영향: 미디어플랫폼, 후원동기, 반기업정서, 메세나진정성을 중심으로. **미디어, 젠더, & 문화, 33**(4), 53-106.

이형민(2016). 수용자의 자극추구성향이 공연 콘텐츠 대형 빌보드 광고 효과에 미치는 영향. **OOH광고학연구, 13**(2), 5-23.

이혜리(2020. 9. 11.). '#살아있다', 넷플릭스 전 세계 영화차트 1위 석권(https://www.sedaily.com/NewsVIew/1Z7TCLYTGO).

임동근(2019. 12. 30.). 국내 공연시장 2년 연속 성장… 2018년 매출액 8천232억원(https://www.yna.co.kr/view/AKR20191230053100005).

전종우, 이상원, 장병희, 남윤재, 이형석, 이양환, 유창석, 이형민(2016). **엔터테인먼트 콘텐츠 마케팅.** 서울: 서울경제경영출판사.

최지영(2018. 12. 4.). 삼성전자 2028년까지 올림픽 공식 스폰서 계약 연장(https://news.joins.com/article/23180729).

한국메세나협회(2019). 2019년도 연차보고서(https://www.mecenat.or.kr/ko/community/report.php).

한국콘텐츠진흥원(2020). 코로나19와 콘텐츠 이용: 변화와 전망. **KOCCA포커스, 128**, 1-24.

황민규(2020. 2. 4.). 미 국민 3분의1 TV 앞에 모였다… 슈퍼볼 시청자 1억명(https://www.chosun.com/site/data/html_dir/2020/02/04/2020020400698.html).

강원도청 홈페이지 강원뉴스. https://www.provin.gangwon.kr/gw/portal/sub04_05_02?articleSeq=20190426103954981&mode=readForm&curPage=4&sccode=34&mccode=4

국제농업박람회. http://www.iae.or.kr/bbs/board.php?bo_table=b04_04&wr_id=104&page=2

삼성전자 뉴스룸 홈페이지. https://news.samsung.com/kr/%ec%82%bc%ec%84%b1%ec%a
0%84%ec%9e%90-2020-%eb%a1%9c%ec%9e%94-%eb%8f%99%ea%b3%84-%ec%9c%
a0%ec%8a%a4-%ec%98%ac%eb%a6%bc%ed%94%bd-%ea%b3%b5%ec%8b%9d-
%ed%8c%8c%ed%8a%b8%eb%84%88

진도군. https://www.jindo.go.kr/home/sub.cs?m=158

현대자동차. https://news.hmgjournal.com/MediaCenter/News/Press-Releases/hmc-
Chelsea-180612

디지털 시대의 PR 학신론

찾아보기

내용

저자 소개

● 김현정(Kim Hyun Jeong)

현재 서원대학교 광고홍보학과 교수로 재직 중이다. 한양대학교에서 영문학 석사와 홍보학 박사를 받았다. 한국무역보험공사 홍보실에서 PR 기획은 물론 각종 사내외 PR 업무를 진담하였다. 국립재난안전연구원 홍보기획과에서 재난안전 위기관리 PR 실무 및 연구를 수행하였고, 국립정신건강센터 설립 전후 조직홍보 전반을 담당하는 홍보 전문가로 일했다. 저서로는 『스마트 광고 기술을 넘어』(공저, 학지사, 2020), 『디지털 융합시대 광고와 PR의 이론과 실제』(공저, 학지사, 2018), 『소셜미디어 시대의 PR』(공저, 커뮤니케이션북스, 2015) 등이 있고, 「증강현실(AR)을 활용한 화장품 광고의 효과에 관한 연구」(2020) 외 다수의 논문을 발표하였다. 산업자원부장관표창(정책홍보기여공로), 한국PR학회 우수논문상(2013), 헬스커뮤니케이션학회 레인보우학술상(2017) 등을 수상했다.

이메일: illda@naver.com

● 정원준(Chung, Wonjun)

현재 수원대학교 미디어커뮤니케이션학과 교수로 재직하고 있다. 연세대학교(B.S.), 미국 일리노이 주립대학교(M.A.), 퍼듀대학교(Ph.D.)에서 학위를 받았으며, 루이지애나대학교에서 커뮤니케이션학과 PR학 전공 교수를 역임하였다. 연구 분야는 정부정책/공공 PR, 이슈/갈등/위기관리, 빅데이터와 소셜미디어 등이다. 저서로는 『빅데이터의 분석방법과 활용』(공저, 학지사, 2020), 『광고홍보 교육의 현재와 미래』(공저, 한경사, 2019), 『디지털 사회와 PR 윤리』(공저, 커뮤니케이션북스, 2018), 『정책 PR론』(공저, 커뮤니케이션북스, 2015), 『PR 전문직의 리더십과 윤리의식』(공저, 커뮤니케이션북스, 2014), 『New Media and Public Relations』(공저, Peter Lang, 2012) 등이 있다.

이메일: wjchun1@hotmail.com

● 이유나(Yunna Rhee)

현재 한국외국어대학교 미디어커뮤니케이션학부 교수로 재직하고 있다. 이화여자대학교를 졸업하고, 미국 메릴랜드대학교에서 저널리즘 석사와 커뮤니케이션학 박사학위를 받았으며, 캘리포니아 주립대학교에서 PR학 전공 교수를 거쳤다. 한국PR학회 제19대 회장을 역임했으며, 한국외국어대학교 국제교류처장, 홍보실장을 지냈다. 주요 저서 및 논문으로는 『30대 뉴스에서 PR을 읽다』(공저, 한울아카데미, 2019), 『디지털 사회와 PR윤리』(공저, 커뮤니케이션북스, 2018), 『글로벌 PR』(커뮤니케이션북스, 2014), 「Big Data Analyses of Korea's Nation Branding on Google and Facebook」(2020), 「국가안보 PR 활동이 정책 지지에 미치는 영향」(2018) 외 다수가 있다.

이메일: yunna.rhee@gmail.com

● 이철한(Lee, Cheolhan)

현재 동국대학교 광고홍보학과 교수로 재직하고 있다. 연세대학교 신문방송학과를 졸업하고 미국 시라큐스대학교에서 공공 커뮤니케이션 석사를, 미주리 주립대학교에서 PR 전공으로 박사학위를 받았다. 한국보건사회연구원과 한국건강증진개발원에서 홍보자문을 하였고 보건복지부 장관표창을 받았다. 한국광고홍보학회에서 총무이사와 『광고홍보학보』 편집장으로 활동하였고, OOH 학회에서 총무이사로 활동하였다. 주요 저술과 논문 분야는 공공 캠페인과 위기 관리 커뮤니케이션이다.

이메일: clee@dongguk.edu

● 정현주(Jeong HyeonJu)

현재 가톨릭관동대학교 광고홍보학과 교수로 재직하고 있다. 미국 캘리포니아 주립대학교 풀러턴 캠퍼스에서 석사학위를 받고, 성균관대학교 신문방송학과에서 언론학(광고홍보 전공) 박사학위를 받았다. 레인보우 커뮤니케이션(홍보대행사)에서 수석연구원으로 일했으며, 현재 한국옥외광고센터에서 옥외광고심의위원회 위원으로 활동하고 있다. 또한 『홍보학연구』 『광고학연구』 『커뮤니케이션학연구』 등의 학술지에서 편집위원으로 활동하고 있다. 주요 논문으로는 「Reframing of Outgroup: How Activists Mobilize Civic Engagement」(2020), 「지역 소통 활성화 방안에 대한 연구」(2018) 외 다수가 있다.

이메일: dally12kr@naver.com

● 김수연(Soo-Yeon Kim)

현재 서강대학교 지식융합미디어학부 교수로 재직 중이다. 이화여자대학교에서 신문방송학을 전공하였고, 미국 조지아대학교(UGA)에서 PR학 전공으로 석사학위를, 플로리다대학교(UF)

에서 PR학 전공으로 박사학위를 취득하였다. 주요 연구 관심 분야는 기업의 사회적 책임(CSR), 위기 커뮤니케이션, PR 윤리, PR 전문성 등이다. 한국PR학회의 『홍보학연구』와 한국광고홍보학회의 『광고홍보학보』 편집위원을 역임하고 있으며, 주요 논문은 『Public Relations Review』 『Journal of Business Ethics』『한국언론학보』『홍보학연구』『광고홍보학보』『광고PR실학 연구』 등에 게재되었다.

이메일: sooyk@sogang.ac.kr

● **오현정**(Oh Hyun Jung)

현재 차의과학대학교 의료홍보미디어학과 교수로 재직 중이다. 미국 미시간 주립대학교 언론정보학과에서 언론정보학 박사를 받았다. 주요 논문으로는 「소셜 미디어와 인플루엔자 비상 사태: 한국의 2015년 MERS 사태 트위터 내용 분석」(2019), 「한국 언론은 '노인'을 어떠한 시선으로 바라보는가?」(2019), 「When Do People Verify and Share Health Rumors on Social Media? The Effects of Message Importance, Health Anxiety, and Health Literacy」(2019), 「트위터에서의 정보 공유, 탐색 및 순응에 대한 '루머' 레이블의 영향」(2018), 「Estimating the Impact of a Television Campaign on Tuberculosis Knowledge and Intention to Test for TB in South Korea」(2018) 등이 있다.

이메일: hyoh@cha.ac.kr

● **백혜진**(Hye-Jin Paek)

현재 한양대학교 광고홍보학과 교수를 잠시 휴직하고, 식품의약품안전처의 소비자위해예방국장으로 재직 중이다. 연세대학교 신문방송학과 졸업 후, 광고회사 코래드에서 일했다. 미국 위스콘신대학교에서 매스 커뮤니케이션 석사학위와 박사학위를 받고, 조지아대학교 광고홍보학과 조교수, 미시간 주립대학교 광고홍보학과 부교수를 거쳤다. 한국 헬스커뮤니케이션학회 회장을 역임했으며, 관심 분야는 헬스커뮤니케이션, 위기 및 리스크 관리, 소셜 마케팅, 광고PR의 사회적 책임이다. 주요 저서로는 『광고PR 커뮤니케이션 효과 이론』(공저, 한울아카데미, 2018), 『커뮤니케이션 과학의 지평』(공저, 나남, 2015), 『소셜 마케팅』(커뮤니케이션북스, 2013), 『헬스 커뮤니케이션의 메시지 수용자 미디어 전략』(공저, 커뮤니케이션북스, 2012) 등이 있고, 역서로는 『공공 커뮤니케이션 캠페인』(커뮤니케이션북스, 2015) 등이 있다.

이메일: hjpaek@gmail.com

● **최홍림**(Honglim Choi)

현재 선문대학교 미디어커뮤니케이션학부 교수로 재직 중이다. 미국 아이오와대학교에서 PR 전공으로 박사학위를 받았다. PR 윤리, 기업의 사회책임 캠페인, 정책PR, 기업/공공캠페인,

위기관리, PR 작문 관련 과목 강의와 연구 활동을 하고 있다. 교수 임용 전에는 PR 회사 프레인앤리의 선임컨설턴트로서 기업PR과 공공 캠페인 업무를 담당하였다. 국토교통부, 보건복지부 건강증진개발원, 질병관리청, 소방청, 가스공사 등 다양한 정부부처, 지방자치단체, 공공기관의 PR 자문위원으로 활동하고 있으며, 2019 음주폐해예방캠페인에 기여한 공로로 보건복지부장관상을 수상하기도 했다.

이메일: CHL1214@gmail.com

● **조삼섭**(Jo, Samsup)

현재 숙명여자대학교 홍보광고학과 교수로 재직 중이다. 연세대학교를 졸업하고, 미국 미시간 주립대학교에서 석사, 플로리다대학교에서 PR 전공으로 언론학 박사를 받았다. 한국PR학회 제16대(2014. 11.~2015. 11.) 회장을 역임했다. 주요 저서 및 논문으로는 『디지털 사회와 PR윤리』(커뮤니케이션북스, 2018), 『공중관계핸드북』(커뮤니케이션북스, 2017), 『PR학 원론』(커뮤니케이션북스, 2014), 「정보원으로서의 광고주와 신문사의 관계성 연구: 광고주 영향력에 대한 기자와 광고주의 상호인식비교를 중심으로」(2013), 「Advertising as Payment: Information Transctions in the South Korean Newspaper Market」(2013) 외 다수가 있다. 한국PR학회 최우수 학술상(2013) 등을 수상했다.

이메일: josamsup@sm.ac.kr

● **조재형**(Jae Hyung Cho)

현재 PROne 대표로, 강원도 강릉에서 태어났다. 서강대학교 대학원을 졸업하고, 한양대학교에서 광고PR학 박사학위를 받았다. 1984년 LG화학 홍보실에 입사한 이래 35년간 PR 업계에서 일해 왔다. 1993년 신화커뮤니케이션이라는 PR 회사를 설립하여 PR 자문 사업을 시작한 이래 2006년 PROne을 설립하여 대표로 있다. 2007년부터 숭실대학교에서 겸임교수로 PR원론, PR 매니지먼트, 위기관리 등을 가르쳐 왔고, 2014년 국민대학교 광고홍보학부와 한양대학교 언론정보대학원에서 3년간 PR 전략, 위험 커뮤니케이션, PR 매니지먼트 과목 등을 강의해 왔다. 저서로는 『기업을 살리는 설득의 기술』(학지사, 2020), 『위험사회』(에이지21, 2017)와 위기관리 전문서인 『위기는 없다』(신화, 1995)가 있다.

이메일: young@prone.co.kr

● **김동성**(Kim Dong Sung)

현재 PR 회사 프렌즈(PRIENDS)의 대표이자 한양대학교 광고홍보학과의 겸임교수이다. PR(홍보)학 박사이며, 고려대학교·국민대학교·선문대학교·성신여자대학교·순천향대학교·중앙대학교·차의과학대학교·청운대학교·한남대학교·한라대학교 등 다수의 대학에서 PR, 광고, 마케팅 커뮤니케이션, 설득, 뉴미디어, 테크놀로지, 조사방법론 등 다양한 과목을 강의해 오고 있다. 또한 한국광고PR실학회와 한국광고학회의 총무이사 등 여러 학회활동도 하고 있다. 『빅데이터의 분석방법과 활용』(공저, 학지사, 2019)과 『디지털 융합시대 광고와 PR의 이론과 실제』(공저, 학지사, 2018)를 출간하였고, PR, 뉴미디어, 테크놀로지, 헬스컴 관련 다수의 논문과 연구보고서를 발표하였다.

이메일: prhows@naver.com

● 이형민(Hyung Min Lee)

현재 성신여자대학교 미디어커뮤니케이션학과 교수로 재직 중이다. 한양대학교에서 신문방송학과 행정학을 복수전공했으며, 미국 플로리다대학교에서 석사학위를, 미네소타대학교 트윈시티 캠퍼스에서 박사학위를 받았다. 한국광고학회, 한국PR학회, 한국광고홍보학회, 한국광고PR실학회, 한국방송학회, 한국소통학회 등에서 총무이사를 역임했으며, 그 외 여러 학회에서 다양한 역할을 맡고 있다. 또한 미국 NCA(National Communication Association), 한국광고학회, 한국광고홍보학회 등의 학술대회에서 우수논문상을 수상한 바 있다. 주요 연구 분야는 공공 캠페인 커뮤니케이션의 효과, 디지털 트랜스포메이션과 PR, PR과 공공외교, PR과 위험 커뮤니케이션 등이다.

이메일: hmlee@sungshin.ac.kr

● 김활빈(Kim, Hwalbin)

현재 강원대학교 신문방송학과 교수로 재직 중이다. 고려대학교 신문방송학과와 동 대학원 언론학과를 졸업하고, 미국 오하이오대학교에서 언론학 석사학위를, 사우스캐롤라이나대학교에서 매스커뮤니케이션 박사학위를 받았다. 한국광고홍보학회 총무이사, 한국방송학회 연구이사 등을 맡고 있다. 주요 저서 및 논문으로는 『디지털 변화 속 광고PR 산업: 현재와 미래』(공저, 학지사, 2021), 『건강과 커뮤니케이션: 이론과 실제』(공저, 한울아카데미, 2020), 「청소년 흡연에 대한 인식이 금연 캠페인 효과에 미치는 영향에 관한 연구: 심리적·사회적 효용성과 위해성 인식을 중심으로」(2020), 「A Time-Series Analysis of Public Diplomacy Expenditure and News Sentiment: A Case Study of the US-Japan Relationship」(2020) 외 다수가 있다.

이메일: ku95bini@gmail.com

디지털 시대의 PR학신론
Public Relations in the Digital Age

2021년 4월 20일 1판 1쇄 인쇄
2021년 4월 30일 1판 1쇄 발행

지은이 • 김현정 · 정원준 · 이유나 · 이철한 · 정현주 · 김수연 · 오현정
　　　　 백혜진 · 최홍림 · 조삼섭 · 조재형 · 김동성 · 이형민 · 김활빈
펴낸이 • 김진환
펴낸곳 • ㈜ **학지사**

　　　　04031 서울특별시 마포구 양화로 15길 20 마인드월드빌딩
대표전화 • 02-330-5114　　팩스 • 02-324-2345
등록번호 • 제313-2006-000265호

홈페이지 • http://www.hakjisa.co.kr
페이스북 • https://www.facebook.com/hakjisa

ISBN 978-89-997-2398-8　93320

정가 24,000원

출판 · 교육 · 미디어기업 **학지사**

간호보건의학출판 **학지사메디컬** www.hakjisamd.co.kr
심리검사연구소 **인싸이트** www.inpsyt.co.kr
학술논문서비스 **뉴논문** www.newnonmun.com
원격교육연수원 **카운피아** www.counpia.com